V&R

Heiko A. Oberman

Die Reformation

Von Wittenberg nach Genf

Vandenhoeck & Ruprecht
in Göttingen

CIP-Kurztitelaufnahme der Deutschen Bibliothek

Oberman, Heiko A.:
Die Reformation : von Wittenberg nach Genf /
Heiko A. Oberman. – Göttingen : Vandenhoeck und
Ruprecht, 1986.

ISBN 3-525-55405-2

Schrift: 10 p Times (Linotron, Linotype)
Satz und Druck: Gulde-Druck GmbH, Tübingen
Bindearbeit: Hubert & Co., Göttingen

Palma sub pondere crescit

Gerrit Willem
Ida
Hester Elsa
Raoul Foppe Maarten Luther

Familia crescit eundo

Inhalt

Vorwort

Diese Auswahl von deutschsprachigen Aufsätzen aus den Tübinger Jahren 1966 bis 1984 ist verbunden durch die eine Zielsetzung: Die Erschließung von Einheit und Entfaltung der reformatorischen Bewegung. Der Titel ist Programm und Dringlichkeitsanfrage zugleich: Was ist vom Urreformator Martin Luther im sechzehnten Jahrhundert wirksam geworden? Was wurde um- und neugestaltet in Stadt und Territorium, innerhalb und außerhalb des Reiches, im sich ändernden sozialen und politischen Kontext, auf dem Weg vom Durchbruch zur Diaspora?

Bislang ging es mir vor allem um den Umbruch zwischen Mittelalter und Neuzeit, um die unverwechselbare Identität der Reformation aus der Perspektive des späten Mittelalters zu erfassen. In diesem Bande nun steht die Entfaltung der reformatorischen Bewegung auf den verschlungenen Wegen von Wittenberg nach Genf im Zentrum. Für nahezu alle der hier gesammelten Aufsätze ist gewiß auch ein äußerer Anstoß namhaft zu machen – wie sollte es sich auch anders auswirken, wenn der Reformationshistoriker das Vorrecht genießt, aus Tübinger Warte das Dezennium der großen Gedenkfeiern mitgestalten zu können: Bauernkrieg (1975) und Confessio Augustana (1980), Lutherjahr (1983) und Zwingligedenken (1984). Aber diese ‚zufälligen' Aufgaben fallen zu, eben als Chancen, um in und außerhalb des Horsaals sowohl fur Spezialisten als auch für eine größere Öffentlichkeit Geschichte zu deuten und für heute wirksam zu machen. Solches ‚Wirken' gelingt nicht auf dem Wege der Anpassung an den Zeitgeist. Was dem Teufel in Wahrheit fremd ist, sollte dem Historiker wahrhaftig eigen sein: Er ist der Geist, der stets verneint. Das gilt hier wenigstens in dreierlei Hinsicht.

Zunächst ist die Reformationsgeschichte ein verlockendes Arbeitsfeld für alle, die von – an und für sich respektabler – ökumenischer Sehnsucht geprägt nachweisen möchten, daß die Entzweiung der abendländischen Christenheit nur auf dogmatische Streitigkeiten zurückzuführen ist, die wir heute aus höherer Warte als ‚Mißverständnisse' durchschauen können und deshalb getrost und erleichtert hinter uns zurücklassen dürfen. Von der Anerkennung der Confessio Augustana ist die Rede und von der ökumenischen Reichweite der sie widerlegenden Confutatio. In der Tat: Ökumenische Konvergenz läßt sich so erzielen – wenn die reformatorische Rechtfertigungslehre im tridentinischen Sinne halbiert oder als Vorspiel zur Selbstverwirklichung psychologisch moralisiert wird. Der Preis ist hoch, er ist die reformatorische Rechtfertigungslehre selbst.

Daneben ist zweitens die dicht besetzte Phalanx der ‚Kerzen zählenden' Sozialhistoriker nicht zu übersehen. Ihre Rechnung stimmt und ihre berechtigte Quittung liegt auf dem Tisch für den Rückzug der Reformationshistoriker in das Schutzgehege der Ideenwelt, wo Theologiegeschichte kraft- und gedankenlos wird, insofern sie sich lossagt und abkoppelt von den realen und rauhen Bedingungen des täglichen Lebens. So wächst der Verdacht auf Konstruktion, gebaut auf literarischen Zeugnissen vorzugsweise aus der Feder der Bildungselite. Zu lange wurde die Theologie der Reformatoren bis in letzte Verästelungen hinein analysiert, ohne daß auch nur eine Teilantwort gesucht, geschweige gefunden wäre auf die unumgängliche Frage, wie denn ein solch höchst diffiziles System seine Breitenwirkung habe erzielen können. Nicht nur, was geschrieben und verkündigt wurde, ist zentral, sondern auch, was ‚unten' *und* ‚oben' gehört, was in Glauben und Mentalität, politisch und sozial geändert wurde. Tatsächlich ist die antitheologische Reaktion schon so weit gediehen, daß es wieder an der Zeit ist, zu den Quellen des reformatorischen Aufbruchs zurückzurufen und die Unerläßlichkeit der theologischen Kärrnerarbeit hervorzuheben – aber dann in Zusammenschau von Hören und Sehen, von Hoffen und Handeln, vom Programm zum Pogrom.

Der dritte Kampfplatz ist keineswegs drittrangig, sondern auf eigentümliche Weise mit den beiden anderen verbunden: der anstehende Kampf mit einer neuen Lutherorthodoxie. Die Lutherrenaissance des zwanzigsten Jahrhunderts hatte, vor allem dank der eindrucksvollen Arbeit von Karl Holl und seinen Schülern, den Reformator aus den Fesseln der Orthodoxie der Bekenntnisschriften befreit. Seit dem Zweiten Weltkrieg aber ist ein neuer, Karl Holl nur scheinbar weiterführender, brauchbarer Luther in Konstruktion, der als ‚erster moderner Mensch' präsentiert wird, der das Mittelalter überwunden und damit den Weg zur Moderne freigekämpft hätte. Dagegen ist zu halten, daß Luther nicht nur dem Mittelalter, sondern auch der Neuzeit zuwiderläuft, aus unserer Warte ein Mensch zwischen den Zeiten, aus seiner Sicht berufen am Ende der Weltzeit. Damit stünde eine erhebliche Überarbeitung des bestehenden Lutherbildes bevor – eine gewiß unzeitgemäße und darin schmerzliche ‚Reformation'.

Zwei klassische Weisheitssprüche lassen sich in verschiedener Weise auf den Weg von Wittenberg nach Genf beziehen. Der erste ist der Wahlspruch der niederländischen Königin Emma: „Palma sub pondere crescit." Das hat auch für die Reformation seine Aussagekraft: Unter Druck und Verfolgung ist die Bewegung gewachsen und hat an Tiefe gewonnen. Die zweite Weisheit, „fama crescit eundo", spricht ebenfalls aus Erfahrung: Das Gerücht wächst im Gehen – doch nicht nur das Gerücht, sondern eben auch die reformatorische Botschaft. Sie hat im Vergleich zu den Anfängen ganz eigene Sprößlinge gezeitigt, die es verdienen, in ihrer eigenartigen Identität wahr-genommen und beurteilt zu werden.

Die hier gesammelten Aufsätze sind nicht nach ihrer Entstehungszeit, sondern historisch-chronologisch geordnet. Die ursprüngliche Fassung ist inhaltlich immer beibehalten, die sprachliche Form aber gelegentlich geglättet und an hochdeutsche Sprachregelungen angepaßt. Denn besonders die frühen Aufsätze verraten, daß die klassische Weisheit nicht nur der Fama beizulegen ist, sondern leider auch – bestenfalls – von der Sprachfähigkeit gilt: Lingua crescit eundo.

Frau Sabine Holtz hat mit Sorgfalt das Register der Namen und modernen Autoren erarbeitet und zusammen mit Vikarin Veronika Hartmann, Brigitte Fried und Marion Wulf den Fehlern und Druckfehlern nachgespürt. Dem Index verborum latinorum ist die Hilfe von Frau Sigrun Haude sehr zugute gekommen.

Zum Schluß möchte ich drei Personen besonders danken: Herrn Dr. Arndt Ruprecht für die Anregung, die zu diesem Band geführt hat; Frau Suse Rau, die diese Aufsätze über die Jahre hinweg ohne zu verzweifeln wenigstens einmal, aber immer unter Termindruck geschrieben hat; und Herrn Dr. Manfred Schulze, der collegialiter mit mir die Gesamtanlage durchdacht und die stellenweise Überarbeitung verlangt... und mitgetragen hat.

Heiko A. Oberman
Tucson, Arizona

I

Werden und Wertung der Reformation: Thesen und Tatsachen

1. Das Werden eines Reformators: Auf der Suche nach dem historischen Luther

Die Geistesgeschichte steht im Sperrfeuer der Kritik. Ihre hohen Ansprüche, die ‚letzten Endes' wirksame Idee einer Zeit, ihren ‚Zeitgeist' zu enthüllen, sind auf heftigen Widerstand gestoßen. Die Forschung im Bereich von Spätmittelalter, Renaissance und Reformation mit ihrer tiefgestaffelten geistesgeschichtlichen Tradition ist hiervon besonders getroffen. Filigranarbeit am italienischen Humanismus und seiner bildungsgeschichtlichen Ausstrahlung wird vorerst nur in Buchbesprechungen als Eliteforschung zurückgewiesen; Arbeiten über die Einführung der Reformation in einer Reichsstadt ohne jede theologiegeschichtliche Ahnung sind dagegen bereits nicht mehr nur reine Chimäre. Die Entkoppelung von Geist und Materie wird von Historikern – die doch in ihrem täglichen Leben psychosomatisch zu denken gelernt haben – öfter auch ohne ideologischen Vorspann zielstrebig betrieben.

Tatsächlich aber trifft die geballte Kritik nur die Ideengeschichte. Geistesgeschichte ist für mich jedoch etwas anderes, nämlich die Geschichte der *Bewältigung* jeweiliger Lebensbedingungen. Geistesgeschichte so verstanden ist schon deshalb keineswegs der Irrelevanz und Schöngeisterei zu überführen, weil das Ringen um Lebensbewältigung durch einzelne Personen oder Gruppen im Denken *und* Handeln seinerseits wiederum zu den Lebensbedingungen der Zeitgenossen und Nachfahren gehört. Für eine Geschichtsschreibung, die mehr sein möchte als Registrierung und Statistik, ist diese Bewältigungsanalyse geradezu unaufgebbar, ohne Verständnis für die jeweiligen Lebensverhältnisse aber ebenso undurchführbar. Ertragreich ist die Geistesgeschichte dann, wenn sie, des Ziels der Zusammenschau eingedenk, bei ihrem Leisten bleibt, indem sie die Geschichte der Lebensbewältigung ohne Abschweifen zu dem ihr von ihren Quellen aufgedrängten Thema macht.

Für die Lutherforschung verbietet sich damit jener Rückzug auf den ‚idealen Raum' seines Studierzimmers, so daß sie letzten Endes nur noch *ein* Thema kennt und anerkennt: Luther, Schriftausleger ohne Zeit und Ort, auf seiner einsamen Entdeckungsfahrt durch das Wort Gottes, allein gelassen von den traditionellen Autoritäten und bald auch von den nachfolgenden Generationen. Geistesgeschichte dagegen gibt dem Reformator seinen historischen Ort zurück, sie nimmt nämlich die ‚Lebensbedingungen' ernst und wird deshalb konkret. Sie stößt auf Luthers Ausbildung in der *via moderna,* später auf seine Einübung in das Leben eines observanten Augustinerklosters mit seinem programmierten Tagesablauf von Gebet, Meditation und wissenschaftlicher Forschung. Geistesgeschichtlich einschneidend ist seit 1512 die Übernahme des Wittenberger Augustinerlehrstuhls und seit 1515 die politische Verantwortlichkeit für die zwei observanten Studienzentren in Sachsen und für die Wahrung der Observanz in einem umfassenden Distrikt von elf Klöstern, ein Verwalter somit und Organisator, von Anfang an geleitet von einem starken Gespür für die unmittelbare Herausforderung der Häresie und für die Gefährdung der Einheit der Kirche[1]. Die Sensibilität für die Theologie als Wächterin der wahren Kirche ist gewiß ein Erbe augustinischer Theologie, sie ist aber eingeschärft in den Jahren der geharnischten Kämpfe um die Verwirklichung dieser wahren Kirche im eigenen Orden. Wenn wir uns im Folgenden auf die *via moderna* konzentrieren, so findet das seinen Grund in der Tatsache, daß der Nominalismus entweder als Durchgangsphase entwertet oder – als bleibendes unkatholisches Gift verunglimpft – gegen die Reformation verwendet wird.

Obwohl der 25jährige Luther bereits einen Fundus an wissenschaftlichen Voraussetzungen und Glaubensüberzeugungen, vor allem auch den höchsten Respekt vor beiden, aus Erfurt mit nach Wittenberg genommen haben dürfte, erhalten die für uns unverwechselbaren Lutherzüge doch erst in Wittenberg Profil, als er die Strudel von Erfahrungen, die auf ihn einstürmen, sichten lernt; wie er auch selber gerne sagt, er schreitet voran durch öffentliche Disputation und stilles Studium, durch Lehre, Predigt und durch die Notwendigkeit, sich schriftlich mitzuteilen[2]. Der geschichtliche Ort, das lehrt Luthers Werdegang, darf somit nicht deterministisch als „Geschichtsablauf" festgeschrieben werden, zum Selektionsraster erhoben, das mechanisch längst über Luthers Verarbeitung der ihm angebotenen Tradition vorentschieden hat. Der geschichtliche Ort erzwingt aber, den reformatorischen Umbruch und Durchbruch in den Rahmen des nach Wittenberg mitgebrachten mittelalterlichen Erbes zu stellen, das auch an dieser Universität zunächst ungebrochen florierte.

Diese Feststellung hat Konsequenzen: der Angriff vom Jahre 1515/16 auf die „Sautheologen", womit der Paulus-Kommentar allererst seine

---

[1] Vgl. ULRICH MAUSER, Der junge Luther und die Häresie, Schriften des Vereins für Reformationsgeschichte 184, Gütersloh 1968, S. 91 ff.

[2] WAB 1.389,21–390,24; Mai 1519.

eigenen Schulhäupter und Lehrer in der *via moderna* geißelt, darf nicht als Beweis für das Abstreifen einer Schlangenhaut mißdeutet werden, so als ob Luthers Umbruch gleich Abbruch und damit voraussetzungsloser Neubau wäre von Wissenschaft, Theologie, christlichem Glauben und katholischer Kirche. Vergangenheitsbewältigung wird auch dort, wo sie gelingt, nie die Archetypen menschlicher Anschauungs- und Vorstellungsmodelle ausradieren. Auch der Reformator bleibt versippt.

2. *Der Streit um die Wertung der Reformation*

Mit dieser letzten Feststellung wagen wir uns bereits in ein umfassendes Sperrfeuer der wissenschaftlichen Auseinandersetzung. Denn die Suche nach dem historischen Luther erzwingt zugleich eine Stellungnahme zur übergreifenden Frage nach der richtigen Einordnung der Reformation. Hier sehen wir uns vor die scheinbar unvermeidliche Alternative gestellt: Reformation – Ausläufer des Mittelalters oder Aufbruch zur Neuzeit. Gemäß einer Verlautbarung, die zwei deutsche Profanhistoriker 1978 veröffentlicht haben, ist die Annahme einer Umbruchstelle zwischen Mittelalter und Reformation einer optischen Täuschung entsprungen, welche allerdings erst der moderne Wissenschaftler zu durchschauen gelernt hat. Als gesichertes Ergebnis der Forschung wird jetzt die innere Einheit des späten Mittelalters und der frühen Neuzeit festgeschrieben und das Suchen nach dem Umbruch als ein antiquiertes Unterfangen abgestempelt:

„Schon seit langem ist der Forschung die traditionelle, gewöhnlich um das Jahr 1500 angesetzte Grenzscheide zwischen ‚Mittelalter' und ‚Neuzeit' problematisch geworden. Der Umbruch, der durch Renaissance, Reformation, Entdeckungen, durch Erfindungen und Wandlungen in Gesellschaft, Wirtschaft, Kirche und Staat zwischen dem 15. und 16. Jahrhundert geschehen ist, hat offensichtlich [!] nicht die Tiefendimension, die ihm seit Jahrhunderten beigelegt worden ist. Angesichts der fundamentalen Veränderungen, die seit der Mitte des 18. Jahrhunderts durch Industrialisierung und Revolutionen eingeleitet worden sind, schrumpft der vermeintliche Graben um 1500, der gar zwei Weltalter voneinander trennen soll, zusammen: das Verbindende, Gemeinsame zwischen Vorher und Nachher und das bis ins 18. Jahrhundert hinein Überdauernde gerade in den Grundzügen der Gesellschafts- und Lebensordnung und vor allem den Wertvorstellungen, die das tägliche Leben tragen und die Auseinandersetzungen der Staaten und Konfessionen bestimmten, tritt durch alle Veränderungen der Zeiten hindurch immer stärker zutage."[3]

[3] Joseph Engel, Ernst Walter Zeeden, Einführung zur Reihe „Spätmittelalter und

Es läßt sich gewiß nicht leugnen, daß die Erfahrungen der nachreformatorischen Zeit – vom Anfang der Aufklärung bis zur jüngsten ökologischen Krise – frühere Zeiten optisch zu einer Einheit verschmelzen lassen; so wie damit zu rechnen ist, daß im nächsten Jahrhundert wiederum unsere Zeit auch manchem nicht ideologisch verfestigten Historiker als ‚mittelalterlich' erscheinen wird. Dennoch muß gegen diese Sicht als *historische* Wertung Stellung bezogen werden. Nicht zunächst und allererst, weil hierdurch die Bedeutung Luthers nicht hinreichend gewürdigt wird; auch das ist der Fall. Nur, Luther selbst wäre der Erste um hervorzuheben, daß die Reformation nicht die erhoffte evangelische Umwertung aller Werte in Kirche und ‚gemeinem Haufen', in Theologie und Gesellschaft, hat realisieren können. Wiederholt befaßt er sich mit dem Mißbrauch, den nicht nur Bauern, sondern auch die „großen hansen" mit der Freiheit eines Christenmenschen getrieben haben. Visitationen und Katechismen sind eben das Ergebnis dieser Tatsachenanalyse.

Dieser Einheitssicht muß vor allem deshalb widersprochen werden, weil aus der großen historischen Distanz wissenschaftlich gehoben die neuzeitlich säkularisierte Perspektive des 20. Jahrhunderts kodifiziert und so an dem Selbstverständnis jener frühen Neuzeit vorbeigegangen wird. Aus unserer modernen Perspektive zu urteilen und somit Geschichte als *Vor*-Geschichte zu betreiben, ist sicherlich eine unverzichtbare Aufgabe. Aber eben eine Teilaufgabe. Gleichrangig daneben – und dieses macht Geschichtsschreibung zum wissenschaftlichen Unternehmen – sollte die Überlegung federführend sein, daß unsere Zeit *Nach*-Geschichte ist. Keineswegs notwendig aus früheren Epochen entstanden, hat die Neuzeit nur eine Auswahl der vielen Möglichkeiten der Vergangenheit realisiert, angenommen und fortgeführt. ‚Gegenwart' entsteht durch ein Selektionsverfahren, an vielen Kräften und Ideen, Irrwegen aber auch Entdeckungen der ‚Vorzeit' vorbei. Darum muß grundsätzlich darauf bestanden werden, nicht an dem Selbstverständnis der Vorfahren vorbeizugehen, wie es gerade in den Quellen des 16. Jahrhunderts so eloquent bezeugt ist. Dort findet sich überall das bewußte Miterleben und Miterleiden einer jähen Wende der Zeiten, und zwar nicht nur im Einzugsbereich der Reformation, sondern auch in humanistisch aufgeklärten Kreisen sowie im gegnerisch altgläubigen Lager.

Die Kanonisierung der jeweils modernsten Perspektive ist in unserem Fall besonders folgenreich, weil hier ein an sich unverzichtbares historisches Seziermesser zur egalisierenden Sense zweckentfremdet wird. Das

---

Frühe Neuzeit. Tübinger Beiträge zur Geschichtsforschung", in: KARL TRÜDINGER, Stadt und Kirche im spätmittelalterlichen Würzburg, Stuttgart 1978, S. 7.

Seziermesser als historisches Instrument hat eben die Aufgabe, die Kontinuität *und* Diskontinuität von Spätmittelalter und Reformation offenzulegen; das heißt, so weit wie möglich die Reformation als mittelalterliches Phänomen darzustellen, um eben so erst imstande zu sein, die neuen Facetten herauszuarbeiten. Fragwürdig ist somit nicht die Annahme einer inneren Einheit des späten Mittelalters und der frühen Neuzeit, sondern die Entscheidung, sich mit der Feststellung der Einheit zu begnügen, ohne dem neuen Verständnis von Gott, Mensch, Kirche, Hierarchie und weltlicher Ordnung in der frühen Neuzeit Rechnung zu tragen. Das Eigenartige und Verhängnisvolle ist, daß sich dieses Manifest auf jene Tendenzen in der Lutherrenaissance stützen kann, welche uns mit dem Bild einer derart subtilen Theologie Luthers zurückgelassen hat, daß der Reformator von keinem seiner Zeitgenossen und nur von wenigen seiner Nachfahren verstanden worden wäre. Von einer so einsamen Gestalt her ist tatsächlich keine Epochenwende auszusagen, schon gar nicht, wenn nicht auch Theologie, Frömmigkeit und Religion, sondern ‚letzten Endes' allein Politik und Wirtschaft den Gang der Geschichte bestimmt haben sollen.

Wenn es bei der unerläßlichen Aufgabe des Historikers bleibt, eine bestimmte Epoche auf die vielfältigen Facetten ihres Selbstverständnisses zu befragen, dann sind wir vor die Notwendigkeit gestellt, Ausschau zu halten nach der Fülle der Faktoren, die das Profil jener Zeit mitgeprägt oder sogar bestimmt haben, in einer Zusammenschau von Spätmittelalter, Renaissance und Reformation. Denn diese uns geläufige Dreiteilung gehört ebenfalls zur Sicht der Vergangenheit als *Vor*geschichte: Aus unserer Perspektive wird die eine Zeit in drei zerlegt.

Diese Epochenzusammenschau ist dahingehend zu ergänzen, daß die theologischen, politischen und sozialen Geschichtskräfte gemeinsam alle drei als Faktoren respektiert werden, um uns Zugang zum Zeitalter der Reformation zu eröffnen. Durch das wechselnde Hauptinteresse des 18., 19. und 20. Jahrhunderts ist zwar jeweils einer dieser drei Faktoren als totalbestimmend bewertet, damit aber auch jeweils von einem die Totalerklärung erhofft worden. Diesen totalitären Ansprüchen werden wir zu widerstehen haben. Alle drei der genannten Faktoren werden auf *ihre* Weise der Erhellung dieser Epoche dienstbar gemacht werden müssen, sorgfältig abgewogen und gegeneinander verrechnet auf der Ebene dessen, was ich als die Aufgabe einer neuen Geistesgeschichte betrachte. Denn diese Geistesgeschichte ist nicht die hegelianische Ideengeschichte, sondern die Geschichte der Bewältigung wechselnder Lebensbedingungen. Geistesgeschichte so verstanden befaßt sich mit dem Versuch der Lebensbewältigung durch einzelne Personen oder Gruppen. In dem Maße, in dem sich solche Versuche durchgesetzt haben, gehören sie wiederum zu den Lebensbedingungen der Zeitgenossen und Nachfahren. Dort wo je für sich die sozialen Strukturen, die politischen Ereignisse oder die theologischen Kampfschriften den Gesamtrahmen dieser Epoche tragen müssen und die absolute Hegemonie beanspruchen, dort wird jeweils nur *eine* Schicht abgetragen und nur *eine* bestimmte Sparte von Lebensbedingungen zur Darstellung gebracht. Auch wenn wir uns eingestehen müssen, als Spezialisten meistens nur einen dieser Bereiche abdecken zu können, muß dies als Dienstleistung zur Erarbeitung eines Gesamtbildes der Reformation verstanden werden.

Um die Anerkennung der politischen und sozialen Faktoren brauchen wir uns heute am wenigsten zu sorgen; bedroht ist eindeutig die theologische Dimension, die Berücksichtigung des Glaubens als geschichtsmächtige Kraft. Auf die enorme Herausforderung der neueren Sozialgeschichte haben die Reformationshistoriker sehr verschieden reagiert. Man zieht sich einmal auf die Anfänge Luthers zurück und klammert sich an ihn als die originäre Urgestalt. Eine zweite Variante schließt bei modernen psychologischen Interessen an und macht Luthers Reformation verständlich als Befreiung des Gewissens vom Joch des Beichtstuhls[4]. Eine dritte Möglichkeit bleibt in den Bahnen des 19. Jahrhunderts: Theologische Faktoren werden hier kaum berührt, sondern die Reformation geht auf in dem Strom der politischen Geschichte Deutschlands[5]. Dem Reichstag zu Worms wird eine Bedeutung zugemessen, die an das Vertrauen erinnert, daß man mit der Veröffentlichung der Reichstagsakten auch die ‚eigentliche' Geschichte der Reformation quellenmäßig erschlossen habe.

Auf alle drei angezeigten Weisen – Lutherrenaissance, Psychohistory und Politikgeschichte – wird die große und hartnäckig irreduzible Dimension von Glaube und Glaubensentscheidung, von Theologie, von Auseinandersetzung um die Gestalt der Kirche und Aufbruch zu neuer Frömmigkeit im 16. Jahrhundert jeweils anders verdrängt: In der Lutherrenaissance beschränkt man sich auf die Debatte *intra muros*. Die psycho-historische Sicht reduziert das frühe 16. Jahrhundert auf das Phänomen des Antiklerikalismus als des psychologischen Befreiungsschlages. Die politische Geschichtsschule überspringt die Sache Luthers im Namen der *causa Lutheri* und ihrer reichsrechtlichen Konsequenzen.

---

[4] Steven E. Ozment, The Reformation in the Cities. The Appeal of Protestantism to 16th Century Germany and Switzerland, New Haven 1975. Vgl. dazu Hans-Christoph Rublack, Forschungsbericht Stadt und Reformation, in: Stadt und Kirche im 16. Jahrhundert, Schriften des Vereins für Reformationsgeschichte 190, Gütersloh 1978, S. 9–26, bes. 23.

[5] Bernd Moeller, Deutschland im Zeitalter der Reformation, Deutsche Geschichte 4, Göttingen 1977. Vgl. dazu die Besprechung von Robert Scribner in: The Journal of Ecclesiastical History 29 (1978) S. 374ff.

Plakativ zusammengefaßt wird jeweils das Geschehen der Reformation mit einem anderen *sola* gekoppelt, einem jeweils wechselnden Postulat nachgeordnet:

Ohne Reich und Fürsten keine Reformation.
Ohne soziale Krise keine Reformation.
Ohne Stadt keine Reformation.

Selbstverständliches muß dem entgegen wieder Grundverständnis werden:

Ohne Reformatoren keine Reformation.

Soziale und politische Faktoren haben die Ausbreitung und öffentliche Wirksamkeit der evangelischen Predigt gesteuert, beschleunigt und ebenso gehindert – in der Gesamtschau des Zeitalters dürfen sie jedoch nicht als Ursachen der Reformation, als ihre tragende Bedingung aufgewertet werden.

3. Fürstenknecht und freier Bürger: Fürstenreformation versus Stadtreformation

Das Drängen auf eine quellengetreue Gesamtschau der Reformation erzwingt nun auch die Wiedereröffnung schon geschlossener Akten. In der heutigen Forschung ist festzustellen, daß die Frage nach den Alternativen der Reformation gerne unter dem Stichwort ‚Fürstenreformation versus Stadtreformation' festgeschrieben wird. In traditionellen katholischen Entwürfen wird die ganze Phase der Konsolidierung der Reformation unter diesem Gesichtspunkt abgehandelt, und zwar im Gegensatz zum Neuaufbruch in Trient, als „die von innen her so korrupte und von außen her so schwer angeschlagene Kirche des 16. Jahrhunderts sich doch aus eigener Kraft und von der eigenen Mitte her erneuert hat..."[6] – offenbar ohne Fürstenhilfe! Nicht länger nur auf den angloamerikanischen Raum beschränkt, findet sich – ohne deutliche konfessionelle Spitze – die analoge These, daß die ‚eigentliche' die städtische Reformation gewesen sei, später von eigennütziger Fürstenhand gelähmt und sterilisiert.

Allein schon die Begrifflichkeit signalisiert, daß die hier angewendeten Denkkategorien dem Bereich der politischen und sozialen Geschichte entstammen. Die Theologiegeschichte, früher noch allem voraus,

[6] Erwin Iserloh, Luther und die Reformation. Beiträge zu einem ökumenischen Lutherverständnis, Der Christ in der Welt XI, 4, Aschaffenburg 1974, S. 27. Für die katholische ‚Fürstenreform' mit ihrer Ausrottung des Protestantismus siehe am Beispiel Südeuropas Peter F. Barton, Schickt die protestantischen Prediger auf die Galeeren!, in: Kirche im Osten. Studien zur osteuropäischen Kirchengeschichte und Kirchenkunde 20 (1977) S. 57–71.

schlägt schon gar nicht mehr zu Buche und hat heute einen erheblichen Nachholbedarf. Da der Theologie nicht länger ein allumfassender Geschichtsrahmen abzupressen ist, kann sie, nicht mehr überstrapaziert, ihren eigenen Beitrag hierfür auch viel präziser sachgebunden leisten.

Bei dem Versuch, das Reformationszeitalter gleichrangig auch aus der theologischen Perspektive zu beleuchten, wird deutlich, wie lebendig der spätmittelalterliche Wegestreit im Zeitalter der Reformation weitergewirkt hat, selbst dort, wo wir es zunächst überhaupt nicht vermuten würden. Wenn einmal die Augen für eine andere Alternative als Fürst und Stadt, nämlich für den Gegensatz von *via antiqua* und *via moderna* geschärft worden sind, wird man entdecken, wieviel mehr als bisher dieses Gegenüber auch das Verständnis der Theologie Luthers fördert. Als Stufe für Luthers Weg zum Reformator ist uns seine grimmige Gegnerschaft zur *via moderna* geläufig, wenn auch ganz unterschiedlich entweder als tragisch unkatholische Überreaktion oder als dramatisch evangelischer Ablösungsprozeß gewertet.

Unter dem Stichwort *Contra Gabrielem* ist Luthers Entwicklung jedoch nur einseitig und damit verzerrt zu fassen. Nicht nur, daß die Wittenberger Theologie insgesamt Front macht gegen die kirchlich sanktionierte Scholastik beider *viae,* sondern auch für Luther selbst gilt, daß der Einfluß seiner Schulung nicht nur negativ zu verrechnen ist[7]. Denn eben hier liegt der historisch geeignete Schlüssel für Luthers Denken in von Gott abgesteckten ‚Bereichen'. Beispielhaft und enthüllend ist seine Verwendung der Dialektik von *potentia dei absoluta* und *potentia dei ordinata,* um weltliche Ordnung zu gründen, fundiert nicht im Naturrecht noch in den Anforderungen unserer Rationalität, sondern in Gottes unverfügbarer Weisheit: „Absoluta potentia sua posset Deus alia ratione prohibere inoboedientes filios, sed utitur ordinata, scilicet magistratu."[8]

Die Einsetzung der weltlichen Autorität des *pater familias* bzw. des Magistrats ist damit menschlichen Konstruktionen und Revolutionen entzogen und nicht aus doch jeweils wechselnden naturrechtlichen oder philosophischen Gesellschaftstheorien ableitbar. Aber eben weil obrigkeitliche Verantwortung von Gott verfügt ist, wird diese damit auf eminente Weise dem Angriff des Teufels ausgesetzt. Es ist nicht länger zu übersehen, daß Luther nicht als Fürstenknecht die Obrigkeit blind

---

[7] Bis in die neueste Forschung hinein bleibt die Prämisse von Luthers unkatholischen nominalistischen Grundlagen ungebrochen. Siehe etwa VINZENZ PFNÜR, Einig in der Rechtfertigungslehre? Die Rechtfertigungslehre der Confessio Augustana (1530) und die Stellungnahme der katholischen Kontroverstheologie zwischen 1530 und 1535, Wiesbaden 1970, S. 386.

[8] WAT 1. Nr. 415; S. 181,42f.

unterstützt, sondern im gegebenen Fall mit Wucht und Freimut ihre diabolische Verkehrung nicht nur für feudale Ohren frech geißelt[9].

So auch ist der Dreischritt Luthers begründet: Wo die häusliche Autorität scheitert, muß die Obrigkeit einspringen, allerdings nur *in loco parentis*[10], wo die Obrigkeit versagt, ist der Teufel los – jenseits der Obrigkeit liegt nicht die Utopie, sondern das Ende des Humanum schlechthin. Es gibt heute wohl keinen Staat von welchem weltanschaulichen Zuschnitt auch immer, der die Wahrheit dieser Aussage leugnen würde.

Wer das Seziermesser mit der Sense verwechselt, wird hier nichts als Mittelalter sehen. Aber eben die Verbindung von zwei mittelalterlichen Elementen, der Dialektik von Gottes *potentiae* mit dem apokalyptischen Kampf zwischen Gott und Teufel, gibt eine neue Sicht auf die Obrigkeit frei: In ihr Gott unmittelbares Amt eingesetzt, ist sie von mittelalterlich-päpstlicher Vorherrschaft befreit. Zugleich wird sie damit rein, d.h. innerweltlich in Gottes Pflicht genommen, ihr Ungehorsam aber dennoch nicht mit innerweltlicher Eigengesetzlichkeit entschuldigt, sondern als diabolischer Abfall gebrandmarkt.

Dieselbe unverfügbare Anordnung Gottes kommt in einem zweiten Brennpunkt – und späterem Trennpunkt – der Reformation zum Tragen: in der Sakramentslehre. Bereits in den *Dictata* (1513–1515), ausführlich in den Sakramentssermonen von 1519 und zu verfolgen bis in die späten Tischreden[11], wird die Wirkung und Effektivität der Sakramentselemente dem *pactum dei,* d.h. Gottes unverfügbarer Anordnung, zugeschrieben. Die Vernunft, sogar die Vernunft der Theologen, ist an die all unserem Denken vorausliegende Entscheidung Gottes gewiesen. Beides, Transsubstantiations- wie Signifikationslehre sind Versuche, an der Einsetzung Christi vorbei Gottes Setzung zu enträtseln.

Für die städtische Reformation ist die beste Vernunft zugleich der beste Zugang zur Offenbarung. Die Messe, angewidert als „Gottsessen" und „Gottssaufen" plakatiert, ist zu roh, um dem geistlichen Sinn der Offenbarung angemessen zu entsprechen. Schon gar nicht ist es vernünftig, sich darüber auch noch politisch zu streiten. *Pactum* bezieht sich

---

[9] Zu Luthers politischem Einfluß und seinem Verhältnis zur fürstlichen Obrigkeit vgl. Hermann Kunst, Evangelischer Glaube und politische Verantwortung. Martin Luther als politischer Berater seines Landesherrn und seine Teilnahme an den Fragen des öffentlichen Lebens, Stuttgart 1976, S. 400f.

[10] WAT 1. Nr. 415; S. 182,4.

[11] „Thomas dixit, quod in baptismate im wasser soll ein heimliche kraft sein; ibi coepta est disputatio, et deinde imprimitur character. Sed Scotus dixit: Non, sed ex pacto divino quando sacerdos baptisat, tunc adest Deus suo pacto; et recte dixit, und ist ein seher feiner mensch gewesen." WAT 2. Nr. 1745; S. 202,21–25 (18. August 1532).

doch allenfalls auf kluge Bündnispolitik und nicht auf eine vernunftüberschreitende Verfügung Gottes. So kann sich auch das Emanzipationsdrängen der städtischen Gemeinschaft bruchlos mit dem Evangelium verbinden: Das *bonum commune* umfaßt noch, wie einst in der Bulle „Unam Sanctam", Kirche und Gesellschaft, und findet deshalb Sinn, Ziel und Erfüllung in der Sache Gottes, genauso wie gemäß der *via antiqua* alle Wissenschaften in der Theologie[12].

In beiden Komplexen, in der Deutung der Obrigkeit und der Sakramente, mußte Luther allen städtischen Theologen, die aus der *via antiqua* stammten, unverständlich bleiben. Dieser theologische Aufeinanderprall war von allem Anfang an im scheinbar geschlossenen Lager der Evangelischen als katholisches Erbe präsent. Zur tiefen Enttäuschung vieler Reformationsanhänger war diese Entzweiung mit den Mitteln der neuen, Erasmus verpflichteten, ‚vernünftigen' Exegese nicht zu überwinden. Das Auseinandertreten der Konfessionsparteien begann nicht erst kurz vor oder nach dem Eklat des Bauernkrieges im sogenannten Abendmahlsstreit. Wir sollten uns aber davor hüten, an geschlossene ‚Abläufe' zu glauben und unabwendbare, seien es theologische, politische oder soziale ‚Sachzwänge' zu hypostasieren – wie überhaupt der Verlust des Gespürs für Kontingenz als Grundstruktur der Geschichte uns jeden Zugang zur Historie verbaut.

4. Punctum Protestantissimum: Weltvernunft und Christusglaube

Die städtischen Reformatoren, sämtlich in Lateinschulen ausgebildet und auf städtische Prädikaturen gehoben, sind nahezu alle zugleich der Schule der *via antiqua* und dem Schülerkreis des Erasmus zuzurechnen; Zwingli ist hier keinesfalls eine Ausnahme. Für alle gilt, daß Schrift und Gemeinwohl wie Glaube und Bildung bruchlos ineinander übergehen oder wenigstens harmonisch miteinander zu verbinden sind. Gegen diese Folie wird als Merkmal der Theologie Luthers sichtbar, daß die Rechtfertigung allein aus Glauben nicht nur die menschlichen Verdienste ausschließt, sondern daß das ‚Allein' des Glaubens mit einer zweiten Spitze ebenso gegen die Ansprüche der *ratio* zielt.

Wenn wir dies nun zu den sicheren Eckpfeilern der Lutherforschung rechnen dürfen, dann wird eine alte Streitfrage erneut brennend: Luthers berühmte Rede vor dem Wormser Reichstag, zu dem uns Joachim Rogge ein vorzügliches Quellenbuch zur Verfügung gestellt hat und die

---

[12] Vgl. Heiko A. Oberman, Werden und Wertung der Reformation. Vom Wegestreit zum Glaubenskampf, 2. Aufl. Tübingen 1979, S. 377.

Festschrift der Stadt Worms wichtige Interpretationshilfen leistet[13]. Luthers doppelte Berufung auf die Schrift und auf die klare Vernunft in dieser Rede scheint mir jedoch weder in ihren theologischen noch in ihren profanen Implikationen hinreichend gewürdigt zu sein.

Es ist Kurt-Victor Selge, der den Forschungsstand ausgewogen dargestellt hat, voll beizupflichten, wenn er formuliert: „In seinen berühmten Schlußworten führt Luther als Gegenargument, dem er sich beugen will, neben den Schriftzeugnissen auch den ‚klaren Grund' (ratio evidens) an. Luther hat selbst immer wieder mit Vernunftargumenten gearbeitet, um seinen Gegnern die Unstimmigkeit ihrer Schriftbeweise zu zeigen. Er hat gewußt, daß man mit einem reinen Biblizismus, der sich mit Zitaten begnügt, um alle Fragen zu lösen, nicht auskommt."[14] Der nun folgende Satz Selges bedarf aber noch der weiteren Überlegung: Luther „stellt die ratio hier nicht als unabhängige, autonome Instanz neben den Schriftbeweis"[15].

Damit wäre das Problem völlig im Sinne des evangelischen Schriftprinzips gelöst. Es bleibt jedoch weiterhin unklar, weshalb Luther so ausdrücklich zwei Instanzen hat namhaft machen wollen[16]. Emanuel Hirsch hat einen anderen Ausweg gewählt, indem er die doppelte, externe Autorität immanent anthropologisch im Gewissen verankert hat. Ich erinnere hier an sein schönes Dictum: Luthers Bekenntnis vom 18. April 1521 „ist das Fanal geworden, das durch die Geschichte des gesamten europäischen Geistes weiter leuchtet bis heute und von dem das Wort Gewissen seine entscheidende Bedeutung für die letzten Fragen des menschlichen Daseins empfangen hat"[17].

Man spürt bei ihm seine dankbare Schülerschaft gegenüber Karl Holl,

---

[13] JOACHIM ROGGE, 1521–1971. Luther in Worms. Ein Quellenbuch, Witten 1971. FRITZ REUTER (Hg.), Der Reichstag zu Worms von 1521. Reichspolitik und Luthersache, Worms 1971. Als exegetischen und existentiellen (= tropologischen) Hintergrund für das punctum protestantissimum verweise ich auf Luthers Deutung von Ps 9,5 (Gott ist iudex iustitiae) in den Operationes in Psalmos, jenes ergiebige Kommentarwerk, das Luther abbrechen mußte, weil er nach Worms zitiert wurde. AWA 2.520,6–18; bes. 28–37; WA 5.292,11–23; bes. 32–41.

[14] Capta conscientia in verbis Dei, Luthers Widerrufsverweigerung in Worms, in: Der Reichstag zu Worms, S. 180–207; 200.

[15] Ebd.; vgl. BERNHARD LOHSE, Ratio und Fides, Göttingen 1958, S. 134.

[16] Als Interpretationshilfe für diese Doppelung ist auf die von Luther allerdings erst 1530 angeführte Augustinstelle, Epistola 82, PL 33, col. 277, hinzuweisen: WA 30II.384,5f. Biel beruft sich auf Gerson für eine dreifache Gewißheit, wobei die dritte insofern ausscheidet als sie auf „probabilibus coniecturis" beruht. Die erste bezieht sich auf die Wahrheiten, die in der Heiligen Schrift enthalten sind (certitudo supernaturalis), die zweite (certitudo naturalis) auf innerweltliche Erfahrung „ut sol orietur". Canonis Misse expositio resolutissima Gabrielis Biel, Lectio 8 B, ed. H. A. OBERMAN, W. J. COURTENAY, I, Wiesbaden 1963, S. 59.

[17] Lutherstudien I, Gütersloh 1954, S. 175.

wenn er zu der Schlußfolgerung gelangt, daß „für Luther das Gewissen sowohl der Quell alles menschlichen Wahrheitssuchens wie der Ort aller vom Menschen empfangnen Wahrheitsgewißheit ist“[18].

Mit der letzten Aussage kann man sich einverstanden erklären: Das Gewissen ist tatsächlich bei Luther der Ort aller menschlich empfangenen Wahrheitsgewißheit. Nur, meint er in Worms wirklich, daß das Gewissen auch die Quelle alles menschlichen Wahrheitssuchens ist, der anthropologische Hort des Glaubens, gefeit gegen den Einbruch der Sünde? Solches leuchtet uns Modernen vielleicht ein, entspricht aber nicht Luthers Gewissenserfahrung. Er ist sich zu sehr bewußt, daß das Gewissen des Menschen beweglich, unruhig, ja Unruheherd in der menschlichen Existenz ist, beirrbar und beeinflußbar: Des Menschen Elend kann sogar mit seinem unruhigen Gewissen in eins gesetzt werden. Der augustinische Leitsatz, daß das Herz nur zur Ruhe kommt in Gott, ist bei Luther von *cor* auf *conscientia* übertragen, und zwar so, daß das Gewissen nur Festigkeit findet in der Schrift Gottes.

Aber wie ist diese Heilige Schrift richtig zu deuten, nachdem die Allegorese nicht länger helfen kann, der Selbstaussage des Wortes Gottes gerecht zu werden und auch jene Mauer der babylonischen Gefangenschaft niedergelegt ist, daß die unbeirrbare Kirche die Schrift souverän deutet? Wir haben uns bislang geholfen mit dem Hinweis auf Luthers Erkenntnisprinzip „Was Christum treibet“. Damit ist gewiß der Auslegungsskopus, aber weder die Auslegungsinstanz noch der Auslegungsvorgang geklärt. Hier nun kommt das *erste,* und zwar theologieimmanente Wirkungsfeld der offen zutage liegenden, vernünftigen Einsicht, der *ratio evidens,* zum Zuge. „Was Christum treibet“ wird nicht nur den *eruditi* und *experti,* den alt- und neutestamentlichen Exegeten anheim gestellt. Die Schrift ist darin klar, daß die jeweilige Exegese sich an der allen Menschen gemeinsamen weltlichen Vernunft auszuweisen hat.

Die Schriftauslegung wird damit zum weltlichen Geschäft, dem kühlen Wind der kritischen Vernunft hingegeben, der Forderung auf Nachvollziehbarkeit und Überprüfbarkeit ausgesetzt. Luther übernimmt hier ein Ergebnis der mittelalterlichen Auseinandersetzung zwischen akademischer und monastischer Theologie; denn die akademische Theologie hatte sich darin durchgesetzt, daß katholische Wahrheiten auf *auctoritas* und *ratio,* auf Schrift bzw. Tradition *und* den daraus mit Hilfe der Philosophie gezogenen Schlußfolgerungen aufgebaut sein sollten[19].

---

[18] Ebd., S. 179.

[19] Vgl. den Traktat des Johannes Brevicoxa († 1423 als Bischof von Genf), ‚De Fide, et Ecclesia, Romano Pontifice, et Concilio Generali‘, in: Joannis Gersonii Opera omnia, ed. L. E. du Pin, I, Antwerpen 1706, col. 805–904. Vgl. dazu Hermann-Josef Sieben, Die

Bei Luther entfällt zwar die kirchliche Tradition als autonome Wahrheitsinstanz und der Anspruch der *auctoritas* wird der Schrift allein zurückgegeben. Sie allein ist diese Autorität der Wahrheit, sofern sie allein das Wort Gottes ist. Doch neben der Schriftautorität steht die Überzeugungskraft der allen Menschen zugänglichen Evidenz. Beide, Schrift und Evidenz, können als Instanzen hart aufeinanderprallen, dann etwa, wenn die *ratio* die Gotteswahrheit in ihrer Torheit zu erstikken droht, dann etwa, wenn die *ratio* am klaren Gotteswort deutelnd, sich dieses nach eigenen textexternen, das heißt spekulativen Maßstäben zurechtlegt.

Ein anderes ist es aber, wenn die *ratio* die *auctoritas divina* auf ihre Konsequenzen abhorcht und nach den Konklusionen sucht, die nach allen Regeln des logischen Schlußverfahrens aus dem Schriftwort klar, notwendig und unwiderleglich zu ziehen sind. Hier darf die *ratio* denselben Wahrheitsanspruch erheben, wie das Schriftwort selbst, nicht vorsichtig als *opinio* formuliert der Diskussion anheimgestellt, sondern als *assertio,* nur dem schlüssigen Gegenbeweis weichend. Daß der Gegenbeweis noch gefordert werden kann, unterscheidet die *assertio* immer noch vom Gotteswort, doch so lange der evidente Gegenbeweis nicht erbracht ist, so lange gilt die unbedingt verpflichtende Kraft der evidenten Exegese.

In seiner vor Ende des Wormser Jahres, im November 1521, vollendeten Schrift ‚De votis monasticis' greift Luther noch einmal die Wormser Aussage auf, wenn er im Schlußwort sagt, sein ganzes Anliegen sei durch Schrift und durch klare, für jedermann zugängliche Gründe gesichert: „...arbitror omnia scripturis et rationibus evidentibus munita..."[20]

Wenn man die in dieser Schrift verfolgte Methode der Argumentation genauer betrachtet, so ergibt sich, daß Luther aufgrund der Heiligen Schrift die Freiheit eines Christenmenschen entfaltet, dieses Anliegen nun aber dahingehend mit Hilfe der evidenten Vernunft erweitert, daß es *omnium evidentissimum,* d.h. sonnenklar ist, daß die Gelübde die Gewissen unnütz quälen mit Sünden, die keine echten Sünden sind, sondern die vielmehr Menschen knechten und nachweisbar überfremden, sich damit als „illicita, impia et Evangelio pugnantia" erweisen[21].

Das *zweite* Wirkungsfeld der *ratio evidens* liegt innerhalb des Bereichs von Welt und Welterfahrung. So sehr die Weltvernunft nicht in den Bereich der Offenbarung eindringen kann, ohne sich als Hure zu entlarven, so sehr ist sie nun in ihrem eigenen weltlichen Bereich die nicht von

---

‚quaestio de infallibilitate concilii generalis' (Ockhamexzerpte) des Pariser Theologen Jean Courtecuisse († 1423), in: Annuarium Historiae Conciliorum 8 (1976) S. 176–199.

[20] WA 8.668,24f.

[21] WA 8.668,16.

Sündenfall und Unglaube eingeschränkte, selbst dem gottlosen Menschen noch ureigene Lebensquelle, ja die „inventrix et gubernatrix omnium"[22], die die Welt entdeckt, durchleuchtet und ordnet. Damit weitet sich allerdings der Horizont vom gern verlachten oder auch heftig kritisierten ‚logizistischen' Schulbetrieb der Moderni zum Erfahrungsbezug nominalistischen Weltverständnisses.

Luther, der angebliche Fideist, formuliert diese eigene Kraft der Weltvernunft radikaler als je zuvor gewagt: Die *ratio* ist durch den Fall nicht zerstört, ja nicht einmal geschädigt, sondern im Gegenteil bestätigt und gestärkt, in der Lage, den hereingebrochenen Bedrohungen der Welt zu widerstehen und die nunmehr widerspenstige Schöpfung zu gestalten[23].

Zusammengefaßt: Wenn Luther in Worms nur der Macht von Schrift und Evidenz zu weichen bereit ist, dann ist dies nicht ein rhetorischer Doppelschlag für die Berufungsinstanz der Schrift. Ebensowenig liegt hier ein Manifest für das Gewissen als unbeirrbare Wahrheitsquelle vor[24]. Die *conscientia* ruht nie in sich, sondern muß festgemacht werden an der Heiligen Schrift, muß fest auf dem Felsen des Wortes, *super petram,* stehen in dem Wissen, daß der Gott, der in der Heiligen Schrift spricht, nicht lügt[25]. Wenn nicht, ist sie sogar dem gotteswidrigen Bereich von Welt, Teufel und Fleisch verfallen.

Zugleich ist aber für das Bestehen des Gewissens notwendig, daß es sich der *ratio evidens* als Welterfahrung stellt. Diese *ratio* dürfen wir nicht als Vernunft im philosophischen, sei es im thomistischen, sei es im post-kantianischen Sinne fassen, sondern als Welterfahrung, die mit ihrer Evidenz auf der *experientia* basiert, an diese appelliert und vor ihr auch bestehen muß; ihre Evidenz läßt sich ausweisen an jener profanen Erfahrung, welche in Sprichwörtern und Volksweisheiten gespeichert und tradiert wird. Die *experientia* hat auch dies mit der *ratio* gemein, daß ihr im Bereich des Glaubens, im Gegensatz zum Bereich der Welt, keine konstituierende Funktion zugesprochen werden kann, ohne, wie die *ratio,* zur Hurerei, zur eigenmächtigen Schwärmerei zu führen. In die profane Dimension verwiesen und deshalb voll gerechtfertigt ist jedoch die *ratio evidens* mächtig, ihre Grenzen sogar gegen Übergriffe des kirchlichen Regiments auch ohne die Schrift aus eigenen Kräften zu

---

22 WA 39I.175,11.

23 „Nec eam Maiestatem Deus post lapsum Adae ademit rationi, sed potius confirmavit." De homine, These 9; WA 39I.175,20f. Vgl. Gerhard Ebeling, Lutherstudien II: Disputatio de homine 1, Tübingen 1977, S. 17.

24 Siehe hier auch die zutreffende Kritik von Michael G. Baylor in seinem Buch Action and Person. Conscience in late scholasticism and the young Luther, Leiden 1977, S. 265f.

25 WA 8.669,2–4.

verteidigen: „Et ille insensatus asinus papa hats so grob gemacht, ut etiam palparetur iudicio rationis, etiamsi non haberemus scripturam."[26]

Mit dieser profanen Dimension der *ratio evidens,* bzw. der tagtäglichen Erfahrung, bringt Luther nominalistisches Erbe in die Reformation ein. Diese Erfahrung ist nicht nur dem Mystiker oder dem Experten vorbehalten, sondern jedermann auf der Straße zugänglich. Der *via moderna* verpflichtet, formuliert er am Ende des Jahres 1532 den unterschiedlichen Stellenwert der Erfahrung in den zwei besprochenen Bereichen pointiert so: „Im Bereich der Welt ermöglicht und schärft die Erfahrung unsere Wahrnehmung und begründet unser Verstehen. Im Bereich der Theologie geht es umgekehrt: Gläubiges Hören und festes Vertrauen auf Gottes Wort liegt aller Erfahrung voraus."[27]

5. Reformatorischer Durchbruch und nominalistisches ‚Prinzip'

Was sich in dieser Tischrede des Jahres 1532 als Theologumenon lesen läßt, ist bereits für die Anfänge Luthers und der Reformation geschichtsbestimmend geworden.

Das Zentraldokument, um den reformatorischen Durchbruch zu verstehen, ist trotz wiederholt vorgebrachter Bedenken nach wie vor der Rückblick in der Vorrede zur Erstausgabe seiner *Opera omnia* in Wittenberg von 1545. Die Rätselhaftigkeit dieser Autobiographie liegt vor allem darin begründet, daß wir bisher von der Geschlossenheit des Textes ausgingen, ohne zu beachten, daß es sich hier um eine Schlußredaktion und damit um das Produkt einer längeren Reihe von allmählich erweiterten Rückblicken handelt. Suchen wir neben den bekannten Parallelen nach Vorformen von diesem Stück Autobiographie[28], so stoßen wir auf den bisher zu Unrecht unterschätzten Quellenwert der

[26] WAT 2. Nr. 1346; S. 60,16f.

[27] „In natura experientia est causa, cur audiamus, et praecedit assensum; in theologia autem experientia sequitur assensum, non praecedit." WAT 1. Nr. 423; S. 183,25–27; vgl. WAT 4. Nr. 4091; S. 129,23f.: „experientia, rerum magistra, omnia moderari deberet."

[28] Wie eng Luthers Rückblicke verbunden sind mit der Idee einer Gesamtausgabe seiner Werke, belegt z.B. ein Gespräch mit Georg Maior, dem späteren Mitherausgeber der Wittenberger Lutherausgabe: „Cum aliqui libri haberentur in mensa ex primis, quos edidit, inquit: O, ich wolt gern, das ich sie alle bei einander hett! – Responsio Maioris: So kunde man sehen, Domine Doctor, quam haec doctrina accrevisset. – Respondit Doctor: Ja es ist war! Ergo eram primo valde imbecillis. Ich war in vilen dingen sehr schwach." WAT 5. Nr. 5471; S. 172,1–6; vgl. Nr. 5511; S. 204,30–32. Tischrede Nr. 5346 (S. 75f.) ist sowohl wichtig wegen der Bezeugung des Eingreifens von Staupitz (m.E. in den Jahren 1512 [S. 75,20] und 1515 [S. 76,6]) als auch wegen der Mitteilung „ego disputavi de indulgentiis" (S. 76,16).

Tischreden, welche den Entstehungsvorgang dieses Textes bereits seit 1532 belegen.

Eine dieser Vorformen hilft uns nun, jenen Punkt zu erfassen, an dem der Wittenberger Ordensdoktor zum Reformator geworden ist.

„Da ich erstlich im psalmen laß und sang [!]: *In iustitia tua libera me!*, da erschrack ich alle mal und war den worten feindt: *Iustitia Dei, iudicium Dei, opus Dei;* denn ich wust nichts anders, *iustitia Dei* hies sein gestreng gericht. Nuhn solt er mich noch [nach] sein gestrengen gericht erretten? So wer ich ewig verloren! Aber *misericordia Dei, adiutorium Dei,* die wortt hett ich lieber. Gott lob, da ich die *res* verstunde und wiste, das *iustitia Dei* hieß *iustitia, qua nos iustificat per donatam iustitiam in Christo Ihesu,* da verstunde ich die grammatica, und schmeckt mir erst der Psalter."[29]

Die entscheidende Stelle, die den reformatorischen Umbruch markiert, erweist sich jetzt vollends verständlich im Kontext der Luther gegenwärtigen nominalistischen Tradition: „Gott lob, da ich die *res* verstunde und wiste, ... da verstunde ich die *grammatica,* und schmeckt mir erst der Psalter." Auf den ersten Blick scheint diese Aussage unserer These zu widersprechen, daß Luther auch als Reformator noch Nominalist geblieben ist. Heißt es doch sogar: „Res sunt praeceptores. Qui non intelligit res, non potest ex verbis sensum elicere"[30]. Gewiß schließt Luther an bei jener klassischen Tradition, die wir bis zu Tacitus und Cato zurückverfolgen können: „Rem tene, verba sequuntur"[31]. Wer hört aber nicht zugleich den Kampfruf der *via antiqua:* Wir beschäftigen uns mit den *res,* den Streit um Worte überlassen wir den Nominalisten[32].

Dies glatt zum Leitsatz der *via Lutheri* zu erheben, mißachtete jedoch die nominalistische Unterscheidung der zwei Bereiche gerade auch des Reformators: In der Theologie liegt – umgekehrt als im Bereich der Welt – der *assensus,* das Beugen vor Gottes Offenbarung, allem voraus, geht aller *experientia* voran. Erst in zweiter Instanz erschließt sich dann das Wort Gottes in seiner *grammatica.* Eine zweite Instanz erhält ihre tragende Bedeutung in der biblischen Erschließung der *iustitia Dei.* Denn die reformatorische Entdeckung wird erst dann zur beglückenden reformatorischen Erfahrung, eben der vielberedeten Wende, als es Luther gelang, seinen *assensus* an der *grammatica* festzumachen. Allge-

---

[29] WAT 5. Nr. 5247; S. 26,18–26; vgl. WAT 4. Nr. 4769; S. 479,29–31: „Multo maxime necessarium est in sacris literis, quid nominis primum et certissimum habere, quia de rebus incognitis et tantum fide perceptis agitur."

[30] WAT 5. Nr. 5246; S. 26,11f.

[31] Vgl. WADB 3.121, Anm. 2.

[32] Vgl. Gerhard Ritter, Studien zur Spätscholastik II: Via antiqua und via moderna auf den deutschen Universitäten des XV. Jahrhunderts, Sitzungsberichte der Heidelberger Akademie der Wissenschaften, Phil.-hist. Klasse Jg. 1922, 7. Abh., Heidelberg 1922 [Darmstadt 1975], S. 133.

mein gefaßt: Das *sola fide* wird erst dann zum reformatorischen Durchbruch, wenn es sich an der Schrift allein hat ausweisen können.

Diese Beobachtung ist auch für die Datierung des Umbruchs von erheblicher Bedeutung. Nicht überall dort, wo Luther reformatorisch die geschenkte Gerechtigkeit erahnt oder sogar postuliert, aber noch immer schlichtweg setzt, darf bereits auf den reformatorischen Durchbruch geschlossen werden. Dazu gehört beides, die Glaubensgerechtigkeit und ihr exegetisch überprüfbarer Wortbestand.

Die unumkehrbare Abfolge von Assenz – d.h. lebendigem Glaubensgehorsam – zur Grammatik – d.h. Schrifttreue – hat Luther zum Reformator gemacht. Er ist nun aber als Reformator darin zugleich der *via moderna* verpflichtet, daß er die zwei Bereiche unterschieden hat, so daß der entgegengesetzte Denkvorgang, im Bereich der Welt die Regel, im Bereich der Schrift als Hurerei und Teufelswerk kompromißlos verworfen wird. In der Theologie gibt es kein allgemein verbindliches, philologisch oder philosophisch, kurzum wissenschaftlich zu erhebendes Vorverständnis, welches den Assenz überspringt und die Schrift bis auf den wahren Gott hin durchsichtig machen kann[33]. Damit ist bei Luther der Wert der Schrift keineswegs schwärmerisch als nur reiner Buchstabe relativiert. Der Assenz zum Gotteswort wird erst zum Fels des eigenen Gewissens, zur Quelle der Glaubensfreude, zur Basis assertorischer Lehre und zum Fundament des Kirchenbaus, wenn er in der Schrift festgemacht, deshalb vor innerem und äußerem Widerspruch bestehen kann und besteht.

Unser Anliegen wäre mißverstanden, wenn es als der Versuch gedeutet würde, Luther in seine Quellen und Bestandteile zu zerlegen. Vielmehr dient die Erhebung des historischen Ortes dem Ziel, verstehend Altes und Neues zu unterscheiden, das Alte in seiner Umwertung zu erfassen und sodann das Neue zu entdecken und zu werten. Rückblendend zurAusgangsfrage nach dem Verhältnis von Spätmittelalter und Reformation hat sich eben am *punctum protestantissimum,* dem Bekenntnis zu Worms, sowie an der „cause célèbre“, dem reformatorischen Durchbruch, gezeigt, daß die Alternative „Kontinuität“ *oder* „Diskontinuität“ uns Entstellungen aufbürdet, die sowohl am reformatorischen Selbstverständnis wie überhaupt am Zuschnitt der Zeit glatt vorbeiführen. Damit ist zugleich an entscheidenden Stellen den Modernen der Zugang zum Erbe der Reformation verbaut. Dann erst gilt die These: „Die Reformation im 16. Jahrhundert ist gescheitert.“[34]

---

[33] Diesen Leitsatz als Programm für die neutestamentliche Exegese finde ich überzeugend entfaltet bei PETER STUHLMACHER, Vom Verstehen des Neuen Testaments. Eine Hermeneutik, Das Neue Testament Deutsch, Ergänzungsreihe 6, Göttingen 1979, S. 206ff.

[34] ERWIN ISERLOH, Luther und die Reformation (s. Anm. 6), S. 7.

II

Die Bedeutung der Mystik von Meister Eckhart bis Martin Luther

1. Umstrittene Erfahrung

Um Klarheit zu schaffen über die religiösen Phänomene und Haltungen, die sich unter dem umstrittenen und deshalb schwimmenden Begriff Mystik verbergen, müssen anfangs zwei Unterscheidungen vollzogen werden.

Einmal unterscheiden wir im Glaubensbegriff selbst den Glauben als ein ‚Fürwahrhalten' von Glaubenstatsachen. Glaube ist dann die Anerkennung der großen Taten Gottes in Schöpfung, Menschwerdung, Passion, Auferstehung und Vollendung. Glauben heißt sich beugen unter die Autorität der Schrift oder der Kirche. In der lateinischen Sprache wird diese Dimension der Anerkennung als *fides quae creditur* bezeichnet: Gemeint sind hier die Glaubensartikel, die geglaubt und eben so akzeptiert werden. In diesem Sinne ist Glaube als ‚orthodox' oder ‚häretisch' definierbar.

Die zweite Dimension wird in der lateinischen Fachsprache als *fides qua creditur* bezeichnet: Der Glaube als Haltung Gott gegenüber, als die Art und Weise des Umgangs mit Gott. In dem Maße, in dem der Mensch selbst eingebracht ist in das Verhältnis zu Gott, ist der Glaube zu verstehen als ‚tot' oder ‚lebendig', ‚kalt' oder ‚inbrünstig'.

‚Mystischer Glaube' bezieht sich immer auf die fides qua creditur, auf den lebendigen Umgang mit Gott, ohne sich jedoch von der fides quae creditur zu trennen. Lebendiger Umgang mit Gott ist nur denkbar in einem Komplementär- oder sogar Spannungsverhältnis zum Glauben der Offenbarungstatsachen, die von der fides qua als festes Fundament vorausgesetzt und sogar bewußt überhöht werden, wenn in der mystischen Erfahrung neue Offenbarungen gesucht werden. Westliche Mystik bindet die fides qua streng an die fides quae. Es ist ihr Charakteristikum, daß sie jene freischwebende kosmische Mystik und Äonenspekulation zu meiden sucht, die in der östlichen Gnosis angelegt ist. Die Glaubenserfahrung geht nicht vorbei am Glaubensbekenntnis. Im Glaubensartikel von der Trinität Gottes wird im Abendland durch das Bekenntnis des filioque – der Geist geht aus vom Vater *und* Sohn – der Geist und damit der Geistmensch an die Offenbarung Gottes in Christus gebunden.

2. Mystik und mystische Theologie

Die andere, hier zu vollziehende Unterscheidung ist gleichfalls fundamental, im Gegensatz zur traditionellen Paarung von fides quae und fides qua jedoch oft übersehen. Gemeint ist die Unterscheidung zwischen Mystik und mystischer Theologie. ‚Mystik' ist der Begriff für die Glaubenserfahrung auf dem Weg zur Einung mit Gott. Der Großteil unserer Quellen gehört hingegen zum Bereich der mystischen Theologie, die unsere Erfahrungen lehrhaft abstrahiert und dabei zwischen wahrer und falscher Mystik unterscheiden will. Bis in unsere Handbücher hinein, in Enzyklopädien und Textsammlungen wird dieser Unterscheidung nicht konsequent genug auf den Grund gegangen. Meistens werden Texte mystischer Theologie zitiert, ohne daß der Leser darauf aufmerksam gemacht wird, damit noch keinen Zugang zur Mystik zu haben. In der mystischen Theologie handelt es sich um eine lehrhaft distanzierte Form, in der über ‚Mystik' verhandelt wird: Das Interesse besteht besonders darin, zwischen wahrer und falscher Mystik zu unterscheiden. Mystische Theologie sucht allgemeine Regeln oder ‚Gesetze des Geistes' zu entwickeln, mit deren Hilfe die Erfahrungen der Mystiker interpretiert, reguliert und nachvollziehbar gemacht werden können. In der Forschung haben wir noch nicht einmal begonnen zu ermitteln, inwieweit diese Regulierung auch zurückgewirkt hat auf die Erlebnisberichte der Mystiker, denen zuvor eingeprägt war, welche Erfahrungen und welche Reihenfolge von Erfahrungen als ‚normal' oder sogar als ‚orthodox' von den mystischen Theologen geeicht worden waren.

Zur Konkretion seien zwei Beispiele aufgeführt. Um 1400 wird von mystischen Theologen immer eindringlicher gegen Tränen als Begleiterscheinung und vor allem als ‚Ausweis' von mystischer Erfahrung gewarnt. Diejenigen Mystiker, die meinen, sie könnten die Echtheit ihrer Gefühle durch Tränen beweisen, sind völlig auf dem falschen Weg und noch immer dem äußeren Menschen versklavt. Tatsächlich liest man nach 1410/20 in den mystischen Tagebüchern und Erfahrungsbeschreibungen kaum noch von vergossenen Tränen. Wir wissen, daß es Zeiten gab, in denen man leichter geweint hat als in anderen, doch wir dürfen diesen Verhaltenswechsel bei mystischen Erlebnissen als warnendes Beispiel dafür ansehen, daß die mystische Theologie nicht nur dienend und schlicht registrierend Gotteserfahrungen vermittelt, sondern geradezu in die Berichterstattung von denen, die uns auf dem mystischen Wege vorangegangen sind, regulierend eingegriffen hat.

Ein zweites Beispiel sei genannt, das wohl allgemeiner bekannt ist: 1545, ein Jahr vor seinem Tod, beschreibt Luther, wie er zur reformatorischen Entdeckung gekommen ist. Theologisch hatte er die Rechtfertigungslehre schon zu fassen gesucht und die richtige Bestimmung der schenkenden Gerechtigkeit Gottes mit Hilfe der Psalmen bereits im Blick, konnte sie jedoch bei Paulus noch nicht exegetisch festmachen. Als er aber schließlich Römer 1,17 verstanden hatte, beschreibt er als seine Erfahrung, ‚daß sich ihm wahrhaftig das Paradies aufgetan hatte'. Das erinnert an eine mittelalterliche Tradition, eine Turmerlebnistradition von der Entdeckerfreude und Glaubenswende, welche die Grenzen des Irdischen durchstößt. Es ist vollends glaubhaft, daß Luther dieses Turmerlebnis genau wie von ihm berichtet erfahren hat; wahrscheinlich ist aber auch, daß er diesen Durchbruch dem Leser in einer bereits von der Tradition vorgeformten ‚liturgischen' Sprache vermittelt hat. Gewiß, Luther ist immer wieder überraschend sprachschöpferisch – aber im Rahmen einer vorgegebenen ‚Sprachregelung', der eben das Neue abzulauschen ist.

Man wird auf die Historiker hören müssen, um zu ermitteln, ob es sich in mystischen Erfahrungsberichten jeweils um neue mystische Erfahrungen handelt, die dann in späterer Zeit auch zu neuen Formulierungen geführt haben, oder ob die Mystiker ihre Berichte an die Erwartungen der mystischen Theologen angepaßt haben. Dabei sind sich die Mystiker immer bewußt gewesen, daß sie sich auf einem schmalen Grat bewegen zwischen wahrer und falscher Mystik, zwischen sich etwas ‚verrückt' vor Augen gaukeln und der echten Erfahrung des horchenden Umgangs mit Gott.

Die mystischen Theologen des Mittelalters waren sich ihrer Distanz zur Mystik durchaus bewußt und erinnern des öfteren an die eigenen Erfahrungslücken. Grundsätzlich wiesen sie auf die Unmöglichkeit hin, Blinden Farben vor Augen zu führen. Dieses Beispiel erklärt, warum wir über mystische Erfahrungen nur so stammelnd sprechen können. ‚Eigentlich' können wir uns nur denjenigen mitteilen, die ähnliche Erfahrungen gemacht haben. Es handelt sich also um die grundsätzliche Schwierigkeit, eine mystische Theologie für Nicht-Experten, für die Unerfahrenen zu entwickeln. Der Ausdruck ‚Experte' stammt eben aus dem Bereich mystischer Theologie. *Expertus* ist derjenige, der *experientia,* Erfahrung, gehabt hat. Das Wissen um die Diastase zwischen Erfahrung und Erfahrungsanalyse, um die Bescheidenheit, die Berichterstattung in ihrer dienenden Funktion zu bewahren, geht den Theologen im nachreformatorischen Zeitalter der Orthodoxie zusehends verloren. Jetzt wird genau bestimmt, was wahre Mystik ist und nach welchen Gesetzen sie abzulaufen habe. Diese Orthodoxie ist selber zwar im Sterben, im Bereich der Mystik aber regiert sie bis heute unsere Handbücher und Enzyklopädien – und blockiert so unseren Zugang zur Mystik.

3. Deutung und Fehldeutung der Mystik

Die evangelischen Handbücher des späten 17. und des 18. Jahrhunderts führen nur noch selten zur echten Mystik. Ängstlich bemüht um Orthodoxie und konfessionelle Abgrenzung, wird der Bereich erfahrener Mystik ausgefegt und ausgetrocknet, mit dem Ergebnis, daß auch unser Verständnis von Mystik weitgehend negativ vorprogrammiert ist. Im Bereich der evangelischen Orthodoxie gibt es wenig, was zur Bestimmung der Mystik hilfreich wäre, denn sie sieht Mystik als ein Phänomen des schriftfernen Katholizismus an, der samt seiner Sakraments- und Marienmystik von der Reformation widerlegt und überwunden wurde.

In römisch-katholischen Handbüchern wird immer wieder Philippus a SS. Trinitate zitiert, ein ausgewiesener Thomasinterpret, der durch seine erstmals 1656 in Lyon erschienene Summa Theologiae Mysticae berühmt wurde. Seine Definition für Mystik lautet: „Himmlische Mystik ist jene Kenntnis Gottes, die ermöglicht wird durch die Vereinung des Willens mit Gott und durch die Erleuchtung des Verstandes." Alles andere ist für ihn falsche Mystik. Unter dem Druck dieser Definition, mit der die heutige Forschung noch immer arbeitet, haben selbst vorzügliche Augustinkenner schließen müssen, daß der Kirchenvater kein Mystiker war. Diese Aussage ist aber nur haltbar, wenn man sich auf eine solche thomistische, von Aristoteles regulierte Definition von Mystik festlegt.

Die andere Möglichkeit, Mystik zu bestimmen, entspringt einem philologischen Ansatz: Mystik kommt vom griechischen Verb mýein, was ‚Lippen und Augen schließen' bedeutet. Das muß auf die innere Sammlung bezogen werden. Mystik heißt dann, daß ich mich zurückziehe aus der Verstreuung und Verzettelung der Welt, daß ich mich auf meine Seelenkräfte konzentriere. So versucht man, sich von allem loszulösen, was das Ich an Ort und Zeit bindet.

Die griechische Urbedeutung hat zeitweise auch jener Meinung Vorschub geleistet, die mit Mystik eine grundsätzlich negative Theologie verbindet. Echte Mystik wäre dann notwendigerweise negative Theologie, weil sie von dem Urparadox ausgeht, daß in endlichen Bildern die erfahrene Unendlichkeit Gottes ausgesagt werden soll und dennoch nicht ausgesagt werden kann. Deshalb bleibt nur zu stottern übrig, denn mit jedem Satz werden Erfahrungen verkürzt, so daß man sofort die Negation einführen muß, weil Gott nicht faßbar ist und unsere Erfahrungssprache sprengt. Negative Theologie ist das Gegenstück zur sogenannten positiven Theologie, die heute als systematische Theologie bezeichnet wird, in der es um Interpretation und Weiterdenken von Heiliger Schrift und Kirchenlehre geht. Negative Theologie geht davon aus, daß man nur staunend und stammelnd von Gott sprechen kann. Sie hat zeitweise auch im Abendland ihre Anhänger gefunden und am Vorabend der Reformation sogar eine Welle der Begeisterung ausgelöst. Von der scholastischen Theologie und vom Kampf zwischen den verschiedenen theologischen Schulen ermüdet und enttäuscht, erschien die negative, wortlose Theologie der aufstrebenden neuen Intelligenzschicht als Hoffnung und Möglichkeit, den geisttötenden Theologenstreit zu transzendieren.

Eine dritte Möglichkeit, den Bedeutungsgehalt von ‚Mystik' zu analysieren, ist die religionsphänomenologische Betrachtung, denn Mystik ist ein Phänomen, das wir bei allen großen Religionen finden. Aufgrund unserer heutigen Erkenntnisse über die Weltreligionen können wir sagen, daß Mystik ihr Ziel findet in der Befreiung des Menschen, seines innersten Seelenkerns aus der Unheilssituation der Erdgebundenheit. Mit seinem ganzen Wesen, mit Denken, Fühlen und Wollen, ist der Mensch hinüberzuretten in das absolute, reine Ursein. Diese Formulierung, auf die sich Historiker der verschiedenen Religionen einigen können, ist nicht spezifisch christlich. Im Gegenteil, es werden sogar grundsätzliche, christliche Wahrheiten zurückgelassen: Die Unheilssituation der Erdgebundenheit ist nicht das, was wir meinen, wenn wir vom Sündenfall sprechen. Auch dieser religionsphänomenologische Extrakt ist somit keine Hilfe zur Wesensbestimmung der spezifisch christlichen Mystik.

4. Christliche Mystik

Was ist der eigene Weg der christlichen Mystik? Anzusetzen ist bei der Mystik des Apostels Paulus. Im Galaterbrief finden wir jenen Text, der im Mittelalter immer wieder in Berichten und Büchern über mystische Theologie zitiert wird: „Ich bin mit Christus gekreuzigt; ich lebe; doch nun nicht ich, sondern Christus lebt in mir" (Galater 2,19f.). Ist aber Christus in uns, so gilt auch umgekehrt: Dann sind wir allzumal in Christus (vgl. Galater 3,28f.). Das sind Grundtexte besonders der abendländisch mystischen Theologie. Der Kontext macht deutlich, daß es Paulus um die Befreiung von der Last der Thora geht, daß statt ihrer der Geist Christi gekommen ist, der alle Gläubigen erfüllt, sie so zu Kindern Abrahams macht und ihnen Wegweisungen erteilt. Die Deutung der christlichen Existenz als ‚In-Christus-Sein' wird im Abendland immer wieder zusammen gelesen mit dem Hohenlied Salomos, besonders mit dem Vers: „Mein Freund ist mein und ich bin sein" (Hoheslied 2,16). Diese intime Freundschaft und die hier besungene Liebesfreude der Braut, wenn der Bräutigam hautnah kommt, dient als Abbild und

Vorbild des Umgangs der Vereinigung und Verschmelzung der Seele mit Christus. Das ‚In-Christus-Sein' wird zu einem Liebesverhältnis mit Küssen und Vortasten umgestaltet, mit dem Höhepunkt der *extasis,* des ‚Außer-sich-Geratens', des *raptus.*

Wenn evangelische Kirchenhistoriker über diese mystische Tradition sprechen, heißt es häufig anständig wegwerfend: ‚erotisierende Mystik'. Ich bin froh, daß wir in einer Zeit leben, wo das Wort ‚erotisieren' wieder aufgewertet worden ist, denn nur dann kann man diese Aussage ohne Abwertung gelten lassen. Ist man der Meinung, daß die Nonnen und Mönche ‚nur' ihre Sexualität sublimiert haben, dann kann man hinzufügen, daß wir allmählich Respekt gewinnen vor der Kunst der Sublimierung.

Eine zweite wichtige Etappe auf dem Weg der abendländischen Mystik ist Augustin († 430). Er ist geradezu als Theologe der Liebe zu beschreiben. Nicht nur sein großer Geschichtsentwurf in dem Buch De civitate Dei (Der Gottesstaat) ist vom Thema der Liebe durchzogen, sondern auch seine Confessiones (Bekenntnisse) bergen von der Liebe Gottes und von der Gottesliebe her eine neue Bestimmung der Person. Nicht Verstand und Denkkraft umreißen den Ort des Menschen in der kosmischen Hierarchie – so hatte es Augustin noch im Philosophieunterricht gelernt –, sondern die Liebe. Liebe ist pondus, und pondus ist nicht Last, sondern Schwerkraft und bestimmt deshalb, in welcher Umlaufbahn sich ein Mensch befindet. Augustin geht davon aus, daß es grundsätzlich nur zwei Arten von Menschen gibt, die sich jeweils in zwei verschiedenen Umlaufbahnen bewegen. Die einen kreisen um sich selber und die anderen um Gott. Beider Umlaufbahnen werden durch die Liebe, die nach dem Zentrum strebt, bestimmt, entweder durch amor sui, Selbstliebe, oder durch amor Dei, Gottesliebe. Um von der einen, ich-schweren, Umlaufbahn in die andere zu gelangen, bedarf es eines Majestätsaktes Gottes. Gott allein bewirkt den Sprung von jener alten in die neue Bahn – allein aus Gnaden, *sola gratia.*

Als im Mittelalter der griechische Philosoph Aristoteles Schritt für Schritt entdeckt, übersetzt und verarbeitet wurde, und als von den neuen Universitäten aus die akademische Theologie ihren Siegeszug antrat, wurde die Vernunft wieder zur zentrumsbestimmenden Kraft des Menschen. Er ist animal rationale, ein vernünftiges Lebewesen. Er unterscheidet sich vom Tier durch seine Vernunft, und das Merkmal, das ihn bestimmt, ist somit seine ratio. Nicht die Richtung der Liebe, sondern das feste Fundament der Vernunft bestimmt den Ort des Menschen zwischen Gott und Welt, zwischen Himmel und Erde. Jene Mystik, die sich mit der aristotelisch orientierten Scholastik verbindet, definiert Mystik als cognitio experimentalis, als die Erfahrung von Denken und Verstehen. Das gilt für das hohe wie für das späte Mittelalter, von Thomas von Aquin († 1279) bis Meister Eckhart († 1328) und Nikolaus von Kues († 1464).

5. *Die Hochmystik und ihre Alternative*

Der Dominikanermönch Meister Eckhart hatte die cognitio experimentalis des Thomas weitergedacht, aber dessen Grenzlinien zwischen ‚Welt des Menschen' und ‚Welt Gottes' durchstoßen. In seiner letzten Lebensphase als Professor in Köln wurde er vom dortigen Erzbischof Heinrich von Wernerburg wegen Häresie angezeigt. Kurz vor seinem Tod appelliert Eckhart 1327 an den Papst, der dennoch am 27. März 1329 in der Bulle ‚In agro dominico' 26 Sätze Eckharts als Irrtümer verurteilt. Drei dieser verurteilten Sätze seien hier kurz interpretiert; der erste, weil er schlaglichtartig Eckharts hochkomplizierte und spekulativ ausgerichtete Lehre beleuchtet, die anderen zwei, weil ihre Verurteilung die nachfolgende Entwicklung der Mystik entscheidend gesteuert hat.

Die erste der verurteilten Thesen gab eine Antwort auf die Frage, warum Gott die Welt nicht früher geschaffen habe: „Das war Gott nicht möglich; sobald es Gott gab, hat er auch die Welt geschaffen. Deshalb konnte er die Welt nicht früher schaffen." Hier wird Gott nicht als freimächtiger Schöpfer, sondern als notwendiges, mystisch zu entschleierndes Sein, das heißt als Geheimnis der Welt eingeholt. Ein einziges Sein umklammert Gott und die Welt. Diese Struktur des Eins-Sein macht es dem Menschen möglich, zu Gott emporzusteigen. So kann Eckhart dann auch formulieren: Was wesenhaft am Menschen ist, das ist göttlich, ja, das ist Gott selbst in ihm.

Die zweite These, die wir von den 26 verurteilten aufgreifen, ist die 19. Dort heißt es: „Gott liebt die Seelen, nicht die Werke des Menschen." Diese Aussage ist nicht typisch für Eckhart allein. Bei Heinrich Seuse († 1366), bei Johannes Tauler († 1361) und in der Mystik überhaupt wird darauf bestanden, daß die Seele im Moment der Gottesankunft ‚apathisch', d. h. regungslos, absolut still sein muß. Hier liegt der Ansatzpunkt für das mittelalterliche sola gratia. Eckharts herausfordernde Formulierung ist von der Kirche jedoch verurteilt worden, weil sie amoralisch, ja gefährlich wirken könnte. Mystische Frömmigkeit hat schon immer die Bürgermoral respektlos übersprungen.

Diejenige These, die ihrer Gegenwirkung wegen Geschichte gemacht hat, weil durch ihre Verurteilung die weitere mystische Tradition geprägt wurde, ist These 10: „In der mystischen Einung werden wir völlig in Gott transformiert und verändert." Nach Auffassung Eckharts kommt es also darauf an, daß der Mensch in Gott so entrückt wird, daß er seine Identität verliert und deshalb auch nicht mehr zur Welt zurückkehren kann. Die mittelalterliche Kirche war der Ansicht, daß hier eine große Gefahr droht, denn die *vita contemplativa* bedürfe dann nicht mehr der Ergänzung durch die *vita activa,* zu der ein Mensch nach seiner mystischen Gottesbegegnung gestärkt in die Welt zurückgesandt werden sollte. Die Verurteilung des Gedankens, daß der Mensch seine Identität in der Gottesbegegnung verliert, hat auf Eckharts Schüler tiefgreifenden Einfluß ausgeübt. Tauler und Seuse sind ängstlich darum bemüht, dieser Konsequenz zu entgehen.

Dennoch ist durch Meister Eckhart eine eigene mystische Schule entstanden. In der Linie von Tauler bis zu Cusanus ist der Versuch gemacht worden, Eckhart zu folgen und seine intellektuell ausgerichtete Mystik weiterzuentwickeln, ohne allerdings die im Jahre 1329 bezeichneten Gefahrengrenzen zu überschreiten.

Daneben entwickelte sich eine andere Mystik, die vom ‚Kirchenvater' des 15. Jahrhunderts, von Johannes Gerson († 1429) getragen worden ist. Er hat eine neue Frömmigkeit, eine neue Mystik entfaltet, die Thomas von Kempen († 1471) aufgenommen hat, der durch sein Buch ‚De imitatione Christi', Von der Nachfolge Christi, bis in unsere Zeit hinein gewirkt hat. Diese ‚alternative Mystik' lebt nicht zuerst von der intellektuellen Schau. Ihr Zentrum ist vielmehr die *via amorosa,* der Weg der Liebe. So werden wiederum Augustin und Bernhard von Clairvaux aufgenommen. Es handelt sich hier bewußt nicht mehr um das Eindringen in Gottes Sein, sondern um die Begegnung mit Gott als Person. Gott begegnet nicht als Substanz, als anonymes Sein der Welt, vielmehr tritt er uns entgegen als Herr der Geschichte. Dieser Gott ist es, der sich in Jesus Christus als Person offenbart hat. Das Ziel der Mystik besteht somit darin, sich mit dem Willen, und so mit dem Personenzentrum Gottes zu vereinen. Cognitio experimentalis ist hier nicht überhöhte Vernunft, sondern das Schmecken Gottes in Analogie zur Erfahrung Adams, als er Eva ‚erkannte' (1.Mose 4,1) – in der Vulgata als cognitio bezeichnet. Diese beiden mystischen Traditionen haben ihre eigenen, unterschiedlichen Geschichtswege, gefördert von schichtenspezifischen, soziologisch beschreibbaren Faktoren. Die cognitio experimentalis der dominikanischen Mystik eines Meister Eckhart wirkt besonders in die kontemplativen Klöster hinein. Diese Form der Mystik ist für eine geistige ‚Aristokratie' geeignet, die Muße findet, sich in der Meditation auf die Kontemplation vorzubereiten und allmählich der Erfahrung des Stillestehens entgegen zu leben, ohne vom Täglichen, von der Sorge um Arbeit und Brot, ohne vom Geschrei der Kinder gestört zu werden. Die Alternative – man kann sie als städtische Mystik bezeichnen – kommt aus den niederländischen Kleinstädten und verbreitet sich schnell bis nach Süddeutschland und Frankreich. Sie ist gezielt auf die kleinen städtischen Handwerker, die jene ‚Mystik‘ erleben wollen, die sie zum lebendigen Glied der städtischen Kirchengemeinde macht, ohne daß sie deshalb gezwungen wären, ihren Beruf aufzugeben. Hier entwickelte sich eine Form von Frömmigkeit, die nach der Arbeit oder in den Arbeitspausen dazu führte, miteinander die Heilige Schrift zu lesen und gemeinsam zu beten. Hier vollzieht sich die ‚Demokratisierung‘ der Mystik, die allen Gläubigen zugänglich ist. Im Gegensatz zur Hochmystik zielt sie auf Glaubenserfahrung, die allem wahren Gauben eigen ist.

6. Spätmittelalterliche Mystik im Zuschnitt der Zeit

Das späte Mittelalter (1300–1500) laizierte die via amorosa, den Weg der Liebe, erhob Augustin und Bernhard von Clairvaux († 1153) zu seinen beliebtesten Seelenführern und schuf damit zur via rationis eine wichtige, geschichtswirksame, außermonastische Alternative, die in der heutigen Forschung noch nicht gebührend gewürdigt wird. Wenn wir an mittelalterliche Mystik allgemein denken, dann assoziieren wir damit gemeinhin eine weltabgewandte Geistesbewegung, die von allen sozialen und politischen Krisen der Zeit weit entfernt ist. Das ist zwar oft gesagt, aber dennoch nicht richtig.

Wir haben mittelalterliche Mystik nämlich mit zwei Bewegungen der Zeit des späten Mittelalters zusammen zu sehen: Die eine ist das Drängen nach fortwährender Reformation der Kirche, der Seele und der Welt. Das Leben ist ein Pilgerweg, der von der Geburt bis zum Tod auf seinen verschiedenen Stationen bestimmt ist von der Begegnung mit Gott. Aller Begegnung voraus liegt die *erste* Ankunft Gottes: Gott wird in Jesus Christus Fleisch, eine nie zurückgelassene Vergangenheit, weil diese Ankunft die Zeiten überdauert in der Kirche. Eingepflanzt in diese Kirche wird der Christenpilger aber erst durch den *zweiten* Advent, das ist das Kommen Christi zum Menschen in seiner Gnade. Am Ende der Geschichte begegnet Gott dem Menschen in Herrlichkeit, es geschieht sein *dritter* Advent. Auf dem Weg zum dritten Advent ist der Mensch in seiner Welt der stetigen Reformation bedürftig, der stetigen Rückgestaltung zu einem Leben in Christus.

Die andere große Geistesbewegung schließt sich auf eigene Weise diesem Reformdrängen an: Die sogenannte Apokalyptik, der Versuch, die Geschichte auf die Zeichen der Endzeit abzuhorchen. Martin Luther und Thomas Müntzer († 1525) waren nicht nur Opponenten, sondern viel mehr noch erbitterte Widersacher im Kampf um die Reformation von Kirche und Gesellschaft. Doch darin waren sie sich einig, daß die Konstellation der Welt auf eine baldige Wiederkunft Christi schließen läßt, daß jetzt die Stunde gekommen ist, das Evangelium unverzüglich und unverkürzt zu verkündigen. Aber anders als Luther mobilisierte Thomas Müntzer die wahren Gläubigen als Vorkämpfer und Vollzieher des Jüngsten Gerichtes: Schon jetzt muß ‚mit dem Schwerte Gideons' dem Königreich Gottes freie Bahn geschlagen werden.

Die spätmittelalterliche Mystik darf also nicht isoliert werden vom Gesamtzuschnitt der Zeit. Was bewegt, sind Reformen, die beim einzelnen ansetzen, die die Kirchen zu erneuern suchen und die eine Reihe von Mystikern sogar aus dem stillen Winkel heraus in den apokalyptischen Endkampf zwingen.

7. Grundtypen mystischer Theologie

Es ist schon grundsätzlich darauf hingewiesen worden, daß mystischer Glaube nicht mit mystischer Theologie verwechselt werden darf. Eine vorsichtige Kategorisierung kann allerdings hilfreich sein, um die verschiedenen Frömmigkeitsformen besser einordnen zu können. Innerhalb der zwei beschriebenen alternativen Grundformen von Mystik, via rationis und via amorosa, müssen wir noch einen Schritt weitergehen. Trotz der Gefahr, durch Inventarisieren zu überfremden, wage ich es, weiter in die Vielfalt der Erscheinungsformen einzudringen. Nun lassen sich jene Arten der Mystik unterscheiden, die sich jeweils an einem der Sakramente orientieren – die sich aber nicht ausschließen, sondern schwerpunktmäßig zu unterscheiden sind. Stellt man sich Gott als Person vor, als den heiligen Gott mit seinem heiligen Willen, dann besteht der mystische Weg darin, daß man sich mit diesem Willen eint und sich nicht nur vor ihm beugt. Der Mensch handelt nicht ‚gesetzmäßig', weil Gott es befiehlt, sondern weil er sich so in Gottes Willen versetzt, mit ihm eins wird, daß er nichts anderes mehr möchte als das, was Gott will. Selbst wenn Gott in seinem heiligen Plan entschieden hat, daß der Mensch in die Hölle geht, bleibt jene Willenseinung so ungebrochen bestehen, daß der Verdammte seinen Richter liebt. Dieser Mystiker ist an der wahren Buße interessiert; er möchte sicherstellen, daß auch der letzte Rest egoistischer Liebe ausgemerzt wird: Gottesliebe, insofern sie Heilsegoismus ist, wird so entlarvt. Dahinter steht die Erfahrung der Mystiker, daß eben Religiosität sich als Verhüllung der Selbstliebe eignet. Wir können diese Form der Mystik als Bußmystik bezeichnen.

Eine andere Form ist die Ehemystik, die im ganzen Mittelalter sehr lebendig ist. Der Höhepunkt der Vereinigung wird dargestellt als ein Austausch von Gütern, so wie es das römische Recht für die Eheschließung vorsieht. Wenn Mann und Frau heiraten, haben sie Rechte aneinander. Die Heirat läßt einen vollständigen Rechtsanspruch entstehen auf den jeweils eingebrachten Besitz. Wir finden diese Übertragung der Ehe und ihres Rechts auf die Christusgemeinde eindrucksvoll in Luthers Traktat ‚Von der Freiheit eines Christenmenschen' dargelegt, wo sie ganz in den Dienst der reformatorischen Theologie gestellt wird: „Ist das nicht eine fröhliche Wirtschaft, da der reiche, edle, fromme Bräutigam Christus das arme, verachtete, böse Hürlein zur Ehe nimmt und sie entledigt von allem Übel, zieret mit allen Gütern?"[1]

Eine dritte Form ist die Abendmahlsmystik. Man kann sie so bezeichnen, weil sie von der Voraussetzung ausgeht, daß der Mensch durch die Einung mit Gott seine Identität verliert, so wie ein Tropfen Wasser in den Kelch des Blutes Christi fällt und verschwindet. Für diese Form der Mystik bedeutet das Abendmahlsbild, daß der Mensch die Welt verläßt, ganz und gar in Gott aufgeht, sein Bewußtsein der Identität und mit seiner ‚Ich-heit' auch den letzten Rest von Sünde verliert. Mir scheint jedoch, daß mit dieser Suche nach Auflösung der menschlichen Person die Grenze der christlichen Mystik überschritten wird.

Man kann nicht vorbeigehen an der Frage, wie sich Mystik und reformatorische Theologie zueinander verhalten. Es ist in der Forschung umstritten, ob Luther als Mystiker zu bezeichnen ist. Sicher ist jedoch, daß wir ohne mystische Theologie keinen ‚jungen Luther' kennen würden, daß es ohne die Erfahrung des mystischen Weges von Augustin bis zu Bernhard von Clairvaux auch nicht den erfahrungsträchtigen, vitalen Christusglauben Luthers gegeben hätte. Er hat diejenigen, die wir heute als Mystiker bezeichnen, wohl eher als wahrhaft und nahrhaft christliche Autoren gelesen; er hat aber von ihnen gelernt, daß er, der Professor der Theologie, sich nicht mit den technischen Hilfsmitteln der Theologie, welche die Humanisten bereitgestellt hatten, begnügen durfte. Man dringt in das Wort Gottes ein, indem man den lebendigen Gott, der hinter und in seinem Wort spricht, wirken läßt, erleidet, mit ihm kämpft, aber sich auch von ihm trösten und erbauen läßt. Lebendige Erfahrung läßt sich nie darauf ein, daß die Heilige Schrift nur ein Wort ist, das man drehen und wenden kann: Die Schrift ist zwar Objekt der biblischen Wissenschaft, deren Ziel ist aber, der Schrift als Subjekt des Glaubens Raum zu schaffen. Luther ging mit der Heiligen Schrift so um wie Mose mit dem Fels: der schlug so lange auf das Gestein, bis das lebendige Wasser heraussprudelte. Wie Mose mußte Luther exegetisch auf die Texte der Heiligen Schrift schlagen, bis sie sich ihm öffnete.

Auch im Kirchenkampf brauchte Luther nicht zu weichen von dem im Kloster entdeckten Fundament des lebendigen Glaubens. Anders als die Klostermystiker des Mittelalters, deren Leben der Stille gewidmet

---

[1] WA 7. 26,4–7.

war, bedeutete für Luther die Erfahrungsdimension des Fröhlichen Wechsels nicht ‚Süßigkeit', sondern ‚Leiden' an dem in uns und in unserer Lebensgeschichte wirkenden Christus. Theologie des Kreuzes verweist eben auf die Einung mit dem Gekreuzigten, nicht mit dem himmlischen Triumphator[2].

8. Die Bedeutung mystischen Glaubens: Zwischen Weltentrückung und Verweltlichung

Die diskursive, reflektierende Theologie hat im Zeitalter der Orthodoxie und Aufklärung, im 17. und 18. Jahrhundert, und in der Zeit des Wettkampfs der Unfehlbarkeitsansprüche von Schrift, Papst und Vernunft, im 19. und 20. Jahrhundert, zur Intellektualisierung des Glaubens geführt. Diese Intellektualisierung bildet die Stärke und zugleich die Schwäche der heutigen sogenannten akademischen Theologie. Ihre Stärke liegt im Angebot des Glaubens, sich wissenschaftlich überprüfen zu lassen und sich aktiv an der Klärung des ideologieumwitterten Zeitgeistes zu beteiligen. Ihre Schwäche liegt genau dort, wo sie früher schon von Bernhard von Clairvaux empfunden wurde, als er die neuen theologischen Fakultäten der Universitäten seiner Zeit kritisierte: im Erfahrungsdefizit und demzufolge in der Vernachlässigung ihrer *Hauptaufgabe,* die Hindernisse auf der via amorosa wahrzunehmen und wegzuräumen. Der neuzeitliche schnelleWechsel von theologischen Schulen und Richtungen, von Glaubensvorstellungen und Morallehren, ist nur dann nicht kirchengefährdend und zur müden Resignation führend, wenn in allen diesen akademischen Ausprägungen von Theologie kein höherer Anspruch erhoben wird, als Versuche zu sein, die via amorosa zwischen Weltentrückung und Verweltlichung für die eigene Zeit zu beschreiben und durch kritische Begleitung gestalten zu helfen.

Die Gefahren der Mystik liegen heute nicht anders als im späten Mittelalter, das überhaupt im Gesamtzuschnitt überraschende Parallelen zu unserer Zeit aufzuweisen hat. Die Mystik verlockt zu jener hohen Entrückung oder tiefen Versenkung, wodurch die Schmerzen der gebrochenen menschlichen, allzu menschlichen Gesellschaft gemieden werden. Die Mystik verlockt zu jener inneren Emigration, die den Pilger zwischen dem zweiten und dritten Adventus welt- und wehruntauglich macht. Sie verführt, in zahllosen neuen Sekten und Glaubensgemeinschaften – ob nun eher theosophisch oder anthroposophisch – an Gottes Offenbarung vorbei Gottes Sein, Gottes Weisheit oder Gottes Ge-

---

[2] Für einschlägige Belege siehe das folgende Kapitel: ‚Simul gemitus et raptus: Luther und die Mystik'.

schichtsplan zu erfassen. Teilweise geschieht dieser Sprung aus „Ungeduld des Herzens“, teilweise aber auch, weil die kirchliche Verkündigung, aristokratisch-intellektuell, nur einer gehobenen Bildungsschicht vorbehalten, nicht von der Basis der Glaubenserfahrung ernährt und erneuert wird.

Neben der historisch-kritischen Methode, mit deren Hilfe die Heilige Schrift zum Objekt der Analyse gemacht wird, brauchen wir wiederum die meditative, selbstkritische Methode, die den Leser zum Hörer und den Studierenden zum Schüler bekehrt. Neben der Lehrpredigt brauchen wir wiederum die Anleitung und Lebensweisung auf dem Wege der inneren Glaubensentdeckungen, die die Schizophrenie, die Spaltung des Ich, nicht als Ausnahme, sondern als die „Krankheit zum Tode“ aller bewußt lebenden Menschen ernst nimmt. Der Pilger, der durch diese Krankheit hindurchgeführt wird, ist zwar nicht „weltentrückt“, aber mystisch „verrückt“ mit jener Narrenfreiheit beschenkt, die es ihm ermöglicht, sich und die Welt „sub specie aeternitatis“, aus Gottes Perspektive, weil aus Gottes Nähe, zu schauen und zu durchschauen: Das macht zu fröhlichen Christen, die ihren Glauben leben können; zu echten Professoren und Pastoren, die Kirche und Gemeinschaft bauen und tragen und ihren Mitmenschen Wege weisen in einer Zeit, in der die Christen nicht mehr lange mit öffentlicher Toleranz rechnen dürfen und sich bereits auf die Bildung von Kerngemeinden einrichten müssen.

Ohne denkenden und tätigen Glauben gibt es keine weltverantwortliche christliche Mystik – aber ohne christliche Mystik auch keine glaubende und lebendige Kirche, die von der Hölle der Endzeit nicht überwunden wird; denn ohne mystischen Glauben gibt es nicht jene Kirche, die das Salz der Erde ist.

III

Simul gemitus et raptus: Luther und die Mystik

„Tractaturus itaque materiam qua nulla sublimior est, nulla divinior, sed nec ulla queri difficilior ..."
(Johannes Gerson)[1]
„Denique raptus ille non accessus vocatur"
(Martin Luther)[2]

Einleitung

Für einen hellhörigen Biographen ist es von Bedeutung, daß Luther für sich selbst den höchsten Grad mystischer Erfahrung bezeugt, wenn er schreibt: „semel raptus fui in tertium celum"[3]. Andererseits kann er – ganz in Übereinstimmung mit einer in der spätmittelalterlichen Frömmigkeitsliteratur fast ermüdend zum Ausdruck kommenden Warnung – im Jahre 1516 feststellen, daß dieses „negotium absconditum" ein seltenes Ereignis ist[4]. Außerdem ist das Streben nach der suavitas, die „eher die Frucht und der Lohn der Liebe als die Liebe selbst" ist[5], mit ernsten Gefahren verbunden. Luther hat seine Autorität niemals mit besonderen Offenbarungen oder tiefen mystischen Erfahrungen begründet, und ebensowenig hat er für „Aristokraten des Geistes" geschrieben, denen bereits ein Vorgeschmack der künftigen Herrlichkeit verliehen wäre. So ist es vielmehr unsere Aufgabe, die Beziehung zwischen Luther und der mittelalterlichen mystischen Theologie zu untersuchen und nach deren möglicher Bedeutung für die Gestaltung und das Verständnis von Luthers Theologie zu fragen.

Weil Mystik eine Form oder Stufe einer religiösen Erfahrung und

---

1 ‚Das Thema, das ich jetzt aufgreife, führt in himmlische Höhen, reicht bis zu Gott, kann uns aber in seiner Abgründigkeit verfangen' (De mystica theologia, Tractatus primus speculativus. Prologus, ed. ANDRÉ COMBES, Lucani o. J. [1958], 2,27–29).

2 ‚Ver-rückt werden heißt aber nicht: Im Glauben vor Gott zu treten' (WA 56.300,7f., zu Röm 5,2; 1516).

3 WA 11.117,35f. (1523); vgl. 2.Kor 12,2. Thomas bezieht den „dritten Himmel" auf die contemplatio intellectus und versteht die Entrückung des Paulus ins Paradies als eine höhere Stufe, „quod pertinet ad affectum" (S. Th. II/II q. 175 a. 2 c. a.).

4 WA 9.98,19 (Randbemerkungen zu Taulers Predigten, 1516). Vgl. dazu JOHANNES FICKER, Zu den Bemerkungen Luthers in Taulers Sermones (Augsburg 1508) (Theologische Studien und Kritiken 107, 1936, 46–64).

5 WA 9.100,38f. (1516).

daher – jedenfalls in mancher Hinsicht – individuell bestimmt ist, läßt sich dieser Begriff nur schwer fassen und definieren. Wir wollen uns deshalb der *mystischen Theologie* zuwenden, die wir als das Bemühen verstehen, die Methoden und Ziele des „mystischen Weges" zu würdigen und die daraus sich ergebenden religiösen Erfahrungen zu beschreiben und psychologisch einzuordnen. Aber auch in dieser Eingrenzung besteht eine beachtliche Verschiedenheit von Meinungen über das der christlichen Mystik angemessene Verfahren und Ziel. Schließlich dürfte, wie schon hier betont sei, speziell im Blick auf Luther darüber Einigkeit bestehen, daß es recht gefährlich ist, das mystische Gewebe von der lebendigen Geistigkeit Luthers abzulösen. Dieses Verwobensein mit der Mystik läßt sich nicht als ein einzelner Aspekt der Theologie Luthers behandeln, wie das bei seinem Verhältnis zu bestimmten Tatsachen, Menschen oder Bewegungen möglich ist, z.B. zur Pestgefahr, zu Karlstadt oder zu den Hussiten; es ist vielmehr nur ein Stück und Bestandteil seiner Auffassung vom Evangelium überhaupt und durchdringt daher sein Verständnis des Glaubens, der Rechtfertigung, seine Hermeneutik, Ekklesiologie und Pneumatologie.

1. Methodologische Erwägungen

Angesichts der Vielschichtigkeit unserer Frage ist es nicht meine Absicht, irgendwelche „endgültigen" Lösungen vorzutragen, sondern ich möchte eher auf eine Reihe von Forschungsaufgaben hinweisen und die Richtung andeuten, in der das Problem in den kommenden Jahren fruchtbar bearbeitet werden könnte.

Jahrhundertealte Kontroversen spiegeln sich in den verschiedenen Meinungen bezüglich Luthers Verhältnis zur Mystik: die Spannung zwischen Philippismus und Pietismus; die mannigfachen Ansichten über das Verhältnis des jungen zum reifen oder alten Luther; die Beurteilung der These von den „Reformatoren vor der Reformation"; die Debatte zwischen Holl und Ritschl über Rechtfertigung als Mitteilung (sanatio) im Gegensatz zu Anrechnung; das enge Ineinandergreifen von politisch-nationalistischen Faktoren im Zusammenprall von Deutschen Christen und Bekennender Kirche, wobei Luther den einen als Sprecher einer rein „deutschen" oder „germanischen Mystik" galt (Eckhart – Luther – Nietzsche), während die anderen in ihm den Zeugen Gottes sahen, totaliter aliter, ohne Anknüpfungspunkt (Seelengrund usw.) im Menschen; die Unklarheit über die Beziehung der via moderna zur devotio moderna sowie – allgemeiner – des Verhältnisses von Nominalismus und Mystik. Eine Berührung mit diesen „Schlachtfeldern" läßt sich zwar bei unserem Untersuchungsgang keinesfalls vermeiden, aber wir werden uns ihnen mit der nötigen Vorsicht nähern.

Das größte methodologische Hindernis ist zweifellos die Tatsache, daß die Begriffe „Mystik" und „mystische Theologie" von Autor zu Autor verschiedene Bedeutung haben. Die Vorfrage ist deshalb: Was ist Mystik, und mit welcher Gedankenstruktur vergleichen wir Luther?

1. Es ist zunächst naheliegend und vor kurzem auch wirklich vorgeschlagen worden, bei der Beantwortung dieser Frage folgendermaßen vorzugehen: „Was ist den genannten Mystikern gemeinsam, und wo findet sich dieses Gemeinsame bei Luther?"[6] Aus zwei Gründen können wir diese Lösung nicht übernehmen. Einmal ist dabei nicht garantiert, daß man über eine zu allgemeine Kennzeichnung der Mystik als purgatio, illuminatio, unio oder über den Gegensatz von scholastischer und mystischer Theologie als sapientia doctrinalis gegenüber sapientia experimentalis entscheidend hinausgelangt. Noch wichtiger ist, daß die Suche nach einem Generalnenner der Mystik bereits voraussetzt, daß man weiß, welche Autoren als Mystiker und somit als Gegenstand der Untersuchung zu gelten haben.

2. Eine andere Möglichkeit des Vorgehens wäre eine von der Dogmatik vorgegebene Lösung. Protestantische Theologen sind aber für unsere Zwecke nicht allzu hilfreich, weil sie in ihrer Beurteilung der Mystik vorwiegend die via negativa beschritten haben und den Christus pro nobis und extra nos eher als Alternative für den Christus in nobis betrachten.

Eine klarere Antwort erhält man aus römisch-katholischen Handbüchern und Enzyklopädien. In thomistisch orientierten Werken begegnet man häufig dem Namen des Philippus a SS. Trinitate, einem bekannten Thomas-Interpreten, der durch seine erstmals 1656 in Lyon erschienene „Summa Theologiae Mysticae" berühmt wurde. Seine einflußreiche Definition lautet: „Theologia mystica coelestis est quaedam Dei notitia per unionem voluntatis Dei adhaerentis elicita vel lumine coelitus immisso producta."[7] Es gibt ein neueres gelehrtes Beispiel einer Anwendung dieser klassischen Formulierung auf einen dem unsrigen ähnlichen Gegenstand: Ephraem Hendrikx' inhaltsreiche Untersuchung „Augustins Verhältnis zur Mystik"[8].

---

[6] Artur Rühl, Der Einfluß der Mystik auf Denken und Entwicklung des jungen Luther (Theol. Diss. Marburg), 1960 (Masch.), 6.

[7] Ebenso bei Thomas de Vallgornera OP, Mystica theologia divi Thomae, Barcelona 1662. Philippus und Thomas waren beide abhängig vom Kommentar des Johannes a S. Thomas († 1644) zu Thomas von Aquin, S. Th. I/II q. 67–70. Vgl. Les dons du Saint Esprit, übers. von R. Maritain, Juvisy 1950^2.

[8] Ephraem Hendrikx O. E. S. A., Augustins Verhältnis zur Mystik (Theol. Diss. Würzburg), 1936; im Auszug und mit Zustimmung des Autors stilistisch überarbeitet von

Obwohl Hendrikx die zitierte Definition nicht ausdrücklich erwähnt, basiert er auf Philippus in der anschließenden Beschreibung der Stufen, die zur Mystik im strengen Sinne des Wortes führen. Wir referieren seine Skizze kurz, die wir nachher gebrauchen werden. Die erste Stufe ist Aszetik oder Mystik im allgemeinen Wortsinn. Sie beginnt mit mündlichem Gebet und Betrachtung, die als „das diskursive, das schlußfolgernde Denken" charakterisiert wird[9]. Nicht Erkenntnis als solche, sondern Liebe ist das Ziel, und je mehr Liebe hervorgebracht wird, desto mehr tritt ein irrationales, für die Liebe charakteristisches Element auf, so daß schließlich bei anhaltender Betrachtung eine intuitive Art die diskursive Weise des Denkens ersetzt und verdrängt. Vom daraus folgenden „affektiven Gebet geht, unter Voraussetzung der aktiven Reinigung sowie der inneren Sammlung, die Betrachtung mit Hilfe der Gnade Gottes in die erworbene Beschauung über"[10]. Der aus dieser Beschauung folgende Friede der Seele und das Kosten der göttlichen Wahrheit dürfen nicht mit eigentlicher Mystik verwechselt werden. Wichtig ist, daß „die erworbene Beschauung als Habitus mit Hilfe der gewöhnlichen Gnade für jede einzelne Seele zugänglich und als Akt vollkommen beherrschbar"[11] ist.

Erst hier beginnt die eigentliche via mystica, die ich nacher der Kürze halber als „Hochmystik" bezeichne, wenn die Seele völlig rezeptiv und passiv die göttlich eingegossene Beschauung erleidet, in der „geistigen Vermählung" umgewandelt und zuletzt ganz in Gott aufgenommen wird, so daß sie Gott selbst oder die heilige Trinität klar und deutlich schaut. In Anwendung dieser Definition auf Augustin meint Hendrikx, daß Augustin die Vollendung der Weisheit nur mit Hilfe der gewöhnlichen Gnade lehrt, die für die erworbene, nicht für die eingegossene Beschauung typisch ist; und er folgert: „im geschlossenen System der

---

C. Andresen, in: Zum Augustin-Gespräch der Gegenwart I, hrsg. von Carl Andresen, Darmstadt 1975², 271–346.

[9] Ebd. 272.

[10] Ebd. 274. – L. G. Mack, The „Liber de contemplatione Dei" by Dominicus de Dominicis, 1416–1478, Rom 1959, 14. 16f.: „Above all the humanity of Christ should be meditated upon, for man is more deeply impressed by visible objects... As to the acquired contemplation, Domenichi seems to admit a contemplation, inferior to the infused, it is true, yet genuine contemplation, which can be reached by human efforts." – Es ist undenkbar, daß die höheren Stufen der Mystik in der thomistisch-mystischen Tradition dem Bemühen des Menschen unterworfen sein sollten. Marie Louise von Franz (Aurora consurgens. A Document attributed to Thomas Aquinas on the Problem of Opposites in Alchemy, New York 1966, 430f.) meint, daß dieser Kommentar die Umschreibung der letzten, in der Ekstase auf dem Totenbett gesprochenen Worte des Thomas sein könnte. Unter anderem legt jedoch die Identität der Seele mit Gott, die an einer Stelle sogar die unio von seiten des Menschen erwartet (363), die entgegengesetzte Schlußfolgerung nahe.

[11] Andresen, 275.

augustinischen Anschauungen gibt es keinen Platz für eine mystische Gotteserkenntnis im eigentlichen Sinn."[12]

Da die beiden Stufen der erworbenen und eingegossenen Beschauung, wie das Stufendenken überhaupt, Luthers Denken fremd sind, würde die Übernahme von Hendrikx' Definition das Ende dieses Vortrags bedeuten. Zudem schließt dieses scholastische – im Hinblick auf Augustin anachronistische – Verständnis von Mystik zusammen mit Augustin zahlreiche Theologen des Ostens und Westens aus dem Bereich der mystischen Theologie im eigentlichen Sinn aus, da es die im 13. Jahrhundert erfolgte Säkularisation der neuplatonischen und augustinischen Erkenntnistheorie voraussetzt.

3. Außer der phänomenologischen und dogmatischen Lösung gibt es noch eine dritte Möglichkeit zur Beantwortung unserer Frage, nämlich die historisch-genetische Betrachtungsweise. Ebenfalls um diese Zeit hat Erich Vogelsang in einem bedeutenden Beitrag nicht mehr mit dem allgemeinen und meist vagen Begriff der Mystik operiert, sondern nach einer Aufzählung der Luther (angeblich) bekannten mystischen Autoren – Dionysius Areopagita, Hugo und Richard von St. Viktor, Bernhard, Bonaventura, Gerson, Birgitta von Schweden, Tauler, der „Frankfurter" – zwischen „areopagitischer Mystik", „romanischer Mystik" und „deutscher Mystik" unterschieden. Durch diese differenzierte Sicht der Mystik konnte Vogelsang eine verfeinerte Antwort auf unsere Frage geben: (1) Von 1516 an spricht Luther ein deutliches Nein zur areopagitischen Mystik, die in ihrer Spekulation den inkarnierten und gekreuzigten Christus außer acht läßt[13]. (2) An der romanischen Mystik lobt er ihre Betonung des irdischen Christus und ihre Wertung der Mystik als Erfahrung, nicht als Lehre; dagegen lehnt er ihre Außerachtlassung der geistlichen Anfechtung ebenso ab wie ihre erotische Brautmystik und ihr Ziel einer mystisch-ekstatischen Einigung mit dem ungeschaffenen Wort[14]. (3) Ein enthusiastisches Ja kommt in Luthers Beur-

[12] Ebd. 346. – Es sei angemerkt, daß der allgemein anerkannte Erforscher mystischer Theologie, Joseph Maréchal (Études sur la Psychologie des Mystiques II, Brüssel/Paris 1937, 180ff.; vgl. 250), zur selben Zeit wie Hendrikx für Augustin zu einem entgegengesetzten Ergebnis kam, natürlich aufgrund einer anderen Definition der Mystik. Ausgewogener ist das Urteil von Ernst Dassmann zu Ambrosius (Die Frömmigkeit des Kirchenvaters Ambrosius von Mailand, Münster 1965, 181): „Ein wie auch immer akzentuierter moderner Begriff von Mystik kann nun aber wiederum nicht als Maßstab an die Aussagen des Ambrosius gelegt werden."

[13] Luther und die Mystik (Luther-Jahrbuch 19, 1937, 32–54), 35. Vogelsang war nicht der erste, der hier weiterführte; er anerkennt die Verdienste von Hermann Hering, Die Mystik Luthers, Leipzig 1879. Vgl. auch W. Köhler (Luther und die Kirchengeschichte I, Erlangen 1900, 368), der von „areopagitischer und germanisch-bernhardinischer Mystik" spricht.

[14] Vogelsang, 40f. In seinem Aufsatz „Die unio mystica bei Luther" (ARG 35, 1938, 63–80) klärt Vogelsang seine Ausführungen insofern, als er jetzt ausdrücklich das Ja und

teilung der „deutschen Mystik" zum Ausdruck; denn hier fand er über die Vorzüge der romanischen Mystik hinaus ein für das christliche Leben charakteristisches geistliches Verständnis des Fegefeuers als „Nahezu-Verzweiflung" (prope desperatio) und die Vorstellung von der resignatio ad infernum[15], beides in seiner Muttersprache und repräsentativ für eine fast vergessene, unterdrückte lautere deutsche theologische Tradition.

2. Die Sic- et Non-Dimension

1. Weil Vogelsang hier Begriffe und Vorstellungen verwendet, die in der Lutherforschung bis heute gängig und einflußreich geblieben sind, ist es zweckmäßig, einige Fundamentalfragen aufzuwerfen, die uns, wie ich glaube, in medias res führen.

Die mittelalterliche Verwendung von Autoritäten bedeutet nur selten die völlige Anerkennung eines früheren Theologen als solchen; sie ist eher der Versuch, sich in der Diskussion über eine bestimmte Frage Rückendeckung zu verschaffen, während man in anderem Zusammenhang durchaus offene Kritik üben kann. Die Verwendung Augustins bei Thomas, Bernhards von Clairvaux bei Gerson und Gregors von Rimini bei Eck sind drei bekannte Beispiele aus dem Bereich der spekulativen und affektiven Theologie. Dieselbe Sic- et Non-Haltung läßt sich im Hinblick auf Luthers Stellung gegenüber vielen Theologen vor ihm, einschließlich Augustin, Bernhard, Thomas und Scotus, reichlich belegen[16].

Es ist daher unangemessen, aufgrund von ein oder zwei positiven oder negativen Verweisungen eindeutige Verbindungs- oder Abhängigkeitslinien zu ziehen. Wenn Luther einen mittelalterlichen Lehrer anführt oder lobt, dessen Gedanken in anderer Hinsicht seiner eigenen Theologie völlig fremd sind, so hat man oft gemeint, Luther habe ihn „mißverstanden" oder sei – wie man es manchmal freundlicher ausdrückt –

---

das Nein auf die Braut- und Unionsmystik anwendet; vgl. bes. den Hinweis (70 Anm. 4) auf Luthers Betonung des Glaubens als copula. Vgl. ferner FRIEDRICH TH. RUHLAND, Luther und die Brautmystik nach Luthers Schrifttum bis 1521, Gießen 1938, 54ff. 142f. Vogelsang konnte 1937 noch schreiben, daß Luther Tauler den Vorzug vor Bernhard gab, weil u. a. die Brautmystik „bei Tauler ganz zurücktrat" (42). Vgl. jedoch RUHLAND, 59ff. und VOGELSANG, 1938, 78ff.

[15] Zur geistlichen Natur der Anfechtungen und zur resignatio ad infernum bei Gerson vgl. WALTER DREẞ, Die Theologie Gersons. Eine Untersuchung zur Verbindung von Nominalismus und Mystik im Spätmittelalter, Gütersloh 1931, 167. 180ff.

[16] Für Augustin vgl. WAT 1.140,5; Nr. 347; vgl. WA 54.186,16. Für Bernhard bes. WAT 3.295,6; Nr. 3370b. Für Thomas WAT 1.135,12; Nr. 329. Für Scotus WAT 3.564,3; Nr. 3722.

einem „produktiven Mißverständnis“ erlegen. Sammelt man derartige Urteile aus einem weiten Umkreis von Lutherstudien, so kann man nur schließen, daß Luther außerordentlich naiv und unwissend gewesen sei!

Im Falle des Pseudo-Dionysius besitzen wir die sehr positive Äußerung von 1514 über die Vollkommenheit der via negativa: „Daher findet sich bei Dionysius so oft das Wort ‚hyper‘, weil man über alles Denken hinaus in das bloße Dunkel eintreten soll“[17], wobei das Wort „Dunkel“ doppeldeutig ist, wie wir unten zeigen werden. Luther meint hier nur einen Aspekt der Theologie des Dionysius[18], wie er in der Disputatio

---

[17] Schol zu Ps 64(65),2 (WA 3.372,13–27; Anfang 1514): „Secundo secundum extaticam et negativam theologiam: qua deus inexpressibiliter et pre stupore et admiratione maiestatis eius silendo laudatur, ita ut iam non solum omne verbum minus, sed et omnem cogitatum inferiorem esse laude eius sentiat. Hec est vera Cabala, que rarissima est. Namque sicut affirmativa de deo via est imperfecta, tam intelligendo quam loquendo: ita negativa est perfectissima. Unde in Dionysio frequens verbum est ‚Hyper‘, quia super omnem cogitatum oportet simpliciter in caliginem intrare. Attamen literam huius psalmi non puto de hac anagogia loqui. Unde nimis temerarii sunt nostri theologi, qui tam audacter de Divinis disputant et asserunt. Nam ut dixi, affirmativa theologia est sicut lac ad vinum respectu negative. Et hec in disputatione et multiloquio tractari non potest, sed in summo mentis ocio et silentio, velut in raptu et extasi. Et hec facit verum theologum. Sed non coronat ullum ulla universitas, nisi solus spiritus sanctus. Et qui hanc viderit, videt quam nihil sciat omnis affirmativa theologia. Sed hec plura forte quam modestia patitur.“ – MARTIN ELZE hat darauf hingewiesen, daß man diese Stelle nicht als positive Bezugnahme auf Dionysius verstehen dürfe; vgl. seinen wichtigen Aufsatz: Züge spätmittelalterlicher Frömmigkeit in Luthers Theologie (ZThK 62, 1965, 381–402), 395 Anm. 51. In dem „attamen“-Satz sagt Luther in der Tat, der Text dürfe hier wohl nicht im anagogischen Sinne verstanden werden. Der Satz „Nam ut dixi...“ jedoch nötigt dazu, das „unde nimis temerarii sunt nostri theologi“ als Bezugnahme auf das „hyper“ des Dionysius zu verstehen. – Vgl. auch Schol. zu Ps 17(18),12 (WA 3.124,29–39): *„Latibulum dei est tenebre:* primo quia in fidei enygmate et caligine habitat. Secundo Quia habitat lucem inaccessibilem, ita quod nullus intellectus ad eum pertingere potest, nisi suo lumine omisso, altiore levatus fuerit. Ideo b. Dionysius docet ingredi in tenebras anagogicas et per negationes ascendere. Quia sic est deus absconditus et incomprehensibilis. Tercio potest intelligi mysterium Incarnationis. Quia in humanitate absconditus latet, que est tenebre eius, in quibus videri non potuit sed tantum audiri. Quarto Est Ecclesia vel b. virgo, quia in utraque latuit et latet in Ecclesia adhuc, que est obscura mundo, deo autem manifesta. Quinto Sacramentum Eucharistie, ubi est occultissimus. Unde et illud potest intelligi de incarnatione Christi.“

[18] Bald darauf, etwa im Sommer 1514, betont Luther im Schol zu Ps 79(80),3 das „supra rationem“ des Glaubens. Die Stelle zeigt, daß Luther mit „contemplativi“ nicht die geistlich Privilegierten unter den Gläubigen, sondern die Glaubenden als solche meinen kann (WA 3.607,22–24): „Christi fides non potest esse nisi in iis, qui supra rationem contemplativi sint. Apparet enim, quando in eum creditur. Sed credere nequeunt, nisi filii Rachel, elevate mentis.“ Zur Bedeutung von „in eum credere“ anstelle von „eum credere“ oder „eo credere“ vgl. mein Buch: The Harvest of Medieval Theology, Cambridge/Mass. 1963 (Durham/NC 1983[3]), 229, Anm. 119; dt. Übers.: Der Herbst der mittelalterlichen Theologie, Zürich 1965, 215, Anm. 119. Der wichtigen Beobachtung von BERNHARD LOHSE (Mönchtum und Reformation. Luthers Auseinandersetzung mit dem Mönchsideal des Mittelalters, Göttingen 1963, 230f.), daß „positiv ... die contemplatio letztlich mit

contra scholasticam theologiam von 1517 in der 50. These formuliert wird: „Der ganze Aristoteles verhält sich zur Theologie wie der Schatten zum Licht“[19] und wie er durch die m. E. früheste diesbezügliche Äußerung von 1509/10 umschrieben wird: „Theologie ist Himmel, ja sogar das Reich der Himmel; der Mensch dagegen ist Erde, und seine Gedanken sind Rauch...“[20] Luther billigt das „hyper“-Element, aber damit noch nicht das anagogische facere quod in se est des Menschen[21], das Gottes Offenbarung in Christus hinter sich läßt.

Schon 1514 ist deutlich, daß „Dunkelheit“ (tenebrae, umbra oder caligo) an der doppelten Bedeutung von abscondere und absconditus teilhat: Nicht nur extra fidem ist Gott in unseren Spekulationen verborgen, sondern gerade in fide leben die Gläubigen „in umbraculo“, in Gottes schützender Obhut[22], als Freunde Gottes auf Erden. Vergleicht

---

dem Glauben identisch gesetzt“ wird und daß Luther „zumindest der Sache nach die contemplatio mit dem Glauben gleichsetzt oder doch auf die entscheidende Bedeutung des Glaubens hinweist“, stimme ich völlig zu. Sofern allerdings contemplatio = elevatio mentis = excessus mentis ist, ist Luthers Interpretation nicht schlechthin ohne Vorbild, vgl. Anm. 94. Die „contemplativi“ sind aber in den Dictata meistens ein eigener Stand in der Kirche, oft mit den „doctores“ verbunden; weitere Belege hierfür bei JOSEPH E. VERCRUYSSE, Fidelis Populus, Wiesbaden 1968, 173–181.

[19] WA 1.226,26.

[20] WA 9.65,14–16 (Randbemerkung zu Lombardus, Sent. I d. 12 c. 2). Zu Luthers Ablehnung des „facere quod in se est“ hinsichtlich des Verhältnisses von Vernunft und Offenbarung vgl. meinen Aufsatz: Robert Holcot O. P. and the Beginnings of Luther's Theology (Harvard Theological Review 55, 1962, 317–342), 330ff. – Zur sündigen Blindheit als „caligo“ in den späteren Jahren vgl. den Kommentar zu Gen 42 (WA 44.472,38; 473,42; 1535–1545).

[21] Siehe auch später, in den Operationes in Psalmos, Ps 5 (AWA 2.318,20–319, 3; WA 5.176,29–33): „Hunc ductum theologi mystici vocant“ in tenebras ire, „ascendere super ens et non ens“. Verum nescio, an seipsos intelligant, si id actibus elicitis tribuunt et non potius crucis, mortis infernique passiones significari credunt. Crux sola est nostra theologia.“

[22] Schol zu Ps 90(91),1 (etwa Anfang 1515; WA 4.64,24–65, 6; vgl. 65,28–31): „Obsecro te per deum, cur addit ‚in adiutorio‘ seu ‚abscondito altissimi‘? Cur in ‚protectione‘ seu ‚umbraculo‘? An non suffecerat dicere ‚Qui in domino habitat‘: ‚Qui in deo coeli seu altissimo, in ipso commorabitur‘? Nisi quia sunt, immo quia futuros vidit superbos, Iudeos et hereticos: qui nude in deo se habitare presumerent atque ut dicitur immediate a deo dirigi velint, reiectis omnibus adiutoriis et protectionibus eius, in quibus dirigi ab eo deberent. Singulares enim amici Dei esse volunt et speciali ab eo duci magisterio. Et ita cum sibiipsis umbraculum fecerint et sibi protectionem seu adiutorium elegerint, in quo a deo salvari velint, contemnunt omnia alia dei umbracula et protectiones. Et ideo iste psalmus a principio statim percuciens illorum stultitiam dicit: Si vultis habitare, si salvari: Ecce absconditum, Ecce umbraculum eius subite. Nolite velle immediate in deo habitare. Nolite abiicere protectionem eius. Quoniam hec vita non facie ad faciem est. Non in deo habitare potestis, sed in protectione eius, in umbraculo eius erit vobis mansio. Et in hanc sententiam omnia istius psalmi verba sonant, immo tota Scriptura prophetarum antiquorum.“ – Zu Ps 121(122),3 wird ein anderer Aspekt dieses Themas berührt. Luther warnt: Sei vorsichtig mit der Idee der Teilhabe an Christus! In diesem Leben hat keiner der

man damit eine Stelle bei einem so echten Pseudo-Dionysius-Schüler wie Dionysius dem Kartäuser († 1471), wo er über die Unio mystica mit Bezug auf die secretissimi filii Dei spricht, die sich in der Mitte zwischen den Seligen und den einfachen Gläubigen befinden, durch Liebe und Verzückung vom Ozean der Unendlichkeit Gottes verschlungen[23], so erkennt man ohne weiteres, daß es irreführend wäre, die Sic- et Non-Atmosphäre dieser und anderer Seitenblicke zu übersehen, die Luther in seinen frühen Jahren auf den Areopagiten wirft[24]. Wenn Luther seit 1519/20 die „dionysischen Spekulationen" angreift, so besteht kein Grund, dies auf eine Entwicklung oder gar auf einen Stimmungsum-

---

Heiligen, nicht einmal die perfectissimi, den ganzen Christus (WA 4.401,25–30): „... in hac vita (quod tam sepe dixi, ut me prope pudere debeat: nisi quod scio id quam infelicissime contemni hoc tempore a religiosis, qui id maxime debent curare) nunquam habet aliquis sanctorum totum Christum, sed quilibet partem eius, etiam perfectissimi. Unde et de Maria Magdalena (id est de contemplativis, qui sunt perfectissimi) dixit: Non totum optimum, sed ‚partem optimam elegit sibi' [Lk 10,42]." Die Bedeutung dieser Stelle ist erkannt bei L. Pinomaa, Die Heiligen in Luthers Frühtheologie (Studia theologica 13, 1959, 1–47), 6f., und bei B. Lohse ([s. Anm. 18] 230 Anm. 15), der die zweite Hälfte des Zitats bringt. Gerade die erste Hälfte aber zeigt, daß dies kein Neben-, sondern ein Hauptthema ist, das von Luther bewußt herausgestellt wird. Der Abschluß bei Luther, das bernhardinische „stare est regredi", lenkt zurück auf das „in hac vita": in diesem Leben bleiben activi und contemplativi viatores.

23 Dionysius der Kartäuser, Enarratio in canticum canticorum Salomonis, in: D. Dionysii Cartusiani Enarrationes piae ac eruditae in quinque libros sapientiales (Coloniae 1533), Opera Omnia VII, Monstrolii 1898, 386 B–387 B: „Imo quanto ardentior caritas fuerit, tanto liberaliorem parit communicationem, et ecstasim facit: non sinens diligentem esse sui ipsius dumtaxat, sed transferens ac transformans diligentem in dilectum cum munificentissima utique suarum communione divitiarum. Sicque sponsus, cujus natura est caritas, et qui essentialiter amor est, carissimis suis per limpidissimam illustrationem ostendit se, et suas demonstrat eis divitias, prout in hac vita fieri potest: qui mox tam superserenissimi ac superdeliciosissimi amabilitate objecti, totaliter accenduntur, validissime attrahuntur, et in spiritu fervoris vehementissimi uniuntur eidem, et introducuntur ab ipso in suae infinitatis oceanum; sicque rapiuntur in divitias gloriae sponsi, et igne immensi liquefiunt amoris, ac defluunt a se ipsis, et in superdilectissimo obdormiunt sponso: quem quo clarius contemplantur, eo profundius ac intentius parvipendunt et aspernantur se ipsos. Hi mysticae unionem atque intuitum theologiae experientes, medio modo se habere censentur inter comprehensores ac viatores communes: quibus misericordissime datur gustare, quam dulcis sit Dominus, et experiri quam magna et infinita sit multitudo dulcedinis ejus; quos sponsus abscondit in abscondito vultus sui a conturbatione et inquietudine hominum, et protegit eos in tabernaculo suo a contradictione linguarum. In quorum persona dixit Apostolus: ‚Nos autem revelata facie gloriam Domini speculantes, in eandem imaginem transformamur a claritate in claritatem', tanquam a Domini Spiritu. Isti igitur sunt non solum amici interni, sed et secretissimi filii Dei et velut consiliarii ac secretarii Dei."

24 Obwohl ich nicht glaube, daß Johannes Eck dem Areopagiten irgendwie entscheidend verpflichtet war, verweist er doch ganz selbstverständlich auf die via negativa des Dionysius als repräsentativ für die Tradition (Chrysopassus, Centuria IV, 45, Augsburg 1514): „Consequentia nota; et antecedens probatur, quoniam quicquid dicit imperfectionem, est removendum a deo iuxta Theoricam divi Dionysii et omnium Theologorum." – Vgl. WAT 1.108,1–11; Nr. 257, zit. in Anm. 77.

schwung zurückzuführen. Er verbindet vielmehr jetzt ausdrücklich den Namen des Dionysius mit einer theologischen Position, die niemals seine eigene gewesen war; vielleicht spielt dabei auch eine Rolle, daß seine frühesten Gegner den Areopagiten sofort ins Feld geführt hatten, um mit seiner Hilfe die Gültigkeit der päpstlichen Hierarchie zu verteidigen[25].

2. Wir wenden uns nun der romanischen Mystik zu und beginnen mit der Feststellung, daß es äußerst sinnvoll ist, eine besondere Gruppe von mittelalterlichen Autoren zwischen Bernhard und Gerson zu unterscheiden, die, anders als die eben mit der Erwähnung des Doctor Ecstaticus charakterisierte Tradition, nicht gewillt sind, das Verschlungenwerden des Glaubenden in die Tiefen der Gottheit in Betracht zu ziehen. Wie Etienne Gilson für Bernhard gezeigt hat, muß der Christ zwar im Prozeß der Liebeseinigung mit Gott sein Proprium verlieren, aber dieses Proprium ist nicht die Individualität des homo viator, sondern eher die Verzerrung seiner Imago unter dem Einfluß der Sünde[26].

Bernhard ist sich in seinem einflußreichen Werk „De diligendo Deo" sehr wohl der Schranken und Begrenzungen bewußt, denen die Verbindung des Menschen mit Gott auf Erden unterliegt. Er unterscheidet vier Arten von Liebe (se propter se, Deum propter se, Deum propter Deum, se propter Deum), von denen uns die ersten drei in der Terminologie des

---

[25] Siehe Eck, WA 2.255,34–256,1 (1519), sowie Ambrosius Catharinus Politus († 1552), Apologia pro veritate ... adversus impia ac valde pestifera Martini Lutheri Dogmata (1520), ed. Josef Schweizer (Münster 1956, 217,18f.): ‚Wie der große Theologe Dionysius sagt, ist die kirchliche Hierarchie der himmlischen so ähnlich wie nur möglich'. Dieser Begriff von Kirche findet sich auch bei Sylvester Prierias, De potestate papae dialogus (1518), in: Erlanger Ausgabe var. arg. 1. 346f. – Zur Behauptung der Authentizität der Werke des Areopagiten als eines Paulusschülers durch Johannes Cochläus vgl. Martin Spahn, Johannes Cochläus, Berlin 1898 [Nieuwkoop 1964], 234. Die Hochschätzung des Dionysius bei den Humanisten nördlich der Alpen am Beginn des 16. Jahrhunderts bezeugt – außer den bekannten Darlegungen des Nikolaus von Kues und der Herausgebertätigkeit des Faber Stapulensis (vgl. dazu Eugene F. Rice, The Humanist Idea of Christian Antiquity: Lefévre d'Étaples and his circle, Studies in the Renaissance 9 1962, 126–160; 134f. 142) – ein Brief des Konrad Peutinger (Augsburg, 13. Juni 1513), wo Dionysius die Liste der griechischen und lateinischen Kirchenväter eröffnet (Briefwechsel des Beatus Rhenanus, ed. Adalbert Horawitz u. Karl Hartfelder, Leipzig 1886 [Hildesheim 1966], 57f.). In einem Brief vom 1. Dez. 1508 stellt Beatus Rhenanus den Areopagiten als Offenbarungszeugen sogar neben Paulus und Johannes (18). Kurz vorher (10. Okt. 1508) hatte Rhenanus als die wichtigste Lektüre bezeichnet: „altissimam Dionysianae theologiae lectionem", „sublimem Cusani de sacris philosophiam", „Bonaventurae commentarios" (andere Theologen seien nicht lohnend!) und das Quincuplex Psalterium des Faber (576f.). In den späteren Briefen wird Dionysius nicht mehr erwähnt.

[26] La Théologie mystique de Saint Bernard, Paris 1947, 21. 138. 155. Diese Vernichtung des Proprium bedeutet reformatio: „transformamur cum conformamur", Cant. Cant. 62,5 (zit. bei Friedrich Ohly, Hohelied-Studien. Grundzüge einer Geschichte der Hoheliedauslegung des Abendlandes bis um 1200, Wiesbaden 1958, 152).

Spätmittelalters als amor sui, amor concupiscentiae und amor amicitiae bekannt sind, und gesteht dann, daß er nicht sicher sei, ob irgend jemand in diesem Leben den vierten Grad erreichen könne: „Für meine Person bekenne ich, daß es mir unmöglich zu sein scheint. Es wird aber ohne Zweifel geschehen, wenn der gute und getreue Knecht zu seines Herrn Freude eingeht, trunken vom Überfluß in Gottes Haus."[27]

3. Es ist sicher nicht zufällig und unberechtigt, daß Bernhard und Gerson in vielen Betrachtungen und Predigten des 15. Jahrhunderts die Hauptzeugen darstellen, die oft in einem Atem und austauschbar genannt werden. Ohne die Originalität von Gersons „Theologia mystica speculativa" leugnen zu wollen, ist doch zu beachten, daß Gerson gerade an gewissen Höhepunkten seines Werkes bei der Beschreibung der zahlreichen Interpretationen von Transformation und Union mit Gott auf Bernhards Schrift De diligendo Deo zurückgreift. In einer Predigt am 20. August 1402, dem Fest des Hl. Bernhard, nimmt er dessen Erbe für sich in Anspruch und preist den Doctor Mellifluus, indem er Bernhard in eigener Person sprechen läßt[28]. Hier beschreibt er die drei Stadien der contritio, meditatio und contemplatio als den Weg zu Frieden und Vereinigung mit Christus, mit dem üblichen Hinweis auf Gal 2,20: „so lebe nun nicht mehr ich, sondern Christus lebt in mir"[29]. Zwei Gesichtspunkte greift Gerson heraus, die auch der junge Luther später mit Bernhard verbindet: (1) „non progredi regredi est"[30], ferner (2) das

---

[27] De diligendo Deo 15,39 (PL 182, 998 D): „... et sic gustato quam suavis est Dominus, transit ad tertium gradum, ut diligat Deum, non iam propter se, sed propter ipsum. Sane in hoc gradu diu statur: et nescio si a quoquam hominum quartus in hac vita perfecte apprehenditur, ut se scilicet homo diligat tantum propter Deum. Asserant hoc si qui experti sunt: mihi, fateor, impossibile videtur. Erit autem procul dubio, cum introductus fuerit servus bonus et fidelis in gaudium Domini sui [Mt 25,21], et inebriatus ab ubertate domus Dei [Ps 35,9]."

[28] Jean Gerson, Œuvres complètes V: L'Œuvre Oratoire, ed. Mgr. Glorieux, Paris 1963, 326: „Avertite igitur paulisper mentem a me et ipsum Bernardum loqui putate, non me."

[29] Ebd. 329: „Primus locus est schola disciplinae et contritionis; alter schola sanctimoniae et meditationis; tertius est schola solitudinis intimae et contemplationis. In primo verus amorosus languet amore, dehinc moritur amore, demum tertio vivit amore, quoniam parturitio amoris fit cum dolore languido ob rixam passionum; dehinc post eius parturitionem mortificatis passionibus moritur vetus homo, sicut in parturitione Benjamin Rachel; tertio tandem amor natus adolescit et crescit, et ex illo anima vivit cum Apostolo dicente: ‚vivo ego, jam non ego', etc. [Gal 2,20]. In primo bellum, in secundo induciae, in tertio pax."

[30] Ebd. 335: „Dicetis praeterea fortassis amorem vos habere Dei quantum sufficit ad praeceptum. Vellem etiam vos habere quantum sufficit ad profectum, sufficit et perfectum; quoniam in via Dei non progredi regredi est; et magna plane jam imperfectio est et proprium servi pigri, nolle niti esse perfectum." Vgl. Luther, WA 9.69,36f.; 107,23. Siehe auch Schol zu Ps 4,2 im Vatikanischen Fragment (Unbekannte Fragmente aus Luthers zweiter Psalmenvorlesung 1518, ed. Erich Vogelsang, Berlin 1940, 41). Bernhard Ep. 91, 3 (PL 182, 224).

hermeneutische Prinzip, daß man für eine rechte Interpretation die Empfindungen des Schriftstellers übernehmen muß (‚affectus scribentis induere')[31]. Der aufschlußreichste Hinweis auf die enge Verwandtschaft zwischen Gerson und Bernhard ist für mich die Tatsache, daß Gerson an der einen Stelle, an der er seine Hörer vor Bernhard warnt, auf ein pseudo-bernhardinisches Werk Bezug nimmt. Nicht ganz fünf Monate vor der erwähnten überschwenglichen Lobrede und völlig im Sinne der Sic- et Non-Tradition äußert Gerson sein Mißfallen an einer allzu intimen und proleptischen Beschreibung der Liebeseinigung in Bernhards „Epistola ad fratres de monte Dei", die in Wirklichkeit von Wilhelm von St. Thierry stammt[32].

Bonaventura sollte m. E. keineswegs in einem Atem mit Bernhard und Gerson genannt werden. Gersons theologisches Programm läßt sich zwar als das Bestreben verstehen, in der Pariser theologischen Fakultät das Gleichgewicht von Geist und Herz wiederherzustellen, das eineinhalb Jahrhunderte zuvor für Bonaventuras Werk kennzeichnend gewesen war, und ebenso bedauert es Gerson, daß die Franziskaner seiner Zeit die große Tradition Bonaventuras preisgegeben haben[33]. Dennoch ist es fraglich, ob Bonaventura diese Bewunderung erwidert, der Kritik des Pariser Kanzlers an Ruysbroecks (eucharistischer) Transformationsmystik beigepflichtet oder Gersons Beharren auf der „conformitas voluntatis" als der Achse der mystischen Theologie sehr geschätzt hätte[34].

Ferner: Als Bonaventura seine eigene Typologie[35] in Übereinstim-

---

[31] Ed. Glorieux, V 334: „Atvero dicetis: nos certe ad studendum positi sumus, nos ad scripturas intelligendum; haec est nostra vocatio. Hoc non nego nec reprobo, fratres; nihilominus testimonium perhibeo vobis quale positum est in epistola mea ‚Ad fratres de Monte Dei' quod Scripturas Sacras nullus unquam plene intelliget qui non affectus scribentium induerit." Vgl. WA 3.549,27–37.

[32] Sermo „A Deo exivit", 23. März 1402 (ed. Glorieux, V 14): „Velim praeterea monuisse ut de hac materia caute legatur Bernardus, ad fratres de Monte Dei lib. ii." Vgl. PL 184, 337.

[33] Opera Omnia, ed. L. Du Pin, I, Antwerpen 1706, 91 D: „... nec admirare sufficio qualiter patres et fratres minores dimisso tanto doctore [Bonaventura] ... converterunt se ad nescio quos novellos ..."

[34] Vgl. Harvest of Medieval Theology, 338f.; dt. Ausg. 315f.

[35] Bonaventura, De reductione artium ad theologiam, cap. 5 (ed. Julian Kaup, München 1961, 246): „In omnibus enim sacrae Scripturae libris praeter litteralem sensum, quem exterius verba sonant, concipitur triplex sensus spiritualis, scilicet allegoricus, quo docemur, quid sit credendum de Divinitate et humanitate; moralis, quo docemur, quomodo vivendum sit; et anagogicus, quo docemur, qualiter est Deo adhaerendum. Unde tota sacra Scriptura haec tria docet, scilicet Christi aeternam generationem et incarnationem, vivendi ordinem et Dei et animae unionem. Primum respicit fidem, secundum mores, tertium finem utriusque. Circa primum insudare debet studium doctorum, circa secundum studium praedicatorum, circa tertium studium contemplativorum. Primum maxime docet Augustinus, secundum maxime docet Gregorius, tertium vero docet Dionysius – Ansel-

mung mit dem dreifachen geistlichen Schriftsinn entwickelte und zwischen doctores (fides), praedicatores (mores) und contemplativi (finis utriusque) unterschied, da rechnete er Bernhard zu den Predigern, nicht zu den contemplativi, zu denen für ihn Dionysius und Richard von St. Viktor gehören.

Während Hugo von St. Viktor[36] bei Bonaventura den Gipfel seiner Typologie darstellt, insofern er alle drei Ämter des Lehrers, Predigers und Kontemplativen umgreift, hat in einer parallelen Typologie bei Luthers späterem Gegner, Kaspar Schatzgeyer, Bonaventura den Platz von Hugo eingenommen. In seiner bisher kaum beachteten Schrift von 1501 „De perfecta et contemplativa vita“[37] unterscheidet Schatzgeyer – nach einem psychologischen statt einem exegetischen Schema – zwischen Lehrern, die besondere Gaben „in vi rationali“ (Augustin, Ambrosius), „in vi irascibili“ (Hieronymus) und „in vi concupiscibili“ (Gregor d. Gr., Bernhard) haben. Während Hieronymus keine Nachfolger zu haben scheint, stehen Thomas, Alexander, Scotus und die späteren Kommentatoren des Lombarden in der Nachfolge des Augustin und Ambrosius. Bonaventura dagegen ragt hervor als geeigneter Führer für alle Ordensleute, weil er die charakteristischen Gaben der beiden Schulen von Augustin und Bernhard in sich vereinigt[38].

---

mus sequitur Augustinum, Bernardus sequitur Gregorium, Richardus sequitur Dionysium, quia Anselmus in ratiocinatione, Bernardus in praedicatione, Richardus in contemplatione – Hugo vero omnia haec.“

[36] Über das Verhältnis Hugos zu Pseudo-Dionysius s. ROGER BARON, Études sur Hugues de Saint-Victor, Angers 1963. Baron, der Herausgeber von Hugos Kommentaren, betrachtet sie als späte Werke, ca. 1130–1140 (88).

[37] OTFRIED MÜLLER (Die Rechtfertigungslehre nominalistischer Reformationsgegner. Bartholomäus Arnoldi von Usingen O. E. S. A. und Kaspar Schatzgeyer O. F. M. über die Erbsünde, erste Rechtfertigung und Taufe, Breslau 1939) bringt einige Zitate aus diesem Werk, ohne aber dessen frühes Datum zu beachten (ebensowenig tut dies HEINRICH KLOMPS, Freiheit und Gesetz bei dem Franziskanertheologen Kaspar Schatzgeyer, Münster 1959). Zusammen mit der ebenfalls vernachlässigten und recht bedeutsamen „Apologia status fratrum ordinis minorum de observantia“ (1516) bildet es die Hauptquelle für unsere Kenntnis Schatzgeyers vor 1517 und erlaubt es im Vergleich mit dem „Scrutinium“ und anderen späteren Werken, den Einfluß der causa Lutheri auf die Entwicklung von Schatzgeyers Denken zu ermessen. Die vorreformatorischen Schriften der Gegenreformatoren erfordern unsere besondere Aufmerksamkeit. Vgl. das Ergebnis bei ERNST WALTER ZEEDEN, Aspekte der katholischen Frömmigkeit in Deutschland im 16. Jahrhundert (in: Reformata Reformanda. Festgabe für Hubert Jedin, hrsg. von ERWIN ISERLOH und KONRAD REPGEN, II, Münster 1965, 1–18), 12: „Der Protestantismus hatte Augen, Herzen und Sinne auch der Katholiken geöffnet für das Wirken der Gnade.“

[38] Kaspar Schatzgeyer, De perfecta atque contemplativa vita, Conventus Monachiensis 1501, in: Opera Omnia, Ingolstadt 1543^2, fol. 318^r–333^v [im folgenden zit.: Schatzgeyer (1501)], directio 20, fol. 325: „Alii afficiuntur ad speculabilia, alii ad practica, alii ad contemplativa, alii habundant in vi rationali, alii in concupiscibili, alii in irascibili. Que varietas etiam invenitur inter doctores ipsos. Nam S. Augustinus et Ambrosius habundant in vi rationali, S. Iheronimus in irascibili, S. Gregorius et Bernhardus in concupiscibili,

Diese Einstufung findet ein Echo in Luthers Wertung: Er kann Bernhard als den *Prediger* Christi vor Augustin stellen[39] und Bonaventura als „inter scholasticos *doctores* optimus" bezeichnen[40]. Genau dort, wo Bonaventura beide Schulen umgreift und die spekulative mit der affektiven Theologie kombiniert, bezeugt Luther abweichend von seinem franziskanischen Gegner: „er hett mich schir toll gemacht, weil ich die Einigung Gottes mit meiner Seele als eine Einigung des Intellektes und des Willens fühlen wollte."[41]

4. Von Luther her gesehen ist es nicht so eindeutig, daß Gerson eher zur romanischen Mystik statt mit Tauler und dem Frankfurter zur deutschen Mystik gehört. Wenn Luther bei Tauler eine geistliche Auffassung der Anfechtung begrüßt[42], so ist es eben dieser Aspekt von Gersons Schriften, der Luther zu den Aussagen führte: „Gerson ist der erste, der die eigentliche Sache der Theologie zu fassen bekommen hat; auch er hat viele Anfechtungen erfahren"[43]; und: „Gerson ist der einzige, der über die geistliche Anfechtung geschrieben hat."[44]

1516 bemerkt Luther ausdrücklich die anthropologische Parallele zwischen Gerson und Tauler[45], wobei er höchst bezeichnend deren

---

moderniores doctores, utputa S. Thomas, Alexander de Hales, Scotus, et alii communiter super sententias scribentes, habundant in rationali et ad intellectum excolendum satagunt. Porro, S. Bonaventura tam in rationali quam concupiscibili habundat, propter quod doctrina eius non inconsone a religiosis est capessenda. Cum enim sint in scola Christi constituti, principalius studium adhibere debent ad excolendum affectum. Secundarium autem ad illuminandum intellectum, sive incumbat eis exercere actus hierarchicos sive non. Nullus namque salubrius et fructuosius aliis predicat, quam divino amore bene affectus et in moribus laudabiliter institutus."

[39] WAT 1.435,32f.; Nr. 872; WAT 3.295,6–8; Nr. 3370b; WA 40III. 354,17.

[40] WAT 1.330,1; Nr. 683.

[41] WAT 1.302,30–34; Nr. 644: „Speculativa scientia theologorum est simpliciter vana. Bonaventuram ea de re legi, aber er hett mich schir toll gemacht, quod cupiebam sentire unionem Dei cum anima mea (de qua nugatur) unione intellectus et voluntatis. Sunt mere fanatici spiritus. Hoc autem est vera speculativa, quae plus est practica: Crede in Christum et fac, quod debes." Vgl. WA 40III.199,32–35 (Ps 126,6; 1532/33, gedr. 1540): „...ad perfectionem conantur pervenire speculationibus istis unionis spiritualis, sicut ipsi vocant, sed sicut meo exemplo didici, frustra. Neque enim cum serio id agerem, ullum unquam gustum ex talibus speculationibus sensi."

[42] In den Dictata bricht Luther im Schol zu Ps 90(91),6 (WA 4.69,6–22; etwa Anfang 1515) bewußt mit der Tradition, indem er den Text nicht im Sinne von „tentationes corporales", sondern als „tentationes fidei" deutet.

[43] WAT 2.114,1–3; Nr. 1492; vgl. WAT 5.213,16; Nr. 5523.

[44] WAT 1.496,7; Nr. 979. VOGELSANG spricht von „Gersons Sonderstellung" und verweist auf sein früheres Buch: Der angefochtene Christus bei Luther, Berlin 1932, 15 Anm. 56. Dennoch findet er bei Gerson dieselbe Nichtbeachtung des inkarnierten Christus wie bei Bernhard und Bonaventura, „wenn auch auf dem methodisch gestuften Umweg über den Menschgewordenen, Gekreuzigten" (Luther und die Mystik [s. Anm. 13], 41 mit Anm. 1).

[45] WA 9.99,38/39 (Randbemerkungen zu Tauler): „Vide Gerson in mystica theologia."

Termini „apex mentis“ und „syntheresis“ (verstanden als höchster Teil der Seele) durch „fides“ ersetzt[46]. Angesichts der etwas überschätzten Bedeutung, die dem Einfluß Taulers auf Luther manchmal beigelegt wird, sollte beachtet werden, daß diese Position Luthers bis zu einem Hinweis auf Gerson in der frühsten Schicht der Dictata zurückverfolgt werden kann, also mehr als zwei Jahre vor der Entdeckung Taulers liegt[47].

Wenn Vogelsang die verschiedene Einstufung Gersons und Taulers damit begründet, daß Gerson – wie Bernhard und Bonaventura – am mystischen Aufstieg *mit Hilfe* des inkarnierten Christus (per Christum) anstatt *zu* ihm (in Christum) festhält, so erinnern wir daran, daß Luther selber 1516 zu einer Predigt Taulers bemerkt, sie basiere auf der theologia mystica (weil sie nämlich von der geistlichen Geburt des verbum increatum spreche) im Gegensatz zur theologia propria, der es um die geistliche Geburt des verbum *incarnatum* zu tun sei[48]. Luther legt Wert

---

[46] WA 9.103,41. Steven E. Ozment hat eine eingehende Untersuchung über den Einfluß Gersons und Taulers auf die Anthropologie des jungen Luther vorgelegt: Homo spiritualis. A Comparative Study of the Anthropology of Johannes Tauler, Jean Gerson and Martin Luther (1509–16) in the Context of their Theological Thought, Leiden 1969. – Für die Zusammengehörigkeit von Thomas und Tauler gegenüber Luther, der Tauler „mißdeutet“ hat, vgl. Heinrich Denifle, Luther und Luthertum I/1, Mainz 1904[2], 150ff.; vgl. A. M. Walz, Denifles Verdienst um die Taulerforschung (in: Johannes Tauler. Ein deutscher Mystiker. Gedenkschrift zum 600. Todestag, hrsg. von E. Filthaut O. P., Essen 1961, 8–18), 16. – Einige Urteile von Protestanten über Luther und Mystik: Reinhold Seeberg, Die religiösen Grundgedanken des jungen Luther und ihr Verhältnis zu dem Ockamismus und der deutschen Mystik, Berlin 1931, 30: „Es handelt sich ihm [Luther] daher bei dem Glauben ... nicht um ein Gewordensein, sondern um ein Werden... Anregungen liegen fraglos vor, aber keine Abhängigkeit “; Wilhelm Thimme, Die „Deutsche Theologie“ und Luthers „Freiheit eines Christenmenschen“ (ZThK NF 13, 1932, 193–222), 222: „Luther ist in religiöser Hinsicht ein durchaus unabhängiger originaler Geist...“; Hermann Hering (s. Anm. 13), 27: „Als die Mystik evangelisch gegründet und gereinigt in Luthers Theologie wiedererstand, wiedererstand zwar nicht als selbständige Frömmigkeitslehre, aber doch in der lebensvollen Verbindung, die sie mit dem Geiste und der evangelischen Theologie des Reformators einging...“

[47] Schol zu Ps 26(27),9 (ca. Herbst 1513; WA 3.151,5–13): „Facies nostra est mens nostra, id est secundum Ioh. Gerson Anima per intellectum et affectum ad deum conversa [quod fit proprie per fidem veram. Unde secundum prophetam ‚facies Iudeorum redacte sunt in ollam‘ Iohel. 2. ‚Et facies omnium sicut nigredo ollae‘ Naum 2. quod de Christianis nomine tantum dictum]. Econtra dorsum nostrum est Anima per intellectum et affectum a deo aversa, quod fit per incredulitatem. Sic ergo facies nostra exquirit deum, quia non potest Deus queri nisi per intellectum et affectum ad eum conversos. Eodem modo et facies dei est agnitio eius et beneplacitum ad nos, Dorsum autem est indignatio et ignorantia nostri coram eo.“ Vgl. Gerson. De mystica theologia (s. Anm. 1), 28,42–29,47; 34,24–35,31; vgl. 97,35f.

[48] WA 9.98,20–25: „Unde totus iste sermo procedit ex theologia mystica, quae est sapientia experimentalis et non doctrinalis. Quia nemo novit nisi qui accipit hoc negotium absconditum. Loquitur enim de nativitate spirituali verbi increati. Theologia autem propria de spirituali nativitate verbi incarnati habet unum necessarium et optimam partem.“

auf die rechte Reihenfolge beider Arten von Theologie („prius Liam quam Rachel ducere oportet")[49], leugnet aber weder jetzt noch später die Möglichkeit oder Gültigkeit einer „Hochmystik" in dem angedeuteten Sinn, obwohl er sie als „difficile" oder „rarum" bezeichnet. Bei einem Verweis des späten Luther auf Gerson in einer sehr aufschlußrei-

[49] WA 9.98,34. Eine Parallele dazu in einer Predigt, vielleicht vom 15. Aug. 1517 (WA 4.650,5–15); nach VOGELSANG 1520 (Zur Datierung der frühesten Lutherpredigten, ZKG 50, 1931, 132,143): „Altera hereditas seu regnum est ipse Deus Christus secundum eandem divinitatem, quae sicut in seipsa est quietissima, suavissima, lucidissima, ita non possunt omnes qui ea vident, non quiescere, gaudere et clarere. Ex ipsa enim inspecta fluit et venit omnis quies, etiam in hac vita quandoque. Haec est pax, quae exuperat omnem sensum, nec est alia quies nisi ista. Hanc Maria vitam significat, alteram vero Martha: verum ad hanc nisi per primam venit nemo, licet nunc passim omnes velint prius quiescere quam moveri, prius gaudere quam pati, i.e. prius esse cum Deo quam cum Christo. Sed stat sententia: ‚Nemo venit ad patrem nisi per me.' Iccirco sicut ex humanitate Christi fluit crux, ita ex divinitate pax: ex illa tristicia, ex hac gaudium: ex illa timor, ex hac securitas: ex illa mors, ex hac vita." – Der m.W. früheste Beleg bei Luther ist das „deinde" beim Übergang von der vita activa zur vita contemplativa im Schol zu Ps 52(53),7 (WA 3.298,31). Vgl. die fast hymnische Ausarbeitung im Schol zu Ps 113(114),9 (WA 4.94,40–95,11), wo ein Eingriff in das „prius" bereits als gefährlich bezeichnet wird. – Vgl. die treffende Parallele zu diesem „prius" in: Ein Sendtbrief des Hochgeleerten Doctor Johann Geylers von Keisersperg wylant gethon an die würdigen frawen zu den Reüweren zu Freiburg im Breiszgaw, darinn sie ermanend zu der waren Euangelischen geystlichheit (1499), s.l. et a., fol 3[a–b], A iii (Die ältesten Schriften Geilers von Kaysersberg, ed. L. DACHEUX, Freiburg i. Br. 1882 [Amsterdam 1965], 215f.): „Es sey dann dz das weytzen körnlin in das erdtrich fall vnd faul werd, so bleibet es allein. Stirbt es aber, so bringt es vil frucht. Ein solcher todt, da der mensch jm selbs abstirbt vnd Gott lebt, da findet er sich inn Gott in seinem vrsprung; sunst will er sich inn jhm selbs behalten vnd jm nichts darausz er ist, wie kan er sich denn in ewigkeit inn der warheit jm etwas finden. Es ist ein schlecht ding (als mich dunckt), weder das wir es leyder von gantzer schlechte nit achten. Nit such dich, so findest du dich nitt, such dein gemach, dein zartheit, dein eer, dein lust, dein gefallen, aber allein gefallen Gott vnd seinem Göttlichen willen foren, das ist mit allem fleisz seinen gebotten gehorsam sein, in allen dingen sich fleisszen, auff das aller genawest leben nach dem gfallen Gottes, welches gefallen er vns geöffnet hat in seinen gebotten vnn räthen. Ich meyn, das sey es alles sammen, vnn der recht gewissz weg; wa der übersehen oder verachtet wirt, so halt ich dz alle andere geistlicheit, wie hoch sie gesetzt wirt, ein falsch vnd ein verfüren sey. Darumb lob ich nit die predigen zelesen oder übungen anzugreiffen von dem schauwenden leben vnnd zegohn den weg der hertzigungen oder solcher hoher andacht, vor vnnd ehe [!] man vndergangen ist, übung der tugenten." – Vgl. ein Jahrhundert vorher Geert Grootes Brief „Ad curatum Zwollensem" (1382), der seine Warnung eben mit der Autorität des Pseudo-Dionysius (vgl. PG 3, 1018) begründet (Gerardi Magni Epistolae, ed. WILLELMUS MULDER SJ, Antwerpen 1933, 135): „Nichil est periculosius, quam predicare illa altissima et non docere viam ad illa, quia beatus Dyonisius in ‚Mistica' illa ‚Theologia', illa docens, iubet caveri et abscondi ab inpuris, et ianua heresis est, velle contemplari altissima Dei, sine purgacione precedente." Zu Groote vgl. K. L. C. M. DE BEER, Studie over de Spiritualiteit van Geert Groote, Brüssel 1938, 84–187. Groote warnt vor der ernsten Gefahr einer mystischen Kontemplation ohne asketische Reinigung (186f.). Während er Seuse lobt, äußert er sich besonders kritisch gegenüber Eckhart, zurückhaltend aber auch zu Ruysbroeck. Bezeichnenderweise warnt Luther vor dem „festinari ad opera ... antequam credimus" (WA 57III. 143,5f., zu Hebr 3,7; 1517).

chen Auslegung von Gen 19 aus dem Jahre 1538 sagt er zuerst, daß Schwenckfeld und die Seinen, wie einst die Mönche, ohne Rücksicht auf Christus über Gott spekulieren. Diesem gefährlichen Umgang mit dem Deus nudus stellt Luther die wahre vita speculativa gegenüber, die sich mit *Gottes potentia ordinata, dem fleischgewordenen und gekreuzigten Sohn,* befaßt[50]. Keinesfalls will Luther an dieser Stelle Gerson als geistigen Vater oder Verbündeten Schwenckfelds verurteilen.

Während oft die Ansicht vertreten wird, der junge Luther sei Mystiker gewesen, bis er im Treffen mit dem linken Flügel der Reformation die Gefahren der Mystik bemerkt habe[51], stellen wir fest, daß Luthers Hinweis auf Gerson 1538 im Grunde derselben Haltung entspringt wie 1516 seine Randbemerkungen zu Taulers Predigten. Echte Mystik wird nicht als fraglich oder unmöglich bezeichnet, aber als „*oft* sehr gefährlich und ein bloßer Trick des Teufels... Wer *sicher* sein will, sollte solche Spekulationen am besten überhaupt meiden...“[52] Auch in der letzten

---

[50] Vgl. WA 43.72,9–14.22–28 (zu Gen 19,14): „Qui enim recte speculari volet, intueatur Baptismum suum; legat Biblia sua, audiat conciones, honoret patrem et matrem, fratri laboranti subveniat, non concludat se, ut sordidum monachorum et monacharum vulgus solet, in angulum, et delectetur ibi suis devotionibus, ac sic putet se in Dei sinu sedere, et commertium habere cum Deo sine Christo, sine verbo, sine Sacramentis etc. ... Vera vita speculativa est, audire et credere verbum vocale, ac nihil velle scire, ‚nisi Christum, eumque crucifium‘. Is solus cum verbo suo est obiectum speculationis utile et salutare, ab eo cave discedas, qui enim abiecta vel neglecta humanitate, seu carne Christi, de Deo, ut monachi solebant, et nunc Suenckfeldius et alii solent, speculantur, aut ad desperationem adiguntur, oppressi claritate Maiestatis, aut iubilant stulte, ac se in coelos positos somniant, decepti a Satana, talibus praestigiis animos ludente.“

[51] Ein vorsichtiges Urteil bei Joh. v. Walter, Mystik und Rechtfertigung beim jungen Luther, Gütersloh 1937, 21. Horst Quiring gibt eine auch von anderen Forschern vertretene Ansicht wieder, wenn er meint, Luthers (negative) Beziehung zur Mystik nach 1520 sei von der „Antithese zum Schwärmertum“ bestimmt: „Man muß wieder zurück zu dem jungen Luther vor seinem Kampf mit den Schwärmern...“ (Luther und die Mystik [Zeitschrift für systematische Theologie 13, 1936, 150–174, 179–240], 234). Vgl. dagegen Karin Bornkamms aufschlußreiche Gegenüberstellung der Auslegungen Luthers von Gal 2,20 („Vivo autem non iam ego, sed vivit in me Christus“) in den Jahren 1519 und 1531 (Luthers Auslegungen des Galaterbriefs von 1519 und 1531. Ein Vergleich, Berlin 1963, 98). Die Innigkeit der unio zwischen Christus und dem Glaubenden wird 1531 in fast noch stärkeren Ausdrücken beschrieben (WA 40I. 286,1): „... multo arctiore vinculo quam masculus et femina.“ Trotz unserer Betonung einer Kontinuität leugnen wir nicht eine gewisse Fluktuation und auffallende Parallelen im Römerbrief- und besonders im Hebräerbriefkommentar. Vgl. J. P. Boendermaker (Luthers commentaar op de brief aan de Hebreeën, 1517–1518, Assen 1965, 119; vgl. 101), der zu dem Ergebnis kommt, daß Luther im Hebräerbriefkommentar damit beschäftigt sei, „die neuen Erkenntnisse in alten, größtenteils von der deutschen Mystik geprägten Begriffen auszudrücken“. Wie wir zu zeigen versuchen, ist dies von Anfang an typisch für Luthers Bemühung um die vera vita contemplativa.

[52] WA 43.73,11–13.21–23: „Illa autem unio animae et corporis, de qua Gerson magnifice disputat, saepe cum magno periculo est, et merum Sathanae ludibrium, qui tales

Phase seiner Entwicklung setzt also Luther Gerson nicht auf den Index; er ermahnt vielmehr seine Hörer, Gerson (und andere solche Autoren) zu lesen, allerdings – sic et non! – mit einer ähnlichen Einschränkung, wie sie Gerson gegenüber Bernhard vorgebracht hatte: man soll ihn „cum iudicio“ lesen[53].

Man könnte natürlich meinen, Luther habe über die erwähnten frühen Einschränkungen („schwierig“, „selten“) hinaus später die Warnung „gefährlich“ hinzugefügt. Aber ein warnender Ton begegnet implizit[54] schon in der Auslegung von Röm 5,2, die etwa aus derselben Zeit wie die Randbemerkungen zu Tauler stammt. Wie bei dem Beispiel von Lea und Rahel insistiert Luther auf der Priorität des accessus gegenüber dem raptus, der Rechtfertigung im Glauben durch das inkarnierte und

devotiones in animis excitat... Qui igitur securus in hac parte vult esse, fugiat tales speculationes, et magnifice sentiat de ministerio, per quod Deus nobiscum agit, et se quasi nobis conspiciendum praebet.“ Man beachte hier den Kontrast zwischen „magnifice disputat“ und „magnifice sentiat“, der jedoch durch die Kombination von „saepe“ und „securus“ gemildert ist, ebenso durch den Ausdruck „imperiti“ in der folgenden Anmerkung.

[53] WA 43.72,31–73,9: „Gerson quoque scripsit de vita speculativa, ac ornat eam magnis titulis, ac imperiti cum legunt talia, amplectuntur ea pro divinis oraculis, sed revera, ut in Proverbio dicitur: Thesaurus carbones. Igitur seu externum, seu civilem te appellent vani speculatores isti, nihil te hic moveat, age tu Deo gratias pro verbo et externis istis, et relinque istas ampullosas speculationes aliis.

Ego legi tales libros cum magno studio, et vos quoque hortor, ut legatis: sed cum iudicio, nec nulla causa est, cur ego haec sic urgeam et inculcem, ut in ordinatem Dei potentiam et ministeria Dei intueamini: ‚nolumus enim agere cum Deo nudo, cuius viae sunt impervestigabiles, et abscondita iuditia‘, Romanos undecimo [11,33].

Ordinatam potentiam, hoc est, filium incarnatum amplectemur, ‚in quo reconditi sunt omnes thesauri divinitatis‘. Ad puerum illum positum in gremio matris mariae, ad victimam illam pendentem in cruce nos conferemus, ibi vere contemplabimur Deum, ibi in ipsum cor Dei introspiciemus, quod sit misericors, quod nolit mortem peccatoris: sed ut convertatur et vivat. Ex hac speculatione seu contemplatione nascitur vera pax, et verum gaudium cordis.“

[54] Expliziter ist die Bemerkung zu Tauler (WA 9.100,28–30): „Quia periculosum est nobis sentimentum spiritus. Ex quo oriri solet superbia, securitas et accidia. Et recedit timor et fervor et humilitas.“ Vgl. Sermo Aug. 1517 (?) (WA 4.647,19–25.35–40; 648,13–16): „Omnis ascensus ad cognitionem Dei est periculosus praeter eum qui est per humilitatem [lies: humanitatem] Christi, quia haec est scala Iacob, in qua ascendendum est. Nec est alia via ad patrem nisi per filium Ioannis 14. Unde ait: ‚Nemo venit ad patrem nisi per me‘, et hoc per affectus secundum illud Apostoli Rho 1., ‚Invisibilia Dei per ea quae facta sunt, intellecta conspiciuntur‘. Alius est per mysteria scripturae, sed uterque quid foecit? scilicet aut superbos aut desperatos... Et merito haec illis eveniunt, quia cum Deus nostri misertus et infirmitati nostrae seipsum temperaverit, ut ad nos homo veniret divinitatem abscondens ac per hoc omnem terrorem auferens, solem urentem nube tegens, quid iustius, quam quod hanc scalam deserentes suisque gradibus turrim in coelum aedificantes, tandem dispersi fiant Babylonii, confusi in omnibus suis viis? ... Non ergo alium neque alibi Deum quaeremus quam hunc, quia etsi in omnibus sit Deus, in nullo tamen est corporaliter et tam praesens ut in humanitate, nec eius praesentia est comprehensibilis alibi.“

gekreuzigte Wort gegenüber der Entrückung durch das ungeschaffene Wort. „Aber wer", so schließt Luther, „kommt sich selbst so rein vor, daß er sich ein solches Ziel zu setzen wagt, es sei denn, daß er von Gott selbst gerufen und entrückt wird mit dem Apostel Paulus (2.Kor 12,2)... Kurz, jene ‚Entrückung' (raptus) kann nicht ‚Zugang' (accessus) genannt werden."[55]

Der hier zu beobachtende Übergang von „rarum" zu „periculose" ist weniger unerwartet und wird verständlich, wenn man weiß, daß der Apostel Paulus im Prolog der wichtigsten nominalistischen Sentenzenkommentare aufgrund von 2.Kor 12 als Ausnahme von der Regel de potentia ordinata erscheint, wonach die viatores den beati gegenübergestellt werden, weil sie noch nicht Gott von Angesicht zu Angesicht schauen und daher ohne unmittelbare Gotteserkenntnis sind[56]. Luther verwendet zwar an der zitierten Stelle in seinem Genesiskommentar den für die nominalistische Theologie so charakteristischen Begriff der potentia ordinata Gottes, gibt ihm aber statt seiner ursprünglichen erkenntnistheoretischen Bedeutung eine soteriologische Zuspitzung: Die potentia ordinata ist hier nicht in erster Linie die durch den unerforschlichen, freien Willen Gottes festgesetzte Ordnung, die ebensogut auch anders hätte ausfallen können, sondern ist eindeutig die Ordnung der Erlösung in Jesus Christus, die Gott in seiner Barmherzigkeit als Zu-

[55] WA 56.299,17–300,8: „Secundo contra eos, qui nimium securi incedunt per Christum, non per fidem, quasi sic per Christum salvandi sint, ut ipsi nihil operentur, nihil exhibeant de fide. Hii niniam habent fidem, immo nullam. Quare utrunque fieri oportet: ‚per fidem', ‚per Christum', ut in fide Christi omnia, que possumus, faciamus atque patiamur. Et tamen iis omnibus servos inutiles nos agnoscamus, per Christum solum sufficientes nos confidamus ad accessum Dei. Omnibus enim operibus fidei id agitur. Ut Christo et Iustitia eius refugio ac protectione digni efficiamur. ‚Iustificati ergo ex fide' et remissis peccatis ‚accessum habemus et pacem', sed ‚per Ihesum Christum Dominum nostrum'. Hinc etiam tanguntur ii, qui secundum mysticam theologiam in tenebras interiores nituntur omissis imaginibus passionis Christi, ipsum verbum increatum audire et contemplari volentes, sed nondum prius Iustificatis et purgatis oculis cordis per verbum incarnatum. Verbum enim incarnatum ad puritatem primo cordis est necessarium, qua habita tunc demum per ipsum rapi in verbum increatum per Anagogen. Sed quis tam esse mundus sibi videtur, ut ad hoc audeat aspirare, nisi vocetur et rapiatur a Deo cum Apostolo Paulo et ‚assumatur cum Petro, Iacobo et Iohanne, fratre eius'? Denique raptus ille non ‚accessus' vocatur." Dieser Abschnitt fehlt in der Nachschrift (WA 57I.168,18–22). Der wesentliche Gedanke kommt aber hier zum Ausdruck in der Priorität der iustitia vor der pax: „Et notandum, quod hanc pacem Apostolus describit non nisi precedente iusticia posse haberi..." (167,17f.; vgl. WA 56.298,1f.). Aufgrund von Luthers Kontrast zwischen raptus und accessus schließt Otto Scheel: „So verliert die mystische Theologie ihre Bedeutung für die Praxis des religiösen Lebens..." (Taulers Mystik und Luthers reformatorische Entdeckung [in: Festgabe für Julius Kaftan, Tübingen 1920, 298–318], 318).

[56] Vgl. Harvest of Medieval Theology, 41; dt. Ausg. 48. Zur Debatte zwischen Ockham, d'Ailly und Biel vgl. Altenstaig, Vocabularius theologie, Hagenau 1517, s.v. „Viator", fol. 263rb–264va.

flucht des gefährdeten Sünders eingesetzt hat. Erinnern wir uns an die ziemlich sicher in die ersten Monate des Jahres 1515 zu datierende Stelle in den Dictata, wo gegen solche, die eine unmittelbare Verbindung mit Gott erstreben, der für das irdische Leben notwendige Schutz, das umbraculum, betont wird[57], so müssen wir, trotz Luthers Begegnung mit Tauler und den Schwärmern, durch diese ganze Spanne von Jahren hindurch (1515 bis 1538) eine grundlegende Kontinuität zugeben.

Tatsache aber bleibt, daß Tauler offenbar als einziger von allen Autoritäten Luthers von der Sic- et Non-Regel ausgenommen ist. Und das ist nicht – wie bei Wessel Gansfort[58], Pupper van Goch[59] oder dem Autor der Schrift „Beatus vir“[60] – auf eine vorübergehende Begeisterung und ein anschließendes Verschwinden aus dem Blick Luthers zurückzuführen. Bernd Moeller hat für die Jahre 1515–1544 eine Liste von 26 Verweisungen auf Tauler zusammengestellt[61], die sämtlich positiv sind. Wir glauben, daß Tauler – und der Frankfurter[62] – für Luther u.a.

---

[57] WA 4.64,24–65,6; zit. in Anm. 22.

[58] Vgl. das Vorwort zu Gansforts Epistolae, WA 10II. 316f. (1522); 317,3.

[59] Vgl. WA 10II. 329f. (1522). R. R. Post, der Kenner der Devotio moderna, hat in einer Untersuchung von Leben und Werken Puppers († 1475) bestätigt, daß er ein typisch spätmittelalterlicher Theologe ist: Johann Pupper van Goch (Nederlands archief voor kerkgeschiedenis 47, 1965/66, 71–97) 93.

[60] Luther erklärt (WA 56.313,13–16), er habe bei niemandem eine bessere (d.h. nichtphilosophische) Behandlung der Erbsünde gefunden als bei Gerhard Groote (d.h. Gerhard Zerbolt van Zutphen) in dessen „Beatus vir“, d.h. „De spiritualibus ascensionibus“. Vgl. dort in der Ausgabe Köln 1539, cap. 3: „Siquidem ratio ipsa caeca facta, erronea et obtusa, falsa pro veris recipit... Voluntas facta est curva, saepe deteriora eligit... Breviter ex amissione originalis iustitiae omnes affectiones pronae sunt in malum ab adolescentia, imo a conceptione sua.“ – J. van Rooij (Gerard Zerbolt van Zutphen I, Nimwegen 1936, 254) hält Luthers Lob für eine Mißdeutung, weil Zerbolt keine „protestantische“ Lehre von einer totalen Verderbtheit des Menschen vertrete. – Typisch nicht nur für Zerbolt, sondern auch für einen weiteren Kreis der Frömmigkeitsliteratur jener Zeit ist der Akzent auf der via purgativa in Richtung auf einen Zustand mystischer Spekulation oder Union statt auf diesem letzten Zustand selbst; vgl. cap. 3: „Sed in pristinum statum rectitudinis nequaquam nos restituit [Christus], nec vires animae reformavit, sed ad nostrum exercitium et meritum nobis eas reliquit per sancta exercitia reformandas.“ Cap. 27: „Pro quibus ascensionibus disponendis scire debes, quod Christus Jesus, Deus et homo, Dei et hominum mediator, ipse est via per quam ad divinitatis notitiam simul et amorem debes ascendere. Tertius ascensus est iam per humanitatem Christi ad spiritualem affectum assurgere, etiam ipsum Deum per speculum in aenigmate mentalibus oculis intueri et sic ex humanitate ad notitiam et amorem divinitatis pervenire ... donec ascendamus ad Dei essentialem visionem.“ Cap. 26: „Quamvis hic status perfectionis, nisi Dei speciali gratia, a nemine acquiritur, gratia tamen dormentibus, negligentibus et non cooperantibus non datur.“

[61] Tauler und Luther (in: La Mystique Rhénane, Paris 1963, 157–168), 158 Anm. 3.

[62] Vorwort zur ersten, unvollständigen Ausgabe der Theologia Deutsch, 1516 (WA 1.153): „...ist die matery fasst nach der art des erleuchten doctors Tauleri, prediger ordens.“ Henri Strohl (Luther, Paris 1962, 191) weist darauf hin, daß Tauler vergleichsweise mehr thomistisch (dominikanisch), die Theologia Deutsch mehr skotistisch ist.

deshalb höchst bedeutsam war und blieb, weil er dem werdenden Reformator zeigte, wie man den mystischen Affekt bewahren konnte trotz des Bruches mit den synergistischen Elementen in der contemplatio acquisita und den spekulativen Elementen in der contemplatio infusa. Ja, es fragt sich, ob nicht eben dieser mystische Affekt mit seiner von der Tradition der Hochmystik vorgegebenen Nähe zum Sola-Denken es Luther ermöglicht hat, diesen doppelten Bruch zu vollziehen bzw. theologisch zu formulieren.

Indessen ist wichtig, daß wir uns von der Vorstellung freimachen, Luther habe alle die von Vogelsang aufgezählten sogenannten „mystischen Autoren" wirklich als *mystische* Autoren gelesen. Gegen eine solche Annahme spricht einmal mehr allgemein die Demokratisierung der Mystik[63] in der spätmittelalterlichen Frömmigkeitsliteratur: Was man etwa von Bernhard von Clairvaux oder Hugo von St. Viktor bewahrte und festhielt, ist vielfach nicht ihre Mystik, sondern ihre Frömmigkeit[64]. Zwar bleibt ein Spielraum für die „Aristokraten des Geistes", aber die traditionelle mystische Terminologie ist der Beschreibung des christlichen Lebens des gewöhnlichen Frommen angepaßt[65]. Via moderna und Devotio moderna sind beide stärker an der theologia affectiva als an der theologia speculativa, an der Aszetik als an der Mystik, an der contemplatio acquisita als an der contemplatio infusa interessiert[66].

Ferner und mehr im Blick auf Tauler: Eben die Tatsache, daß Luther eine einzelne Predigt als in der mystischen Theologie gründend bezeichnet[67], macht uns darauf aufmerksam, daß Luther offensichtlich nicht annimmt, dies müsse immer so sein. Und es ist ein weiterer kühner Schritt, Tauler – und ebenso die von Luther im gleichen Zusammenhang

---

[63] Vgl. Harvest of Medieval Theology, 323ff.; dt. Ausg. 301ff.

[64] Vgl. M. Elze (s. Anm. 17), bes. 391ff. Vgl. Jean Chatillon, La devotio dans la langue chrétienne (Dictionnaire de spiritualité, ascétique et mystique III, Paris 1957, 705–716), 714: „Les réformateurs flamands veulent rétablir la sainteté et l'austérité de la vie religieuse ... l'on mettra désormais l'accent sur la prière ou oraison du cœur et de l'esprit, plus apte à exciter la ferveur que la prière vocale ou même que la prière liturgique."

[65] Francis Vandenbroucke (La spiritualité du Moyen Age, Paris 1961, 533) meint, diese Epoche sei gekennzeichnet durch „le divorce entre théologie et mystique". Es ist wahr, die affektive, gegen die Debatten „in scholis" meist kritische Theologie nahm damals einen allgemeinen Aufschwung. Versteht man Theologie im rein akademischen Sinne, so ist Vandenbrouckes Schluß im großen und ganzen begründet. Indessen muß die spätmittelalterliche affektive Theologie mit ihrer häufigen Verwendung mystischer Terminologie wohl eher als Verhütung einer solchen Scheidung betrachtet werden. Dieser Aufschwung der affektiven Theologie und die von mir so genannte Demokratisierung der Mystik sind zwei Seiten derselben Sache.

[66] Zur via moderna und devotio moderna s. Werden und Wertung der Reformation, Tübingen 1979², 28–71.

[67] WA 9.98,20: „Unde totus iste sermo procedit ex theologia mystica..."

erwähnte „Theologia Deutsch“[68] – zu einer ganzen Kategorie sogenannter „deutscher Mystik“ zu rechnen, zumal wenn dies, wie meist wirklich, auch etwa Meister Eckhart einschließen sollte, der ja allem Anschein nach nicht in Luthers Blickfeld getreten ist. Trotz einer gewissen Nähe von Eckhart und Tauler gibt es beachtliche Verschiedenheiten zwischen beiden, die man gerade von Luther her unmöglich übersehen kann[69].

---

[68] Zur Charakterisierung auf der Titelseite der zweiten (ersten vollständigen) Ausgabe der Theologia Deutsch (1518; WA 1.376, A): „... das ist Eyn edles Buchleyn, von rechtem vorstand, was Adam und Christus sey, und wie Adam yn uns sterben, und Christus ersteen sall“; vgl. die Auslegung von Ps 51,3 in: Die sieben Bußpsalmen, 1517 (WA 1.186,25–29): „Nu ists mit unsz alszo, das Adam ausz musz und Christus eyn geen, Adam zu nichte werden und Christus allein regiren und seynn, derhalben ist waschens und reynigens kein ende yn disser tzeit. dann Adam, der unsz angeborn ist, macht auch unser guten werck, die wir thun yn dem anhebende und zunehmen zu sunden und zu nicht, wen got nit an sehe die angefangen gnade und waschen.“ – Vgl. Eine Deutsche Theologie, cap. 42, übertr. von JOSEPH BERNHART, Leipzig 1922, 167: „Denn es [das natürliche Licht] will nicht Christus sein, sondern es will Gott sein in seiner Ewigkeit. Und das darum: Christus und sein Leben ist aller Natur widrig und schwer, darum will die Natur nicht daran. Aber Gott sein in seiner Ewigkeit und nicht Mensch, oder Christus sein wie er war nach seiner Auferstehung, das ist alles leicht, lustvoll und gemachsam für die Natur.“

[69] KÄTE GRUNEWALD, Studien zu Johannes Taulers Frömmigkeit, Berlin 1930, 41: „Statt einer Schaumystik also eine in diesem neuen Sinne wirklich voluntaristische Mystik.“ Wir leugnen natürlich nicht die Parallelen zwischen Eckhart und Luther; es geht daher nicht um bloße „Verbindungslinien“, wie RÜHL meint ([s. Anm. 6] 91): „Wer die Mystik ihrem eigentlichen Wesen nach nicht verstanden hat, würde – wie es in der Lutherforschung weitgehend der Fall ist – hier keinerlei Verbindungslinien zwischen Luther und Eckhart zu (sic!) sehen, der Kundige aber wird beide Lösungen entstanden sehen auf der Grundlage derselben mystischen Denkform des Gedankenkreises, weil die Verbindungslinien Luthers zu den Mystikern sehr viel tiefer liegen, als man allgemein annimmt. Was Luther von der Mystik grundlegend scheidet, ist, wie bereits erwähnt, seine Anthropologie, das bedarf keines Beweises, denn den Hang zum Guten in der Seele des Menschen kann Luther der Mystik nicht glauben. Daraus resultieren letztlich die Verschiedenheiten der Lösungen bei Luther und der Mystik.“

Wenn Rühl berechtigt ist, die „Denkform“ als *das* Unterscheidungsmerkmal zwischen Scholastik und Mystik zu bezeichnen – den Kreis, „der von einem Begriff ausgeht, andere anschließt und wieder zum Ausgangsbegriff zurückkehrt“ (38) und so die essentielle Einheit von diametral entgegengesetzten Konzeptionen enthüllt (45) –, so müßte die Frage gestellt werden, ob eine Minimalinterpretation dieser „Denkform“ nicht für jede affektive Theologie zutrifft und daher für „Hochmystik“ im angedeuteten Sinne des Wortes nicht weiter typisch ist; sofern eine Interpretation beabsichtigt ist, die „Hochmystik“ einschließt, beruht die „Denkform“ auf einem „Denkinhalt“, der einen so durchgehenden Monismus voraussetzt, daß alle Gegensätze nur dem Anschein nach solche sind.

Die Wendung „Hang zum Guten“ ist zu unklar und zieht die verschiedenen Anthropologien Eckharts und Taulers nicht in Betracht; vgl. GRUNEWALD, 8: „Für Eckhart wird ja alles, was er über den Grund der Seele zu sagen hat, letztlich immer ein Hymnus auf das Gottsein der Seele im tiefsten Wesen. Eine so intensive Überzeugung von der Immanenz Gottes in der Seele und von der Identität beider in mystischer unio hat Tauler nicht.“

Ferner besteht ein entscheidender Unterschied zwischen Eckhart und Luther in der Schöpfungslehre. Während Schöpfung für Eckhart Entfremdung bedeutet (vgl. Harvest of Medieval Theology, 326; dt. Ausg. 303f.), ist sie für Luther „gnad und wolthat“: „Ehe ein

Die Quintessenz jedenfalls, die Luther der „Theologia Deutsch" entnimmt, ist sicherlich nicht mystisch: „... der Mensch soll auf nichts anderes als allein auf Jesus Christus vertrauen, nicht auf seine Gebete, Verdienste oder Werke. Denn nicht durch unser Bemühen werden wir gerettet, sondern durch Gottes Erbarmen."[70] Wie die Schlußworte der Vorrede von 1518 zu „Eyn deutsch Theologia" zeigen, betrachtet Luther diese Schrift als typisch für eine „deutsche Theologie", nicht aber für eine „deutsche Mystik": „szo werden wyr finden, das die Deutschen Theologen an zweyffell die beszten Theologen seyn, Amen."[71]

3. *Amplexus: mors et infernus*[72]

Wir haben bisher das Problem erörtert, das sich daraus ergab, daß man Luther zu einer Zustimmung oder Ablehnung gegenüber Richtungen der mystischen Theologie drängte, die sich ihm gar nicht als solche darstellten. Während wir uns aber noch scheinbar im Bereich dieser methodologischen Erörterungen befanden, sind wir doch über die formalen Erwägungen schon hinausgelangt. Für unsere Frage ist es die einzig sinnvolle und erfolgversprechende Methode, Luthers Verwendung und Wertung von allgemein anerkannten, zentralen Begriffen und Bildern der mystischen Theologie zu erforschen und darzustellen. Die Frage einer angemessenen Definition von mystischer Theologie dagegen und einer Klassifizierung ihrer einzelnen Schulen lassen wir daher – zumindest vorläufig – unberücksichtigt.

Aufgrund unserer bisherigen Überlegungen kommen wir zu folgenden vorläufigen Folgerungen:

1. Bis jetzt besteht kein Grund für die Annahme, Luther habe mystische Theologie überhaupt verworfen[73]. Er wendet sich vielmehr gegen die Gefahren der von uns so genannten „Hochmystik".

---

mensch lernet primum verbum in Mose, scilicet: Deus creavit coelum et terram, so ist er tod, und wenn er 1000 jar lebte, so wurde ers doch nicht auslernen. Aber dieses creators und seins geschöpffs hat man so gar vergessen, das Gott auch seinen Son must senden in die welt, das er die welt erinnert und anzeigt des Vaters gnad und wolthat in creatione et missione Filii etc." WAT 2.157,11–16 und Anm. 5.6.7; Nr. 1634.

[70] WAB 1.160,10–12: „... ne homines in aliud quicquam confidant quam in solum Ihesum Christum, non in orationes et merita vel opera sua. Quia non currentibus nobis, sed miserente Deo salvi erimus."

[71] WA 1.379,11f.

[72] AWA 2.302,2; WA 5.165,23.

[73] Vgl. die Besprechung von Luthers Verwendung des Gedankens der Brautmystik in meinem Aufsatz: „Iustitia Christi" and „Iustitia Dei". Luther and the Scholastic Doctrines of Justification (Harvard Theological Review 59, 1966, 1–26), 25f.; dt. Übers. in: Der Durchbruch der reformatorischen Erkenntnis bei Luther, hrsg. von B. Lohse, Darmstadt

2. Das erste Kennzeichen dieser Art von Mystik ist für Luther die „unio animae et corporis“. Meines Wissens ist dies keine damals gängige Formulierung. Altenstaig gibt in seinem „Vocabularius theologie“ eine Definition von „beatitudo“, die sowohl Seele als auch Leib umfaßt[74]. Vielleicht spielt Luther auf diese Form der ewigen Seligkeit an, um den proleptischen Charakter dieser „Hochmystik“ als einer theologia gloriae zu entlarven. Der Kontext seiner Bemerkungen deutet freilich eher darauf hin, daß er an eine psychosomatische Erfahrung denkt, bei der die Sinne des Menschen das Objekt der Spekulation erfahren[75], eben die Vereinigung der Seele mit Christus[76].

Luthers Haltung erklärt sich nicht daraus, daß er die Idee einer

---

1968, 413–444; 443, Anm. 52. Zum Vorkommen der Wendung „du bist min, ich bin din“ bei deutschen mystischen Autoren s. das Register bei Grete Lüers, Die Sprache der deutschen Mystik des Mittelalters im Werke der Mechthild von Magdeburg, München 1926, 309f. Über den Gebrauch der Wendung „minnende Seele“ vgl. Romuald Banz, Christus und die minnende Seele. Zwei spätmittelhochdeutsche mystische Gedichte, Breslau 1908, 119.

[74] „Illa autem unio animae et corporis...“ (WA 43.73,11; zit. in Anm. 52). – Altenstaig, s.v. „beatitudo“, fol. 25ra: „Beatitudo est duplex (ut scriptis reliquit Richardus di. XLIX ar. V q. 2 li. IV), scilicet anime et corporis.“ S. v. „unio“ (fol. 269va) heißt es zwar: „unio quedam est corporalis, quedam spiritualis“, aber die mystische Erfahrung wird nur in bezug auf die letztere diskutiert.

[75] Bonaventura, Itinerarium mentis in Deum, IV, 3 (ed. Julian Kaup, München 1961, 112–114): „Dum caritate complectitur Verbum incarnatum, ut suscipiens ab ipso delectationem et ut transiens in illud per exstaticum amorem, recuperat gustum et tactum. Quibus sensibus recuperatis, dum sponsum suum videt et audit, odoratur, gustat et amplexatur, decantare potest tanquam sponsa Canticum canticorum, quod factum fuit ad exercitium contemplationis secundum hunc quartum gradum, quem nemo capit, nisi qui accipit (Apc 2,17), qui magis est in experientia affectuali quam in consideratione rationali. In hoc namque gradu, reparatis sensibus interioribus ad sentiendum summe pulcrum, audiendum summe harmonicum, odorandum summe odoriferum, degustandum summe suave, apprehendendum summe delectabile, disponitur anima ad mentales excessus, scilicet per devotionem, admirationem et exsultationem, secundum illas tres exclamationes, quae fiunt in Canticis canticorum. Quarum prima fit per abundantiam devotionis, per quam fit anima sicut virgula fumi ex aromatibus myrrhae et thuris: secunda per excellentiam admirationis, per quam fit anima sicut aurora, luna et sol, secundum processum illuminationum suspendentium animam ad admirandum sponsum consideratum; tertia per superabundantiam exsultationis, per quam fit anima suavissimae delectationis deliciis affluens, innixa totaliter super dilectum suum (Cant 3,6; 6,9; 8,5).“

[76] Die handschriftliche Version (1532/33) des später (1540) gedruckten und oben in Anm. 41 zitierten Textes lautet (WA 40III. 199,5–10): „Christiana vita non est hypocritarum; speculantur nescio quas uniones cum sponso Christo. Non sensi istos gustus, quos ipsi fingunt. Anima sponsa et Christus sponsus confluunt etc. Sed fabulae sunt.“ Die Fortsetzung heißt (200,18–23): „Est hypocrisis illa; Christiana vita est hec: ante omnia apprehendere verbum; hec unio cum deo, illud quotidianum exerceri et augeri, quia diabolus, mundus, caro veniet et tentabit.“ Dieser letzte Absatz lautet im Druck etwas glatter: „Haec est vera et practica unio nostra cum Deo, in qua unione quotidie crescendum est propter carnem, mundum et Satanam quotidie tentantem... Ideo crux est medium, quo Deus nos exerceri, non absorberi vult, ut quotidie magis ac magis purificemur.“

Vereinigung als solche ablehnt oder meint, geistige Gegebenheiten könnten nicht erfahren werden. Er ist im Gegenteil der Meinung, daß sie zwar nicht immer formuliert, aber erfahren und ohne Erfahrung gar nicht mitgeteilt werden können. Worauf es ankommt, ist vielmehr, daß echte theologia negativa eine Theologie des Kreuzes ist und die ihr entsprechende Erfahrung das Rufen und Klagen der Seele, die „gemitus inenarrabiles" (Röm 8,26)[77]. Wir werden darüber noch besonders sprechen müssen.

3. Das zweite Kennzeichen der von Luther verworfenen Mystik ist es, an Jesus Christus vorbei im Deus nudus zum Ziel kommen zu wollen. In seiner Auslegung zu Röm 5,2 hatte Luther die doppelte Bedingung „per fidem" und „per Christum" hervorgehoben[78]. Die Forderung „per Christum" allein konnte noch – und wurde meist wirklich – als notwendige Vorbereitung auf die unio und contemplatio verstanden werden, da sie grundsätzlich die frühere, jetzt überschrittene Stufe des Glaubens voraussetzte. Vor allem die Meditation der Passion Christi als Grundlage aller Verdienste wurde als das beste Mittel zur Erzeugung einer intensiven Devotion empfohlen[79].

---

[77] Enarratio Ps 90,7 (1534/35, gedr. 1541; WA 40III. 542,27–31; 543,8–13): „Ad hunc modum sunt quidem istae cogitationes blasphemiae horribiles, et tamen sunt bonae, si modo eas gubernes et iis bene utaris. Includunt enim istos ‚gemitus inenarrabiles', qui ‚penetrant nubes' et divinam Maiestatem quasi cogunt ad ignoscendum et salvandum. Sentiri haec possunt, sicut reliqua spiritualia, dici non possunt nec sine experientia disci. Quare merito ridetur Dionysius, qui scripsit de Theologia Negativa et Affirmativa. Postea definit Theologiam affirmativam esse: Deus est ens, Negativam esse: Deus est non ens. Nos autem, si vere volumus Theologiam negativam definire, statuemus eam esse sanctam Crucem et tentationes, in quibus Deus quidem non cernitur, et tamen adest ille gemitus, de quo iam dixi." Eine ähnliche Feststellung kommt in WAT 1.108,1–11; Nr. 257 (1532) vor, wo sie gegen Eck als Anhänger Platos gerichtet ist: „Plato disputat de Deo in dialogo de ente, quod Deus sit nihil et quod sit omnia. Hunc secutus est Eccius. Hinc theologi dixerunt definitionem affirmativam esse incompartam, negativam autem esse absolutam. Hoc nemo intelligebat. Sed sic dicendum erat et potest intelligi: Deus est incomprehensibilis et invisibilis, et quidquid comprehenditur et videtur, non est Deus. Hoc est alio modo sic dicere: Est duplex Deus, visibilis et invisibiils. Visibilis est per verbum et opus; ubi autem non est verbum aut opus, da sol man yhn nit hallten. Ipsi voluerunt per speculationes apprehendere Deum, haben das verbum lassen ligen. Sed ego moneo, das das speculirn lasse anstehen, vnd wolt gern, das man die regel nach meinem leben hiellte."

[78] Vgl. das Zitat in Anm. 55.

[79] Schatzgeyer (1501), 329^{b}, Dir. 32: „Non parvum spiritualis profectus adminiculum, imo magnum, est meditatio, et praecipue passionis Christi domini nostri, et ut plurimum ingerens devotionem maiorem, et internam afferens consolationem, quam quaecunque alia. Nec mirum, fundamentum enim est quoddam passio Christi omnium meritorum nostrorum, quae per meritum passionis Christi a Deo patre acceptantur." Vgl. Johannes Geiler von Kaysersberg, Der Bilger mit seinen Eygenschaften (vollendet 1494), Augsburg 1498, fol. 11 (Dacheux [s. Anm. 49], 247): „Wann es wirt oft ainen mönschen die gancz welt czu eng, das es so vil anvechtung hat vnnd ynnerlichs gedrengs, denn bedarfst du woll des schindell hucz [Pelzmantel]; wann dise hicz kompt, so gang hin czu Christo, gehangen

In einer Abhandlung Schatzgeyers, die Luther zeitlich nahesteht (1501) und jenen Geist mönchischer Spiritualität atmet, der später Luthers Zorn erregte, wird Christus in keiner Weise herabgesetzt: das „pro nobis" – in der innigen Sprache dieser Schrift als „pro te" formuliert – begründet die enge Verbindung zwischen Christus und dem Glaubenden[80]. Schatzgeyer betont, daß „es nur *einen* Weg zum Himmel gibt: durch das Kreuz Christi". Dies erweckt dann allerdings die Liebe und führt zur köstlichen Umarmung Christi[81]. Der wahre Christ wendet sich

---

an dem creücz, vnnd hat kein hilf gehept, wann er sprach ‚mein got, warumb hast du mich verlassen'. Unn da nim ab die schinen czu disam hut vnd gedenck wie Christus jhesus des so gedultigklich gelitten hat..." – Vgl. Jane Dempsey Douglass, Justification in Late Medieval Preaching, Leiden 1966, 180ff. In diesem Zusammenhang verweisen wir auf Gersons ‚Ars bene vivendi', die „apud Augustinianos" 1513 in Wittenberg bei Luthers Verleger Johannes Grunenberg erschien. Es ist kaum vorstellbar, daß Luther diese Ausgabe nicht gekannt haben sollte; sie vermehrt daher die Liste der Werke Gersons, die Luther wahrscheinlich gelesen hat: ‚Ars bene vivendi recteque moriendi Ioannis Gersonis, auspiciis Nicolai Viridimontani editum. Impressum Wittemburgii per Ioannem Gronenbergium, anno 1513, Apud Augustinianos.' Widmungsgedichte von Magister Otto Beckmann Wartbergius und Richardus Sbrulius Foroiuleius. Otto Beckmann († 1556) war der Mittelsmann, durch den Luther am 4. Sept. 1517 seine Disputatio contra scholasticam theologiam an Johannes Lang nach Erfurt sandte; vgl. WAB 1. Nr. 45, sowie N. Müller, Die Wittenberger Bewegung 1521 und 1522 (ARG 7, 1909/10, 195–208); zu Sbrulius 197. Nikolaus Fabri von Grünberg († 1515) war Stadtpfarrer (Konventor) in Wittenberg und Dr. theol. (C. E. Foerstemann, Liber Decanorum Facultatis Theologicae Academiae Vitebergensis, Leipzig 1838, 9.17ff.); vgl. Müller, 356f. In seiner Vorrede gibt Nikolaus von Grünberg als Grund für die Veröffentlichung an (fol. a ii^{r-v}): „...veram vivendi rationem haberent et spectatam Christianissimis quibusque tantopere necessam philosophiam, quam Plato ille philosophorum deus mortis meditationem esse non indocte percensuit ... munusculum ... si corticem exteriorem dumtaxat spectet, sed si medullam (ut tute quam optime nosti) interiorem introspexeris, preciosum et doctissimo viro dignum iudicabis."

Zur imitatio Christi mit dem Ton auf „patienter" vgl. II, 1(b ii^{v}): Auf dem Totenbett „... gratias pro his et aliis innumeris donis nunc eidem refer, ad suam infinitam misericordiam confugiens et de commissis a te criminibus veniam humiliter poscens ... penam ferre meruisti. Unde et huius infirmitates et mortis penas pacienter tollerare debes... Quod si, sic corde contrito paciens, penam necessariam tanquam voluntariam feres, et omnem penam et culpam remittet deus, certusque paradisum introibis... Plena fide te deo committe et ei, qui omnipotens, bonus et sapiens est, te et tua et tuorum regenda prebe."

[80] Schatzgeyer (1501), 325^{b}, Dir. 21: „Porro totalitas illa cordis accipienda est proposito, non qualiscumque, sed fortis, fervens et intensus motus cordis in Deum, et quanto purior, sincerior et ardentior fuerit, tanto perfectior erit. Igitur, amator perfectionis, quere omnis perfectionis consummatorem et consummationem: Iesum. Quere, inquam, pro te vagientem in matris gremio. Quaere te docentem in templo. Quaere pro te pendentem in patibulo. Quere regnantem et te expectantem in supercelesti throno, ubi tibi succurrat desiderabilis, quem aliquando inventum studiosissime in cordis tui ergastulo reclude, nec ultra paciaris eum abire."

[81] Schatzgeyer (1501), 329, Dir. 29: „Igitur si respirare desideras in libertatem filiorum Dei, abijce carnis voluptates, contemne mundi vanitates, fuge diaboli versutias et falsitates, amplectere Christi crucem brachijs internae devotionis et supernae affectionis. Absque ambiguitate scias non aliam esse ad patriam viam, quam per crucem Christi. Ipse enim

von der Bitterkeit dieses Tränentals zur glanzvollen Schönheit Christi. Gegen dieses Verständnis von „per Christum (et caritatem)“ stellt Luther das seinige in den steten Kontext des Glaubens (per fidem)[82]. Für Luther bedeutet die Umarmung Christi nicht lieblichen Genuß, sondern Tod und Hölle[83]: „Gott will [durch das Kreuz], daß wir nicht hingerissen, sondern erprobt werden.“[84] *Der Christ wendet sich nicht von der Bitterkeit dieser Welt ab, sondern wird gerade in diesem Tränental mit dem Kreuz Christi identifiziert*[85].

4. An dieser Stelle könnte man überlegen, ob die Frage nach Luthers Verhältnis zur Mystik nicht schon beantwortet ist. Wenn nämlich die contemplatio acquisita ausgeschlossen ist, weil sie eine Mitwirkung des

---

dominus Iesus ait: ‚Ego sum ostium, per me si quis introicrit salvabitur‘. Et alibi inquit discipulis: ‚oportuit pati Christum et ita intrare in gloriam suam‘. Errant ergo omnes aliam viam quam crucem ad coelestia quaerentes. Erexerunt olim philosophi scalam, per quam ad coelos conscenderent, sed solum nonam speram, primum scilicet mobile attigit. Ad coelum autem empirreum non porrexit, unde brevitate sua defecit, propter quod ad ima prolapsi sunt. Construxerunt post eos haeretici etiam sibi scalam, ex sacra scriptura sibi gradus fabricantes, sed quia putridis usi sunt lignis, ipsius ruinosa compage in abyssum deiecti perierunt. Ad ascensiones itaque in cordibus nostris disponendas, in valle lachrimarum quinque spiritualibus sensibus utendum est. Converte ergo, o anima, quae ascensiones paras, converte sensus cordis tui in pulcherrimum, sonorosissmum, suavissimum, redolentissimum, et amorosissimum obiectum, Iesum, videlicet, Christum, verbum increatum, incarnatum et inspiratum. Contemplare eius pulchritudinem, quia splendor est patris et figura substantiae eius. Audi vocem dilecti in corde pulsantis et dicentis: Aperi mihi, soror, mea sponsa. Gusta et vide, quoniam suavis est. Redoleat tibi suavissimus odor eius. Odor enim filii dei est sicut odor agri pleni, cui benedixit Deus pater. Astringe ipsum, amoris brachiis tene, nec eum dimittas, donec ipsum in cubiculum cordis tui introducas. Ad hunc omnes vires erigas, ad eius mansionem celicam omnibus conatibus anhelas. In dextera enim Dei patris sedens, tuum prestolatur adventum, ut aliquando post ipsum ascendens, cum ipso regnes in saecula saeculorum, amen.“ Zu den beiden letzten Sätzen vgl. Luthers Kritik an den Schwärmern, zit. in Anm. 89.

[82] Vgl. als Kontrast Dionysius der Kartäuser, Opera VII, 301 D–302 A: „Sicque introduxit me in sanctuarium suum, in amplitudinem divinarum illuminationum; et per eminentem gradum doni sapientiae, fecit me quasi secretariam et consiliariam suam rex meus et Deus meus. Insuper, Introduxit me in cellaria sua, ad contemplandas mansiones coelestes ac gaudia civium supernorum, ut sciam non solum per fidem, sed etiam per praelibationem suavem, per experientiam certam, per revelationem supernaturalem, quae sit spes vocationis nostrae.“

[83] Operationes in psalmos, Ps 5 (1519/20; AWA 2.301,21–302,2; WA 5.165,21–23): „Sicut et filii patrem carnis dulcius amant post virgam, qua verberati sunt, ita carni contraria voluptate sponsus sponsam suam afficit Christus, nempe post amplexus. Amplexus vero ipsi mors et infernus sunt.“

[84] Vgl. Anm. 76. Als Parallele und Kontrast in einem vgl. die Betonung des exercitium bei Zerbolt in Anm. 60.

[85] Zu Hebr 2,14 (1517; WA 57III. 129,20–25): „Et psal 22.: ‚Si ambulem in valle i. e. in medio umbre mortis, non timebo mala, quoniam tu mecum es.‘ Sicut enim Christus per unionem immortalis divinitatis moriendo mortem superavit, ita Christianus per unionem immortalis Christi (que fit per fidem in illum) eciam moriendo mortem superat ac sic Deus diabolum per ipsummet diabolum destruit et alieno opere suum perficit.“

Menschen mit der Gnade voraussetzt[86], und die contemplatio infusa als theologia gloriae entlarvt ist[87], so scheint kein Spielraum übrigzubleiben. Aber der Gegensatz von accessus und raptus ist nicht das letzte Wort: Während Luther einerseits den raptus verwirft, gibt es andererseits beachtliche Anzeichen dafür, daß der accessus einige Züge übernimmt, die sonst den raptus charakterisieren. Obwohl amplexus und unio nicht sinnenhaft erfahren werden können und der gemitus weiterhin den Ruf des Menschen nach der vollen Offenbarung Gottes (Röm 8,26) bestimmt[88], werden doch amplexus und unio nicht ausgeschlossen, sondern vom Glauben ergriffen. Wie der Große Galater-Kommentar zeigt, hat die Auseinandersetzung mit dem linken Flügel der Reformation Luther nicht dazu gezwungen, mit seiner angeblich mystischen Vergangenheit zu brechen. Erstaunlicherweise kritisiert er die Schwärmer nicht wegen zu großer Radikalität, sondern wirft ihnen vor, sie seien nicht radikal genug. Sie unterscheiden den Glauben im Herzen und Christus im Himmel, wohingegen doch gerade beides unmittelbar miteinander verflochten ist. Über diese Identifikation Christi und des Christen sagt Luther knapp: „Es gehet nicht speculative sed realiter zu."[89] Es

---

[86] WAB 1.160,1–29.

[87] Vgl. die Auslegung zu Hebr 9,5 (WA 57III. 201,15–202,6): „Sic psal 17[,11]: ‚Ascendit et volavit super pennas ventorum' id est contemplationes spirituum. Quod nomen satis indicat. ‚Cherubin' enim interpraetantur ‚plenitudinem scientiae'. Ideo et hic dicit ‚Cherubin gloriae', subindicans, quod alia sit sapientia Christi gloriosi et alia Christi crucifixi. Quia per hanc deprimitur caro, per illam elevatur spiritus. Porro in contemplacione gloriae Christi maxime omnium necessaria est prudentia spiritus, ne unius ‚faciem' secuti et alterius relinquentes in diversum rapiamur errorem. Quod accidere solet his, qui Scripturae repugnantias in Christo conciliare negligunt [et] in unam tantummodo partem feruntur. Exempli gratia: de Christo dicitur, quod sit rex omnium gloriosissimus. Hanc faciem Cherubin ita sequuntur Iudei, ut a Christo crucifixo longissime recedant, non attendentes alteram faciem Cherubin, ubi dicitur Esaiae 53.: ‚Non est ei species neque decor.' Et sic de aliis contradictoriis seu contrariis in Christo propter humanitatem et divinitatem concordantibus." Vgl. die früheste Auslegung von Ps 17,11 in WA 3.114,15; 124,16ff. Zu den beiden Theologien (sapientia Christi gloriosi, sapientia Christi crucifixi) vgl. WA 39I. 389,10ff.

[88] Wie wir zu zeigen hoffen, ist dieser „gemitus" eng mit der „syntheresis" verwandt. Zu Luthers Beurteilung und Verwendung des Begriffs syntheresis s. Emanuel Hirsch, Lutherstudien I, Gütersloh 1954, 109–128. Ohne „gemitus" und „syntheresis" miteinander in Verbindung zu bringen, stellt M. A. H. Stomps (Die Anthropologie Martin Luthers. Eine philosophische Untersuchung, Frankfurt a. M. 1935, bes. 14ff.) eine Reihe von Zitaten unter dem Gesichtspunkt „expectatio" zusammen, der für Luthers theologische Anthropologie in der Tat zentral ist.

[89] Kommentar zu Gal 3,28 (1531; WA 40I. 546,3–8): „Ego credo in filium Dei pro me passum, video meam mortem in suis vulneribus et nihil video et audio quam ipsum. Das heist fides Christi et in Christum. Schwermeri dicunt: spiritualiter in nobis i. e. speculative, realiter dicunt eum esse droben. Sed oportet Christum et fidem coniungi. Et oportet nos in coelo versari et Christum in corde. Es ghet nicht speculative sed realiter zu." Die letzten Sätze sind im gedruckten Text von 1535 neu formuliert (WA 40I. 546,25–28): „Oportet

ist für uns sehr aufschlußreich, daß dies „realiter" vier Jahre später – Luthers Sinn sicher treffend – im Druck erläutert wird: Christus wirke „realiter" in uns, d.h. „praesentissime et efficacissime".

In einem Schlußabschnitt wollen wir nun noch Luthers Verwendung der typisch mystischen Terminologie in einigen Paragraphen untersuchen. Nur Luthers eigene ausdrückliche Erklärung über mystische Theologen und ihre Theologie zu sammeln, würde sich als eine illegitime Abkürzung erweisen. Hier wie in anderen Bereichen von Luthers Theologie müssen wir einen scheinbar wenig aufregenden und zumindest unauffälligen Weg beschreiten: geduldiges Vergleichen mit der Tradition, vor allem der Frömmigkeitstradition unmittelbar vor Luther.

Wir halten fest, daß Luthers ‚raptus' (1) als Zentralbegriff der Hochmystik, die den Menschen über den Glauben hinaus erheben will, und (2) als das Ziel und das Maß des christlichen Lebens, nach dem es beurteilt werden kann, radikal verwirft. Er ist beibehalten (1) als eine Grenzmöglichkeit und (2) als eine Gabe Gottes, die vom Menschen leicht mißverstanden und mißbraucht wird.

Weit interessanter ist der Gebrauch dieses Begriffes aber dort, wo Luther ‚raptus' und seine verwandten Worte aus ihrem ursprünglichen hochmystischen Kontext heraushebt und zur Beschreibung des Wesens des Glaubens verwendet.

4. Der mystische Kontext: Grundbegriffe

1. *Exegetische Mystik.* Wenn man etwa Altenstaigs „Vocabularius theologie", der im Jahre des Thesenanschlags erschien, für das zeitgenössische Verständnis von mystischen termini technici wie „excessus", „extasis" oder „raptus" zu Rate zieht, so bemerkt man, daß der Artikel über „extasis" aus zwei Autoritäten geschöpft ist: Hauptzeuge ist natürlich Gerson, der Kirchenvater des Spätmittelalters[90]; daneben steht der Augustinerbischof und Exeget Jacobus Perez de Valencia[91].

Christum et fidem omnino coniungi, oportet simpliciter nos in coelo versari et Christum esse, vivere et operari in nobis; vivit autem et operatur in nobis non speculative, sed realiter, praesentissime et efficacissime."

[90] Luther spricht von „Gerson et ceteri patres" (WAT 2.27,6f.; Nr. 1288; 1531). An der aus dem letzten Drittel des 15. Jahrhunderts stammenden Kanzel der Amanduskirche in Urach ist Gerson neben den vier Kirchenvätern dargestellt (vgl. GEORG DEHIO, Handbuch der Deutschen Kunstdenkmäler III, Berlin 1925^3, 548).

[91] Altenstaig, Vocabularius theologie, s.v. „extasis", fol. 83va; vgl. s.v. „raptus", fol. 213^{va-b}. Vgl. seinen früheren „Vocabularius vocum quae in opere grammatico plurimorum continentur brevis et vera interpretatio" (Tübingen 1508), 2. Ausgabe Basel 1514, s.v. „ecstasis", fol. 25^{3-4}. Hier findet sich ein Widmungsbrief von Oswald Myconius an seinen Freund Ioannes Xilotectus, einen frühen Korrespondenten Zwinglis, vgl. CR 94, ZW VII.

Im Prolog seines Psalmenkommentars (1484) bezeichnet Perez den excessus als die Gabe der Vision für alle Propheten, eine übernatürliche Erleuchtung, die die Fähigkeit des menschlichen Erkennens übersteigt. Extasis ist eine höhere Stufe, auf der man seinen inneren Sinnen entfremdet ist, „quasi extra seipsum". Die dritte und letzte Erhebung ist der raptus, der nur wenigen zuteil wird[92]. Wie 50 Jahre später Luther, hat Perez diese Angaben an verschiedenen Stellen in Augustins Werken finden können[93].

In der exegetischen Anwendung jedoch behält Perez diese Unterscheidungen nicht bei. In der Auslegung von Ps 115,11 (Vulgata: „Ego dixi in excessu meo: omnis homo mendax") identifiziert er „excessus"

330,7; weitere Angaben 526 Anm. 1; vgl. CR 95, ZW VIII. 38–41. Wie aus dem Epigramm Heinrich Bebels hervorgeht, war dies lateinische Schulbuch als antidotum gegen so wenig geschätzte Bücher wie das ‚Catholicon' gedacht. Dieses umfassende, im März 1286 vollendete, oft gedruckte (u. a. Köln 1497) Lexikon des Joannes Balbus de Janua (Giovanni Balbi) führt Luther 1509/10 noch als Autorität an, vgl. WA 9.68,14. 1524 betrachtet er es (zusammen mit dem Florista, Grecista, Labyrinthus und Dormi secure) als typisch für die „tollen, unnützen, schedlichen, Müniche bücher", die die Bibliotheken füllen (An die Ratherren aller Städte deutsches Lands; WA 15.50,9f.). Die Humanisten nördlich der Alpen folgen vermutlich der mehrfachen Verurteilung des Werks durch Erasmus; vgl. Opus Epistolarum, ed. P. S. Allen, I, 115,89 (1489); 125,81 (1489); 133,85 (1494); 172,32 (1497).

[92] Prologus in Psalterium, tract. II a.2, Venetiis 1581, fol. 16F-17B: „In qua visione propheta nondum erat alienus a sensibus interioribus, in quibus lucebant illae imagines. Et iste gradus visionis fuit communicatus omnibus prophetis, qui dicitur excessus mentis, inquantum illud lumen propheticum supernaturale excedebat lumen naturale ipsius intellectus agentis... Extasis enim dicitur quidam status hominis contemplativi existentis alienati, quasi extra seipsum... Tertio modo potest multo altius elevari intellectus cum magna violentia ab ipso Spiritu Sancto usque ad visionem divine essentie, que quidem elevatio dicitur raptus... Iste autem tertius gradus excedit limites prophetiae, quem pauci potuerunt attingere in hac vita." Für den Zusammenhang vgl. Wilfrid Werbeck, Jacobus Perez von Valencia. Untersuchungen zu seinem Psalmenkommentar, Tübingen 1959, 81f. Vgl. WA 3.185,26f.: „in spiritu raptus intellexit in eo facto quid mystice significaret." – Es wäre lohnend, das Problem zu untersuchen, ob Luther bewußt solche Begriffe verwendet, wie z. B. in dem folgenden negativen Kontext (WA 2.460,20–22; 1519): „Non errare, non peccare eos [rectores ecclesiasticos] dicit [Paulus: Gal 1,6f.], sed peiore malo, prorsus translatos extra evangelium, alienatos a deo esse."

[93] Vgl. hier bes. die keineswegs veraltete Arbeit von A. W. Hunzinger, Lutherstudien I: Luthers Neuplatonismus in der Psalmenvorlesung von 1513–1516, Leipzig 1906, 105ff., bes. 106 Anm. 1. Vorher stellte Hunzinger fest (74): „Von einer wirklichen Beeinflussung durch die mystische Theologie des Areopagiten kann m. E. keine Rede sein. Die Weise Luthers, neuplatonisch zu denken, und die von ihm angewendete Terminologie hebt sich zu deutlich von derjenigen des Pseudo-Dionysius ab, trägt einen anderen Typus." Für eine notwendige Klärung der zugrunde liegenden Unterschiede vgl. die Charakterisierung von J. Koch, Augustinischer und dionysischer Neuplatonismus und das Mittelalter (Kantstudien 48, 1956/57, 117–133). Diesen Hinweis verdanke ich F. Edward Cranz, The Transmutation of Platonism in the Development of Nicolaus Cusanus and of Martin Luther (Cusanus-Tagung 1964).

mit „extasis" und interpretiert beides durch das Verb „rapi", um den Übergang Davids von der „fides sola" zur „contemplatio" zu schildern. So ist es David möglich, die Mysterien des Neuen Testaments vorherzusehen, wie sie im Gesetz des Mose vorgebildet sind[94]. Wichtiger für die hermeneutischen Folgerungen ist, daß genau dasselbe auch von den Aposteln gilt: Zuerst haben sie nur einen impliziten Glauben an Christus; aber nach Pfingsten werden sie in Ekstase versetzt und begreifen nun die Glaubensmysterien[95]. Man kann hier von „exegetischer Mystik" sprechen, weil es der gehobene Gemütszustand (excessus oder extasis) ist, der den Aposteln das Schriftverständnis ermöglicht[96]. Die Erniedrigung, von der der vorhergehende Vers 10 spricht („ego autem humiliatus sum nimis"), versteht Perez als ein „sacrificium intellectus", einen vorbereitenden, gleichsam vorpfingstlichen Gemütszustand. So kommt es auf einer zweiten Stufe zum „excessus", durch den der Interpret Davids zum Verständnis dessen gelangt, daß allein das göttliche Gesetz in dem vom Geist offenbarten Sinn zuverlässig und wahr ist[97].

---

[94] Perez, fol. 837F–838A: „Ad cuius intellectum est praeadvertendum, quod David primo fuit homo simplex et pastor et ignarus, sicut dictum fuit psal 22. et 78. Et sic absque literis et scientia credebat per solam fidem, et vivebat in fide ecclesiae secundum illum statum, et confitebatur Christum futurum in sola fide parentum; sed quando spiritus Saulis transivit in ipsum, iam fuit magis illustratus; sed quando dedit totum seipsum divinae contemplationi, et rapiebatur in extasim et excessum mentis: tunc in spiritu et lumine prophetico previdit omnia futura mysteria de Christo et ecclesia, prout erant figurata in lege Moysi et in gestis patriarcharum et prophetarum, qui ipsum precesserant: et in gestis Iosue et Iudicum, et in omnibus adversitatibus et prosperitatibus suis. Et sic in illa contemplatione et mentis excessu et extasi, in quam frequenter rapiebatur, vidit manifeste qualiter sola sacra scriptura et lex divina erat vera, eo quod erat a solo Deo ipsi Moysi et patriarchis et prophetis tradita."

[95] Ebd. fol. 838B: „In eadem et multiplici extasi previdit David in spiritu qualiter filius Dei, qui est prima veritas, qui locutus fuit Moysi et patriarchis et prophetis veteris testamenti, erat venturus in carnem et locuturus apostolis simplicibus et illiteratis, Qui quidem apostoli primo debebant simpliciter credere Christo, et sequi ipsum; sed post resurrectionem debebat mittere eis spiritum sanctum et rapere eos in altiorem extasim, et illustrare eorum mentes altiori lumine supra omnes patriarchas et prophetas, ut intelligerent claro lumine omnia illa, quae sub figuris et aenigmatibus previderunt prophete."

[96] Ebd. fol. 838 D/E: „Et sic patent qualiter apostoli simplices et idiotae primo simpliciter Christo crediderunt, sed postea per receptionem spiritus sancti in illa extasi rapti totam sacram scripturam in lumine evangelico intellexerunt."

[97] Ebd. fol. 838 E/F: „Ego nolui assentire mendacio scribarum et pharisaeorum, nec falsae superstitioni gentilium. ‚Autem (pro ‚sed') humiliatus sum nimis', et captivavi intellectum meum, et credidi in Christum, qui est prima veritas, et propter quod et propter quam credulitatem et veritatem locutus sum, et predicavi evangelium omni creature. Et postea ‚ego dixi in excessu' et extasi, i. e. cognovi in illa receptione spiritus sancti, qualiter sola lex divina a spiritu sancto illustrata et revelata erat vera, et omnis alia doctrina erat falsa. Quia omnis homo carnalis, inquantum homo, est mendax, et sic omnis doctrina eius est mendacium, nisi a spiritu sancto homini revelatur; quia tunc ille homo sic illustratus non est homo, sed Deus per participationem."

Luther hat in seiner ersten Auslegung dieses Textes, zu Fabers Psalterium, den „excessus" als Selbstverständnis gedeutet: über sich selbst erhoben, erkennt sich der Mensch, wie er ist, voller Wolken und Dunkel[98]. Luther verweist auf seine Auslegung zu Ps 30(,21), wo er schon sehr deutlich die humiliatio als Resultat von „excessus" oder „extasis" bezeichnet hatte[99]. Im Gegensatz zu Perez ist die Erniedrigung nicht die Vorbereitung, sondern die Folge der „extasis".

In der Zeilenglosse zu den Worten „in excessu meo" notiert Luther die beiden Bedeutungen von „excessus": entweder als „raptus" oder als Furcht[100], wie sie auch das Schema in der Randglosse widerspiegelt[101]. Abgesehen von dieser zweiten Bedeutung als Furcht interpretiert Luther den Begriff „excessus" („extasis") in seiner mystischen Bedeutung zuerst als verwandt mit „raptus" und der klaren Glaubenserkenntnis, ferner als den „sensus fidei", der den „sensus litere" übersteigt. Dieser „sensus fidei" ist der wahre Literalsinn[102], während der „sensus litere" die Auslegung ist, in der die Ungläubigen verharren. „Sensus fidei" ist

---

[98] WA 4.519,26–29: *„Ego dixi in excessu meo.* Iste est excessus, quando homo elevatur super se secundum Ieremiam et illuminatus videt quam si nihil, et quasi de supra respicit in seipsum in suas nebulas et tenebras, tanquam in monte positus infra respiciens, supra ps 30 in fine." Vgl. Augustin, Enarr. in Ps 115, n. 3 (zit. in Anm. 104; Gl. ord. PL 113, 1038 A); Petrus Lombardus PL 191, 1030B. – Ps 30,21: „Abscondes eos in abscondito faciei tue." Vgl. Augustin, Enarr. II in Ps 30, serm. 1, n. 2 (PL 36,230; CChr 38,191).

[99] WA 3.171,19–24: „Excessus iste mentis improprie pro expiratione anime Christi exponitur, magis autem pro extasi illa, in qua positus secundum Hilarium li. 9 in summa exultatione patiendi clamavit: ‚ut quid dereliquisti me?' et hoc est proiectum esse a Deo. Tropologice autem significat, quod omnis qui se proiicit et humiliat coram deo, ille magis auditur. Hoc autem nemo facit nisi in extasi mentis, id est in purissima illuminatione mentis."

[100] WA 4.265,22 (etwa Frühling 1515): „... in excessu meo raptu mentis seu pavore passionis..." Altenstaig verweist auf Augustin für die Bestimmung von exstasis: „excessum mentis ... que fit vel pavore vel aliqua revelatione" (Vocabularius vocum, fol. 25[3–4]).

[101] WA 4.265,30–36:

Extasis illa	Primo est sensus fidei, qui excedit sensum litere in quo alii remanent increduli.
	Secundo est raptus mentis in claram cognitionem fidei, et ista est proprie extasis.
	Tercio est alienatio seu pavor mentis in persecutione.
	Quarto est excessus iste, quem faciunt martyres, sicut Luce 9 [v. 31] de excessu Christi Moses et Helias loquebantur.

Bei Cassiodor wird die Verbindung von excessus und Martyrium hervorgehoben (Expositio zu Ps 115, 10f.; CChr 98, 1042,9–16): „Per totum hunc psalmum invictorum martyrum verba referuntur. Prima positione beneficia Domini commemorant, quibus cum haesitarent quid eis dignum potuisset reddi, occurit utique gloriosus calix ille martyrii, qui tamen Domini largitate praestatur. Secunda, chorus ipse servum se Domini et filium Ecclesiae catholicae profitetur, ne praeter fidelissimos viros Deo placitum haereticorum quoque quispiam putaret esse martyrium."

[102] Vgl. WA 4.492,5–8 (Ps 40, Faber): „Semper fugit, ne mysticum pro literali sensu accipiat, non advertens quoniam sensus literalis absconditus est valde, ita quod nisi

der Sinn der Schrift, das Evangelium selbst, das Antlitz Gottes, das an anderer Stelle von der eschatologischen, himmlischen Schau von Gottes Angesicht unterschieden wird[103].

In den Scholien macht Luther nacheinander drei Versuche, den Text auszulegen. Er ist vor allem bemüht, den „excessus" im Sinne des Übergangs vom „homo mendax" zum „homo spiritualis per fidem" mit demjenigen „excessus" zusammenzubringen, der die Lage des von Furcht, zumal Angst vor Verfolgung befallenen Menschen kennzeichnet[104], worin der Glaubende seine völlige Abhängigkeit von Gott er-

---

Dominus aperuisset apostolis sensum, nec ipsi eum intellexissent. Unde ,Christi sensum' [1.Kor 2,16] appellat apostolus, quia scil. a Christo et de Christo est." Dies ist eine genaue Widerspiegelung von Fabers Prolog zu seinem Psalterium. Eine Besprechung dieses wichtigen Textes in meinem Buch: Forerunners of the Reformation, New York 1966 (Philadelphia 1981³) 281–296.

103 WA 4.482,25–483,4: *Laetificabis eum in gaudio cum vultu tuo.* Sic supra ipse de se ps 15, adimplebis me letitia cum vultu tuo. Est autem iste

vultus {
1. spiritus litere, qui etiam gloria vocatur, ut ,satiabor, cum apparuerit gloria tua'. De quo supra ps 4 ,Signatum est super nos etc'. De quo quomodo Christus gavisus sit, patet Matth XI., Tunc Ihesus exultavit in spiritu et respondens ait: Confiteor tibi pater, quoniam abscondisti hec a sapientibus et revelasti ea etc.'
2. clara visio in celis, anagogicus spiritus.
}

Primus modus autem dividitur in { hystoricum / allegoricum: / tropologicum }

sic est {
sensus scripture et Euangelium ipsum
Ecclesia, que est unus spiritus.
Et Ioh 3. ,Sic est omnis, qui ex deo natus est'.
,Quod ex spiritu natum est, spiritus est.'
fides etc.
}

Für die notwendige Unterscheidung zwischen vultus [= facies] 1 und 2 vgl. Johannes Staupitz (Tübinger Predigten, hrsg. von G. Buchwald und E. Wolf, Leipzig 1927, 239,13–15): „Facies, inquam, domini i.e. aspectus divinitatis in praesenti ambulantibus adhuc in spe et fide in sola scriptura sacra ostenditur" (zit. bei David Steinmetz, Misericordia Dei. The Theology of Johannes von Staupitz in its Late Medieval Setting, Leiden 1968, 177, Anm. 1).

104 WA 4.267,16–33: *„Ego dixi in excessu meo: omnis homo mendax.* Quamdiu et ego homo sum et fui, non vidi, quod esset omnis homo mendax. Nunc quia credidi et in excessu sum et spiritualis homo factus per fidem, omnes iudicans, a nemine iudicatus, video quod qui non est in eodem excessu et non credit, est mendax. Et hoc locutus sum et predicavi: ideo humiliant et affligunt. Nolunt audire, quod sint stulti, vani, mendaces, mali &c., sed se iustos et sapientes et veraces putant et putari volunt. Secundo ,Excessus' hic accipitur pro pavore et conturbatione, que fit in persecutionibus et minis. Et sic sensus est secundum b. Augustinum: Cum propter verbum dei affligerer, tunc expertus fui, quod nec in me nec in ullum hominem sit confidendum, eo quod homo sit omnis mendax, deus autem verax, in quo confidendum et fidenter predicandum contra omnium persecutorum rabiem. Alioquin deficeret in afflictione nimia pro verbo dei. Ergo in excessu isto, id est conturbatione dixi et expertus sum, quod homo solus non staret, sed fieret mendax, nisi desursum adiutus verax permaneret in confessione fidei. Vel quia dixit: ,humiliatus sum nimis', in ea

fährt[105]. „In excessu meo“ ist dann gleichbedeutend sowohl mit „in fide“ als auch mit „in pugna“ und bezeichnet den Ort des Menschen coram Deo, wo die Scheidung zwischen „verax“ und „mendax“ offenkundig ist[106]. Dieser „excessus“ bedeutet kein Hintersichlassen des Tränentals und keine Ruhe im Frieden Gottes, sondern entlarvt die Feinde der Wahrheit, das Fleisch und die Welt, und ist eher der Beginn als das Ende des Kampfes[107]. So schließt der „excessus“ wirklich eine Erhebung in

afflictione didicit, quod omnis homo sit mendax et nihil, quia non stat in tentatione, sed cadit a veritate et consentit falso, nisi dominus iuverit.“

Vgl. Augustin, Enarr. in Ps 115, n. 3 (CChr 40, 1654, 1–27): „*Ego autem dixi in ecstasi mea: Omnis homo mendax.* Ecstasin pavorem dicit, quem comminantibus persecutoribus, et impendentibus passionibus cruciatus aut mortis, humana infirmitas patitur. Hoc enim intellegimus, quia in isto psalmo vox martyrum apparet. Nam et alio modo dicitur ecstasis, cum mens non pavore alienatur, sed aliqua inspiratione revelationis assumitur. Ego autem dixi in ecstasi mea: Omnis homo mendax. Conterritus enim respexit infirmitatem suam, et vidit non de se sibi esse praesumendum. Quantum enim ad ipsum hominem pertinet, mendax est; sed gratia Dei verax effectus est, ne pressuris inimicorum cedens non loqueretur quod crediderat, sed negaret; sicut Petro accidit, quoniam de se praesumserat, et docendus erat de homine non esse praesumendum. Et si de homine non debet quisque praesumere, utique nec de seipso, quia homo est. Bene ergo iste vidit in pavore suo omnem hominem esse mendacem; quia et illi qui nullo pavore vanescunt, ne persequentibus cedendo mentiantur, muneribus Dei tales sunt, non viribus suis. Proinde verissime dictum est: Omnis homo mendax; sed Deus verax, qui ait: Ego dixi: Dii estis, et filii Altissimi omnes: vos autem sicut homines moriemini, et sicut unus ex principibus cadetis. Consolatur humiles, et implet eos non solum fide credendae, sed etiam fiducia praedicandae veritatis, si perseveranter subdantur Deo, nec imitentur unum ex principibus diabolum, qui in veritate non stetit, et cecidit. Si enim omnis homo mendax, in tantum non erunt mendaces, in quantum non erunt homines; quoniam dii erunt, et filii Altissimi.“

[105] WA 4.268,29–35: „*Ego dixi in excessu meo: omnis homo mendax.* Literaliter id est: in ista afflictione didici, quod in nullum hominem sit confidendum, quia et ipse caderem a veritate fidei, qui tamen dixi: ‚Credidi‘. Nisi enim deus auxiliaretur, cito in passione mendax fieret per negationem fidei, qui verax est per confessionem, q. d. Calix iste docet, quod nisi quis dominum invocet, in dominum nitatur, ipse nullo modo stabit, quia homo est et cadet. Ergo dominus est, qui iuvat in excessu et persecutione, non homo.“

[106] WA 4.269,3–15: „Moraliter: A carne adversaria spiritus quis liberabit? Nunquid ego vel homo? Non, quia hinc video, quod errat qui seipsum vult salvare, et est homo mendax. Sed gratia dei per Ihesum Christum liberat triumphatque nos ab isto Pharaone. Et hinc fit, ut etiam quod ait ‚Credidi‘, se a domino habere dicat. Quia fidem nullus homo ex se habet, sed est mendax. Quia dimissa veritate, que in fide est, suis meritis superbit et persequitur atque humiliat eos, qui dicunt ‚Credidi‘, cum tamen sit mendax. Quia Ro. 3, ‚Non est iustus usque ad unum, sicut scriptum est: Omnis homo mendax‘. Quod intelligitur de mendacio, non quo coram hominibus est mendax, sed coram deo. Nam multi sunt veracissimi coram hominibus: tamen quia non dicunt ‚credidi‘ nec habere volunt fidem, omnis homo est mendax coram deo, ubi sola veritate fidei veraces fiunt: quam tamen propter suam veritatem coram hominibus persequuntur et humiliant.“

[107] WA 4.269,15–20: „Igitur totus sensus est, quod qui per gratiam dei credit, patitur persecutionem vel a mundo vel carne. Et tamen uterque est mendax contra credentem et fidem eius pugnans: quod in tali pugna agnoscit fidelis. Quia non iudicaret eos mendaces, nisi videret eos contra veritatem pugnare. Idcirco non antequam in excessu esset, dixit; ‚omnis homo mendax‘“.

sich, nämlich eine „elevatio", die dem Glaubenden einen Ausblick auf die „futura bona" gestattet, doch zu dem demütigen Eingeständnis führt, daß er keinen Anspruch auf diese Güter hat[108].

Obwohl die exegetische Tradition zu Ps 115,11 noch genauer untersucht werden müßte, lassen sich doch vier Folgerungen aus unseren Darlegungen entnehmen.

a) Den mystischen Terminus „excessus" verbindet Luther mit der Vorstellung vom Krieg oder Kampf, die für das Leben des viator, des Soldaten Christi, kennzeichnend ist[109]. Das ist im Grunde nichts Neues; seit Augustin hat man den excessus immer wieder als einen außergewöhnlichen Gemütszustand erklärt, der auf Furcht und Leiden oder, auf Offenbarung zurückzuführen sei. Charakteristisch für Luther aber ist, daß auch der excessus, durch den der homo mendax zum homo spiritualis wird, weiterhin im Kontext von pugna, tribulatio und Anfechtung gesehen wird. An Tauler muß Luther vor allem die Vorstellung fasziniert haben, daß der Mensch die Geburt Gottes *erleidet*[110]. Dies ist es,

---

[108] WA 4.273,14–22: „*Ego dixi in excessu meo: omnis homo mendax.* Iste est excessus, quo per fidem levatur super se, ut videat futura bona. Alioquin et ipse erat homo mendax, sed in excessu factus mendacium excessit et verax factus est per fidem. Et ideo eos, qui vanitatem diligere conspexit et fidem posthabere, mendaces esse vidit, quia reputant ea bona sua, que non sunt. Et cum humiliati sint nimis, exaltati sibi videntur. Et ideo mirum est, quomodo simul dicat humiliatum se et in excessu esse: sed quia agnoscit se humiliatum et miserum per excessum. Illi autem non sunt humiliati (id est non agnoscunt), quia nondum sunt in excessu, sed in volucro mendacii."

[109] Vgl. Olavi Tarvainen, Der Gedanke der Conformitas Christi in Luthers Theologie (Zeitschrift für systematische Theologie 22, 1953, 26–43), 40. Siehe auch: Operationes in Psalmos, Ps 5 (AWA 2.305, 14–25; WA 5.167,36–168,7): „Non ergo in dona Dei quaecumque (ne cum eis fornicemur, sicut in prophetis dicitur), sed in ipsum Deum donatorem credendum, sperandum, haerendum. Hoc voluit Ps 11: ‚Ego dixi in excessu meo: Omnis homo mendax'. Excessus iste tribulatio fuit, in qua homo eruditur, quam vanus mendaxque sit omnis homo, qui non in solum Deum sperat. Homo enim homo est, donec fiat Deus, qui solus est verax, cuius participatione et ipse verax efficitur, dum illi vera fide et spe adhaeret redactus hoc excessu in nihilum. Quo enim perveniat, qui sperat in Deum, nisi in sui nihilum? Quo autem abeat, qui abit in nihilum, nisi eo, unde venit? Venit autem ex Deo et suo nihilo, quare in Deum redit, qui redit in nihilum. Neque enim extra manum Dei quoque cadere potest, qui extra seipsum omnemque creaturam cadit, quam Dei manus undique complectitur. Mundum enim pugillo continet', ut Isaias dicit [40,12]." Vgl. AWA 2.341,27f.; WA 5.188,30–32: „Itaque crux ipsa omnes ostendit mendaces, ut vere ille dixerit: ‚Ego dixi in excessu meo: Omnis homo mendax'."

[110] Schol zu Ps 4,2 (Herbst 1516; WA 55II. 57,3–58,11): „Igitur per tribulationem homo dilatat suas synthereses et elicit conclusiones practicas miro modo. Et iterum Psalmus: ‚A mandatis tuis intellexi.' Credo, Quod hanc eruditionem, quam lata sit, soli intelligant experti. Opera enim et praxis exponunt et intelligunt Scripturas, figuras et creaturas. Et hec latitudo appropriatur filio in divinis, cuius est sapientia et doctrina. Secundo latitudo est virtutis quo ad memoriam, et hec maxime in martyribus eluxit, Quia ‚virtus in infirmitate perficitur', Et palma pressa fortius surgit, et virtus constricta magis dilatatur. Sic charitas, fides, spes et omnes alie dilatantur in persecutione secundum illud: ‚Nimis confortatus est principatus eorum.' ‚Infirmi enim accincti sunt robore.' Sicut ergo ista in

was Luther meint, wenn er „realiter" und „speculative" einander gegenüberstellt.

b) Es gibt noch einen anderen Aspekt desselben Kontrastes. Das „realiter" bedeutet auch, daß man die Schrift nicht als bloßen Anlaßmotor für den Affekt betrachtet und dann hinter sich läßt[111]. Im Gegensatz zur üblichen Reihenfolge von lectio, (oratio) meditatio, contemplatio stellt Luther die lectio voran, die aus der oratio kommt und zur relectio führt. Im Vergleich mit der Tradition ist es auffallend, daß Luther „lectio" (Buchstabe) und „meditatio" (Geist) nicht mehr als zwei *aufeinanderfolgende* Stufen betrachtet: Bei einer ausdrücklichen Erörterung der rechten Reihenfolge stellt er 1539 fest, *daß wahre meditatio „lesen und wiederlesen" ist*[112]. Die Achse dieser an der Schrift orientierten meditatio ist nicht speculatio (prudentia – intellectus), sondern der affectus, der die geistigen Fähigkeiten des Menschen auf die plötzlichen Durchbrüche vorbereitet, die nicht auf ein einmaliges Turmerlebnis begrenzt werden sollten[113]. Das Ziel des affectus ist gerade die Wirklichkeit coram deo, die, wie wir sahen, in excessu mentis enthüllt wird[114], wenn Wissen (futura bona) und Selbsterkenntnis (omnis homo mendax) zusammenfallen[115]. Luther denkt an alle Glaubenden, eben weil ihnen als den „spirituales" oder „mystici" die Mysterien der Erlösung und Inkarnation offenbart sind[116].

---

martyribus fuit eximia, ita prima in sanctis doctoribus contra hereticos, omnes enim isti tribulaverunt eos. Sed ipsi hinc magis dilatationem a Domino acceperunt Scientie et virtutis, intellectus et memorie, que stabilitur per virtutes in bono suo. Et hec proprie ad patrem spectat, cuius est virtus et potencia." – Zur Passivität als geistlicher Selbstaufhebung bei Tauler vgl. BENGT HÄGGLUND, The Background of Luther's Doctrine of Justification on Late Medieval Theology (Lutheran World 8, 1961), 30f.

[111] WA 4.467,24–26: „Et in lege eius meditabitur non loquetur superficialiter, die ac nocte i. e. perseveranter, sive in prosperis et adversis. Non ergo in sublimibus aut substantiis separatis meditari est beatum esse."

[112] WA 50.659,22–24; vgl. die Erörterung in: „Iustitia Christi" and „Iustitia Dei" (s. Anm. 73), 12; dt. Übers. 422.

[113] Für eine genauere Analyse des affectus beim jungen Luther vgl. GÜNTER METZGER, Gelebter Glaube. Die Formierung reformatorischen Denkens in Luthers erster Psalmenvorlesung, Göttingen 1964. Die Definition von „extasis" in dem Exkurs über „excessus" (111f.) bedarf weiterer Ausarbeitung.

[114] Vgl. REINHARD SCHWARZ, Fides, spes und caritas beim jungen Luther unter besonderer Berücksichtigung der mittelalterlichen Tradition, Berlin 1962, 148 Anm. 213.

[115] Vgl. WA 1.342,37–343,8 (Sermo de Passione, 1518).

[116] Zu Röm 8,6 als Erklärung von Ps 31(32),9 (WA 3.176,14–24): „Sic Apostolus ait ‚Prudentia carnis' id est carnalis hominis, qui utique habet intellectum, in quo sit prudentia, ‚mors est'. Quare hic dicit ‚Sicut equus et mulus, sic sunt omnes, qui hunc intellectum non habent', qui est de invisibilibus, divinis et celestibus: eo quod solum visibilia intelligant et sentiant, quod etiam equus et mulus facit. Intelligere itaque est spiritualia et mysteria salutis et gratie Dei agnoscere, unde usus loquendi obtinuit dicere ‚mysteria' redemptionis et incarnationis, eo quod non nisi mysticis pateant et spiritualibus, non autem hominibus, quibus est potius stultitia, quia ipsi sunt stulti equi et muli: ideo primum illos oportet

c) Ebenso wie Luther eine falsche christologische Mystik ablehnt – die, wie wir sahen, mit dem „homo abscondens divinitatem“ nicht zufrieden, über das Verbum increatum spekuliert –, so verwirft er auch eine falsche exegetische Mystik, die sich „per mysteria scripturae“ zum Vater Zutritt erzwingen will. Beide Wege lassen die Menschen zu „superbi“ oder „desperati“ werden, womit Luther auf die beiden Gruppen von Irrenden anspielt, die nach der Tradition zur Linken und Rechten die via media der streitenden Kirche säumen[117].

d) Der doppelte Aspekt des „excessus mentis“ als Glaube und Anfechtung kann die Tatsache erklären helfen, warum Luther in den Dictata den vierten Schriftsinn, den sensus anagogicus, immer wieder mißachtet[118]. Die anagogische Auslegung fehlt zwar nicht völlig, aber wenn sie vorkommt, so bezeichnet sie zunehmend die horizontale perseverantia fidelium und nicht den vertikalen Aufstieg der „Aristokraten des Geistes“. Demgemäß bedeutet an einer zentralen Stelle das anagogische opus Dei keine mystische Erhebung, sondern das Ziel der Werke Gottes in der Geschichte, entweder im Himmel oder in der Hölle[119]. Die Abweichung von den Prinzipien Bonaventuras[120] und von der Praxis bei Dionysius dem Kartäuser und Kaspar Schatzgeyer ist nicht zu übersehen. M. E. ist dies eine Stütze für die von den Herausgebern in WA 55 übernommene These Gerhard Ebelings[121], daß die Reduktion des vierfachen Schriftsinns mit dem anderen hermeneutischen Schema „Haupt-Leib-Glieder“ in Verbindung gebracht werden muß. Wie ihr Haupt so wandert auch die ecclesia militans durch das Tränental, und die Gläubigen durchleiden dieselbe Phase wie ihr Herr auf dem Weg zum letzten Ziel[122]. „Wenn du daher nach einem Zeichen der Gnade Gottes suchst

---

mutari, ut sic mysteria, que sunt eterna, cognoscant. Qualis enim quisque est, taliter iudicat.“

117 WA 4.647,24f. (Sermo, August 1517?; vgl. Anm. 54): „Alius est per mysteria scripturae, sed uterque quid foecit? scilicet aut superbos aut desperatos...“

118 Vgl. die Erörterung dieses wichtigen Befundes bei Gerhard Ebeling, Die Anfänge von Luthers Hermeneutik (ZThK 48, 1951, 172–230), 226, und: Luthers Psalterdruck vom Jahre 1513 (ZThK 50, 1953, 43–99), 92–96. Vgl. auch den Hinweis bei Werbeck ([s. Anm. 92] 104), daß der anagogische Sinn in der mittelalterlichen Tradition „weniger häufig ... zum Zuge kam.“ Vgl. Henri de Lubac, Exégèse médiévale. Les quatre sens de l'Ecriture I, Paris 1959, 139.

119 Schol zu Ps 76(77), 13 (WA 3.532,7f.).

120 Vgl. bes. Anm. 75.

121 Ebeling, Luthers Psalterdruck (s. Anm. 118), 95ff.; vgl. WA 55I,1.9,28ff.

122 Obgleich wir die frühe Ekklesiologie Luthers hier nicht ausführlich erörtern können, bin ich der Meinung, daß die übliche Kritik römisch-katholischer Forscher – die vor allem in den Dictata Anhaltspunkte für eine individualistische Interpretation der „congregatio fidelium“ finden – Luthers Auffassung von der Anagoge als der gemeinsamen Geschichte des Volkes Gottes, ohne vorgreifende individuelle Ausnahmen, berücksichtigen und beachten müßte. Zur Literatur vgl. Gerhard Müller, Ekklesiologie und Kir-

und wissen möchtest, ob Christus selbst in dir ist, so wird dir kein anderes Zeichen als das Zeichen des Propheten Jona gegeben. Wenn du also drei Tage in der Hölle gewesen bist, so ist dies das Zeichen dafür, daß Christus in dir ist und du mit Christus bist."[123]

2. *Raptus.* Nicht nur „excessus", sondern auch „raptus" und „rapi" haben in Luthers theologischem Vokabular eine bestimmte Funktion. Der bekannte scharfe Gegensatz zwischen den temporalia und den aeterna usw., der den Unterschied zwischen der Existenz coram hominibus und coram Deo bezeichnet, kann von Luther auf der Rückseite des Titelblattes seines Psalterdrucks von 1513 mit den Worten zusammengefaßt werden: „Item In Scripturis Sanctis optimum est Spiritum a litera discernere, hoc enim facit vero [sic] theologum."[124] Im Frühjahr 1514 bemerkt Luther, ein rechter Theologe werde man „in raptu et extasi. Et hec facit verum theologum"[125]. Nachdem wir gesehen haben, daß „excessus" oder „extasis" gleichzeitig „fides" und „pugna" bedeuten, erliegen wir nicht der Versuchung, einen Gegensatz zwischen dem „mystischen" Luther von 1514 und dem reiferen Luther von 1520 zu konstruieren, der in den Operationes in Psalmos feststellt: „Vivendo, immo moriendo et damnando fit theologus, non intelligendo, legendo aut speculando."[126] „Raptus" ist die Zuflucht in die Gerechtigkeit extra nos in Christus und kann als „in Christum plane transformari" beschrieben werden[127]. Ebensowenig wie „excessus" bedeutet auch „raptus" eine ontologische Umwandlung, sondern eine Umwandlung unseres Affekts und unserer fiducia. Wenn Luther diese mystischen Termini verwendet, so halten wir ihn deswegen noch nicht für einen mystischen Theologen. Wir betonen vielmehr, daß ihre neue Funktion nur bei gründlichem Erfassen ihres ursprünglichen mystischen Zusammenhangs verstanden werden kann. Wenn die weitere Forschung meine Vermutung bestätigen würde, daß Luthers Begriff „extra nos" mit „raptus" in Verbindung

---

chenkritik beim jungen Luther (Neue Zeitschrift für systematische Theologie 7, 1965, 100–128).

[123] Schol zu Ps 68(69),17 (WA 3.433,2–4).

[124] WA 55I,1.4,25f.

[125] Schol zu Ps 64(65),2 (WA 3.372,23–25): „Et hec in disputatione et multiloquio tractari non potest, sed in summo mentis ocio et silentio, velut in raptu et extasi..." Vgl. den Gegensatz zu diesem „multiloquium" in WA 1.336,10–12 (Sermo de passione Christi, 1518): „Det autem nobis Deus, ut saltem Pilati exemplo Christum intuentes, oculis animae inspicientes et stupore nimio in breviloquim rapti, dicamus... ‚ecce homo'."

[126] AWA 2.296,10–11; WA 5.163,28f.

[127] WA 8.111,29–35 (1521): „Nam quamvis per donum fidei nos iustificarit et per gratiam suam nobis factus sit propitius, tamen ne vagaremur in nobis ipsis et in his donis suis, voluit, ut in Christum niteremur, ut nec iustitia illa cepta nobis satis sit, nisi in Christi iustitia haereat et ex ipso fluat, ne quis insipiens, semel accepto dono, iam satur et securus sibi videatur, sed in illum nos rapi de die in diem magis voluit, non in acceptis consistere, sed in Christum plane transformari."

steht, so wäre damit eines der Hauptargumente für eine „forensische" Interpretation von Luthers Rechtfertigungslehre entkräftet[128]. Obgleich wir keinen Anspruch auf die Gerechtigkeit Christi haben und sie daher nie unser Eigentum (proprietas) wird, wird sie uns doch als Besitz (possessio) gewährt[129]. „Extra nos" und „raptus" sind beides Hinweise darauf, daß die iustitia Christi und nicht unser eigenes Vermögen Quelle und Mittel *unserer* immer angefochtenen Gerechtigkeit ist[130]: Bezeichnungen wie „äußerlich" oder „forensisch" können der Rechtfertigungslehre Luthers nur teilweise und deshalb überhaupt nicht gerecht werden.

Luther verwendet „raptus" nicht nur wegen der Nebenbedeutung des „extra nos", sondern auch weil bei „raptus" die Vorstellung einer völligen Passivität anklingt. In der von uns so genannten „Hochmystik" ist solche Passivität typisch für den höchsten Grad wahrer Mystik, den nur wenige Auserwählte erleben. Luther dagegen verbindet den Begriff mit dem Glaubensleben überhaupt und daher mit *allen* wahren Glaubenden. Ähnlich wie er die Trennwand zwischen den „praecepta" und den „consilia evangelica" niederreißt und damit die Grundlagen des Mönchtums erschüttert, beraubt seine besondere Art der Demokratisierung von Mystik der „Hochmystik" eines ihrer vornehmlichen Merkmale. Gleichzeitig macht der mystische Kontext darauf aufmerksam, daß, wenn Luther „rapi" in einem Atem mit „duci" und „pati" nennt, der Sünder kein totes Werkzeug in der Hand des allmächtigen Gottes und Rechtfertigung durch den Glauben kein Quietismus ist[131].

---

[128] Vgl. THOMAS M. McDONOUGH O. P., The Law and the Gospel in Luther. A Study of Martin Luther's Confessional Writings, Oxford 1963, 53 Anm. 2: „Indisputably, Luther understands imputative righteousness as an extrinsic or forensic relation..."

[129] WA 39I. 109,1–3 (Disputatio de iustificatione, 1536): „Extra nos esse est ex nostris viribus non esse. Est quidem iustitia possessio nostra, quia nobis donata est ex misericordia, tamen est aliena a nobis, quia non meruimus eam." In der römischen Rechtstradition bildet „possessio" mit „ususfructus" den Gegensatz zu „proprietas" oder „dominium". Vgl. MAX KASER, Eigentum und Besitz im älteren römischen Recht, Weimar 1943, 310ff.; ERNST LEVY, West Roman Vulgar Law: The Law of Property, Philadelphia 1951, 19ff.

[130] Man sollte zugeben, daß das „extra se (nos)" in einem der frühesten Belege lediglich den Gegensatz zwischen Gottes Aseität und des Menschen Abhängigkeit von Gottes Vorsehung bezeichnet (WA 4.481,20f.; zu Faber, Quincuplex Psalterium, Ps 15[16],2): „...divinum est nullius indigere extra seipsum. Omnia alia indigent bonis extra se, ideo non sunt dii." Die extra-Dimension ist deshalb nicht nur für den gefallenen Menschen und seine Rechtfertigung, sondern für das Geschöpfsein des Menschen überhaupt charakteristisch. Man beachte aber hier Luthers Betonung der Wichtigkeit des „1. verbum in Mose", vgl. das Zitat in Anm. 69.

[131] AWA 2.260,7–9; WA 5.144,34–36 (1519–1521): „...operante deo in nobis et nos operari recte dicimur, quamquam hoc operari magis sit rapi, duci et pati operatorem deum..." AWA 2.317,17–318,1; WA 5.176,12: „...in his divinis virtutibus, in quibus non est nisi passio, raptus, motus..." WA 40I. 41,3–5: „Christiana iusticia est mere contraria, passiva, quam tantum recipimus, ubi nihil operamur sed patimur alium operari in nobis

3. *Gemitus*. „Excessus" und „raptus" implizieren, daß Glaube und Rechtfertigung nicht die harmonische Verwirklichung der Möglichkeiten und Wünsche des Menschen sind. Im Römerbriefkommentar gebraucht Luther den Begriff „antiperistasis", den er in Gersons De mystica theologia gelesen haben könnte, synonym mit „sub contrario", was in der Nachschrift durch „in abscondito" wiedergegeben wird[132]. Hier befinden wir uns in unmittelbarer Nachbarschaft von Luthers eigener Verwendung des Wortes „mystisch": Alle Schätze der Weisheit und Liebe sind in dem leidenden und sterbenden Christus verborgen, „ideo absconditi, quia mysticis et spiritualibus oculis visibiles"[133].

An dieser Stelle muß der Begriff „gemitus" wenigstens erwähnt werden, obgleich sein Fehlen in der einschlägigen Literatur und die Begrenzung dieses Vortrags nur einige einführende Bemerkungen gestatten. Im Lichte der traditionellen Verwendung von „gemitus" sind vor allem zwei Beobachtungen für Luther bemerkenswert. Einmal die Entsprechung von fides und gemitus: Rechtfertigung oder genauer Nichtanrechnung der Sünde geschieht „propter fidem et gemitum"; schuldhafte Sünde findet sich nicht „in credentibus et gementibus"[134]. „Gemitus" ist nicht ein anderes Wort für „facere quod in se est" oder für „humilitas" als Bedingung der Rechtfertigung, sondern kennzeichnet das Leben der Heiligen, deren Gerechtigkeit verborgen ist[135], und beschreibt den Zu-

scilicet deum." Vgl. Karl Holl, Gesammelte Aufsätze zur Kirchengeschichte I, 131. – „Rapi" meint nicht notwendig einen „excessus mentis" zu Gott, vgl. WA 56.386,24f.: „Licet ista materia sit asperrima ‚prudentie carnis', Que inde potius indignatur et ad blasphemias rapitur..."

[132] Gerson, De mystica theologia ([s. Anm. 1] 190,129f.): „Hec est antiperistasis quedam spiritualis, que contrarium fortificat..." Luther, WA 56.387,2–4: „Igitur Etsi iis non directe adhuc sint dulcia ista verba [Röm 8,28: ‚non in se operante ullo modo, sed solum extra se, scil. in Deo eligente salutem suam consistere', WA 56.386,26f.] perfectissimi et solidissimi cibi, Interim tamen per antiperistasim, i. e. contrarii circunstantiam, sunt eis mitia et consolatoria." Die Nachschrift (zu Röm 8,38; WA 57.I 199,6ff.) ist fast identisch, hat aber den erläuternden Zusatz: „in abscondito sunt consolatoria".

[133] WA 1.340,35–341,3 (Sermo II de passione, 1518): „In Christo enim patiente et moriente relucet omnis sapientia et veritas, quibus intellectus ornari potest: omnes enim thesauri sapientiae et scientiae sunt in illo absconditi, ideo absconditi, quia mysticis et spiritualibus oculis visibiles et in eodem lucis omnis fons et caritas, quibus ornatur affectus."

[134] Schol zu Röm 4,7 (WA 56.289,18–21): „... bene operando peccamus, nisi Deus per Christum nobis hoc imperfectum tegeret et non imputaret; fit ergo veniale per misericordiam Dei non imputantis, propter fidem et gemitum pro ista imperfectione in Christo suscepta." Vgl. 276,7ff. sowie 289,29–31: „Que iniquitas non invenitur in credentibus et gementibus, quia succurrit eis Christus de plenitudine puritatis sue et tegit eorum hoc imperfectum."

[135] WA 56.290,18–22: „... omnia faciunt [sancti] tantum, ut misericordiam inveniant et iudicium evadant, gemitu magis veniam precantes quam presumptione coronam expetentes. ‚Mirabilis itaque Deus in sanctis suis', qui eos ita abscondit, ut ipsi, dum sancti sunt, non nisi prophani sibi videntur."

stand völliger Identität mit Christus[136]. Während in der Verbindung von gemitus und wahrer Buße eine Vergleichsmöglichkeit mit Abaelard besteht[137], erwähnen Bernhard und Gerson den gemitus als Teil einer auf die Trias „purgatio – illuminatio – contemplatio" vorbereitenden Stufe[138] oder als den Beginn der Geburt Gottes in der Seele[139].

Die wirkliche Bedeutung der Tatsache, daß Luther gemitus und fides verbinden kann, tritt jedoch erst zutage, wenn man beachtet, daß die Verwendung von gemitus bei Bernhard und Gerson als Teil der via mystica keineswegs ein Zufall ist. Nach einer einflußreichen Glosse des Hieronymus ist „gemitus" auf die synderesis bezogen (den anthropologischen Ort dessen, was Röm 8,26 als das Werk des Heiligen Geistes beschreibt): „Hic est spiritus qui ‚postulat pro nobis gemitibus inenarrabilibus'."[140] Diese Verknüpfung von gemitus und synderesis spielt im Denken Bonaventuras eine Rolle. Für ihn ist die synderesis eine potentia affectiva im Menschen, die diesen mit Sehnsucht nach dem Guten erfüllt und von der demgemäß gesagt wird, sie lege bei Gott mit unaussprechlichem Seufzen Fürsprache ein[141]. Da die synderesis ein unveräu-

---

136 WA 1.558,4f. (1518): „... solum relinquitur nudum desiderium auxilii et horrendus gemitus, sed nescit unde petat auxilium. Hic est anima expansa cum Christo..."

137 Petrus Abaelardus, Ethica c. 19 (MPL 178, 664D): „Cum hoc autem gemitu et contritione cordis, quam veram poenitentiam dicimus, peccatum non permanet, hoc est contemptus Dei, sive consensus in malum, quia charitas Dei hunc gemitum inspirans, non patitur culpam. In hoc statim gemitu Deo reconciliamur..."

138 Bernhard, Tractatus de gradibus humilitatis et superbiae, c. 6 n. 19 (MPL 182,952A): „Qui igitur studio et amore peccandi a veritate se sentiunt alienatos, infirmitate et ignorantia pressos: studium in gemitum, amorem in moerorem convertant, infirmitatem carnis fervore justitiae vincant, ignorantiam liberalitate repellant... Ab omni ergo labe, infirmitate, ignorantia studiove, contracta, flendo, justitiam esuriendo, operibus misericordiae insistendo, mundatur oculus cordis, cui se in sui puritate Veritas videndam promittit: Beati mundo corde quoniam ipsi Deum videbunt (Mt V,8). Cum sint itaque tres gradus seu status veritatis, ad primum ascendimus per laborem humilitatis, ad secundum per affectum compassionis, ad tertium per excessum contemplationis. In primo veritas reperitur severa; in secundo, pia; in tertio, pura. Ad primum ratio ducit, qua nos discutimus; ad secundum affectus perducit, quo aliis miseremur; ad tertium puritas rapit, qua ad invisibilia sublevamur."

139 Gerson, In festo S. Bernardi, 20. Aug. 1402 (ed. Glorieux, V 336): „Ita anima quae prius appellabatur turtur et columba pro gemitu et meditatione, quae vocabatur amica et filia pro subarratione et adoptione, nunc dicitur sponsa introducta in cubiculum regis ad fruendum cupitis amplexibus cum inenarrabili torrente voluptatis. Illic ipsa concipit et fit verbigena. Gignit itaque verbum obumbrante sibi virtute Altissimi, et hoc in virginali utero superioris portiunculae mentis suae quae nominatur vel scintilla seu apex rationis vel ipsa synderesis, cujus integritas violari nec in daemonibus potuit adeo ipsa jugiter virgo perseverat."

140 Comment. in Ez 1,10 (MPL 25,22); vgl. Comment. in Mal 2,15 (MPL 25,1563).

141 II Sent. d. 39a.2q.1 ad4 (S. Bonaventurae Opera Theologica Selecta II, Ad Claras Aquas 1938, 646): „Et sic, ut proprie loquamur, synderesis dicit potentiam affectivam, in quantum naturaliter habilis est ad bonum et ad bonum tendit; conscientia vero dicit

ßerlicher Teil des Menschen ist, kann Geiler seine Leser zur Selbstreinigung ermahnen, daß sie „mit fleisz auff den inneren ... grundt" gehen[142]. Eben dieser innere Grund in der Seele des Menschen kann nach Dionysius dem Kartäuser von Liebe ganz entflammt werden, bis die Seele völlig in Gott verschlungen ist[143]. Und die genannte Abhandlung Schatzgeyers von 1501 über das geistliche Leben gipfelt im Epilog in einem Aufruf zu völligem Gebrauch dieser göttlichen Reichtümer im Menschen[144].

---

habitum intellectus practici; lex vero naturalis dicit obiectum utriusque." Ebd. ad1(945): „...dum synderesis continue stimulando nos facit bonum desiderare, dicitur gemitibus inenarrabilibus ad Deum interpellare." Vgl. a.2q.3 ad5(951). Vgl. auch Alexander von Hales, Summa I/II (Ad Claras Aquas II, Nr. 418); Scotus, Ox. IId. 39q.1 (Vivès XIII, 409ff.); Rep. ibid. (Vivès XXIII, 203). – Auf die verschiedenen anthropologischen Schemata gehe ich hier nicht weiter ein; für unsere Zwecke ist es nicht wichtig, das Verhältnis von synderesis und conscientia zu erörtern oder zwischen synderesis, apex mentis und scintilla animae zu unterscheiden. Vgl. dazu Emanuel Hirsch (s. Anm. 88), 11ff. Eine interessante Abänderung findet sich in den Ausführungen von Wessel Gansfort, De Providentia: „Unde quod Aristoteles intellectum agentem, hoc ego lumen vultus Dei, quod ille de synteresi et ad optima deprecante ratione, ego non animae potentiam, aut naturalem habitum animae, sed magis inspiratum spiraculum vitae divinitus, et divinam tum voluntati tum intelligentiae adsistentiam" (Opera omnia, Groningen 1614, S. 722).

142 Geiler von Kayserberg, fol. 6b (Dacheux [s. Anm. 49], 222): „Das vnd ander dergleichen stuck tringend mich vnsere Schwesteren zu den Reüweren in Straszburg, die von den gnaden Gottes beschlossen seind inn der Obseruantz (als auch jr seind) ernstlich zu ermanen, dz sie nichts lassen abgohn, es sey klein oder grosz, vnd mit fleisz auff den inneren obberürten grundt gangen inn übung der tugenten, das sie dardurch waare, rechte, gut vnd Christenliche menschen werden..."

143 Dionysius der Kartäuser, Opera VII, 313C: „‚Osculetur me', inquiens, ‚osculo oris sui', id est sponsus ille dulcissimus, qui solus sufficit mihi, qui creavit me propter se; nec possum nisi in eo quiescere, qui solus totum meum affectum quietare potest et contentare. Hic talis ac tantus, osculetur me oscule oris sui, id est, se ipsum gratiosissime applicet mihi, meque pauperculam suae incomparabili et infinitae excellentiae dignetur immediate conjungere: tangendo et illuminando apicem intellectus mei ad contemplandum majestatem et sapientiam, veritatem ac pulchritudinem ejus prorsus immensam; accendendo quoque verticem voluntatis seu affectivae meae superioris, ad diligendum purissime, stabiliter ac intentissime bonitatem ipsius illimitatam, ad gustandum fontanam ejus dulcedinem, omni fundo, termino, ac mensura carentem, ad quiescendum in ejus amplexu mundissimo, quatenus tota ferar, transformer, absorbearque in ipsum, atque in suae beatitudinis exuberantissimo et immenso oceano rapta demergar."

144 Schatzgeyer (1501), Epilogus et conclusio, 330b: „Exerce denique (agrum apicum mentalium). Habes enim in spiritu tuo apices duos. Unum intellectus, qui est synderesis contra malum perpetuo et inextinguibiliter remurmurantem. Alium affectus, qui dicitur scintilla, semper et inflexibiliter per naturam ad bonum inclinantem, et Deum super omnia diligendum demonstrantem, iuxta illud prophete: ‚Multe dicunt: quis ostendet nobis bona', respondendo: ‚Signatum est', inquit ‚super nos lumen vultus tui, domine' [Ps 4,6–7]. Hos, inquam, apices exerce, per ardentassimum in deum amorem, teipsum sibi holocaustum offerendo, laudibus eius iugiter invigilando, ipso in omnibus creaturis fruendo, ad supernam patriam toto desiderio suspirando, et in Christum Iesum crucifixum te totum per extaticum amorem transformando."

Es ist bekannt, daß der junge Luther ein auffallendes Interesse an der synderesis hatte[145], das ich mit seiner anfänglichen Verteidigung des „facere quod in se est" und der merita de congruo in Verbindung bringen würde[146]. In dem deutlichsten Zeugnis aus dieser Frühzeit jedoch ist es ziemlich klar, daß die synderesis den Menschen zwar auf das rechte *Ziel* hinweist, ihm aber nicht den *Weg* dahin zeigt[147]. Selbst hier ist „gemitus" kein emotionaler Ausdruck der synderesis, sondern Anzeichen für die Schwäche des Menschen und daher seines völligen Angewiesenseins auf Gott. Die synderesis kennzeichnet das esse, nicht das bene esse des Menschen[148]. In Übereinstimmung mit der Tradition hat Schatzgeyer

145 WA 1.32,1–16 (Predigt 26. Dez. 1514): „Nam ista Synteresis in voluntate humana in perpetuum manet, quod velit salvari, bene beateque vivere, nolit et odiat damnari, sicut et rationis Synteresis inextinguibiliter deprecatur ad optima, ad vera, recta, iusta. Haec enim Synteresis est conservatio, reliquiae, residuum superstes portio naturae in corruptione et vitio perditae ac velut fomes, semen et materia resuscitandae et restaurandae eius per gratiam, sicut Esaias: Arundinem conquassatam non confringet et linum fumigans non extinguet, quasi diceret ‚sed potius redintegrabit, consolidabit, accendet et inflammabit'. Sic idem: nisi Dominus reliquisset nobis semen, quasi Sodoma fuissemus, i. e. moraliter loquendo, nisi Synteresin et reliquias naturae conservasset, tota periisset. Et Hiob: lignum habet spem, si praecisum fuerit, rursum virescit, si mortuus fuerit in pulvere truncus eius et senuerit radix eius in terra, ad odorem aquae germinabit et faciet comam, quasi cum primum plantatum est. Resuscitabilis itaque est natura, nisi ponatur obex et gratiae resistatur, quod faciunt impii, qui freti sua Synteresi et prae voluntate ac sapientia propria nolunt restaurari, sed sani sibi videntur."

146 Vgl. meinen Aufsatz: Facientibus quod in se est Deus non denegat gratiam (Harvard Theological Review 55, 1962, 317–342), 333ff.

147 WA 1.32,33–40 (Predigt 26. Dez. 1514): „Est enim, ut dixi, ex Deo indita ista bona voluntas in homine indelebiliter, imo per ipsam maxime punietur, cum non possit nolle poenam et non possit non velle quietem et salutem. – Secunda pars conclusionis probatur, quia sapientia carnis dispergit voluntatem Deo conformem, ut velit non in quo debet et in quo Dei voluntas vult salvari eam, sed in quo sibi videtur et in quo ipse homo eligit beatus esse et salvari. Hic enim discordia oritur inter Deum et hominem, scilicet in via, non in fine, ut Mt 5." Vgl. 33,36f.: „... non enim necesse est orandum ut bonum velimus, sed ut recte velimus et verum bonum." 34,4–7: „Hinc verbum factum est et sapientia Dei abscondita et exinanita, ut nostram quoque hanc pessimam sapientiam absconderet et exinaniret, quae est plena vanitate, errore et peccato."

148 WA 1.36,37–37,1 (Predigt 26. Dez. 1514): „Imo pro illuminatione rationis incarnatum est verbum, sapientia Patris, et pro sananda voluntate missus est Spiritus, Sic ut ille lucem rationi, hic ignem voluntati conferret, ac sic intelligeret et amaret invisibilia et supra se existentia, quae per Synteresin apta est intelligere ac amare, sed impediente rationis et voluntatis defectu non diligit nec intelligit. Ideo semper gemendum et orandum. Simile est cum medicina aegroti, quia aegrotus adhuc utique habet Synteresin sanitatis, quam Medici vocant vires naturae, quia sunt apti et inclinati agere ea quae sani agunt sed non possunt agere. Si enim non esset residuum sanitatis aliquod, desperata esset aegritudo et incurabilis." Siehe auch die Verbindung von gemitus und homo vetus: Operationes in Psalmos, Ps 5 (AWA 2.299,20–300,9; WA 5.164,22–31): „Delirabo itaque meo sensu. Primum certum est gratiam, id est, fidem, spem, caritatem non infundi, nisi peccatum effundatur simul, hoc est, peccator non justificatur, nisi damnetur, non vivificatur, nisi occidatur, non ascendit in caelum, nisi descendat ad inferos, ut habet tota scriptura. Quare in gratiae infusione necesse est esse amaritudinem, tribulationem, passionem, sub quibus gemit

seine großen Erwartungen von der dem Menschen angeborenen synderesis mit Ps 4,7 begründet: „Signatum est super nos lumen vultus tui, Domine." In den Dictata (1516) und dann betont in den Operationes in Psalmos sagt Luther ausdrücklich, daß diese Auslegung falsch ist: „Das erste Prinzip aller guten Werke ist der Glaube."[149] Der gemitus (und ebenso das Gebet) setzt den Glauben voraus und hat nichts mit einer vorbereitenden Einübung der humilitas oder mit einem unberührten, vor Sünde gefeiten Teil im Menschen zu tun, sondern mit dem Leben im Glauben selbst: „Das gebeet ist, das er Christum begeert, das geschrey ist, das er seyn elend vorcleret."[150]

Im Rückblick auf unsere Beobachtungen ergibt sich, daß Luther von beiden Enden des mystischen Weges jeweils charakteristische Termini mitgebracht hat, um das Zentrum und die Achse dieses Weges zu beleuchten. Excessus und raptus auf der einen, gemitus auf der anderen Seite wurden in Dienst genommen, um das christliche Leben zu erhellen. Gerade in der gegenseitigen Durchdringung dieser Vorstellungen möchte ich die geniale Eigentümlichkeit von Luthers Beschreibung der vita christiana erblicken. Der gemitus-Aspekt bannt die Gefahren, die von der theologia gloriae des mystischen raptus drohen. Und der excessus- und raptus-Aspekt macht die synergistischen Elemente unschädlich, die in der traditionellen scholastischen Verbindung von synderesis und gemitus liegen. Ein Prüfstein für die Richtigkeit unseres Ergebnisses wäre eine – hier jedoch nicht zu vollziehende – besondere Untersuchung von Luthers Verwendung des Gedankens der Brautmystik und des der unio fidei. Auf unserem Wege vorbei an den vielen Fußangeln, die das Thema „Luther und die Mystik" in sich birgt, hoffen wir gezeigt zu haben, daß dieses dornige Feld in der reichen Gedankenwelt des Reformators keineswegs als ein „Nebenkrater" angesehen werden darf.

Als allgemein anerkannten Grundsatz der Theologie Luthers kann man die Formel ‚simul iustus et peccator' bezeichnen; der damit angegebene Sachverhalt könnte in der Sprache mystischer Spiritualität – und

---

vetus homo sui occasum aegerrime ferens. In qua tribulatione si patiens sit et exspectet operantis manum et gratiam sibi infundentem, probatus est et obtinebit spem, fidem, caritatem, quae hoc negotio infunduntur. Quod fit, quoties nobis nostraeque voluntati contraria contingunt, et eo magis, quo magis contraria." Für eine mehr ins Detail gehende Untersuchung der Texte, die von der synderesis und fides handeln, vgl. S. E. Ozment (s. Anm. 46), 139–152.

[149] AWA 2.203,3–204,5; WA 5.119,12–18 (1519–1521). Vgl. WA 55II. 80,29–81,2 (1516) sowie den ausführlichen Apparat in WA 55I. 22,34–25,9. Vgl. hier die These des Arnold von Heisterbach: „recepimus divini vultus super nos configurantem assimilationem: patri in memoria, filio in intelligentia, spiritui sancto in voluntate optima" (zit. bei Gerhard Ritter, Via Antiqua und Via Moderna auf den deutschen Universitäten des XV. Jahrhunderts, Heidelberg 1922 [Darmstadt 1975], 155; vgl. 63f.).

[150] WA 1.196,25f. (Die sieben Bußpsalmen, 1517).

das heißt für Luther: in der Sprache der persönlichen Glaubenserfahrung – auf die Formel gebracht werden ‚simul gemitus et raptus'[151]. Dies ist weit mehr als eine Formel: Die in theologischer Sprache voll zutreffende Zusammenfassung der reformatorischen Rechtfertigungslehre wird zur evangelischen Weisung, wenn die doctrina mit Luther in die Tiefen und Höhen der Erfahrung und somit ‚ins Fleisch gezogen' wird. Ohne dieses Fleisch gerät Rechtfertigungslehre vielleicht zur Orthodoxie, niemals aber zur rechten Lehre.

---

[151] Operationes in Psalmos, Ps 5 (AWA 2.317,16–318,11; WA 5.176,11–22): „Nam phantasmata illa puto humana esse, quod aliud sit habitus et aliud actus eius, praesertim in his divinis virtutibus, in quibus non est nisi passio, raptus, motus, quo movetur, formatur, purgatur, impraegnatur anima verbo dei, ut sit omnino negotium harum virtutum aliud nihil quam purgatio palmitis, ut Christus dicit, quo fructum purgatus plus afferat.

Denique ceterae virtutes versantur circa res crassas et corporales externae, illae vero circa purum verbum Dei interne, quo capitur et non capit anima, hoc est, exuitur tunica et calciamentis suis, ab omnibus tam rebus quam phantasmatibus rapiturque per verbum (cui adhaeret, immo quod eam apprehendit et ducit mirabiliter) ‚in solitudinem' (ut Oseae 2. dicit), in invisibilia, in cubiculum suum, in cellam vinariam. At hic ductus, hic raptus, haec expolitio misere eam discruciat."

IV

Wir sein pettler. Hoc est verum. Bund und Gnade in der Theologie des Mittelalters und der Reformation*

1. Problemstellung

Dieser Obertitel – der letzten Aufzeichnung von Luthers Hand[1] entlehnt – scheint sich mehr für eine Meditation zu eignen und gescheiter wissenschaftlicher Analyse von vornherein das Armutszeugnis auszustellen. Er faßt jedoch nicht nur Luthers Vermächtnis an die immer wieder zur sichtbaren Machtstellung drängende Christenheit in einem Satz zusammen, sondern umschreibt auch ein Grundproblem für die Interpretation von Luthers Entwicklung, das wir hier kurz mit dem – zunächst noch schillernden – Stichwort „Humilitastheologie" andeuten können.

In seinem unmittelbaren Kontext bezieht sich der Satz auf die Unzulänglichkeit und Armut der Ausleger gegenüber dem unerschöpflichen Reichtum der Heiligen Schrift und auf ihre Unfähigkeit, sich in dem kurzen irdischen Leben mit den Autoren der Bibel zu identifizieren und so ihre Botschaft wirklich zu verstehen: „Die Heilige Schrift glaube niemand hinreichend verschmeckt zu haben, der nicht hundert Jahre mit den Propheten die Gemeinden geleitet hat."[2] Dies ist jedoch keine Erkenntnis, die plötzlich auf Luthers Sterbebett aufleuchtete. Schon mehr als drei Jahre vor seinem Tode, im Jahre 1542, sagt er mit einer scharfen Spitze gegen die akademischen Theologen und die kirchlichen Würdenträger: „die scioli und grossen Hanse vorstehen sie [die Heilige Schrift] nicht, aber die geringen und einfeltigen vorstehen sie."[3] Und diese Aussage ist wiederum nur die Anwendung eines Grundsatzes, der in der Bibel immer wieder ausgesprochen wird und den wir bei Luther seit der ersten Psalmenvorlesung (1513–1515) als Grundton seiner

* Antrittsvorlesung, gehalten am 1. Juni 1967 in Tübingen; damit der Charakter der Vorlesung gewahrt blieb, wurde auch das mehr persönliche Nachwort beibehalten.

[1] WAT 5.318,2f.; Nr. 5677.

[2] WAT 5.317,16f. Zur Übersetzung und zur Deutung der Stelle vgl. H. Bornkamm, Luthers geistige Welt, Gütersloh 1960⁴, 311–314.

[3] WAT 5.168,20f.; Nr. 5468.

Rechtfertigungslehre verfolgen können: „Deus superbis resistit, humilibus autem dat gratiam" (Jak 4,6; 1.Pet 5,5)[4].

Es ist nun gerade dieser biblische Satz, mit dessen Deutung durch Luther die reformationsgeschichtliche Forschung seit dem Erscheinen von Ernst Bizers ‚Fides ex auditu' im Jahre 1958[5] sich in immer neuen Stellungnahmen intensiv beschäftigt hat, und zwar so intensiv, daß darüber der weite Horizont der dringenden Forschungsaufgaben im Dreieck von Spätmittelalter, Reformation und Gegenreformation auf die sich immer mehr verengenden Kreise: Reformation, Luther, junger Luther, „Turmerlebnis" zusammenzuschrumpfen droht. Dennoch soll auch unsere Untersuchung hier ihren Ausgang nehmen; denn die These Bizers, durch die alle frühen Werke Luthers bis hin zur Hebräerbriefvorlesung[6] als vorreformatorisch abgewertet werden, stellt eine so tiefgreifende Herausforderung dar, daß wir sie nicht übersehen können, sondern wenigstens einige der Schlußfolgerungen aufgreifen müssen, die sich auf die erste Psalmenvorlesung beziehen.

Nach Bizer versteht Luther in dieser Vorlesung noch „die Gerechtigkeit Gottes als anklagende und strafende Gerechtigkeit, als anklagendes Wirken Gottes, das dann allerdings in uns die Demut als die neue Gerechtigkeit wirkt"[7]. „Luther redet" – in seiner Auslegung des 71. (72.) Psalms – „von einer fides formata, die man allenfalls als humilitate formata bezeichnen könnte."[8] Ja – so faßt Bizer seine Deutung kurz zusammen – „fides ist nur ein anderer Ausdruck für humilitas"[9]. Der Umschwung habe erst im Winter 1517/18 eingesetzt, indem Luther einen neuen Sakraments- und Glaubensbegriff gewann: „Glaube bedeutet nun nicht mehr Glaube an das Schicksal Jesu, wie es in der Schrift erzählt wird, sondern Glaube an das Testament, das Christus aufgerichtet hat."[10] Während es für den vorreformatorischen Luther – so könnte man Bizers These zusammenfassen – der *Demütige* war, so ist es seit 1518 der *Glaubende*[11], dem das Bundeswort Gottes und durch dieses Wort die Gerechtigkeit geschenkt wird. Vorreformatorisch scheint für Bizer die Deutung von „fides" als „humilitas" zu sein, reformatorisch dagegen das Verständnis der Gnade als Testament oder Bund.

So wie nach Degerings bekanntem Wort die Wittenberger Mönche wie ein Bienenschwarm über die im Jahre 1515 erworbene Neuausgabe

---

[4] Vgl. WA 3.514,26–28.515,16.517,1–4 und 4.254,37f.

[5] E. Bizer, Fides ex auditu, Neukirchen 1958 (1966³).

[6] Vgl. Bizer, 75 (3. Aufl.: 93).

[7] ebd., 22.

[8] ebd., 21.

[9] ebd., 20.

[10] ebd., 147 (3. Aufl.: 165).

[11] ebd., 148 (3. Aufl.: 166).

von Gabriel Biels Collectorium und Meßkommentar herfielen, um den Band mit ihren Randbemerkungen zu versehen[12], so haben sich in den letzten zehn Jahren zahlreiche Forscher auf Bizer gestürzt, deren Rezensionen, Aufsätze und Monographien bereits eine kleine Bibliothek ausmachen[13]. Da sich aber Bizer – wie er es selbst ausdrückt – „unbußfertig" zeigt[14] und da er zudem mit seiner Ansicht keineswegs allein steht, droht die Gefahr, daß die Fronten erstarren oder die heranwachsende Forschergeneration resigniert, wenn es nicht bald gelingt, die Frage einer Lösung näherzubringen oder – was gewiß noch besser wäre – die ganze viel zu enge Fragestellung zu überwinden.

Meiner Ansicht nach sind in der Auseinandersetzung um Bizers These besonders zwei systematisch miteinander verbundene Themen noch nicht genügend beachtet und im großen Rahmen der mittelalterlichen und reformatorischen Theologie durchdacht worden. Das erste ist der von allen erwähnte, aber doch noch ungeklärte Begriff „humilitas" bzw. „humilitas-Theologie". Da von allen beteiligten Forschern betont wird, daß in Luthers erster Psalmenvorlesung nicht mehr die humilitas als mittelalterliche Mönchstugend gemeint sein kann, zwingt uns Bizer offenbar dazu, *drei* Arten von humilitas zu unterscheiden: (1) die sogenannte Mönchstugend, (2) die humilitas, wie sie vom frühen Luther in der ersten Psalmenvorlesung und im Römerbriefkommentar verstanden wird und (3) die humilitas, wie Luther sie in seinen späteren Werken bis hin zu seinem geistlichen Testament „Wir sein pettler. Hoc est verum" deutet.

Die zweite Frage, die noch näher zu untersuchen ist, betrifft das Verhältnis von Glaube und Testament, dessen Darstellung in der Hebräerbriefvorlesung von Bizer als Keim der reformatorischen Erkenntnis herausgestellt wird[15]. Die Begriffe „testamentum" und „pactum" bzw. ihr deutsches Äquivalent „Bund" spielen nicht nur in der mittelalterlichen Theologie eine wichtige Rolle, sondern auch – in einer bisher noch gar nicht weiter erforschten Weise – beim jungen Luther. Wenn

---

[12] Vgl. Luthers Randbemerkungen zu Gabriel Biels Collectorium in quattuor libros sententiarum und zu dessen Sacri canonis missae expositio, Lyon 1514, hg. von H. Degering, Weimar 1933 (Festgabe der Kommission zur Herausgabe der Werke Martin Luthers zur Feier des 450. Geburtstages Luthers. 10. November 1933), VIII.

[13] Vgl. O. H. Pesch OP, Zur Frage nach Luthers reformatorischer Wende: Ergebnisse und Probleme der Diskussion um Ernst Bizer, Fides ex auditu, Catholica 20 (1966), 216–243 und 264–280. Pesch selbst ist der Ansicht, „daß die in der Vorrede berichtete neue Erkenntnis zu Röm 1,17, insofern sie psychologischen und theologischen Durchbruchscharakter hat, erst 1518 gewonnen wird" (276, Anm. 101).

[14] Vgl. das Vorwort zu seinem Buch „Theologie der Verheißung. Studien zur theologischen Entwicklung des jungen Melanchthon (1519–1524)", Neukirchen 1964, sowie das Nachwort zur 3. Auflage von „Fides ex auditu", Neukirchen 1966, 179–204.

[15] Vgl. besonders „Fides ex auditu", 73–75 (3. Aufl.: 91–93).

wir nun bedenken, daß der „Bund“, den Gott mit den Menschen gemacht hat, in der Scholastik vielfach so verstanden wird, daß Gott sich in ihm verpflichtet hat, den „humiles“ seine Gnade nicht vorzuenthalten, so haben wir wenigstens in groben Umrissen das Problem vor Augen, das im folgenden näher beleuchtet werden soll: Bund und Gnade.

2. Humilitas und Cloaca

Einen Angelpunkt der Diskussion haben wir bisher überhaupt noch nicht erwähnt, nämlich die Datierung der von Luther im Jahre 1545 beschriebenen reformatorischen Entdeckung, die häufig als „Turmerlebnis“ bezeichnet wird. Wir werden aber mit diesem Ereignis differenziert umzugehen haben, da sich zeigen läßt, daß die Beschreibung Luthers ein Topos ist, der im Lichte einer bereits lange vor Luther bestehenden „Turmerlebnistradition“ verstanden sein will. Ähnliche „Turmerlebnisse“, in denen dem suchenden Exegeten plötzlich die innerste Bedeutung eines bestimmten biblischen Textes eröffnet wird, finden wir im Laufe der Geschichte nicht nur im achten Buch von Augustins „Confessiones“, das Luther besonders als Vorbild gedient hat[16], sondern auch bei Thomas Bradwardine, Richard FitzRalph, Johannes Gerson, Andreas Karlstadt, Gasparo Contarini und Johannes Calvin[17].

Noch wichtiger ist die Tatsache, daß Luther die von ihm geschilderte Erfahrung offensichtlich mehrmals gehabt hat. Schon 1516 ist es deshalb für ihn eine allgemeingültige Regel, „daß derjenige, der über das Gesetz Gottes meditiert, auf einmal und plötzlich (breviter et subito) viele Dinge lernt“[18]. Die plötzliche Einsicht ist für einen theologischen Durchbruch als solchen charakteristisch und darf deshalb nicht ausschließlich auf einen einzelnen Augenblick bezogen werden, in dem Luther die volle Bedeutung von Röm 1,17 entdeckte. Wir werden daher in Zukunft nicht mehr eine klare, zeitlich bestimmte Grenze zwischen Luthers Entwicklung vor und nach „dem Durchbruch“ ziehen können,

---

[16] Vgl. WA 3.549,26–32; s. auch E. Wolf, Staupitz und Luther, Leipzig 1927 (Quellen und Forschungen zur Reformationsgeschichte 9), 145ff.

[17] Vgl. meinen Aufsatz „‚Iustitia Christi‘ and ‚Iustitia Dei‘“, Harvard Theological Review 59 (1966), 1–26, 9f.; dt. Übers. in: Der Durchbruch der reformatorischen Erkenntnis bei Luther, hg. von B. Lohse, Darmstadt 1968, 413–444; 423.

[18] WA 55II.16,2f.; vgl. den Exkurs WA 55II.55,39–57,10. Zur Datierung der Stelle vgl. H. Boehmer, Luthers erste Vorlesung (Verhandlungen der Sächs. Akademie der Wissenschaften zu Leipzig, Phil.-hist. Klasse 75, 1923, H. 1), Leipzig 1924, bes. 38, und E. Vogelsang in: Luthers Werke in Auswahl (Bonner Ausgabe), 5.40f.

sondern werden in mühevoller Einzelarbeit die verschiedenen, einander übergreifenden Schichten des Entwicklungsganges verfolgen müssen[19].

Während wir somit die vieldiskutierte Frage nach dem *Zeitpunkt* des Turmerlebnisses hier unberücksichtigt lassen, wollen wir stattdessen die in der Lutherforschung weit weniger beachtete Überlieferung betrachten, die sich scheinbar mit dem *Ort* des Erlebnisses befaßt: In einer aus dem Jahre 1532 stammenden Tischrede sagt Luther nach dem Zeugnis des im allgemeinen sehr zuverlässigen Rörer: „Diese kunst" – nämlich die richtige Auslegung von Röm 1,17 – „hat mir der Geist Gottes auf dieser cloaca eingegeben."[20] Während nun die protestantische Lutherforschung immer betont hat, daß die Ortsfrage für das Verständnis von Luthers Entdeckung absolut irrelevant sei[21], und auch der katholische Forscher Hartmann Grisar[22] der von Rörer überlieferten Äußerung keineswegs eine solche Bedeutung beimißt, wie es nach den protestantischen Antworten den Anschein haben könnte[23], hat das Zeugnis in neuerer Zeit die besondere Aufmerksamkeit von zwei Psychoanalytikern auf sich gelenkt.

Der erste von ihnen, der Däne Paul Reiter, läßt es allerdings noch mit einem Seitenhieb gegen Luthers „Derbheit" bewenden[24]. Seine Oberflächlichkeit wird aber von seinem Fachkollegen Erik Erikson kritisiert, der nun in seiner kongenialen psychoanalytisch-historischen Studie

---

[19] Dabei kann allerdings das von G. Ebeling, Die Anfänge von Luthers Hermeneutik, ZThK 48 (1951), 172–230, gewonnene Ergebnis, daß die erste, prinzipielle hermeneutische Wende Luthers bereits seiner ersten Psalmenbearbeitung zugrunde liegt, als gesicherter Ausgangspunkt für weitere Untersuchungen gelten. Ja, schon der Luther, der uns drei Jahre vorher, 1509/10, als Kommentator des Petrus Lombardus entgegentritt, kann nicht mehr ohne weitgehende Vergewaltigung in eine der uns bekannten Schulen, einschließlich der augustinischen, eingereiht werden; vgl. meinen Aufsatz „Facientibus quod in se est deus non denegat gratiam. Robert Holcot, O. P. and the Beginnings of Luther's Theology", Harvard Theological Review 55 (1962), 317–342, bes. 330–342.

[20] WAT 2.177, Anm. 1 (zu Nr. 1681); vgl. auch 177,8f.; Nr. 1681 und WAT 3.228,22f.; Nr. 3232b. Zum Wert von Rörers Überlieferung vgl. E. Kroker, Luthers Tischreden als geschichtliche Quelle, Luther-Jahrbuch 1 (1919), 81–131; 112–116. – Aus der neueren Literatur vgl. noch G. Pfeiffer, Das Ringen des jungen Luther um die Gerechtigkeit Gottes, Luther-Jahrbuch 26 (1959), 25–55; 42, der allerdings – offenbar aber ohne Kenntnis der Untersuchung Krokers – der Überlieferung von „cloaca" etwas zurückhaltend gegenübersteht.

[21] Vgl. z.B. G. Kawerau, Luther in katholischer Beleuchtung, Glossen zu H. Grisars Luther, Leipzig 1911 (Schriften d. Vereins f. Reformationsgesch. 105), 60f., und A. Harnack, Theologische Literaturzeitung 36 (1911), 302.

[22] Luther I, Freiburg 1911 (1924^3), 323f.

[23] Vgl. die berechtigte Verteidigung Grisars im 3. Band seines Werkes, Freiburg 1912 (1925^3), 978–980, sowie sein Buch „Martin Luthers Leben und sein Werk", Freiburg 1926 (1927^2), 98.

[24] P. J. Reiter, Martin Luthers Umwelt, Charakter und Psychose II, Kopenhagen 1941, 321f.

„Young Man Luther" („Der junge Mann Luther")[25] den von Rörer überlieferten Bericht als Beschreibung eines psychosomatischen Vorgangs interpretiert: „Eine Erleuchtung... ist immer mit einer Reinigung, einem von-sich-Abwerfen, einem Abstoßen verbunden; und es stände völlig im Einklang mit Luthers Freimut in diesen Dingen, wenn er dieses Abstoßen in rückhaltlos physischer Ausdrucksform erlebt... haben sollte." Ja, so fährt Erikson fort, „die ‚cloaca', am ‚anderen Ende' des körperlichen Seins, blieb für Luther... immer eine lebendige Wirklichkeit, als sei sie ein ‚schmutziger Grund' (‚dirt ground'), in dem man den Teufel trifft, so, wie man Gott im ‚Seelengrund' begegnet, wo das reine Sein erschaffen wird"[26].

Da sich noch immer besonders in den angelsächsischen Ländern, eine breite Wirkung dieser Deutung erkennen läßt – ich erinnere nur an John Osbornes Schauspiel „Luther"[27] –, wäre es unverantwortlich, wenn wir als „seriöse" Fachhistoriker die Anfrage des Psychoanalytikers überhören würden. Wir müssen vielmehr ernsthaft prüfen, wieweit die Interpretation Eriksons den historischen Sachverhalt erklärt und ihm gerecht wird.

Bereits im Jahre 1919 hat der Herausgeber der zur Debatte stehenden Tischrede, Ernst Kroker, gefordert, das Wort „cloaca" bzw. den von Luther wahrscheinlich gebrauchten Ausdruck „Sch(m)eißhaus" im übertragenen Sinn zu verstehen[28]. Aber obwohl er eine Stelle anführen kann, an der Luther das ganze irdische Leben des Menschen so bezeichnet[29], hat seine Interpretation bisher überhaupt keine Beachtung gefunden[30]. Kroker scheint aber durchaus etwas Richtiges gesehen zu haben; ja, es läßt sich sogar zeigen, daß hinter der Äußerung Luthers schon eine feste mittelalterliche Tradition steht, in der Begriffe wie „cloaca", „latri-

---

[25] London 1958; dt. Ausgabe: München [1964]. Vgl. H. FABER und W. J. KOOIMAN, Een psychoanalyticus over Luther, Nederlands Theologisch Tijdschrift 20 (1965), 17–48.

[26] Young Man Luther, 199f. Die Übersetzung folgt teilweise der deutschen Ausgabe, S. 226f.

[27] Fischer-Bücherei 527 (1963), 17 (Originalausgabe: London 1961, 24): „Eine blanke Faust hält meine Gedärme umklammert, und sie können sich nicht bewegen, und ich muß schwitzend in meinem kleinen Mönchshaus sitzen, um sie zu öffnen." Vgl. damit ERIKSON, 225 (engl.: 198): „Luther hat entweder von einem ‚secretus locus monachorum' (= „meinem kleinen Mönchshaus"!), dem ‚hypocaustum' (= „schwitzend... sitzen") oder der ‚cloaca' gesprochen." Vgl. auch OSBORNE, 53f. (engl.: 62f.): „Dies ging mir auf, während ich in meinem Turme saß, dem Ort, den man auch des Mönches Schwitzhaus heißt, Latrine, Abtritt oder wie ihr ihn nennen mögt... Meine Not war dahin, meine Gedärme rührten sich, und ich konnte aufstehen. Ich vermochte das Leben zu sehen, das ich verloren hatte. Kein Mensch ist gerecht, weil er gerechte Werke tut."

[28] Luthers Tischreden, 116–120.

[29] WAT 4.191,31f.; Nr. 4192.

[30] Eine Ausnahme macht nur GRISAR, Martin Luthers Leben und sein Werk, 528, Anm. 34, der aber auf Krokers Auffassung nicht näher eingeht.

na", „faeces" oder „stercus" im physischen *und* zugleich meta-physischen Sinne verwandt werden[31].

Der Ausgangspunkt dieser Tradition ist die verbreitete Vorstellung[32], daß die cloaca ein beliebter Aufenthaltsort des Teufels oder anderer unreiner Geister ist. Schon Thietmar von Merseburg († 1018) weiß von Dämonen zu berichten, die aus der cloaca aufsteigen, um einen kranken Mönch zu versuchen[33]. Andere mittelalterliche Autoren befassen sich mit der Frage, ob man an solch einem unreinen Ort überhaupt beten dürfe. Während in einer irischen Mönchsregel diese Frage verneint wird[34], gibt der Verfasser der Alexander von Hales zugeschriebenen Summa Theologica eine positive Antwort, da ja dem Reinen alles rein sei[35]. Gabriel Biel, der die Stelle der Summa ausschreibt, fügt noch hinzu, daß man selbst in der Hölle zu Gott beten könnte, wenn der rechte „affectus" da wäre[36]. Auch Luther schließt sich in einer Tischrede dieser Auffassung an[37].

Besonders bezeichnend ist aber der Zusammenhang, in dem das Problem bei Augustin behandelt wird. Ein Schüler des Kirchenvaters, Licentius, hatte auf der cloaca einen Psalmvers gesungen und sich damit den Tadel von Augustins Mutter Monnica zugezogen. Augustin nimmt ihn jedoch in Schutz, indem er betont, daß das Gebet durchaus dem Ort angemessen war, da es in ihm ja um die Befreiung vom Schmutz des fleischlichen Lebens ging[38].

---

[31] Diese Tradition scheint auch Luther im Auge zu haben, wenn er in einer Tischrede (WAT 1.136,14–17) sagt: „In allegoriis, cum essem monachus, fui artifex... allegorisabam etiam cloacam et omnia."

[32] Vgl. außer den im folgenden angeführten Zeugnissen auch R. Otto, Gottheit und Gottheiten der Arier, Gießen 1932, 62.

[33] Chronicon IV 72 (ed. Holtzmann, MGH, SS, NS IX, Berlin 1935, 215, 11–14).

[34] W. Reeves, On the Céli-dé, commonly called Culdees, Transactions of the R. Irish Academy 24, Antiquities II (Dublin 1864), 209, gibt folgende Übersetzung des irischen Textes: „Now the privy-houses and the urine-houses they are the abodes of demons. Let these houses be blessed by any one going thither, and let him bless himself when he enters them, and it is not lawful to say any prayers in them, except ‚Deus in adjutorium' to ‚festina'." Die Ausnahme betrifft Ps 69,2: „Deus, in adiutorium meum intende; Domine, ad adiuvandum me festina."

[35] ST, ed. Norimbergae (A. Koburger) 1515–1516, p. IV, q. 94, m. 2. (f. 347^r): „Legitur... de beato Gregorio quod cum purgaret ventrem et psalmum diceret, apparuit ei diabolus querens quid faceret: et respondit ventrem meum purgo, et deum meum laudo. opera enim nature perfectis turpia non videntur."

[36] Canonis Misse expositio, lect. 62 F (ed. Oberman, Courtenay, Wiesbaden 1963–1966, III 27).

[37] WAT 2.413,1–9; Nr. 2307. – Zu der allgemeinen Vorstellung vgl. auch WA 54.174,6–12, wo Beelzebub als große Fliege bezeichnet wird, die mit Vorliebe auf dem „heimlichen gemach" im „Dreck" der Menschen wühlt.

[38] Augustin de ord. I 8, 22 sq.; PL 32.987f. Das Wort „cloaca" kommt allerdings im Augustintext nicht vor.

Hier bahnt sich bereits eine symbolische Deutung des Begriffes „cloaca“ an, die im ausgehenden Mittelalter weit verbreitet ist. Nach Biel ist ein böses Gewissen eine übelriechende latrina[39]. Gerson deutet einen Traum, in dem ein Mann, der in die cloaca gefallen ist, vergeblich versucht, mit Hilfe eines Stockes aus dem stercus emporzuklettern, so, daß er in der cloaca ein Symbol für die hoffnungslose Lage des Sünders und im Stock ein Symbol unserer eigenen Anstrengung sieht, die ohne Gottes Hilfe niemals ausreicht[40]. Dieselbe Erklärung bietet auch Geiler von Kaysersberg in einer Predigt über Sebastian Brants Narrenschiff[41]. „In die cloaca fallen“ heißt deshalb im Spätmittelalter „in Sünde fallen“, und zwar besonders: von den fleischlichen Begierden heruntergezogen werden, weg vom Seelengrund, wo Gott im Menschen wohnt.

Vor diesem Hintergrund müssen wir nun auch etwa die folgende Äußerung Luthers verstehen: „Was jst denn nu ein rein hertz? odder worinn stehets? Antwort: Es jst bald gesagt, und darffst nicht gen himel klettern noch jnn ein Closter darnach lauffen und mit eigen gedancken ausrichten, Sondern hute dich fur allen, was du fur eigen gedancken bey dir weissest, als fur eitel schlam und unflat, und wisse, das ein mönch jm Closter, wenn er jnn seiner hohesten beschauligkeit sitzet und an seinen Herrgott dencket, wie er jn selbs malet und treumet, und wil die wellt gar aus dem hertzen werffen, der sitzet (mit urlaub)jm dreck, nicht bis an die knye, sondern uber die oren, Denn er gehet mit eigen gedancken umb on Gottes wort.“[42] Das spezifisch Lutherische ist hier gerade nicht die Anspielung auf „cloaca“ und „stercus“ als solche, sondern der Gedanke, daß die historische Offenbarung, der Christus incarnatus, unbedingt heilsnotwendig ist.

---

39 Canonis Misse expositio, lect. 87 E (ed. OBERMAN, COURTENAY, IV 145).

40 Gerson, De praeparatione ad Missam, post pollutionem nocturnam (ed. DU PIN, Antwerpen 1706, III 332 A): „Fuit cuidam per somnium ostensa visio talis: Praecipitatus in cloacam erat, et a quodam baculo stercoribus infixo sustentari, ne profundaretur, satagebat. At vero baculus ille fundotenus demittebatur assidue cum foetore intolerabili. Sentiens ille periculum, tota mente ad Dominum conversus, relicto baculo, confestim ereptus est. Sane conscientia nostra quantumlibet munda, est cloaca quaedam, plena stercoribus foedis defectuum quotidianorum. Baculus ille, nostra est industria, per quam emergere quaerimus; sed proculdubio quousque levemus oculos in coelum, unde veniat auxilium nobis; quousque fiduciam nostram totam in Deum jactemus, quanto plus innitimur solo nostrae industriae baculo, tanto in profundiorem abyssum nostrae pravitatis demergimur, et non nisi foetorem tetrum et horridum reportamus.“ Vgl. E. J. DEMPSEY DOUGLASS, Justification in late Medieval Preaching, Leiden 1966, 112, Anm. 4.

41 Siehe DOUGLASS, 112, Anm. 3.

42 Wochenpredigten über Mt 5–7 (1530/32), zu Mt 5,8; WA 32.325,23–31. Zu beachten ist, daß sich Luther oder jedenfalls der zeitgenössische Bearbeiter der Predigten für den Gebrauch des Wortes „dreck“ entschuldigt. Es ist deshalb nicht erlaubt, derartige Äußerungen durch den Hinweis zu entschärfen, daß die Menschen des 16. Jahrhunderts in „natürlichen Dingen“ unbefangener waren und sich einer drastischeren Sprache bedienten als die Menschen des 20. Jahrhunderts.

Die Verwendung der Begriffe „cloaca“ und „stercus“ wird schon durch einige Formulierungen der Vulgata nahegelegt. Phil 3,8 heißt es: „omnia... arbitror ut stercora.“ Noch wirksamer ist Ps 112 (113),7: „Suscitans a terra inopem et de stercore erigens pauperem.“ In der Auslegung dieses Verses deutet Petrus Lombardus „stercus“ als fleischliche Lust, von der der Mensch „per solam gratiam“ befreit wird[43]. Auch Jakob Perez, der in einer ausführlichen Untersuchung dieses Verses[44] verschiedene Deutungen erwägt[45], versteht unter „stercus“ vor allem die Sünde, von der der Mensch durch das Sakrament der Buße gereinigt wird[46]. In dieser Reinigung, die auch für Perez „sola gratia“ geschieht, zeigt sich die Allmacht Gottes[47] und die Wirksamkeit der Prädestination[48].

Luther schließt sich in der ersten Psalmenvorlesung zunächst seinen Vorgängern an und interpretiert ‚stercus‘ als ‚vicia et peccata‘[49]. Dann aber stößt er, unabhängig von der Tradition, weiter vor: In dem Vers „suscitans a terra inopem et de stercore erigens pauperem“ kommt eine ‚nova regula Christi‘ zum Ausdruck, die im alten Bund noch nicht bekannt war[50]. Diese ‚nova regula‘ besagt dasselbe wie der eingangs zitierte Vers „Deus superbis resistit, humilibus autem dat gratiam“[51]: De facto sind zwar alle Menschen von Gott gedemütigt; seine Verheißung gilt aber nur denjenigen, die dies auch anerkennen, d.h. denen, die sich als „pauperes“ – als „Bettler“ – und als „in stercore“ – „in cloaca“ – befindlich verstehen[52].

Im dritten und letzten Teil unserer Darstellung werden wir noch auf die Frage eingehen müssen, inwiefern nun diese von Luther formulierte ‚regula Christi‘ den Rahmen der mittelalterlichen Rechtfertigungslehre

---

43 Comm. in ps.; PL 191, 1017 B; vgl. Augustin en in ps. CXII 7 und Cassiodor exp. in ps. CXII 7.

44 ed. Venetiis 1581, p. 827 A–F.

45 827 D: „exaltauit... discipulos de stercore, & fimo artis piscatorię“; 827 E: „suscitauit apostolos... de stercore cerimonialium“.

46 827 E: „per pauperem erectum de stercore intelligit quemlibet peccatorem a sordibus peccatorum per poenitentiam mundatum, & eleuatum. Nam ille erat mortuus in terra: & iste iacebat inuolutus in stercore peccatorum.“

47 827 B: „ostendit etiam Deus magis suam omnipotentiam, cum ex hominibus... suscitauit, & eleuauit quosdam per gratiam“; 827 D/E: „ecclesia Christi ex pauperibus, & simplicibus congregata est, & eleuata, & suscitata. & in hoc magis ostensa est Christi potentia.“

48 827 B: „tunc erexit de terra inopem, & pauperem, quando hominem sauciatum, & expoliatum redemit, & per gratiam elegit. Et tunc inter principes populi sui collocauit, quando inter hierarchias angelorum collocauit.“

49 WA 4.254,19.

50 WA 4.256,26f.

51 Vgl. WA 4.256,10f.

52 WA 4.256,21–26. Vgl. auch das Scholion zu Ps 82(83),11; WA 3.635,22–24.

sprengt. Zunächst aber können wir das Ergebnis unserer bisherigen Untersuchung folgendermaßen zusammenfassen:

1. Auch wenn Erikson mit Recht darauf hinweist, daß Luther zeitlebens von Verdauungsstörungen geplagt wurde und daß er den natürlichen Funktionen des Körpers unbefangener gegenüberstand als der moderne Mensch[53], so scheint doch der Versuch, das „Turmerlebnis" als psychosomatischen Vorgang zu verstehen, schon an der im Mittelalter und darauf bei Luther nachweisbaren stercus- bzw. cloaca-Tradition zu scheitern. Psychoanalyse an einer historischen Gestalt kann höchstens in Teamarbeit mit einem Historiker durchgeführt werden; dieser grundsätzliche Einwand trifft auch das zugleich geniale und entstellende, weil unhistorische, Lutherbuch Eriksons.

2. Luthers Verwendung der Begriffe „stercus" und „cloaca" geht zwar von einer mittelalterlichen Tradition aus, aber sie bleibt nicht dabei stehen. Wenn Luther in seiner großen Galatervorlesung sagt: „opera congrui ist ein dreck"[54], so scheint er zunächst nichts anderes zu sagen als die spätmittelalterlichen Theologen, die die menschlichen Werke in ihrer Mangelhaftigkeit und Unreinheit im Anschluß an Jes 64,6 als „pannus menstruatae" bezeichnen[55]. In Wirklichkeit aber geht es Luther nicht um die Werke, die Früchte, sondern um den sündigen Menschen, den Baum[56]. Seine humilitas-Theologie meint deshalb auch nicht die humilitas der Werke, sondern die humilitas dessen, der die Werke tut; und diese humilitas besteht eben darin, daß man der Verheißung glaubt, daß gerade die „pauperes" und „in stercore iacentes" gesegnet sind[57]. – Während deshalb im Mittelalter gefordert wird, daß der Mensch der cloaca, dem Ort der Anfechtung, entflieht, betont Luther, daß es gerade dieser Ort ist, an dem der Geist Christi wirkt. Während in

---

53 Young Man Luther, 199, dt. Ausgabe: 225f.

54 WA 40I.235,12. Vgl. auch ebd., 137,24f.: „Erat... iustitia illa mea nihil aliud quam latrina et suavissimum regnum diaboli."

55 Vgl. A. Zumkeller, Das Ungenügen der menschlichen Werke bei den deutschen Predigern des Spätmittelalters, Zeitschrift für katholische Theologie 81 (1959), 265–305; 271 und Anm. 19, 30, 31, 37, 44, 47, 81, 98, 115 u. 117. Es handelt sich hier jedoch nur um eine partielle Unreinheit; vgl. z.B. die in Anm. 98 zitierte Äußerung des Pelbartus von Temesvár „iustitia nostra est impura et vitiis mixta", die über den in Anm. 5 zitierten Satz Bernhards von Clairvaux (PL 183, 358 A), „Nostra... (si qua est) humilis est justitia, recta forsitan, sed non pura", nicht hinausführt. Wenn deshalb Zumkeller auf S. 305 behauptet, seine Untersuchung habe die von J. Lortz aufgestellte These bestätigt und gezeigt, „daß... auch für das Deutschland des 14. und 15. Jahrhunderts die Fabel von der katholischen Werkheiligkeit wirklich nur Fabel ist", so kann dem hier nicht ohne Einschränkung zugestimmt werden. Für Luther ist die menschliche Gerechtigkeit jedenfalls nicht nur „vitiis mixta", sondern „nihil nisi peccatum"; Schol zu Ps 118(119),163; WA 4.383, 9.

56 Bezeichnenderweise sagt Luther: „humana natura... est menstruata"; Gl zu Ps 71(72),2; WA 3.458,20.

57 Vgl. noch Schol zu Ps 118(119),163; WA 4.383,7–11.

der scholastischen Anthropologie die cloaca als Gegenstück zum „Seelengrund“ den Anhalt der Sünde und des Teufels darstellt, ist sie für Luther Ort des Adventus Christi.

3. Luthers Ausführungen müssen im Zusammenhang mit dem von ihm entwickelten Gedanken des „duplex peccatum“ verstanden werden. Wer sich selbst rechtfertigen will und behauptet, ohne Sünde zu sein, verdoppelt damit seine Sünde, weil er – wie es 1.Joh 1,10 heißt – „Gott zum Lügner macht“[58]. Das rettende Handeln Gottes beginnt deshalb damit, daß der Sünder wieder „in stercus“ zurückgeführt, d. h. als „humiliatus coram deo“ entlarvt wird. Es geht darum – wie Luther es einmal zugespitzt ausdrückt –, daß „der Gerechte zum Sünder wird“[59]. Die damit bezeichnete „humilitas“, von der bereits in der frühesten Schicht der ersten Psalmenvorlesung gesprochen wird[60], ist aber keineswegs nur die psychologisch verfeinerte Form der sogenannten „mittelalterlichen Mönchstugend“; der Begriff „humilitas“ ist vielmehr für Luther von Anfang an mit derselben Fracht beladen wie der Ausdruck „extra nos“: Er bedeutet die Anerkennung, daß wir „in nobis“ nur stercora finden.

Damit werden „fides“ und „humilitas“ zweifellos so eng miteinander verbunden, daß man geneigt sein könnte, sie als austauschbare Begriffe anzusehen. Sie sind es aber nicht gänzlich und gerade nicht auf mittelalterliche Weise; denn einmal ist die Demut hier keine Vorbereitung auf den Glauben, sondern setzt seinen Vollzug bereits voraus[61], und zum andern wird sie – wie weiter unten noch gezeigt werden soll – so radikal gefaßt, daß sie für Luther nicht eine Tugend ist, sondern das Bekenntnis des Menschen, der sich vor Gott mit leeren Händen stehen sieht.

4. Im Januar oder Februar 1519 – also, auch wenn man Bizers Datierung zugrunde legt, *nach* der reformatorischen Wende – bestimmt Luther das, was wir als die „nova regula Christi“ kennengelernt haben, als den „wunderschönen Unterschied zwischen Gesetz und Glauben“. Ohne vom Wortlaut des interpretierten Textes – Ps 5,2 – genötigt zu sein, erklärt er in deutlicher Anlehnung an Phil 3,8, daß das *Volk des Gesetzes* die misericordia dei nicht sucht, sondern auf eigene Werke vertraut, das *Volk des Glaubens* dagegen nur auf die misericordia dei hofft und seine eigene Gerechtigkeit als stercus betrachtet. Er begründet diesen Gedan-

---

58 WA 56.230,23f., Schol zu Röm 3,5. Vgl. auch WA 55II.2,11–3,5: „(peccator) facit primum peccatum duplex... Hoc est autem duplex peccatum: stare, defendere, resistere corrigenti et revocanti... seipsum Iustificare, postquam peccavit“ und 55II.30,12f.: „suum sensum statuere, sua opera et facta Iustificare et defendere... est duplex peccatum.“

59 WA 56.230,6–8, Schol zu Röm 3,5: „docet nos fieri peccatores... Quomodo fit peccator, qui prius Iustus erat.“ Vgl. WA 40I.224,4–7, zu Gal 2,16.

60 WA 55II.30,12f. (s. Anm. 58).

61 Siehe Kapitel III: ‚Simul gemitus et raptus‘, oben 77ff.

ken – für uns nicht mehr unerwartet – mit dem Satz „humilibus dat deus gratiam et superbis resistit"[62].

Es dürfte schwerfallen, hierin eine dritte Art von humilitas-Theologie zu sehen, die sich von der eben besprochenen zweiten Auffassung trennen ließe. Ja, man kann sogar noch einen Schritt weitergehen und auf eine Tischrede vom Winter 1542/43 verweisen, wo es heißt: „Zuvor" (d.h. vor der Entdeckung von Röm 1,17) „mangelt mir nichts, denn das ich kein discrimen inter legem et euangelium machet, hielt es alles vor eines et dicebam Christum a Mose non differre nisi tempore et perfectione. Aber do ich das discrimen fande, quod aliud esset lex, aliud euangelium, da riß ich her durch."[63] Wenn nun dieses „discrimen" identisch ist mit der im alten Bund unbekannten „nova regula Christi", nach der Gottes Verheißung gerade den „pauperes" und „humiliati" gilt, und wenn darin wiederum nur dasselbe ausgesprochen wird wie in der Formel „extra nos", so besteht Luthers reformatorische Entdeckung in einer Erkenntnis, die er bis zum Ende seines Lebens festgehalten hat, die er aber auch schon in seiner frühesten Vorlesung ausspricht: Wir sein pettler. Hoc est verum.

3. *Bund und Gnade*

Wir sind es mit Recht nicht gewohnt, Luther als einen „Bundestheologen" anzusehen; seine Theologie ist kein System, in dem der Bundesgedanke ein Element darstellt, das alles andere beherrscht und überschattet. Hierin unterscheidet sich Luther wesentlich von reformierten Theologen, vor allem von Coccejus[64], aber auch von Bullinger, der als gemeinsamen Skopos aller biblischen Bücher – des Alten *und* des Neuen Testaments – den historisch, infralapsarisch verstandenen Bund Gottes betrachtet, aufgrund dessen sich Gott seines Volkes annimmt[65] und in dem die durch Christus versiegelten Verheißungen offenbar werden[66]. Dennoch läßt es sich zeigen, daß der Bundesgedanke in einer bestimmten Form auch für den jungen Luther zum Problem und zugleich zur Hilfe geworden ist, und zwar in einer Weise, die unmittelbar mit der Entfaltung seiner Humilitastheologie zusammenhängt.

---

[62] AWA 2.223,14f.; WA 5.127,17–27.

[63] WAT 5.210,12–16; Nr. 5518.

[64] Vgl. K. Müller, RE^3 IV 189,45–191,40, und P. Jacobs, RGG^3 I 1519f.

[65] Vgl. J. Staedtke, Die Theologie des jungen Bullinger, Zürich 1962, 65. Besonders für Taufe und Abendmahl ist es wichtig, daß es nur einen Bund gibt; vgl. 232 und 248.

[66] Vgl. Confessio et expositio simplex orthodoxae fidei (1566) XVI. In: Bekenntnisschriften und Kirchenordnungen der nach Gottes Wort reformierten Kirche, hg. von W. Niesel, Zürich 1938 [1985], 246,12f.

Dies ist natürlich keine Entwicklung ex nihilo; auch die Theologen des Mittelalters und besonders des Spätmittelalters befassen sich mit dem Bund Gottes. Wir müssen deshalb zunächst einen Blick auf diese Tradition werfen.

Entsprechend dem doppelten Aspekt, unter dem sich Augustin in seiner Auseinandersetzung mit Donatisten und Pelagianern mit dem Problem der christlichen Heiligung befaßt, bildet sich in der Folgezeit sowohl ein objektiver als auch ein subjektiver Bundesgedanke heraus. Dabei hat der erstere seine Wurzeln in der von Augustin vertretenen Auffassung, daß Gott sein Heilswerk nicht durch sündige Instrumente beeinträchtigen läßt[67]. Diese Betonung des „ex opere operato" führt im Zuge der durch die Wiederentdeckung des Aristoteles bewirkten radikalen Umwälzung zur Entstehung eines expliziten Bundesgedankens, der vor allem die Frage lösen soll, ob und wie die Sakramente Gnade vermitteln. Gegenüber dem Thomismus[68]weisen die Vertreter der franziskanischen Schule, von Bonaventura[69] über Duns Scotus[70] und Ockham[71] bis hin zu Gabriel Biel[72], immer eindringlicher darauf hin, daß die Sakramente ihre Wirkung dem „Bund Gottes mit der Kirche", der „pactio" bzw. dem „pactum dei cum ecclesia", verdanken. So sagt z.B. Biel, daß in der Eucharistie Christus selbst aufgrund des Bundes, den er mit der Kirche, seiner Braut, geschlossen hat, die Transsubstantiation bewirkt[73]. Jedes Geschehen „ex opere operato" beruht auf einer Bundesverpflichtung Gottes; auch das einzige Sakrament des Alten Testaments, durch das die Sünden vergeben wurden, die Beschneidung, wirkte nur deshalb „ex opere operato", weil es auf einem Bund Gottes mit seinem Volk beruhte[74].

Der subjektive Bundesgedanke entwickelt sich aus den Anschauungen, die Augustin in seinem Kampf gegen die Pelagianer vertritt. Dabei geht es jedoch nicht ohne Abstriche und Umbildungen ab; denn obwohl die zweite Synode von Arausio (529) die radikale Gnadenlehre des Kirchenvaters zum größten Teil bestätigt, ergibt sich in der Folgezeit doch die Notwendigkeit, diese Lehre mit den praktischen Erfordernissen der kirchlichen Seelsorge in Einklang zu bringen. Das Ergebnis dieses Prozesses ist die Ausbildung des axiomatischen Satzes „facienti-

---

[67] Vgl. z.B. Augustin de bapt. IV 4,5.
[68] Vgl. Thomas IV Sent. d. 1 q. 1 a. 4 quaestiunc. 1–4.
[69] IV Sent. d. 1 p. 1 a. 1 q. 4 (ed. Quaracchi 1949, IV 17^{b}).
[70] Oxon. IV d. 1 q. 5; Rep. IV d. 1 q. 4.
[71] IV Sent. q. 1 C–M.
[72] Canonis Misse expositio, lect. 47 R–X (ed. Oberman, Courtenay, II 224–228).
[73] ebd., 47 T (226).
[74] Vgl. Bonaventura, IV Sent. d. 1 p. 1 a. 1 q. 5 (ed. Quaracchi 1949, IV 20^{b}) und Biel, lect. 47 X (228).

bus quod in se est deus non denegat gratiam", der, in der Frühscholastik vorbereitet[75], von allen Theologen der franziskanischen Schule – Alexander von Hales, Bonaventura, Duns Scotus, Ockham, Holcot, Gerson, d'Ailly und Biel – sowie vom jungen Thomas einhellig vertreten wird[76]. Gott hat sich – durchaus aus freiem Antrieb und aus reiner Gnade – vor aller Zeit in seinem Bund dazu verpflichtet, allen Menschen, die sich nach Kräften bemühen, seine Gnade zu gewähren und die im Zusammenwirken mit dieser Gnade hervorgebrachten Werke gebührend zu belohnen. Dabei folgt die Verleihung der Gnade den merita de congruo, während die endzeitliche Belohnung den merita de condigno gilt. Obwohl nun allerdings strenggenommen die merita de congruo aufgrund der innergöttlichen liberalitas und nur die merita de condigno aufgrund eines historischen Bundes belohnt werden, sind doch beide Verdienstarten so eng miteinander verbunden, daß auch in der Belohnung de congruo der Bund Gottes sichtbar wird. In beiden Fällen wird deshalb die Gnade bzw. die Herrlichkeit von Gott mit Notwendigkeit geschenkt, wobei es sich freilich nicht um eine absolute Notwendigkeit handelt, sondern um die necessitas immutabilitatis, nach der Gott sich und damit auch seinem Bund treu bleibt.

Dieser knappe Überblick sollte noch durch einige Bemerkungen über das „facere quod in se est" ergänzt werden:

1. Das facere quod in se est beschränkt sich nicht auf die Vorbereitung für den Empfang der ersten Gnade. Dionysius der Kartäuser erklärt in seiner Auslegung von Spr 16,1 – „hominis est animum praeparare" –, daß dieser Vers nicht nur die Ungläubigen betrifft, die ihren freien Willen und ihre natürliche Vernunft gebrauchen müssen, sondern auch die Christen im Sündenstand, die sich darüber hinaus auch auf die „fides informis", die Reste der verlorenen Tugenden und die Kenntnis der Gebote stützen können, und selbst die Christen im Gnadenstand, die sich durch Gebet, Meditation und Hören der Predigt auf die Vermehrung der Gnade vorzubereiten haben[77].

[75] Vgl. A. M. LANDGRAF, Dogmengeschichte der Frühscholastik I 1, Regensburg 1952, 249–264.

[76] Vgl. L. GRANE, Contra Gabrielem, Gyldendal/Kopenhagen 1962, 214ff., sowie meinen Aufsatz „Facientibus quod in se est deus non denegat gratiam", Harvard Theological Review 55 (1962), 317–342.

[77] Opera omnia VII, Monstrolii 1898, 105 D–106 B: „Hominis est animum praeparare, id est se ipsum ad gratiam Dei disponere, faciendo quod in se est, hoc est, quod per naturam et per dona sibi data facere potest: quod dum toto conatu peregerit, Deus certissime gratiam ei infundet. Verumtamen Deus diversimode praevenit homines, et quosdam tam pie, ut etiam dum vitiosis actibus sunt intenti, trahat eos valenter et prorsus piissime ad se, sicut et Paulum pergentem Damascum ad persequendum Christifideles. Semper tamen in adultis requiritur consensus, et cooperatio quaedam liberi arbitrii: quia, ut asserit Augustinus, qui creavit te sine te, non justificabit te sine te.

2. Das Reden vom facere quod in se est braucht kein Anzeichen für einen besonders krassen Pelagianismus zu sein; das damit vorausgesetzte Mitwirken des Menschen läßt sich auf ein Minimum beschränken. Dies zeigt z.B. der Heidelberger Theologe Marsilius von Inghen († 1396), der den Vorgang der Erlösung am Beispiel eines Mannes verdeutlicht, der in eine Grube gefallen ist und von einem starken Retter herausgezogen wird. Der Mann bemüht sich zwar auch selbst, aber in Wirklichkeit behindert er das Rettungswerk mehr durch sein Gewicht, als daß er es durch seine Anstrengungen fördert. Nicht wegen seiner sachlichen Hilfe, sondern allein wegen seiner ernsthaften Bemühungen empfängt deshalb der Sünder die Gnade de congruo[78].

3. Nach Alexander von Hales bestehen die natürlichen Möglichkeiten des gefallenen Menschen vor allem darin, daß er von der Existenz eines gütigen Gottes weiß und diesen um Hilfe anrufen kann. Hier zeigt sich bereits ein Übergang von dem Satz „facientibus quod in se est deus non denegat gratiam" zu der Aussage „humilibus deus dat gratiam". Deutlich ausgeprägt findet sich diese Gedankenverbindung bei Luthers späterem Gegner Kaspar Schatzgeyer († 1527). Nach Schatzgeyer ist der Mensch als animal rationale imstande, secundum rationem zu leben. Wenn er dies nun tatsächlich tut, so tut er sein möglichstes („facit quod in se est") und bereitet sich damit de congruo auf die Gnade vor. Durch den Sündenfall ist aber ein Hang zum Bösen entstanden, der dieses vernunftgemäße Leben immer wieder gefährdet. Seither ist es deshalb für den Empfang der Gnade vor allem erforderlich, der eigenen Schwä-

---

Itaque per liberum arbitrium naturalemque rationem, aptat se homo ad gratiam, recedendo a malis, bonisque actibus cohaerendo, secundum naturalis rationis dictamen, et quantum possibile est per vires naturae: et ita se possunt aptare infideles. Credentes vero, sed in mortali vitio exsistentes, etiam per fidem informem, reliquiasque virtutum quas amiserunt peccando, et per notitiam mandatorum, possunt et debent se praeparare ad divinorum infusionem charismatum; similiter acquiescendo angelicis et divinis occultis instinctibus, quibus homines etiam vitiosi ac perfidi multipliciter retrahuntur a malis, atque ad bona misericorditer instigantur. Denique non solum est hominis, animum suum praeparare modis jam tactis ad gratiae infusionem; sed et hi qui gratiam habent, virtutibusque ornantur, se debent [praeparare] ad caritatis profectum, ad gratiae incrementum, ad devotionem ardentem, Dominum invocando, Scripturas pensando, sermones attente audiendo, et bonis sibi concessis rite utendo. Imo et ad ipsam orationem debet se homo praeparare recolligendo cor suum."

[78] Marsilius, questiones super quattuor libros sententiarum, l. II q. 18 a. 3 concl. 4 sol. (ed. Straßburg 1501, fol. 300rb): „sicut qui in fossam cecidit, sua gravitate plus resistit extrahenti, quam ad sui extractionem suis viribus faciat. Tamen congruum est, cum efficaciter libenter coageret, ut esset extra, fortis liberator existens extra eum de fossa trahat. Ita etiam benignissimus ille deus preveniens tractu spirituali peccatorem plus peccati pondere deorsum tendentem quam sua opera ad gratie consecutionem facere potest. Quia tamen attritus est et tractus ad gratiam anhelat, congruum est ut ipsum de servitute peccati eripiens ad gratiam reaccipiat."

che innezuwerden und sich selbst möglichst gering einzuschätzen; denn die Demütigen werden von Gott erhöht[79].

Mit dieser Äußerung Schatzgeyers sind wir bereits am Vorabend der Reformation angelangt. Wenn wir nun die soeben skizzierte mittelalterliche Tradition noch einmal zusammenfassen wollen, so müssen wir vor allem darauf achten, daß der objektive und der subjektive Bundesgedanke nicht nur einer gemeinsamen Quelle entspringen, sondern auch im Laufe der Entwicklung immer eng miteinander verbunden bleiben[80]. Man könnte deshalb sagen: In derselben Weise, wie die Sakramente die objektive Gnade vermitteln, so erwirken die verdienstlichen Werke die subjektive Gnade: aufgrund eines Bundes, in dem sich Gott seiner Kirche und seinen Gläubigen gegenüber verpflichtet hat.

Luthers Stellungnahme zu den beiden mittelalterlichen Fassungen des Bundesgedankens ist eindeutig. Als er kurz vor oder kurz nach dem Abschluß seiner ersten Psalmenvorlesung die Lyoner Ausgabe von Gabriel Biels Collectorium und Meßkommentar durcharbeitet und hier auf die Behauptung stößt, daß in biblischen Texten wie Lk 11,9 – „suchet, so werdet ihr finden" – das facere quod in se est gemeint sei, bemerkt er: „Als ob jene Worte bedeuten, daß es ohne Gnade in unserer Macht steht, zu suchen und uns zu bekehren, wo doch Ps 13[,2] sagt, daß niemand verständig ist oder Gott sucht!"[81] Und auf Biels beschönigende Erklärung, daß die Gnade wenigstens erforderlich sei, um das facere zu erleichtern, erwidert Luther: „Das hat Pelagius auch gesagt."[82]

Der objektive Bundesgedanke wird von Luther nicht positiver beurteilt. Er wirft Biel und den übrigen Scholastikern vor, daß sie nicht

---

79 Schatzgeyer, De perfecta atque contemplativa vita, Conventus Monachiensis 1501, Dir. 17; Opera omnia, Ingolstadt 1543, fol. 324: „Cum enim omnes creaturae possint (posita Dei generali influentia) exire in actus suae naturae competentes, et illi actus conveniant homini inquantum animal rationale, ut videliciet secundum rationem vivat, colligitur quod potest talia facere cum Dei generali influentia. Patet etiam hoc in paganis et infidelibus, quorum multi habuerunt virtutes morales, et vixerunt secundum rationem, propter quod inexcusabilis est homo si non vivat ut homo. Hoc enim modo secundum rationem vivendo disponit se de congruo ad gratiam gratum facientem, et facit quod in se est. Verumtamen, quia sensus et cogitatio hominis prona sunt ad malum... necessaria est gratia sibi, prout est specialis dei influentia, retrahens a malo et disponens ad bonum... Ex quo fiet, ut quanto amplius nos humili aestimatione evacuamus, tanto ad gratiam suscipiendam capatiores erimus. Requiescit enim Spiritus Dei super humilem; quanto ergo maior es, humilia te in omnibus, ut Deus te exaltet, qui humiles respicit [Luk 1,48.52]."

80 Vgl. Eck, Chrysopassus, cent. III 75: „sufficit nobis illa gratia dei, quod ex mera liberalitate illas regulas nobis praescripsit, sacramenta instituit: quibus si conformaremur, vitam aeternam adipisceremur" und Biel, Canonis Misse expositio, lect. 47 X (ed. OBERMAN, COURTENAY, II 227).

81 Luthers Randbemerkungen zu Gabriel Biels Collectorium in quattuor libros sententiarum und zu dessen Sacri canonis missae expositio, Lyon 1514; WA 59.45,25f.;46,4–6.

82 WA 59.46,21–23,29.

gesehen haben, was ein Sakrament vor der übrigen Schöpfung auszeichnet[83]: „Sie achten nicht darauf, daß das gesprochene Wort bei den Sakramenten Gottes eigenes Wort ist."[84] Noch deutlicher verrät sich Luthers Anliegen in der folgenden Randbemerkung: „Wann wird denn endlich einmal vom Glauben die Rede sein?"[85] Auch die letzte Bemerkung zu Biels Sakramentslehre wendet sich noch einmal grundsätzlich gegen den mittelalterlichen Bundesgedanken, indem sie die beiden von Luther hervorgehobenen Gesichtspunkte zusammenfaßt: „Man sieht: sie kennen weder die Verheißungen, noch wissen sie, was Glaube ist."[86]

Diese Äußerungen haben – soweit sie überhaupt beachtet worden sind – vielfach zu der Annahme geführt, daß der Bundesgedanke für Luthers reformatorische Entdeckung nur eine negative Bedeutung habe[87]. Damit aber hat man nicht nur eine entscheidende Phase in Luthers Entwicklung verkannt, sondern hat auch eine der wichtigsten Grundlagen seiner frühen Humilitastheologie übersehen.

Im folgenden müßte nun ein detaillierter Vergleich mit der exegetischen Tradition zeigen, daß sich der Bundesgedanke wie ein roter Faden durch Luthers erste Psalmenvorlesung hindurchzieht. Bereits jetzt lassen sich erste Ergebnisse in fünf Punkten zusammenfassen:

1. Der Begriff „pactum" ist Luther nicht nur durch die systematische, sondern auch durch die exegetische Tradition geläufig. Das Besondere dieser Tradition ist es jedoch, daß „pactum" mit „testamentum" identifiziert wird[88]. Auch Luther übernimmt diese Gleichsetzung – wie sich nachweisen läßt, aus dem Psalterium Hebraicum des Hieronymus[89] – und kommt dadurch zu einer Bundestheologie, die nur noch teilweise und allenfalls kontrapunktisch mit der der Franziskanerschule übereinstimmt.

2. Es ist in der Forschung schon mehrfach bemerkt worden, daß Luther in der ersten Psalmenvorlesung noch „Gesetz" und „Evangelium" als Wechselbegriffe verwenden kann; die Annahme, daß er da-

---

[83] WA 59.49,8–10.

[84] WA 59.49,12f.

[85] WA 59.49,24f.

[86] WA 59.51,26f.

[87] Selbst L. Grane, der zur Erforschung dieses Gebietes einen wesentlichen Beitrag geliefert hat, betont im Hinblick auf die Stellen, an denen Luther vom „pactum dei" spricht, „daß diese ganze Terminologie erst ziemlich spät [in der ersten Psalmenvorlesung] auftaucht und... bald wieder verschwindet"; Contra Gabrielem, 299, Anm. 43.

[88] Vgl. z.B. Petrus Lombardus, comm. in Ps 82,5 (PL 191, 782 B).

[89] WA 3.282,4–6: „Qui ordinant testamentum eius super sacrificia [Ps 49(50),5]. Primo (id est qui pactum Christi feriunt pro sacrificio: sic enim Hebr.) qui legem eius suscipiunt, ut eum colant sacrificio." Vgl. S. Raeder, Das Hebräische bei Luther, Tübingen 1961, 322. – Vgl. auch WA 57II.24,21f., Gl zu Gal 3,15: „Dicit B. Ieronimus ‚testamentum' hoc loco pocius sonare ‚pactum', ut est in Hebreo."

mals noch nicht das discrimen zwischen beiden gefunden habe, scheint deshalb nahezuliegen. Wenn wir jedoch beachten, daß „lex" auch als Umschreibung für „pactum" oder „testamentum" dienen kann[90], so gewinnen wir die Möglichkeit, durch eine Analyse des Bundesbegriffes zu einem differenzierteren Urteil zu gelangen:

Soweit ich sehe, weicht Luther von der vorgegebenen Auslegungstradition – und zugleich von der späteren reformierten Theologie – darin ab, daß er zwischen altem und neuem Bund bzw. altem und neuem Gesetz streng unterscheidet. Der alte Bund ist für ihn ein dipleurischer, d.h. zweiseitiger Bund der Werke, der aufgehoben werden kann, wenn die Bundesverpflichtung nicht eingehalten wird. Der neue Bund dagegen ist ein monopleurischer, d.h. einseitiger Bund, der nur auf Gottes Erbarmen beruht und deshalb nicht aufkündbar ist. Wenn die Gläubigen des neuen Bundes sündigen, so werden sie zwar gezüchtigt, der Bund selbst aber bleibt bestehen[91].

Es ist nicht zu verkennen, daß Luther hier an dem objektiven Bundesgedanken der mittelalterlichen Theologie anknüpft. Noch wichtiger aber ist für unseren gegenwärtigen Zusammenhang die Tatsache, daß die soeben skizzierte Bundesvorstellung auch Luthers Lehre vom Gesetz entscheidend beeinflußt. Wenn deshalb in der ersten Psalmenvorlesung das „testamentum dei" als „Gesetz" bezeichnet wird, „durch das Gott die zukünftige Gnade im Glauben bezeugt hat"[92], so ist damit nicht ein Gesetz für die Gläubigen gemeint, sondern ein Gesetz, das Gott in seinem monopleurischen Bund gewissermaßen für sich selbst erlassen hat.

3. Gibt es dann aber keine neuen Bundesverpflichtungen, die einzuhalten sind? Der neue Bund ist ewig, weil er ewiges Heil wirkt[93]. Seinen

---

[90] Vgl. WA 3.306,25, zu Ps 54(55),21; und 552,5f., zu Ps 77(78),10; sowie WA 4.42,4, zu Ps 88(89),40.

[91] Vgl. WA 4.41,15–29, zu Ps 88(89),35: „lex nova sicut non ex operibus et meritis nostris incepit, ita nec demeritis nostris ruit. Sed ex mera promissione et misericordia et veritate Dei incepit, stat et perstabit. Vetus autem lex non. Quia data fuit sub conditione tali, scilicet si implerent ipsam, staret, si autem non implerent, rueret. Quia erat fundatum (sic!) in operibus eorum et non in misericordia et promissione pura Dei, sed cum inclusione operum illorum. Unde Jere 31.[,32] ‚pactum quod irritum fecerunt'. Ipsos dicit irritum fecisse, quod tamen suum erat, scilicet quia non servaverunt. Sed non sic Christi, quod nullus homo potest irritare quantumvis omnes peccent, quia stat in gratia Dei, non in operibus nostris. Et hec sunt misericordie, quas cantat iste psalmus [V.34], magnifice certe et cantande. Unde ps 131[,12] non dicit, ut hic, sed sic: ‚Si custodierint filii tui testamentum meum etc.' Hic. [Ps 85,32–34] autem: ‚Si non custodierint, etiam adhuc misericordiam meam etc.' Unde et quando peccant fideles, tota Ecclesia flagellatur, mali cum bonis, sed non irritum fit pactum. Olim autem etiam si pauci peccassent, solvebatur pactum, quia fundatum erat in operibus eorum."

[92] WA 3.552,5f., zu Ps 77(78),10. Vgl. auch WA 4.193,34–37, zu Ps 104(105),10f.

[93] WA 4.246,18f., zu Ps 111(112),9.

Inhalt und die Weise, wie er das Heil wirkt, beschreibt der Satz Mk 16,16: „Wer da glaubt..., der wird selig werden."[94] Gott hat sich also in seinem pactum nicht den *facientes* gegenüber verpflichtet, sondern den *credentes*. Man sieht, wie Luther hier den objektiven und den subjektiven Bundesgedanken zu einer neuen Einheit verbindet und zugleich entscheidend abwandelt: Der Bund wirkt Rechtfertigung und Rettung; er fordert den Glauben an Christus.

Dieser Sachverhalt kann noch von einer anderen Seite her beleuchtet werden. Der amerikanische Forscher Samuel Preus hat in seiner wichtigen Abhandlung über die hermeneutische Funktion des Begriffes „promissio" im Mittelalter und beim jungen Luther in einer Auseinandersetzung mit Gerhard Ebeling überzeugend nachgewiesen, daß Luther eine tropologische Verbindung zwischen Christus und den Gläubigen nicht ohne Einschränkung annehmen konnte, da er sich der im Mittelalter einhellig vertretenen Auffassung anschloß, daß man bei Christus nicht eigentlich von fides sprechen kann[95]. Die von Preus weiter erhobenen Einwände lassen sich aber wenigstens zum Teil überwinden, wenn man den Bundesgedanken berücksichtigt, wie er besonders in der Auslegung von Ps 99 (100),4f. – „preiset den Namen des Herrn, denn... seine Wahrheit währet für und für" – zum Tragen kommt.

Schon die Ausleger des Altertums und des Mittelalters verstehen hier unter „Wahrheit" – „veritas" – die „Treue" – „fides" –, mit der Gott seine im Bund gegebenen Verheißungen erfüllt[96]. Auch Luther ersetzt deshalb „veritas" durch „fides"[97] und interpretiert dies wiederum durch den Ausdruck „fides Christi". Dieser Ausdruck ist aber nun – und das ist das Entscheidende – zugleich als genetivus subiectivus und als genetivus obiectivus zu verstehen: „Fides Christi" ist nach Luthers Deutung zugleich die Bundestreue Gottes, „durch die uns alles geschenkt wird, was

---

[94] WA 4.193,10–21, Gl zu Ps 104(105),8–10: „Memor fuit exhibendo sicut promisit in saeculum testamenti sui, in quo promisit gratiam Christi futuram: verbi fidei future, quod mandavit suscipiendum pro mandato posuit, ut qui crediderit, salvus erit. Benedictio fidei enim promissa est ei in omnes gentes... Quod verbum fidei disposuit... Et statuit illud illud verbum fidei promissum Iacob filiis Iacob in praeceptum, quia credere in Christum tenentur: et Israel populo ex Israel in testamentum aeternum, i.e. quod ex verbo fidei promisso et tandem impleto et exhibito, si ipsum servarent pro precepto, haberent vitam eternam. Fides enim est eternum testamentum."

[95] J. S. Preus, From Shadow to Promise. Old Testament Interpretation from Augustine to the young Luther, Cambridge, Mass. 1969, 226–233. Vgl. auch seinen Aufsatz „Old Testament promissio and Luther's new Hermeneutic", Harvard Theological Review 60 (1967), 145–161.

[96] Vgl. Hieronymus, Psalterium Hebraicum, und Petrus Lombardus, Comm. in ps., ad loc. (PL 191, 900 B).

[97] Im Anschluß an das Psalterium Hebraicum des Hieronymus; vgl. S. Raeder, Das Hebräische bei Luther, 337.

uns einst versprochen worden ist", und die Bundestreue der Gläubigen, „durch die wir gerechtfertigt und gerettet werden."[98]

Damit aber können wir zu unserem Ausgangspunkt zurückkehren: Schon in seiner frühesten Vorlesung – und nicht etwa erst in der Hebräerbriefvorlesung der Jahre 1517–18[99] – macht Luther aus dem mittelalterlichen Bundesgedanken etwas völlig Neues, indem er den objektiven und den subjektiven Bundesgedanken miteinander verbindet und dabei die Notwendigkeit des Glaubens hervorhebt.

4. Wenn wir nun nach dem Verhältnis von Bund und *Demut,* von pactum und humilitas, fragen, so stoßen wir zunächst auf einen der „schlimmsten Steine des Anstoßes für alle Lutherinterpreten", wie es Axel Gyllenkrok in seinem Buch über „Rechtfertigung und Heiligung in der frühen evangelischen Theologie Luthers"[100] ausdrückt. Gemeint ist nicht nur eine vereinzelte Äußerung, sondern eine ganze Reihe von Stellen, vor allem in den späteren Teilen der ersten Psalmenvorlesung, an denen Luther offensichtlich die Lehre vom facere quod in se est bzw. vom meritum de congruo vertritt[101]. So kann er z. B. im Anschluß an Mt 7,7 – „bittet, so wird euch gegeben" – sagen: „Aufgrund dieser Stelle sagen die Gelehrten mit Recht, daß Gott dem Menschen, der sein möglichstes tut, („facienti quod in se est") unfehlbar Gnade gibt; und wenn er sich auch nicht ‚de condigno' auf die Gnade vorbereiten kann..., so kann er es doch jedenfalls ‚de congruo', da Gott diese Verheißung gegeben und den Bund der Barmherzigkeit („pactum misericordie") geschlossen hat."[102]

Es ist nicht erlaubt, eine solche Aussage einfach als Überbleibsel vorreformatorischer Theologie abzutun[103]. Ebensowenig läßt sich aber die These, daß die reformatorische Wende bereits vor der ersten Psal-

---

[98] Vgl. zum Vorstehenden WA 4.127,17–20: „veritas eius exhibito misericordie promisse, seu hebr. ‚fides eius'. Fides enim est ipsa gratia et misericordia olim promissa, quia per illam iustificamur et salvamur. In fide enim Christi omnia nobis donantur, que promissa sunt olim." Der Übergang vom genetivus subiectivus zum genetivus obiectivus wird explizit erst in Rgl. zu Röm 3,20 (WA 56.36,13f.) vollzogen: „‚fides Christi'... non qua credit Christus, sed ‚qua creditur in Christum'."

[99] Siehe oben 91.

[100] Uppsala 1952, 40, Anm. 2.

[101] Die wichtigsten Stellen werden vorgeführt von STEVEN E. OZMENT, Homo Spiritualis. A comparative study of the anthropology of Johannes Tauler, Jean Gerson and Martin Luther (1509–16) in the context of their theological thought, Leiden 1969, 159–166.

[102] WA 4.262,4–7, Schol zu Ps 113B(115),1.

[103] Diesen Einwand könnte man etwa gegen die von K. HOLL, Gesammelte Aufsätze zur Kirchengeschichte I, 31, Anm. 2 und S. 156, und E. VOGELSANG, Die Anfänge von Luthers Christologie, Leipzig 1929, 70, vorgetragenen Lösungsversuche erheben. Weit ernster nimmt das Problem dagegen OZMENT, Homo Spiritualis, 159–183, vgl. bes. 159: „the issue of a highly refined Pelagian facere quod in se est and meritum de congruo is something more than a strawman."

menvorlesung liegt, durch einen Hinweis darauf stützen, daß Luther bei dem facere immer die gratia praeveniens voraussetzt[104]: Dies tun auch andere Theologen, wie z.B. Marsilius von Inghen oder Johannes von Staupitz[105]. – Dennoch läßt es sich in der Tat zeigen, daß Luther schon 1515 wenigstens in einem entscheidenden Punkt mit der mittelalterlichen Tradition gebrochen hat: in der Bestimmung, worin nun das facere, das Handeln der Gläubigen im Rahmen des Bundes, besteht.

Für Luther besteht das facere des Bundespartners in seiner Erwartung („exspectatio")[106] und in seinem Bitten („petitio")[107]. Er ist ein Bettler („pauper", „mendicans")[108], der nichts anderes tun kann als schreien („clamare")[109]. Noch anders ausgedrückt: das Handeln des Gläubigen ist sein gemitus, das Seufzen dessen, der sein Heil nur extra se in Christus finden kann[110]. – Die durch den Bund geforderte humilitas ist somit keine irgendwie geartete Tugend; sie ist vielmehr die Anerkennung der Bedürftigkeit und Haltlosigkeit des Menschen.

5. Als eine Folge des großen Umschwunges von „sola gratia" zu „sola fide" – der sich weitgehend als Auseinandersetzung mit dem mittelalterlichen Bundesgedanken *und* als Ausbildung einer eigenen Bundestheologie vollzieht – nimmt Luther das Risiko in Kauf, pelagianisch mißverstanden zu werden: Nur für die Demütigen und Bettler kann Gott der Gott des Bundes in Christus sein. Dies ist nicht nur die Meinung des sogenannten vorreformatorischen Luther. Noch am Ende der zweiten Psalmenvorlesung (1520/21) kann er, kühn genug, sagen: „Christus ist nicht einfach durch seine Fleischwerdung... zum Bräutigam geworden, sondern dadurch, daß seine Kirche der Verbindung („pactum") im Glauben zustimmte... Denn das Einverständnis begründet eine Ehe; vorher ist der Mann eher ein Bewerber („procus") als ein Bräutigam."[111] Daß diese Aussage aber nicht etwa pelagianisch gemeint ist, zeigt ein Abschnitt aus der im Jahre 1530 verfaßten Auslegung des 111. Psalms, wo es – in einer deutlichen Parallele zur mittelalterlichen Lehre von der Wirksamkeit der Sakramente ex opere operato – heißt: „Gott [ist] zu loben..., Der seinen gnadenreichen bund der vergebunge der sunden nicht auff unser verdienst sondern auff sein wort gegründet hat

---

[104] Vgl. WA 4.446,31–34, Gl zu Ps 143(144),2, sowie 520,30f., Gl zu Ps 118(119),50.

[105] Für Staupitz vgl. z.B. D. C. Steinmetz, Misericordia Dei. The theology of Johannes von Staupitz in its late medieval setting, Leiden 1968, 93–97.

[106] Vgl. WA 4.262,8.17 und dazu R. Hermann, Luthers These „Gerecht und Sünder zugleich", Gütersloh 1930, 240, m. Anm. 4.

[107] Vgl. WA 4.262,2f.; s. auch die folgende Anm.

[108] WA 4.350,13f. „pepigit nobiscum fedus, ut daret nobis petentibus gratis ac mendicantibus"; vgl. 256,16.25.

[109] Vgl. Ozment, Homo Spiritualis, 176–178.

[110] Vgl. Kapitel III: ‚Simul gemitus et raptus', oben 82ff.

[111] WA 5.550,11–15.

und geboten und noch gebeut, das er sol stehen fest und ewiglich, nicht umbfallen, wenn wir sundigen, auch nicht auffstehen, wenn wir frum sind, Sondern da stehet er fur sich selbs auff Gottes befelh, das wir alle augenblick mügen zu jhm gehen vnd jmer vergebung der sunden finden."[112]

Wer sind diejenigen, die so voller Zuversicht zum Bund gehen können, um dort die „Vergebung der Sünden" zu „finden"? Es sind die Bettler, die sich selbst im Glauben sehen können als – wie Luther am Ende der ersten Psalmenvorlesung wörtlich sagt – „latrina et cloaca, quod... verum est"[113].

Wer hier schockiert ist oder mit Hilfe der Psychoanalyse zu entmythologisieren sucht, wer in solchen Aussagen nur Reste mittelalterlicher Theologie sieht oder sie sogar als Zeugnisse eines „vorreformatorischen Luther" verstehen will, der übersieht einen fesselnden Zusammenhang, mit dessen Entfaltung wir erst begonnen haben[114]: den Zusammenhang von Bund und Gnade, von Bundesfreiheit *und* Armut in Luthers Testament: Wir sein pettler. Hoc est verum.

*

[112] WA 31I.423,34–424,4.

[113] WA 4.448,33.

[114] Bei der Bearbeitung der noch anstehenden Aufgaben sollte folgendes mit bedacht werden:

1. Auch wenn der pactum-Begriff seit der Römerbriefvorlesung in zunehmendem Maße durch die Begriffe „promissio" und „evangelium" absorbiert wird, so bezeichnet er doch auch weiterhin den objektiven und zuverlässigen Kontext des Glaubens und damit die Grenze für Luthers These „Glaubst du, so hast du".

2. Während das pactum dei für die Scholastik die merita de condigno begründet, bezieht es sich für den Luther der Dictata auf das Kommen Christi im Fleisch, im Geist und in der Herrlichkeit. Damit sind nicht nur die merita de condigno eliminiert, sondern es ist auch die mit der mittelalterlichen Unterscheidung von merita de congruo und merita de condigno verbundene Unterscheidung von gratia und gloria, Rechtfertigung, Heiligung und Rettung aufgehoben. Der iustus ist auch schon salvus – womit im Prinzip die Heilsgewißheit gegeben ist.

3. Der Bund, der den die ganze Heilsgeschichte umfassenden adventus Christi zum Inhalt hat, ist somit nicht der vorzeitliche Bund Gottes mit den electi, so wie ihn nach Augustin implizit Gregor von Rimini und explizit Johannes von Staupitz verstanden haben. Es gibt aber auch nicht – wie in der späteren reformierten Föderaltheologie – eine Vielfalt von zeitbedingten pacta bzw. foedera, die im Laufe der Heilsgeschichte aufeinander folgen. Der Bund ist vielmehr einzigartig und ewig (WA 3.491,10f.) und sein Inhalt ist die Ankunft Christi, die dem Bettler zugleich Rechtfertigung und Rettung bringt – wobei das Evangelium gerade in der Weise „Kraft Gottes" (Röm 1,16) ist, daß es Vergangenheit (adventus in carne) und Zukunft (adventus in gloria) im Heute des Glaubens zusammenfaßt.

In diesen drei Hinsichten hat der pactum-Begriff bleibende Bedeutung, auch wenn er beim älteren Luther rein statistisch zurücktritt; weil er dann seinen Dienst für die Ausbildung der Gotteslehre und der Rechtfertigungslehre geleistet hat.

Es sei mir gestattet, in Übereinstimmung mit einer schönen akademischen Tradition in den Niederlanden, meine Antrittsvorlesung mit einem persönlichen Wort zunächst an meinen Vorgänger und dann auch an die Tübinger Studenten, Hörer und Mitarbeiter zu beschließen. Ich bin mir durchaus bewußt, daß ich heute ein Erbe antrete, das hier dreieinhalb Jahrzehnte lang von Ihnen, Herr Rückert, gepflegt und entfaltet wurde. Das gibt es nicht immer bei einer Lehrstuhlübernahme, weil oft entweder kein Erbe mehr vorhanden ist oder weil der Nachfolger seine Eigenständigkeit dadurch beweisen möchte, daß er sich dem Erbe verschließt. Ich hoffe, daß Sie in den kommenden Jahren als Beobachter, Berater und Beistand Freude daran erleben werden, daß hinter allen vordergründigen Unterschieden eine Kontinuität in der Zielsetzung und ein Einsatz für dieselbe Sache sichtbar wird: Incipientes vos publice salutamus!

Meine Damen und Herren Studenten! Mein geliebter Doktorvater, Professor Maarten van Rhijn, brachte vor vierzig Jahren am Schluß seiner Antrittsvorlesung in Utrecht zum Ausdruck, er hoffe, daß sein Kontakt mit den Studenten in keiner Weise mit dem Einträufeln von Augentropfen aus dem 20. Stock eines Wolkenkratzers zu vergleichen sei. Es ist mir klar, daß mein eigentümliches Verhältnis zur deutschen Sprache eine zusätzliche Distanz herstellen kann, zumal da es sich nicht nur um eine sprachliche Akzentverlagerung handelt. Andererseits wird es aber dadurch noch augenfälliger, daß Sie in mir einen Lehrer finden, der sich selbst in statu discendi befindet und sein Amt so ausüben möchte, daß er Sie an seiner eigenen exploratio veritatis teilhaben läßt.

Eben weil wir es der Reformation verdanken, daß wir eine neue Sicht auf die iustitia Dei gewonnen haben, darf ich Ihnen zum Schluß das alte Gebet weiterreichen:

Sol iustitiae, illustra nos.

V

Wittenbergs Zweifrontenkrieg gegen Prierias und Eck. Hintergrund und Entscheidungen des Jahres 1518

1. Martin Luthers Manifest: Von der Provinzuniversität zur Weltkirche

Luthers Ablaßthesen sind zwar verurteilt, aber bisher noch nicht inhaltlich beantwortet worden. Die zwei Thesenreihen Wimpinas (Januar 1518) und Tetzels, des Dominikanermönchs, der mit seiner Ablaßpredigt so viele Herzen und Federn in Bewegung gebracht hat (Ende April/Mai 1518), können zwar als „Entlarvung eines Häretikers“, aber nicht als Antwort bewertet werden. Bald entfernte sich die Debatte von ihrem ursprünglichen Gegenstand und wandte sich so ausschließlich den konfessionellen und theologischen Hauptfragen der Ekklesiologie und Rechtfertigungslehre zu, daß die Ablaßfrage schließlich in den auf dem Augsburger Reichstag von 1530 vorgelegten 404 Artikeln Ecks ganz zurücktritt[1].

Das Konzil von Trient hat wohl die Mißstände im Ablaßwesen gerügt, jedoch dieser Frage keine zentrale Bedeutung beigemessen; ebensowenig ist das bei den diesbezüglichen Verhandlungen auf dem Zweiten Vatikanischen Konzil geschehen. Außerdem waren die Ablaßbeamten auch schon in der Dienstanweisung von 1515 und in der Ablaßinstruktion von 1516 vor Mißbräuchen gewarnt worden, so daß man die Trienter Stellungnahme nicht nur als Antwort im Sinne einer gegenreformatorischen Erneuerung der katholischen Kirche ansehen kann.

Die Thesen Luthers drohen heute einerseits zurückzutreten hinter der noch nicht abgeschlossenen Debatte über Datum und Faktum des Thesenanschlags[2]; andererseits werden die Thesen häufig nur als Anlaß

---

[1] Zu den theologischen Hauptthemen der von Eck im Zusammenhang mit dem Augsburger Reichstag verfaßten Schriften vgl. KLAUS RISCHAR, Johann Eck auf dem Reichstag zu Augsburg 1530, Münster 1968.

[2] ERWIN ISERLOH hat seine Argumente gegen einen Anschlag der Thesen zusammengefaßt in seiner Schrift: Luther zwischen Reform und Reformation. Der Thesenanschlag fand nicht statt, Münster 1966, 65–80; dasselbe tut KLEMENS HONSELMANN, Urfassung und Drucke der Ablaßthesen Martin Luthers und ihre Veröffentlichung, Paderborn 1966. Eine ausgewogene Übersicht über die verschiedenen Ansichten findet sich bei HEINRICH BORNKAMM, Thesen und Thesenanschlag Luthers, in: Geist und Geschichte der Reformation, Festgabe Hanns Rückert, hg. von HEINZ LIEBING und KLAUS SCHOLDER, Berlin 1966, 179–218. Eine Widerlegung der Auffassung Honselmanns und indirekt auch der Voraussetzun-

betrachtet, wodurch kirchenpolitisch gesehen, Luthers Sache ins Rollen, d.h. nach Rom, gebracht wurde. Theologisch-historisch gesehen, wurde aber in den Thesen die reformatorische Theologie noch so mittelalterlich verhüllt dargestellt, daß sie erst durch die spätere Herausforderung der Kritiker festes Profil erhalten konnte. Tatsächlich aber steckt Luthers reformatorische Kirchen- und Rechtfertigungslehre schon in den 95 Thesen, wie vorsichtig und scheinbar respektvoll sie auch formuliert sind. In einem gehaltvollen kurzen Aufsatz hat Ernst Kähler die Thesen Luthers nochmals genau auf ihre Zielsetzung befragt, wohl dadurch veranlaßt, daß sie in der heutigen Forschung überraschend isoliert dastehen, da man einerseits auf Luthers Selbstaussage verweist, nach der die 95 Thesen nur einige Fragen im engeren Kreise der gelehrten Kollegen zur Debatte stellen sollten[3], und andererseits bezweifelt, daß das Hauptthema der schicksalhaften Konfrontation mit Cajetan in Augsburg (12.–14. bzw. 13.–15. Oktober 1518) wirklich die Ablaßfrage darstellte[4], die ja auch in der Leipziger Disputation mit Eck (27. Juni bis

---

gen Iserlohs bietet HANS VOLZ, Die Urfassung von Luthers 95 Thesen, ZKG 78 (1967) 67–93. Dazu s. ferner HONSELMANN, ZKG 79 (1968) 68–76; VOLZ, ebd. 206f.; DERS., Um Martin Luthers Thesenanschlag, Luther 38 (1967) 125–138. Für den weiteren Forschungsgang siehe mein Buch: Werden und Wertung der Reformation, Tübingen 1979², 190–192, Anm. 89.

[3] Vgl. ERWIN ISERLOH, Luthers Thesenanschlag, Tatsache oder Legende? Wiesbaden 1962, 28, 51. Obwohl man erwarten kann, daß im Laufe der Debatte, die von dieser Schrift entfacht worden ist, allmählich alle sachdienlichen Texte zusammengetragen worden sind, möchte ich noch auf eine Stelle bei Eck aufmerksam machen, die bisher nur insoweit berührt worden ist, als Iserloh auf Luthers Antwort zu dieser Stelle hinweist. Es handelt sich um Ecks Obeliscus XXVI, in dem er Luther gerade vorwirft, daß er die Thesen nicht nur unter den Zuständigen (Bischöfen und Theologen) verbreitet habe: „Quod si Lutherus pio afficiebatur amore, non coram pusillis, qui alioqui facilius scandalisantur, sed coram his, quorum interest, talia proponere debuerat, Et forte quis scit, si Deus incrementum dedisset et profectum?“ WA 1.311,3–6. Am 24. März 1518 erwähnt Luther zum erstenmal Ecks Angriff; O. Clemen hält es sogar für möglich, daß er ihm noch früher bekannt geworden ist. WAB 1.153 Anm. 9. Davor liegen aber so viele Ereignisse – von der Einladung an Eck durch Bischof von Eyb bis zum Eintreffen der Annotationes bei Luther –, daß die Luther vorgeworfene Veröffentlichung schon geraume Zeit vorher anzusetzen ist. Die Zeitspanne dürfte zu knapp sein, als daß Eck sich schon auf den lateinisch-deutschen Nürnberger Druck (Januar 1518? s. WA 1.230) beziehen könnte. – Zu Luthers Thesenanschlag ist ferner noch zu bedenken, daß es in Wittenberg offenbar geradezu üblich war, Thesen öffentlich anzuschlagen. Das wird dadurch bezeugt, daß Karlstadt seine 151 Thesen nicht nur an Spalatin schickte (18. April 1517), sondern in dem Begleitschreiben ausdrücklich darauf hinweist, daß er diese „conclusiones“ zwei Tage zuvor öffentlich angeschlagen hat: „Quas nuper Dominica Misericordia Domini [= 26. April] dieque sancta ostensionis venerabilium reliquiarum conclusiones centum quinquaginta duas [sic] publice affici...“ HERMANN BARGE, Andreas Bodenstein von Karlstadt, I: Karlstadt und die Anfänge der Reformation, Leipzig 1905 [Nieuwkoop 1968] Exkurs I, 463.

[4] So GERHARD HENNIG, Cajetan und Luther. Ein historischer Beitrag zur Begegnung

15. Juli 1519) nur noch anhangsweise erörtert wurde[5]. Kähler dagegen kommt nach einer Wiedergabe der letzten Thesen (92–95) zu der Schlußfolgerung: „Das sind keine Disputationsthesen, es sind auch keine Predigtsätze, sondern das ist der kraftvolle Höhepunkt und Abschluß eines Aufrufs.“[6] Er verweist dabei vor allem auf die Thesen 42–51, in denen Luther sein neunmaliges „Docendi sunt christiani...“ ertönen läßt.

Es handelt sich um ein regelrechtes Manifest. Schon rein rhetorisch tritt Luther auf eine neue und größere Bühne als zuvor in der Wittenberger Aula, jetzt im Bewußtsein einer Lehrverantwortlichkeit, die über die Mauern der Universität hinweg in die Kirche als „congregatio fidelium“ hineinreicht. Obwohl es nach den Satzungen der Wittenberger artistischen Fakultät vom 25. November 1508 die sogenannten „reformatores“ der Universität gab[7], in deren Tradition 1517 bereits zwei

---

von Thomismus und Reformation, Stuttgart 1966, 71 Anm. 103, gegen Heinrich Bornkamm, Art. Luther, Leben und Schriften, in: RGG^3 IV, 484.

[5] Otto Seitz, Der authentische Text der Leipziger Disputation (1519), Berlin 1903, 171–182. Obwohl der von Seitz erstellte Text gegenüber dem WA-Text (WA 2.254–383) eine erhebliche Verbesserung darstellt und zusätzlich Ecks Debatte mit Karlstadt umfaßt, bleibt eine moderne Edition des Karlstadtteils mit traditionsgeschichtlichem Apparat ein dringendes Desiderat. Auch WA 59 hat die Karlstadtdisputation nicht aufgenommen.

[6] Die 95 Thesen. Inhalt und Bedeutung, Luther 38 (1967) 114–124; 123.

[7] W. Friedensburg, Urkundenbuch der Universität Wittenberg I, Magdeburg 1926, 56: „Quilibet legat a principio hore usque in finem, voce clara et intelligibili legat imprimis textum plane, ... dein textum continuet et dividat. magistri deputentur ad lecciones ordinarias per reformatores.“ Für die Reformation der „series lectionum“ s. Luthers Brief vom 11. März 1518 an Spalatin. Luther berichtet hier über seine Besprechung mit Karlstadt „de lectionibus studii nostri initiandis vel instituendis“ (WAB 1.153,5) und meint, daß der beigelegte Plan eine „vera occasio omnium universitatum reformandarum“ biete. WAB 1.153,11f. Der detailliertere Vorschlag vom 23. Februar 1519 direkt an den Kurfürsten ist u. a. gemeinsam von Luther und Karlstadt unterschrieben. WAB 1.350,43f.

Nicht nur die Durchführung der Universitätsreform, sondern auch Verwaltungsaufgaben fielen den „Reformatoren der Universität“ zu. So verrechnete im Februar 1517 Valentin Polich, der Bruder des bedeutenden Martin Polich von Mellerstadt († 1513), „vor den Reformatoren der Universität 186 Gulden und 13 Groschen für verkaufte Tartarete [skotistisches Textbuch]...“ Gustav Bauch, Wittenberg und die Scholastik, Neues Archiv für sächsische Geschichte und Altertumskunde 18 (1897) 285–339; 308. Bauch behandelt auch die Rolle der Reformatoren im Kampf zwischen Scholastik und Humanismus sowie überhaupt in der Wittenberger Universitätsgeschichte seit 1508 als Vorspiel zum Angriff auf die scholastische Theologie um 1517, ebd. bes. 326, 328f.

Obwohl die Wittenberger Thesen, besonders die Thesenreihen von 1517, im Rahmen dieser Universitätsgeschichte gedeutet werden sollten, ist damit nicht gesagt, daß die betreffenden Thesen nur für Wittenberg bestimmt waren. So wie Karlstadt in seinem Schreiben an Spalatin (vgl. Anm. 3) die kurfürstliche Hilfe anruft, um „certos ex sua provincia Saxonia ad futurum certamen Theologicum destinare“, so sucht auch Luther für seine Septemberthesen Kontakt mit den Kollegen in Erfurt und Nürnberg; er erklärt sich selbst „paratissimum venire et publice seu in collegio seu in monasterio de iis disputare, ut non putent me in angulum ista velle susurrare, si tamen nostra universitas tam vilis est, ut

große Thesenreihen von Andreas Karlstadt (26. April) und Martin Luther (4. September) gegen die scholastische Theologie vorgelegt worden waren, die gemeinsam das Ziel der Reform der Theologie nach Form und Inhalt verfolgen, tritt doch Luther in seinen Thesen vom 31. Oktober bzw. 1. November zum erstenmal als Reformator der *Kirche* in Erscheinung, der nicht mehr nur seine Kollegen und Studenten, sondern einen viel breiteren Kreis von gebildeten Laien ins Auge faßt. Nicht erst in Augsburg oder Leipzig, sondern schon jetzt sind hinter Luthers – zunächst dem Ablaß geltender – Anfrage zwei Angriffsspitzen sichtbar, die auf eine Unterscheidung von falscher „securitas" und wahrer „satisfactio" wie auch auf deren kirchliche – und das heißt päpstliche – Legitimation zielen.

Im folgenden möchten wir zuerst kurz eingehen auf das wichtige Vorspiel der ‚Acta Augustana' – Luthers Auseinandersetzung mit Cajetans älterem Ordensgenossen Silvester Prierias –, die vor allem deswegen wichtig ist, weil sich Luther im Rahmen dieses Streits wissenschaftlich und psychologisch auf das Gespräch in Augsburg vorbereitete[8], und die deshalb den notwendigen historischen Kontext darstellt, in dem diese Begegnung verstanden werden muß[9]. Hier ging es zum erstenmal um die Fragen des kirchlichen Gehorsams und damit um die Prinzipien der Ekklesiologie. In einem zweiten Schritt möchten wir dann nicht nur Luthers Ablaßthesen, sondern sein Auftreten überhaupt aus einer immer wieder konstruierten Isolierung herauslösen und in den weiteren

angulus esse possit videri". Brief vom 4. September 1517 an Johann Lang, WAB 1.103,13–15. Nur von den „praecepta" (den Predigten über die zehn Gebote; vgl. WAB 1.104 Anm. 7) nicht von den „Thesen" wird gesagt: „Praecepta ideo tibi utraque lingua misi, ut, si quando volueris ad populum de iis praedicare (sic enim ego illa docui, ut mihi videor, ad evangelicum morem), haberes." Ebd. 103,15–104,18.

[8] Luther hat Prierias' Dialogus als Beilage zur Zitation nach Rom am oder vor dem 7. August empfangen; seine Antwort liegt am 31. August gedruckt vor. WA 1.645f. Am 8. August schreibt Luther an Spalatin: „Dialogo Silvestrino vere sylvestro et penitus inculto iam respondeo, quod totum mox habebis, ut paratum fuerit." WAB 1.188,21f.; vgl. 192,31f.

[9] Hennig (s. Anm. 4) geht auf Prierias nicht ein und behandelt auch nicht im einzelnen die vorausgehende m.E. wichtige Auseinandersetzung von Cajetan und Jacques Almain († 1515). Gerade dieses Dreiecksverhältnis von Prierias, Cajetan und den Pariser Konziliaristen, d.h. die Divergenzen innerhalb der römischen Kurie und die Spannungen zwischen Rom und Paris – wie sie z.B. im Conciliabulum von Pisa zum Ausdruck kommen – mußten es für Luther leichter machen, von Cajetan an den Papst zu appellieren und noch längere Zeit nach der Leipziger Disputation auf ein positives oder wenigstens neutrales Gutachten der Pariser zu hoffen. Siehe auch Francis Oakley, Almain and Major. Conciliar theory on the eve of the Reformation, American Historical Review 70 (1965) 673–690; 689. Vgl. Almains Schriften: ‚Quaestio resumptiva de dominio naturali, civili et ecclesiastico' (1512) und besonders ‚Tractatus de autoritate ecclesiae et conciliorum generalium adversus Thomam de Vio' (1512), beide in: Joannis Gersonii Opera omnia, ed. du Pin, II, Antwerpen 1706, Sp. 961–976 und 976–1012.

Rahmen des sich neu abzeichnenden Wittenberger Kreises hineinstellen. Während Luther selbst öfters von seinen Freunden spricht, die ihn in kritischen Augenblicken „auffordern“, „mahnen“, ihm „raten“ und ihn „überzeugen“[10], bilden diese in der Forschung allzuoft eine schweigende Kulisse, die nur die Aufgabe hat, dem Vorkämpfer Luther zu einem schärferen Profil zu verhelfen. Spätestens seit dem Ende des Jahres 1516 und bis nach der Leipziger Disputation gibt es jedoch in Wittenberg einen engen Kreis von Theologen, zu dem neben Luther vor allem Andreas Bodenstein von Karlstadt gehört, der nicht nur in seinem Angriff auf die scholastische Theologie (1517), sondern auch in der Auseinandersetzung mit Johannes Eck – während Luthers Abwesenheit und ohne sich dessen Einverständnis zu sichern – Luther zuvorgekommen ist und den ersten Stoß geführt hat.

Wir werden deshalb vor allem die Auseinandersetzung zwischen Eck und Karlstadt näher beleuchten und dabei unsere besondere Aufmerksamkeit der Tatsache zuwenden müssen, daß in ihr die Frage nach der wahren christlichen Existenz mehr im Mittelpunkt steht als die nach dem kirchlichen Gehorsam. Dies ist sicher nicht allein darauf zurückzuführen, daß sich Eck – auch nach seinem eigenen Urteil – durch die Veröffentlichung seines ‚Chrysopassus Praedestinationis‘ im Jahre 1514 als ein hervorragender Kenner der scholastischen Diskussion über Prädestination und Rechtfertigung ausgewiesen hat; die entscheidende Ursache dürfte vielmehr darin zu suchen sein, daß Eck in seinen privaten Annotationes für den Eichstädter Bischof Gabriel von Eyb – von Eck als ‚Obelisci‘ bezeichnet[11] – gerade deshalb nicht ebenso scharf wie Prierias und Cajetan auf die Primatsfrage eingeht[12], weil seine eigene Ausgangsposition eine gänzlich andere ist als die der thomistischen Kurialtheologen. Diese Überlegung wird uns auf Ecks ‚Chrysopassus‘ zurückführen,

[10] Am 24. März 1518 schreibt Luther z. B. an Sylvius Egranus in Zwickau, daß er bereit wäre, Ecks Obelisci „absorbere patientia“, aber – so fügt er hinzu – „amici coegerunt, illi ut responderem, sed privata manu“. WAB 1.158,24f. Es ist nur eine Konjektur, wenn man versucht, diese „amici“ zu identifizieren. Man kann jedoch so viel sagen, daß der Zusatz „sed privata manu“ eher an Spalatin als an Karlstadt denken läßt.

[11] “...pauca adnotabimus et (ut dici solet) Obelisco signabimus.“ WA 1.282,24. Die Einführung zu den ‚Asterisci Lutheri adversus Obeliscos Eckii‘ in WA 1.278 nimmt den privaten Charakter von Ecks Anmerkungen nicht hinreichend ernst.

[12] Zurückhaltend WA 1.296,36f.; 301,1 und 302,11–16 (mit dem Luther so tief verletzenden Vorwurf: „...quod nihil aliud est quam Bohemicum virus effundere“; vgl. dazu auch 305,6f.); charakteristisch 305,18: „At irreverentia in eis ponderanda est summi Pontificus sanctitati“; weitergehend 307,35f.; vgl. auch 312,6–8. Aber 311,5f. (s. Anm. 3) setzt eben keinen grundsätzlichen Angriff auf den Papst voraus, sondern einen möglichen Reformvorschlag: wenn Luther seine Thesen nicht veröffentlicht (angeschlagen?), sondern nur den Zuständigen zugeleitet hätte, „...Et forte quis scit, si Deus incrementum dedisset et profectum?“ Vorsichtig gegen Schluß auch 312,14: „Propositio sonat [!] falsa et capitis Ecclesiastici derogativa.“

der noch unter anderen Gesichtspunkten betrachtet werden muß als es bisher geschehen ist[13], nämlich als Voraussetzung für den Thesenaustausch mit Karlstadt.

2. *Sylvester Prierias: Römischer Papalismus*

Einer der frühesten Gegner Luthers, Silvester Prierias OP (1456–1523)[14], hat den ekklesiologischen Aspekt der 95 Thesen recht gut gesehen und verdient nicht den schlechten Ruf, den er heute sowohl im evangelischen wie auch im katholischen Lager hat: Es sind gerade seine Ausführungen, die noch am ehesten als wirkliche Antwort an Luther gelten können, da er Luther nicht nur mit Verdammungsurteilen, sondern auch mit durchdachten Argumenten zu widerlegen sucht und da er – was für die gegenwärtige konfessionelle Lage noch wichtiger ist – nicht nur mit heute durch die katholische Dogmenentwicklung längst überholten Argumenten operiert, wie im Falle von Wimpina, Tetzel und Eck nachzuweisen ist, sondern teilweise mit feinem Gespür die entscheidenden Punkte heraushebt, die auch nach dem Zweiten Vaticanum nichts von ihrer kirchentrennenden Bedeutung eingebüßt haben.

Der mehrschichtige ‚De potestate papae dialogus [nicht: de indulgentiarum virtute!]' des Prierias wurde Anfang Januar 1518 abgefaßt, wohl aufgrund einer Kopie der 95 Thesen, die der Erzbischof von Mainz hergestellt und nach Rom geschickt hatte. Obwohl als Dominikaner weniger geeignet, in Luthers Sache gegen den Dominikanerbruder Tetzel zu urteilen, war Prierias durch sein Amt als päpstlicher Hauptinquisitor und durch seine gründlichen Vorarbeiten – in der sogenannten Summa Silvestrina von 1514 hatte er die Ablaßfrage eingehend behandelt – der berufene kuriale Experte.

Im Gegensatz zu den anderen Opponenten Luthers hat Prierias nicht nur verneinende Thesen geschrieben, sondern seiner Darstellung des Gesprächs mit „Martinus" – der seine eigenen Thesen vorträgt, um dann von „Silvester" eine Antwort zu empfangen – Prolegomena mit vier Axiomen („fundamenta") vorausgeschickt; diese Axiome stellen insofern eine Parallele zu den ersten vier von Luthers 95 Thesen dar, als die

---

[13] Siehe JOSEPH GREVING, Johann Eck als junger Gelehrter. Eine literatur- und dogmengeschichtliche Untersuchung über seinen Chrysopassus praedestinationis aus dem Jahre 1514, Münster 1906. Viel weiter führt uns WALTER L. MOORE, Between Mani and Pelagius. Predestination and Justification in the early writings of John Eck, Diss. Harvard University, Cambridge (Mass.) 1967 (masch.).

[14] Die folgende Charakterisierung des Dialogus des Prierias ist eine überarbeitete Fassung meines Beitrags: Roms erste Antwort auf Luthers 95 Thesen, Orientierung 31 (1967) 231–233.

Übersetzung und Deutung von Christi Aufruf „Tut Buße" auch hier den Grund für die weiteren Schlußfolgerungen legen[15]. An die Stelle von Luthers exegetischer Grundlage setzt Prierias jedoch ein ekklesiologisches Fundament, um im Verlauf des Disputs Wahrheit und Häresie voneinander trennen zu können.

Im ersten „fundamentum" stellt Prierias die Struktur der Kirche als zwei konzentrische Kreise dar. Die Weltkirche hat ihren Mittelpunkt in der Kirche Roms, diese wiederum im Papst[16]. Zielsicher und folgerichtig verbindet er hiermit als zweites[17] die Behauptung, daß die Weltkirche und demzufolge auch ein wahres Konzil niemals irren könne, wobei er ausdrücklich den Papst als Haupt des Konzils mit einschließt. Da aber nun der Mittelpunkt der Weltkirche der Papst ist, kann es nicht verwundern, daß diesem nicht nur als Konzilsführer, sondern auch allein in seinem Amt als Haupt der Kirche Unfehlbarkeit zugesprochen wird[18].

---

[15] Bei näherem Hinsehen stellt sich allerdings heraus, daß in beiden Fällen nur die erste Aussage „axiomatisch" im eigentlichen Sinne des Wortes genannt werden kann. Eine Anspielung auf Prierias scheint mir bei Erasmus vorzuliegen. Opus Epistolarum, hg. von P. S. Allen und H. M. Allen, III 531,104–106 (Antwerpen, 14. April 1519, an Kurfürst Friedrich): „Nunc quidam noua comminiscuntur fundamenta, sic enim vocant, hoc est nouas leges condunt, per quas doceant haereticum esse quicquid non placet."

[16] „Fundamentum primum est: Ecclesia universalis essentialiter est convocatio in divinum cultum omnium credentium in Christum. Ecclesia vero universalis virtualiter est ecclesia Romana, ecclesiarum omnium caput, et Pontifex maximus. Ecclesia Romana repraesentative est collegium Cardinalium, virtualiter autem est Pontifex summus, qui est Ecclesia caput, aliter tamen, quam Christus." D. Martini Lutheri opera Latina varii argumenti I (= EA var. arg. I), Frankfurt und Erlangen 1865, 346. Übersetzung: „Erstes Fundament: Die Gesamtkirche ist ihrem Wesen nach die Versammlung aller Christgläubigen zum Gottesdienst. Dieselbe Kirche ist aber ihrer Kraft und Macht nach die römische Kirche, das Haupt aller Kirchen, und der Papst. Die römische Kirche ist ihrer Vertretung nach das Kardinalskollegium, ihrer Kraft und Macht nach aber der Papst, freilich in anderer Weise als Christus."

[17] „Fundamentum secundum: Sicut ecclesia universalis non potest errare determinando de fide aut moribus, ita et verum concilium, faciens quod in se est (ut intelligat veritatem) errare non potest, quod intelligo incluso capite, aut tandem ac finaliter, licet forte prima facie fallatur, quousque durat motus inquirendae veritatis, imo etiam aliquando erravit, licet tandem per spiritum Sanctum intellexerit veritatem, et similiter nec ecclesia Romana, nec pontifex summus determinans ea ratione, qua Pontifex, id est, ex officio suo pronuncians, et faciens quod in se est, ut intelligat veritatem." Ebd. 347.

„Zweites Fundament: Wie die Gesamtkirche nicht irren kann, wenn sie über Glaube oder Sitte entscheidet, so kann auch ein wahres Konzil, wenn es sein Bestes tut, um die Wahrheit zu erkennen, nicht irren, wenigstens nicht im Endresultat – und das verstehe ich unter Einschluß des Hauptes. Denn auch ein Konzil kann sich anfänglich täuschen, solange der Prozeß der Wahrheitssuche andauert; ja, manchmal hat sich ein Konzil getäuscht, wenngleich es schließlich mit Hilfe des Heiligen Geistes die Wahrheit erkannt hat. Dementsprechend kann auch die römische Kirche nicht irren und auch der Papst nicht, wenn er in seiner Eigenschaft als Papst eine Entscheidung trifft, d. h., wenn er sie von Amts wegen trifft und dabei sein Bestes tut, um die Wahrheit zu erkennen."

[18] Nicht nur dem Wortlaut, sondern auch der Intention wenigstens einer beträchtlichen

Die letzten beiden „fundamenta" schließlich besagen, daß den Gläubigen in der Kirche Roms – und deshalb im Papst – die Wahrheit der Schrift, der Lehre und der Tradition autoritativ entgegentritt[19].

Ohne die weiteren Ausführungen des Prierias im einzelnen darzustellen, möchten wir einiges bemerken, was sich uns bei ihrer Lektüre aufdrängte.

(1) Es ist nicht einfach, genau festzustellen, auf welcher der verschiedenen Stufen autoritativer Äußerungen des kirchlichen Lehramts die Aussagen des Prierias einzuordnen sind. Da aber der ‚Dialogus' Luthers erster Vorladung beigegeben war, werden wir uns nicht täuschen, wenn wir in ihm gleichsam ein Protokoll des ersten Teils des Prozesses gegen Luther sehen – so wie er verlaufen wäre, wenn Luther gezwungen worden wäre, sich persönlich in Rom zu verteidigen.

Minderheit der Konzilsväter nach finden wir hier grundsätzliche Parallelen zur Konstitution De Ecclesia „Lumen gentium" des Zweiten Vatikanischen Konzils. Unter der Voraussetzung der „nota praevia" hätte Prierias diese Konstitution voll bejahen können. Dieser Sprung vom 16. ins 20. Jahrhundert sei hier gewagt, um zu zeigen, daß, gemessen an der späteren Entwicklung der katholischen Ekklesiologie, Luther in Deutschland und Italien durchaus nicht nur – wie immer wieder behauptet wird – solche Gesprächspartner vorgefunden hat, die von sogenannten spätmittelalterlichen Zerfallserscheinungen schwer mitgenommen waren und so den „wahren" Katholizismus entstellten. Vgl. dazu auch HENNIG (s. Anm. 4), 10f., dem man hier nur zustimmen kann.

[19] „Fundamentum tertium: Quicunque non innititur doctrinae Romanae ecclesiae, ac Romani Pontificis, tanquam regulae fidei infallibili, a qua etiam sacra Scriptura robur trahit et autoritatem, haereticus est.

Fundamentum quartum: Ecclesia Romana sicut verbo ita et facto potest circa fidem et mores aliquid decernere. Nec in hoc differentia ulla est, praeter id quod verba sunt accommodatiora quam facta. Unde hac ratione consuetudo vim legis obtinet, quia voluntas principis factis permissive aut effective exprimitur.

Et consequenter, quemadmodum haereticus est male sentiens circa scripturarum veritatem, ita et male sentiens circa doctrinam et facta ecclesiae in spectantibus ad fidem et mores haereticus est.

Corollarium [und Überleitung zum eigentlichen Thema]: Qui circa indulgentias dicit, ecclesiam Romanam non posse facere id quod de facto facit, haereticus est." EA var. arg. I 347.

„Drittes Fundament: Wer sich nicht an die Lehre der römischen Kirche und des Papstes hält als an die unfehlbare Glaubensregel, von der auch die Heilige Schrift ihre Kraft und Autorität bezieht, der ist ein Ketzer.

Viertes Fundament: Die römische Kirche kann bezüglich Glaube und Sitte sowohl durch das Wort als auch durch die Tat etwas entscheiden. Und darin ist kein Unterschied, außer daß sich die Worte besser dazu eignen als die Taten. In diesem Sinne erlangt auch die Gewohnheit Gesetzeskraft, denn der Wille eines Fürsten drückt sich in Taten aus, die er zuläßt oder ausführt. Und wie der ein Ketzer ist, der falsch über die Wahrheit der Schrift denkt, so ist folglich auch der ein Ketzer, der falsch über die Lehre und die Taten der Kirche denkt, soweit diese sich auf Glaube und Sitte beziehen.

Schlußfolgerung: Wer im Blick auf die Ablässe sagt, die römische Kirche dürfe das nicht tun, was sie tatsächlich tut, der ist ein Ketzer." Zur Übersetzung vgl.: Die Reformation in Augenzeugenberichten, hg. von HELMAR JUNGHANS, Düsseldorf 1967, 53f.

(2) Man kann nicht sagen, daß sich Prierias nicht bemüht hätte, Gründe für seine Gegenthesen zu bringen. Er argumentiert gern und oft gut, belegt zwar mehr mit der Summe des heiligen Thomas als mit der Heiligen Schrift, aber begnügt sich jedenfalls nicht mit bloßen Verneinungen. Dennoch ist er nicht als ein Collega Doctor der Heiligen Schrift in eine Disputation mit Luther eingetreten, wozu dieser in seinen 95 Thesen ausdrücklich eingeladen hatte[20]. Durch seine Prolegomena hat Prierias den Wittenberger Professor von vornherein als Häretiker anvisiert. Entsprechend behandelt er ihn in der folgenden Beantwortung.

(3) Bis hin zur jüngsten Lutherforschung wird Luther nicht nur von katholischer Seite Grobianismus vorgeworfen. Es sollte aber bedacht werden, daß sich eben auf dieser ersten Etappe auf dem Weg zum endgültigen Bruch die zahlreichen herablassenden Bemerkungen des Prierias, in denen sich teils das Überlegenheitsgefühl eines Italieners gegenüber einem „Teutschen", teils die selbstsichere Arroganz eines alten römischen Universitätsprofessors gegenüber dem Wittenberger Neuling spiegelt, immer wieder zu eindeutig groben Beleidigungen steigern. Dieser Stil der Auseinandersetzung wird uns unverständlich bleiben, wenn wir hier nicht bedenken, daß nach kirchlichem Recht für den Diebstahl des guten Rufes („fama" bzw. „honor") eine viel höhere Wiedergutmachung („restitutio") festgesetzt war als für den Diebstahl „zeitlicher Güter". Da nun, wie Prierias meint, Luther dem „honor" von Papst und Kirche zu nahe getreten sei, wird ihm hier mit gleicher Münze heimgezahlt. Vor diesem Hintergrund müssen wir beides, die Gereiztheit und scharfe Ausdrucksweise wie auch – als Gegenstück – die schmeichelnde Anrede und Aneinanderreihung von ehrenden Epitheta im 16. Jahrhundert bei Reformatoren, Humanisten und Gegenreformatoren verstehen[21].

[20] Der Form nach ist Prierias bereit, in einen wirklichen Dialog einzutreten: „... non aliter imprimis tecum congredi velim, quam tuarum falsarum positionum opposita sustinendo et defensando, ut quibus innitaris fundamentis edoceas." EA var. arg. I 346. Aus dem Widmungsschreiben an Papst Leo X. geht aber schon hervor, daß Prierias keineswegs so aufgeschlossen ist: „... Martino nescio cui Luther, qui in veritatem ipsam et sanctam hanc sedem cervicem elevatam ostentat, me scutum opponerem pro Sedis huius proque veritatis honore ac maiestate..." Ebd. 345.

[21] Vgl. Johannes Altenstaig, Vocabularius Theologiae (mit Widmungsschreiben an Johann von Staupitz), Hagenau 1517, fol. 85^{r-v}. Gabriel Biel, Collectorium in IV Sent dist 15 q 16 art 1 nota 2B; Gabrielis Biel Collectorium circa quattuor libros Sententiarum, hg. v. W. WERBECK, U. HOFMANN, Tübingen 1973–1984; Collectorium IV, 2.334,B1–335,B2. In der Canonis misse expositio, lectio 74 O, hg. v. H. A. OBERMAN und W. J. COURTENAY, III, Wiesbaden 1966, 231, reiht Biel die „fama" nach den „bona animae" und „bona corporis" an dritter Stelle ein; jedoch: „... praeferenda est [fama] temporalibus divitiis..." Wie im Collectorium, so verweist er auch hier auf die abweichende Meinung, nach der die „fama" noch höher, nämlich unmittelbar nach den „bona animae" eingestuft wird: „Verum Richardus et Nicholas de lyra videntur famam preferre corpori", ebd.; Richardus de

(4) Mit seinen Prolegomena beginnt Prierias nicht, Luther These für These zu widerlegen. Er geht nicht sofort auf seine Auffassung von Ablaß und Buße und die dahinterstehende Rechtfertigungslehre ein, sondern formuliert zuerst die Prinzipien der Ekklesiologie, indem er, ohne einen inhaltlichen Maßstab anzudeuten (das entscheidende Merkmal von sogenannten fundamenta), die Autorität und Unfehlbarkeit von Kirche und Papst behauptet. Nicht erst Eck in Leipzig zwingt Luther dazu, die ekklesiologischen Komponenten seines Rufes zur Reformation zu bedenken, sondern schon Prierias; und auch er findet ihn nicht unvorbereitet, da Luther – wie sich zeigen läßt[22] – bereits in seiner ersten Psalmenvorlesung (1513–1515) begonnen hat, Rechtfertigung und Kirche in enger Verbindung miteinander neu zu verstehen. Aufgrund dieses neuen Verständnisses mußte jedoch Luther sofort davon überzeugt sein, daß das von Prierias Vorgetragene nicht die wahre katholische, das heißt schriftgemäße Kirchenlehre sein konnte.

Prierias gründet die Unfehlbarkeit der Kirche bzw. des Papstes auf die Erleuchtung durch den Heiligen Geist unter der Bedingung, daß das Konzil oder der Papst sein Bestes tut („faciens quod in se est"). Seit der Frühscholastik hat dieser Satz aber nicht in der Ekklesiologie, sondern in der Rechtfertigungslehre seinen Ort, wo er in der Formulierung „Denen, die ihr Bestes tun, verweigert Gott die Gnade nicht" („Facientibus quod in se est Deus non denegat gratiam„) eine zentrale Stellung einnimmt[23]. So konnte man einerseits mit Augustin zeigen, daß der Sünder ohne Gnade hoffnungslos verloren ist, andererseits aber auch, daß die moralische Verantwortlichkeit des Menschen, die Pflicht, sein Bestes zu tun, nicht von der Gnadenlehre gelähmt wird. Spätestens seit dem Sommer 1516 verurteilt Luther diese Lehre, die den Empfang der Gnade von einer Bedingung abhängig macht, als Neopelagianismus.

Die Darstellung des Prierias, die von Luthers eigenem Verständnis der Kirche als des verborgenen, vom Heiligen Geist geleiteten und von den Priestern und Oberhirten mit dem Wort Gottes genährten (pascere!) Gottesvolkes weit entfernt ist, mußte Luthers Auffassung, daß die

---

Mediavilla, IV Sent dist 19 art 3 q 1; Lyra zu Mt 18,15. Zu „honor" vgl. noch Altenstaig, fol. 103ra: „Et honor est maximum bonorum exteriorum..." Luther schreibt Eck am 19. Mai 1518: „... ecce misi ad te asteriscos contra tuos obeliscos ... in quibus sane ita parco honori tuo, quod nolui illos edere, sed privatim ad te dirigere, ne redderem tibi malum, quod mihi fecisti." WAB 1.178,18–21.

[22] Joseph Vercruysse, Fidelis Populus, Wiesbaden 1968, hat das notwendige Material in übersichtlicher Weise zusammengestellt. Vergleiche mit der mittelalterlichen Tradition müßten nun noch an einzelnen Punkten Kontinuität und Diskontinuität aufdecken.

[23] Zum „facere quod in se est" in der Rechtfertigungslehre des Prierias vgl. meinen Aufsatz: Das tridentinische Rechtfertigungsdekret im Licht der spätmittelalterlichen Theologie, ZThK 61 (1964) 251–282; 260f.; erweitert in: Concilium Tridentinum, hg. v. R. Bäumer, Darmstadt 1979, 301–340; 311f.

Rechtfertigung allein durch den Glauben und das Stehen der Kirche unter dem Kreuz eng miteinander verbunden sind, antithetisch bestätigen. Bei ihm wächst jetzt die Überzeugung, daß der Papst in seinem steten Bemühen, „sein Bestes zu tun", um das Evangelium aufrechtzuerhalten, anstatt einfach auf die Macht desselben zu vertrauen, durch seinen Unfehlbarkeitsanspruch die Stimme Christi in der Kirche nicht zum Ertönen, sondern zum Schweigen bringt.

Die Konfrontation mit dieser papalen, ja papalistischen Ekklesiologie – zusammen mit dem unterschwelligen Mißtrauen gegen italienische Finanz- und Machtpolitik – kann Luther in den 60 Tagen, die bis zu der gefahrenumwitterten Fahrt nach Augsburg noch blieben, nur bestärkt haben in der Erwartung, daß Cajetan eher auf einen formalen Widerruf als auf inhaltliche Klärung der aufgeworfenen Fragen bedacht sein werde. So ist Augsburg viel weniger der dramatische Höhepunkt gewesen, als man nach manchen farbigen Darstellungen annehmen könnte. Die Begegnung mit dem Kardinal kann nicht eine jähe Enttäuschung nach einer wirklichen Hoffnung auf Verständigung gebracht haben, sondern nur eine Bestätigung dessen, was Luther bereits durch die Darlegungen des Prierias erkennen mußte[24].

So wie für Prierias die Zuverlässigkeit der päpstlichen Lehrentscheidung auf ein Theologumenon aufgebaut war, das Luther schon längst als das Erbübel der scholastischen Rechtfertigungslehre entlarvt hatte (das „facere quod in se est"), so denken Prierias und Cajetan sowohl kirchlich wie auch politisch im Sinne der Bulle ‚Unam sanctam' Bonifaz' VIII. (1302) mit ihrer triumphalistischen Ekklesiologie und ihrer Berufung auf 1.Kor 2,15: „Spiritualis homo iudicat omnia, ipse autem a nemine iudicatur."[25] Bevor wir uns Eck und damit der zweiten Front,

[24] Vgl. Luthers Schreiben am Vorabend seiner Abreise nach Augsburg: „Cras versus Augustam ibo ... concurrunt praedicatores [Tetzel, Cajetan und m. E. auch Prierias], Velut Lupi ad agnum deuorandum. Viuat Christus, Moriatur Martinus et omnis peccator, sicut Scriptum est [Ps 103,35f.], pereant peccatores et iniqui de terra ita, vt non sint. Exaltetur autem deus salutis meae [Ps 17,47f.]. Valete bene et perseuerate Scientes, quoniam necesse est vel ab hominibus vel a deo reprobari, Sed est deus ‚mendax' verax, homo autem mendax [Röm 3,4]." Nürnberg, 4. Oktober 1518, WAB 12.14,13–19.

[25] Denzinger, Enchiridion symbolorum, 873 (469). Das Verhältnis von Prierias zur Bulle „Unam sanctam" in seinen „opera omnia" verdient noch weitere Erforschung. Den Zwischensatz „prout iura decernunt" im Schlußteil des Dialogus, in dem Prierias Luthers These 90 beantwortet, verstehe ich nicht als eine Qualifikation, sondern als einen besonderen Hinweis auf die politische Vollmacht des Papstes: „Ecclesia Romana, quae in Romano pontifice virtualiter inclusa est, temporalis et spiritualis potestatis summum in papa apicem tenet, et saeculari brachio (prout iura decernunt) potest eos, qui fide primo suscepta, deinde male sentiunt, compescere, nec tenetur rationibus certare ad vincendos protervientes...; hostes autem se irridentes et corporales et spirituales solet ecclesia ad nihilum (deo iuvante) deducere." EA var. arg. I, 376f. Eben an diesem Punkt setzt Luther in seiner Antwort ein: „Ultimo tribuis Pontifici iterum, ut sit virtualis Ecclesia et Imperator et Pontifex, potens et brachio seculari compescere etc. Ista opinione tua stante vellem doceri,

gegen die sich die Wittenberger Theologen zur Wehr setzen mußten, zuwenden, ist es wichtig, festzustellen, daß parallel zu Luthers Beschäftigung mit dem „facere quod in se est“ und inhaltlich damit verbunden gerade dieser „homo spiritualis“ schon geraume Zeit vorher für Luther eine prinzipielle Bedeutung gewonnen hat. Er deutet ihn in seinen Randbemerkungen (1516) zu den Predigten Taulers in einer Auseinandersetzung zugleich mit Gersons und Taulers Anthropologie so, daß jede Form von „facere quod in se est“ ausgeschlossen ist: „Homo spiritualis [ist derjenige] qui nititur [nicht apice mentis, nicht syntheresi, sondern] fide, Hunc Apostolus [1.Kor 2,14f.] videtur vocare spiritualem, Et hunc attingunt Christiani veri.“[26] Damit hat Luther die anthropologische Basis für die Ent-Anthropologisierung der mittelalterlichen Soteriologie gelegt. Hier wird der Gläubige – wie Abraham aus seiner Verwandtschaft – von sich weggerufen, ja, in der Sprache der Mystik, „aus sich herausgerissen“ (rapi); hier finden wir skizzenhaft Luthers „extra nos“, wo der wahre Christ sich nicht auf seinen Seelengrund oder auf sein wie auch immer sublimiertes Gewissen verläßt; hier liegt die hiervon nicht zu trennende Wurzel des reformatorischen solus Christus. Aber jeder, der bereit ist, Luther zuerst einmal grundsätzlich als mittelalterlichen Doctor Scripturae zu betrachten und ihn nicht vorschnell zum modernen Menschen zu erklären, wird sofort sehen, daß man nicht

an etiam sitis homicidae? Cur ergo iura non permittunt Ecclesiae ad corporalis vitae periculum poenitentiam imponere?“ Ad dialogum Silvestri Prieratis de potestate papae responsio (1518); WA 1.686,20–23. Für Prierias vgl. noch seine „Replica“, welche Luther am 7. Januar 1519 in Leipzig empfing, bes. WA 2.53,31–36, wo Gerson („de potestate Pontificis pessime sensit et scripsit“) anderen – kurialistischen – „doctores“ aus Luthers eigenem Orden gegenübergestellt wird. Zum Thema der Bulle „Unam sanctam“ vgl. Luther, Resolutio Lutheriana super propositione sua decima tertia de potestate papae (gedruckt 27. Juni 1519), WA 2.219,11–225,28, zum Schluß gegen die päpstliche Lehrautorität gerichtet: „...cum contra verba hominum iudicanda sint secundum verbum dei, quod iudicat omnia.“ Für Cajetan s. Hennig (s. Anm. 4), 24–29. „...Papa ... in nullo eventu nulloque casu nisi haeresis proprie sumptae iudicari aut deponi possit, nisi ab ipso Domino Jesu Christo.“ Ebd. 29.

[26] WA 9.103,41–104,3. Die grundsätzliche Bedeutung des Neuverständnisses des „homo spiritualis“ bei Luther wird überzeugend dargelegt von Steven E. Ozment, Homo Spiritualis. A comparative study of the anthropology of Johannes Tauler, Jean Gerson and Martin Luther (1509–1516) in the context of their theological thought, Leiden 1969, bes. 197. Systematisch ist damit der Grundsatz verbunden: „Christus enim non nisi in peccatoribus habitat.“ WAB 1.35,29; Ozment 184. Was von Ozment für Luthers Anthropologie und Rechtfertigungslehre nachgewiesen wird, hat – nicht nur vor dem Hintergrund der Bulle „Unam sanctam“ – unmittelbare Folgen für Luthers Ekklesiologie. Für eine frühmittelalterliche Gleichsetzung von „homo spiritualis“ mit „monachus“ – im Gegensatz z. B. zu „saecularis“ (PL 174, 876) – im Bereich der monastischen Theologie vgl. Ulrich Faust, Gottfried von Admont. Ein monastischer Autor des 12. Jahrhunderts, Studien und Mitteilungen zur Geschichte des Benediktiner-Ordens und seiner Zweige 75 (1964) 272–359; bes. 303 ff. Eine begriffsgeschichtliche Untersuchung von „homo spiritualis“ in Mittelalter und Reformation wäre eine notwendige und ergiebige Forschungsaufgabe.

auf diese Weise mit Luther den homo spiritualis umdeuten kann, ohne gleichzeitig damit inhaltlich eine fundamentale ekklesiologische Aussage zu verbinden.

Was Innozenz III. über den Papst sagt, wird von Luther auf den wahren Christen bezogen. Was Innozenz III. als Definition des Papstes versteht, ist für Luther das bestimmende Merkmal des wahren Christen.

3. Johannes Eck: Papaler Konziliarismus

Als Luther nach seinem großen Erfolg in Heidelberg (26. April 1518) nach Wittenberg zurückkehrt, findet er ein schwieriges Problem vor. Während seiner Abwesenheit hat sich Karlstadt – ohne sein Wissen und gegen seinen Willen[27] – seiner Verteidigung gegen Eck angenommen. Bereits sechs Tage vor Luthers Rückkehr sind am 9. Mai 380 Thesen gegen den Ingolstädter Theologen fertiggestellt. Die Eile, mit der Karlstadt vorgeht, zeigt sich darin, daß er während der Drucklegung noch 26 hinzufügen muß. Luther selbst schreibt noch am 19. Mai einen zwar tadelnden, aber doch nicht endgültig trennenden Brief an Eck[28] und schickt am 15. Juni erneut als Beilage zu einem Brief an ihren gemeinsamen Freund Christoph Scheurl[29] ein – leider verlorengegangenes –

---

[27] WAB 1.183,11. Karlstadt hatte natürlich als gleichberechtigter „Doctor theologiae" keine Verpflichtung, Luthers Genehmigung einzuholen.

[28] „Optionem habes, dilectionem servabo, si voles, impetum tuum laetus excipiam; neque enim (ut video) in theologia aliquid nosti praeter siliquas opinionum scholasticorum." WAB 1.178,31–33; vgl. Anm. 84.

[29] Am 19. Mai 1518 schrieb Luther seinen Brief an Eck als „inter amicos singulari" (WAB 1.178,3) wohl mit der ambivalenten Bedeutung von „singularitas". Christoph Scheurl, der sich am 15. November 1514 anläßlich der Zinsfrage (s. Anm. 31) noch sehr kritisch über Eck geäußert hatte, beteuert dem nun schon etablierten Ingolstädter Prorektor am 13. September 1516, daß er nicht gegen ihn Stimmung mache („...nihil tibi adversum moliar..."), ihn dagegen als Freund betrachten möchte („...me ama, id quod mutuo facies"); s. Christoph Scheurl's Briefbuch, ein Beitrag zur Geschichte der Reformation und ihrer Zeit, hg. v. Franz Freiherr von Soden und J. K. F. Knaake, Potsdam 1867–1872 [Aalen 1962] I 162f.), und verhält sich dann Eck gegenüber in zunehmendem Maße positiv („Eckium meum", an Eck im Oktober 1516, I 163; „...celebris Eckii fama..." an Trutfetter, 10. Dezember 1516, I 167). Am 14. Januar 1517 empfiehlt er die Wittenberger Theologen an Eck, verspricht, Eck die von ihm besorgten deutschen und lateinischen Ausgaben von Staupitz' Prädestinationsschrift zu schicken und bestätigt „scedas tuas ... Wittenburgensibus communicavi" (II 2f.), womit er wohl eine Teilabschrift der zehn Tage später in Augsburg erschienenen Wiener Disputationsthesen meint; ein Druckexemplar wurde erst am 1. April nach Wittenberg geschickt (II 11) mit Begleitschreiben an Luther (II 12), Karlstadt und Spalatin (II 13f.). In dem Begleitschreiben an Karlstadt verrät Scheurl seine große Menschenkenntnis: „[Eck] disputator acerrimus, amicus meus, quem in plerisque animi dotibus tibi iudicavi similem..."; vgl. II 131 (31. Oktober 1517!). Für uns ist wichtig festzuhalten, daß Karlstadt – und dem Wittenberger Kreis – nachweislich Ecks Wiener Thesen vorlagen. – Nach zwei Anläufen steht uns

Freundschaftsangebot. Der Konflikt zwischen Karlstadt und Eck ist jedoch nicht mehr rückgängig zu machen. Luther kann sich nur noch darum bemühen, „... ne [Ekkius] asperius respondeat Carlstadio“[30]. In einer Zeit, in der die „fama“ so überraschend hoch eingeschätzt wird, ruft eine Beleidigung notwendigerweise die andere hervor. Luther muß dies aber sehr ungelegen kommen, da so der niemals taktierende, immer prinzipiell denkende Karlstadt die Wittenberger Theologen zu einem Zweifrontenkrieg zwingt, der sich verheerend auswirken kann.

Wenn schon keine Sympathie, so wäre doch wenigstens eine neutrale Zurückhaltung auf seiten des Ingolstädter Professors immerhin denkbar gewesen, und zwar aus zwei Gründen: Einmal teilt Eck als schwäbischer Theologe nachweisbar das sich seit der Mitte des 15. Jahrhunderts rasch entwickelnde deutsche Nationalgefühl[31]. Wenn man seinen ‚Chrysopas-

---

nun eine vollständige Bibliographie Scheurls zur Verfügung, auf deren Basis eine neue Monographie über diese Schlüsselfigur zwischen Nürnberg, Erfurt und Wittenberg (um nur eine Auswahl zu nennen) dringend nötig wäre: MARIA GROSSMANN, Bibliographie der Werke Christoph Scheurls, Archiv für Geschichte des Buchwesens 70 (1969) 658–670 (Lit.). Aus der bisherigen Literatur ist das Buch von WILHELM GRAF, Doktor Christoph Scheurl von Nürnberg (Leipzig 1930 [Hildesheim 1972]), wertvoll.

[30] WAB 1.183,20.

[31] Vgl. dazu auch LEWIS W. SPITZ, The religious Renaissance of the German humanists, Cambridge (Mass.) 1963, 53.85f.99.164.261. Ecks Stellungnahme in der Frage „de licitis usuris“ – für das Nachspiel seiner Augsburger Disputation (1514), die Verteidigung des sogenannten „contractus trinus“ wie des neuen „contractus quinque de centum“, s. JOSEPH SCHLECHT, Dr. Johann Ecks Anfänge, Historisches Jahrbuch 36 (1915) 1–36; 20–30 mit der hier genannten Literatur – sollte nicht als „pro-italienisch“ gedeutet werden. Obwohl in Deutschland Adelmann und Fabri in Augsburg, Cochläus und Pirckheimer in Nürnberg und auch Hutten Eck als „Fuggerknecht“ verspotteten, lehnte z. B. in Italien Prierias mehr traditionsgebunden den Zins ab und bezeichnete 1514 den, der leugnet, daß das Zinsnehmen eine Sünde sei, sogar als Häretiker: „Quarto quaeritur, utrum sit haereticus, qui asserit usuram non esse peccatum? Et dico quid sic...“ Summa Silvestrina (1514), Lyon 1594, s. v. haeresis I § 4 (7); vgl. ferner ebd. s. v. usura, einen der umfangreichsten Artikel dieser alphabetischen moraltheologischen Summe des Prierias. Auch war das Gutachten eines Cajetan zur Zinsfrage eher abwehrend und kühl; vgl. dagegen JOHN T. NOONAN jr., The scholastic analysis of usury, Cambridge (Mass.) 1957, 211f., mit J. SCHNEID, Dr. Johann Eck und das kirchliche Zinsverbot, Historisch-politische Blätter für das katholische Deutschland 108 (1891) 241ff. Die Trennungslinie verläuft auch nicht zwischen den Franziskanern einerseits und den konservativeren Dominikanern und Augustinern andererseits, sondern geht quer durch ihre Reihen – wenigstens im OP und OFM –, wie nachgewiesen von JULIUS KIRSHNER, A document on the meeting of the Chapter General in Florence (1365), Archivum Franciscanum historicum 62 (1969) 392–399, gegen NOONAN (122) und R. DE ROOVER, The rise and decline of the Medici Bank 1397–1494, Cambridge (Mass.) 1963, 22. Auch nach Ecks Bemühen um eine päpstliche Entscheidung ergab sich keine bindende Lehraussage. Zum Verhältnis Ecks zum Fuggerhaus s. GÖTZ FREIHERR VON PÖLNITZ, Jakob Fugger: Kaiser, Kirche und Kapital in der oberdeutschen Renaissance, Tübingen o. J. [1949–1952] I 313–318; II 327–393. Über Ecks Fahrt nach Bologna schreibt er: „Auf seiner gesamten Reise, die zum Triumphzug des oberdeutschen Kapitals werden sollte, blieb Eck von Fuggers Schutz überschattet.“ I 317. Für weitere Details s. VON

sus‘ aufschlägt, so fällt einem sofort ins Auge, daß er nicht nur mit persönlichem Stolz in zwei langen Listen die Namen von 93 Autoren, „quorum sententiis ex originali desumptis“[32], und einer weiteren Reihe von indirekt zitierten „scriptores“[33] aufzählt, sondern auch sorgfältig vermerkt, welcher der Autoren als „Germanus“ bezeichnet werden kann. Allein in der ersten Liste sind dies 26; bei Albertus Magnus wird, um jedem Zweifel vorzubeugen, sogar doppelt betont: „Suevorum et Germanorum gloria – Germanus!“[34] Die Italiener Prierias und Cajetan sind dagegen in keine der beiden Listen aufgenommen, obwohl Eck sich, wie aus seinen Ausführungen hervorgeht, auch mit ihnen befaßt hat[35].

Wichtiger als dieses nationale Empfinden, das Eck mit den Wittenbergern verbindet[36], ist aber etwas anderes, nämlich seine ursprünglich nicht kurialistische Ekklesiologie. Zwei Äußerungen – und das ist bemerkenswert in einem Buch, das sich so streng an sein Thema hält[37] – sind hierfür unmittelbar relevant. Die erste von ihnen findet sich in seinem ‚Primum Evidentiale‘. Dort führt Eck aus, daß Gott der erste und letzte Maßstab der Gerechtigkeit ist und etwas deshalb gerecht ist, weil Gott es will, und nicht umgekehrt Gott etwas will, weil es gerecht ist. Eck vertritt also dieselbe Lehre, die bei Ockham und Biel erscheint und in der Forschung immer wieder den Vorwurf des willkürlichen

---

PÖLNITZ, Die Beziehungen des Johannes Eck zum Augsburger Kapital, Historisches Jahrbuch 60 (1940) 685–706, bes. 689ff.

32 Chrysopassus, Augsburg 1514, fol. b ii^r.

33 Siehe die Formulierung: „Tabella theologorum quos vel non vidimus aut visos non legimus.“ fol. b ii^v. – Für die einzelnen von Eck genannten Autoren und Werke s. GREVING (s. Anm. 13), 19–65.

34 Siehe auch sein wohltönendes Widmungsschreiben „Iohannis maioris Eckii suevi [!] theologi epistola“, fol. a ii^r.

35 Für Prierias s. Chrysopassus, C III 30, fol. G iiii^r (C = Centuria; Ecks Hauptunterteilung in sechs Teile), wo Eck aus dem ‚Compendium seu abbreviatura in Capreolum‘ des Prierias (1497) zitiert. Für Cajetan s. Anm. 41.

36 Man sollte noch auf den ehemaligen Rektor der jungen Wittenberger Universität verweisen, den Verehrer des Johann von Staupitz, Christoph Scheurl, der ein Bindeglied zwischen den Wittenbergern und Eck war. – Dagegen stand nun allerdings die innerdeutsche Rivalität zwischen den Universitäten: „... tam florens et famigeratum ... factum est gymnasium nostrum“, sagt Eck, „ut cum omnibus totius Germaniae Achademiis celebritate contendat, cedat nulli“, fol. a iii^r. Ich bin geneigt, Eck zu glauben, wenn er sich noch in seinem Brief vom 28. Mai 1518 als Freund der Wittenberger bezeichnet. LÖSCHER II 64f. (Löscher = V. E. Löscher, Vollständige Reformations-Acta und Documenta, I–III, Leipzig 1720–1729).

37 Der Titel ‚Chrysopassus‘ ist aufgrund von Apk 21,20 gewählt, wo als zehnter Edelstein der Chrysopras genannt wird, der „communi doctorum interpretamento decimum articulum fidei, qui est sanctorum communio“ bedeute, fol. b^v; vgl. GREVING (s. Anm. 13), 2–4. Die augustinische Verbindung zwischen der „Sanctorum communio“ und der Prädestination wird hier erwähnt, aber nicht weiter behandelt.

Voluntarismus und ethischen Relativismus hervorgerufen hat[38]. Aber Eck geht bei diesen Überlegungen noch einen Schritt weiter. Er weist darauf hin, daß es in der kanonischen Rechtstradition eine Glosse gibt, nach der dieses Prinzip des „Deus absolutus" auf den Papst ausgedehnt wird, so daß auch dieser eben dadurch, daß er etwas tut, ipso facto unanfechtbar und gerecht ist. Zusätzlich verweist Eck noch auf eine parallele Glosse, nach der der Papst ein Wesen zwischen Gott und Mensch ist. Seine Antwort darauf ist eindeutig: „Sed haec extraria reiiciamus" – dies müssen wir als sachfremd zurückweisen[39]. Damit stellt sich Eck in einen direkten Gegensatz zu Prierias' „Fundamentum quartum" im „Dialogus" gegen Luther, wonach der Wille der Kirche – das heißt des Papstes – nicht nur durch ihre verbalen Entscheidungen, sondern auch durch ihr faktisches Handeln Rechtskraft erhält.

In einer zweiten, bisher ebensowenig beachteten Aussage des ‚Chrysopassus' wendet sich Eck gegen Cajetan. Bei der Erörterung der Frage, ob in der Konfirmation eine zusätzliche Gnade verliehen wird, die die Taufgnade vermehrt, schließt sich Eck gegen Johann Maior († 1550) Gersons Auffassung an, daß man mit der Konfirmation nicht warten dürfe, bis ein getauftes Kind erwachsen sei, sondern sie so schnell wie möglich vollziehen solle, da ein Sakrament des Neuen Testaments „efficiat quod figuret"[40] und deshalb eine neue Gnade geschenkt werde. Hier ist nun vor allem zu beachten, daß Eck der Aussage Gersons deshalb eine besondere Autorität zuschreibt, weil der Pariser Kanzler sich so an einem bestimmten Ort geäußert hat, nämlich auf dem Konzil von Konstanz, „wo Irrtümer und Schismata ausgerottet wurden, und nicht ausgesät – wie man gegen Cajetan betonen muß"[41].

---

[38] Vgl. mein Buch: Der Herbst der mittelalterlichen Theologie, Zürich 1965, 93 und 94 Anm. 24.

[39] C I 92, fol. C iiii^r: „Et glossema ibidem super verbo ‚ratione' extendit evidentiale nostrum etiam ad papam, quod ubi papa aliquid faciat quod videtur iniustum ubi nos rationem assignare non possumus, quod nihilominus iustum sit. Similem glossam reperies alibi, quod papa nec sit deus, nec homo. Sed haec extraria reiiciamus." Vgl. Innozenz III., Sermo II in consecr. pont., PL 217, 658 A: „Inter Deum et hominem medius constitutus, citra Deum, sed ultra hominem: minor Deo, sed maior homine: qui de omnibus iudicat, et a nemine iudicatur"; vgl. Johannes Andreae († 1348), Glossa ord. ad Clementinas, prooem., s. v. papa: „Nec Deus es nec homo, quasi neuter es inter utrumque." Siehe M. J. Wilks, The problem of sovereignty in the later Middle Ages. The papal monarchy with Augustinus Triumphus and the Publicists, Cambridge 1963, 164 Anm. 5. Zum Papst „supra ius" und „legibus solutus" s. Wilks 173 Anm. 3. Zu „papa a nemine iudicatur" s. ebd. 471 Anm. 2–5.

[40] C III 13, fol. G^r.

[41] C III 15, fol. G^r: „Sed quia argumenta sua [Johannis Maioris] non sunt nervosa (nisi quid urgentius afferat) assentimur domino cancellario [Gerson] in illa doctrina [die Konfirmationsgnade ist so bald wie möglich zu erlangen] quam proclamavit in eo loco (puta in concilio Constantiae), ubi errores et schismata fuerunt extirpata, non seminata: contra Caietanum."

Bevor wir nun auf die Kontroverse zwischen Karlstadt und Eck und ihre Voraussetzungen im ‚Chrysopassus Praedestinationis‘ eingehen, können wir zweierlei festhalten: Einmal tut sich zwischen Prierias und Eck, den beiden wichtigsten Kontrahenten der Wittenberger Theologen, in ekklesiologischer Hinsicht eine Kluft auf, die es im Nachspiel der 95 Thesen ermöglicht, daß Eck mit Karlstadt von der Basis der „ecclesia peccatorum“ ausgeht und nicht im Sinne der Bulle ‚Unam sanctam‘ von einer triumphalistischen Ekklesiologie der „ecclesia sine macula et ruga“, in der der Papst analog dem „deus exlex“ gedacht wird[42]. Erst so konnte überhaupt ein Gespräch zustande kommen; denn die zweite Vorstellung wäre für einen Schüler von Staupitz, für den der Herr oder „apex“ der Kirche immer nur Christus selbst ist[43], niemals nachvollziehbar gewesen.

Daneben lassen diese Aussagen aber auch erkennen, daß Eck nicht in erster Linie als Taktiker bei Luther Hussitismus wittert und ihn erst recht nicht aus bloßer Freude an taktischen Manövern in Leipzig zu den kompromittierenden Äußerungen über die Unfehlbarkeit des Konstanzer Konzils verführt: Diese Haltung erwächst organisch aus der Theologie seiner früheren Jahre. Obwohl man bei einer näheren Betrachtung seiner Ekklesiologie in den fünf Jahren zwischen 1514 und 1519 eine immer stärker hervortretende papale Tendenz beobachten kann, vollzieht Eck doch nicht, auch nicht 1521 in seinem breiten Werk „De primatu Petri“, die entscheidende Wendung zu einem solchen extremen Papalismus, wie ihn z. B. Prierias vertrat. Ein Merkmal seiner Ekklesiologie bleibt auch in Leipzig die Hochschätzung des Konzils von Konstanz – nicht Basel –, so daß man ihn in dieser Hinsicht auch 1519 „mutatis mutandis“ als Gersonist bezeichnen kann[44].

---

[42] Augustinus Triumphus, De potestate collegii mortuo papa, in: RICHARD SCHOLZ, Die Publizistik zur Zeit Philipps des Schönen und Bonifaz' VIII., Stuttgart 1903, 503: „... ecclesia ipsa, cuius papa sponsus existit...“ Vgl. Innozenz III., Sermo III in consecr. pont., PL 217, 662 C; WILKS (s. Anm. 39), 39 Anm. 2.

[43] Vgl. Libellus de executione aeternae praedestinationis, Nürnberg 1517; Johann von Staupitz. Sämtliche Schriften 2II, hg. v. L. GRAF ZU DOHNA und R. WETZEL, Berlin 1979, bes. cap. IX. XI und XV.

[44] Wir setzen hier die überzeugende Analyse der Ekklesiologie Gersons voraus, die G. H. M. POSTHUMUS MEYJES, Jean Gerson, Zijn Kerkpolitiek en Ecclesiologie, 's-Gravenhage 1963, bietet. – „Mutatis mutandis“, da 100 Jahre nach dem Konzil von Konstanz (1414–1418) durch die ernüchternde Wirkung des Baseler Konzils (1431–1449), der Bulle „Execrabilis“ (1461) und besonders der Mainzer Stiftsfehde (1459–1463) „Gersonismus“ nunmehr nur noch eine „via media“ sein konnte zwischen den alten konziliaristischen Idealen und einem neuen Aufschwung des Kurialismus. Vgl. die Einleitung zu dem Defensorium Obedientiae Apostolicae et alia documenta, hg. v. H. A. OBERMAN, D. E. ZERFOSS und W. J. COURTENAY, Cambridge (Mass.) 1968, bes. 52ff.

4. Gregor von Rimini: Heimlicher Meister der Wittenberger Theologie

Die Thesen Ecks[45], abgeschlossen am 1. August 1518 und gegen seinen zukünftigen Gegner in Leipzig gerichtet, zeigen zu gleicher Zeit die gemeinsame ekklesiologische Basis und den verschiedenen Ausbau. Anders als Prierias ist Eck bereit, die „ecclesia peccatorum saltem infirmorum" als Ausgangspunkt zu akzeptieren. Er wehrt sich gegen den von Karlstadt erhobenen Vorwurf[46], er lehre „ecclesiam militantem non indigere poenitentia"[47]. Sowohl Adlige wie auch andere Hörer seiner Predigten könnten bezeugen, daß er immer der Meinung gewesen sei, daß die Kirche die Buße brauche, allerdings die Buße als Sakrament. Deshalb solle Karlstadt[48] nicht die „lex orandi", die liturgischen Gebete der Kirche, als „lex credendi" gegen ihn anführen, denn sakramental verstanden könnte man die von Luther erhobene und von Karlstadt unterstützte Forderung nach einer Buße „per omnem vitam" nicht aufrechterhalten. Die Buße als Beichte geschieht dann und wann, hic et nunc.

In einem zweiten Schritt geht Eck sodann auf die von Luther und Karlstadt vollzogene Verknüpfung der „poenitentia activa" mit der „poenitentia passiva" ein[49]. Äußerst geschickt treibt er Karlstadt in die Enge, indem er auf den Widerspruch hinweist, der zwischen der Behauptung, daß die Buße „per omnem vitam" notwendig bleibe und dem zu ihrer Begründung angeführten liturgischen Gebet „flagella quae meremur, averte"[50] besteht: Wenn sich dieses Gebet wirklich auf die „poenitentia passiva" bezöge, so würde dies gerade bedeuten, daß die Kirche Gott darum bittet, von der wahren Buße befreit zu werden[51].

---

[45] CC I 46,2–47,12 (CC I = Corpus Catholicorum, I: Johannes Eck, Defensio contra amarulentas D. Andreae Bodenstein Carolstatini invectiones [1518], hg. v. J. Greving, Münster 1919).

[46] So Karlstadt in seinem Brief vom 11. Juni 1518; Löscher II 649; vgl. CC I 35 Anm. 3.

[47] CC I 46,1–3: „Miror, unde D. Bodenstein venerit in mentem, ut dicat, primam conclusionem Ecckii velle in fundamento, ecclesiam militantem non indigere poenitentia, cum hoc nullibi in adnotatione mea reperiatur."

[48] CC I 39,4–11: „5.‹106›... Dicit [ecclesia] item: ‚Deus, qui culpa offenderis et poenitentia placaris' etc., et: ‚flagella, quae meremur, averte.' Non dicit: ‚meriti sumus', sed ‚meremur'. Item adverte: ‚poenitentia placaris'. 6.‹107› Et in alia collecta: ‚Parce, Domine, parce populo tuo, ut dignis flagellis castigatus in tua miseratione respiret.' 7.‹108› Nonne ecclesia seu populus Dei petit, se castigari? Quod si non est poenitere, Eckius iudicabit."

[49] CC I 47,13–17: „Quamvis autem mirum sit, quomodo pro fundamento D. Bodenstein imponat Eckio, quod nunquam cogitavit, id tamen non minus mirum est, quod a poenitentia, quam agere debemus ex praecepto D. Iesu, ipse se transfert ad poenitentiam, qua flagella et poenas a Deo inflictas patimur."

[50] Karlstadt, These 106; CC I 39,4–7; Löscher II 68 (These 5), zitiert in Anm. 48.

[51] CC I 47,18–21: „Et vere mirandum est, quod hanc vocarit poenitentiam, et tamen

Während Eck deshalb Luther gegenüber daran festhält, daß die Worte Christi „Tut Buße“[52] auf die „poenitentia activa“ zu beziehen sind[53], meint er gegenüber Karlstadt bewiesen zu haben, daß die „lex orandi“ der Kirche nicht nur nichts gegen die von ihm vertretene sakramentale Buße aussagt, sondern von Karlstadt überhaupt „impertinenter“ benutzt wird[54].

Eineinhalb Monate später (14. September 1518) – in seiner letzten schriftlichen Äußerung vor der Begegnung in Leipzig – geht Karlstadt auf den von Eck erhobenen Vorwurf explizit ein, wenn er darauf hinweist, daß mit „flagella“ die „flagella irae“ gemeint sind und daß das Gebet der Kirche deshalb der Abwendung des Zornes Gottes gilt[55]. Während er aber damit eine klare *Unterscheidung* zwischen kirchlicher Buße und Strafe Gottes trifft[56], legt er in seiner grundsätzlicheren

---

ecclesia petat, hanc averti a populo Dei, itaque petit, poenitentiam averti a populo Dei, quam tamen posterius affirmat in bonis per omnem vitam durare.“

[52] Mt 4,17, zitiert in der ersten der 95 Thesen (WA 1.233,10f.) besonders gedeutet in den drei letzten Thesen (WA 1.238,16–21).

[53] CC I 48,3–6: „Nam cum venerandus pater Martinus Luther meminerit poenitentiae, de qua dominus et magister noster Iesus Christus dixt: ‚Poenitentiam agite‘ etc., ego, ab eo dissentiens, de poenitentia, quae a nobis agitur, non qua patimur, manifeste sum locutus.“

[54] CC I 48,7–9: „Quare liquet, collectas et orationes ecclesiae non solum mihi non adversari, sed multum impertinenter adduci; orat enim ecclesia, Deum nos protegere a periculis imminentibus etc.“

[55] Löscher II 129: „Ut penetremus negotium, non dixi, D. Ecki, Ecclesiam deprecari, ut Deus poenitentiam avertat (oratio Ecclesiae satis plana est). Sed quod Deus flagella averti [sic], aliud poenitentiam, sicut res alia atque alia existit poenitentia et flagellum.

Non te movet quod scripsi ex Ecclesiae oratione, populum fidelem et iustum deprecari, ut flagella irae avertat, prout in conclusione mea CXI. lucidissima habet linea. Ecclesia ita preces Sabb. Dom. I. in quadrag, fundit: Et ab eo flagella tuae iracundiae clementer averte. Quae tamen alibi orat, ut de pio verbere proficiat, pia verbera Ecclesia tolerat, sed ab iracundiae plagis petit liberari. Sed cum tu sanctos Ecclesiae precatus asperneris, rideas, contemnas, canonicam obiicio scripturam. Advertistine usquam David iustum, sanctumque in eodem contextu dicere se in flagella paratum, et dolorem suum esse in suo conspectu semper [Ps 37,18]? Qui in exordio eiusdem Ps [37,2] ita orat: Domine, ne in furore tuo arguas me, neque in ira tua corripias me. Petit, ait Chysostomus, ne in ira, id est vehementer arguatur, et neque in furore, id est absque venia, corripiatur.“ Vgl. auch Löscher II 131f. (zu Ecks These 12).

[56] Vgl. in dem eben zitierten Text: „res alia atque alia existit poenitentia et flagellum.“ Es ist ein falscher Schluß, Karlstadts „tribulatio“- und „flagella“-Theologie einseitig aus seiner Beschäftigung mit der ‚Theologia Deutsch‘ zu erklären, ein Gedanke, der in der modernen Karlstadtforschung – von R. Stupperich, Karlstadts Sabbat-Traktat von 1524, Neue Zeitschrift für systematische Theologie 1 (1959) 349–375; 369, bis zu H. Hillerbrand, Andreas Bodenstein von Karlstadt. The prodigal Reformer, Church History 35 (1966) 379–398 – ausgeführt wurde. Zu verweisen wäre auf Staupitz’ Bedeutung für Karlstadts Bruch mit seiner scholastischen Vergangenheit, vornehmlich wohl auf Staupitz’ ‚Libellus de exsecutione aeternae praedestinationis‘. Hier werden Themen ausgearbeitet, die schon deshalb nicht unter Luthers Einfluß geboren sein können, weil sie sich schon in Staupitz’ Tübinger Predigten (1498) ankündigen: „Prorsus ad deum tuum refer flagellum

Antwort auf Ecks achte These die prinzipielle *Verbindung* von beidem dar: Nach Karlstadts „theologia crucis" ist die Nachfolge Christi kein menschliches Bemühen, sondern ein Erleiden des Kreuzes Christi, als dem Ort, an dem Buße und Strafe zusammentreffen[57]. Das aber bedeutet zugleich, daß der Christ in der Buße als Anerkennung der gerechten Strafe Gottes die „flagella Dei" zu ertragen hat[58].

Für Eck kann dies keine befriedigende Antwort sein, da gerade so nicht klar wird, weshalb die Kirche darum bitten kann, daß diese in der Buße vollzogene Strafe Gottes abgewendet wird. Für Karlstadt aber – und das ist ein entscheidender Punkt – ist die Verbindung zwischen Rechtfertigung und Prädestination so eng, daß es für ihn geradezu selbstverständlich ist, daß die Auserwählten, die wahren Gläubigen, zugleich die strafende Gerechtigkeit Gottes in der Buße auf sich nehmen und doch zuversichtlich darum bitten, daß ihnen der endzeitliche Zorn erspart bleibe[59]. Es ist deshalb nur folgerichtig, wenn Karlstadt auch

---

tuum ...,Flagellat autem omnem filium, quem recipit ad Hebr. XII [v. 6]'. Nec te sine flagello speres futurum, nisi cogites exhereditari ... Haec ergo tribulacionis considerata utilitas rectum principium est, quo generatur in nobis ad voluntatem divinam nostrae voluntatis conformitas." Tübinger Predigten, Sermo III, hg. v. G. Buchwald und E. Wolf, Leipzig 1927, 17,11–18. Luther nimmt diesen Gedanken ohne Umänderung auf, z.B. in der Glosse zu Hebr 12,6; WA 57III.77,12–24. Es ist genau dieser Typ der Mystik „per conformitatem voluntatis", der Karlstadt auch weiterhin prägen wird. Vgl. Anm. 59.

57 Löscher II 125: „...tollat crucem suam et sequatur me [Mt 16,24], non faciat, sed accipiat, portat Christus et sequimur nos. Sed quomodo? Oportet trahamur: Trahe nos post te et curremus [Cant 1,3]. Nemo enim venit ad Christum nisi pater eum traxerit [Joh 6,44]. Si venire debemus, trahat nos pater. Si crucem nos, Christe, accipere iubes, circumda nos tuo scuto veritatis! Circumdabit ergo scuto, hoc est cruce circumdabit te veritas eius, et non timebis a timore nocturno [Ps 90,5]. Foeliciter crucem portas, si Christus suam crucem imposuerit, dicit scuto circumdabit (vide semper passivam vel susceptivam, non activam voluntatem) te veritas..."

58 Löscher II 125: „Timor nocturnus poenas noctis habet et damnationis; verum ut ab his non timeamus, datur nobis donum crucis, quod ingerit nobis peccata quae fecimus, propter quae cum propheta dicimus: Quoniam ego in flagella paratus sum, et dolor meus in conspectu meo semper. Quoniam iniquitatem meam annuntiabo et cogitabo pro peccato meo [Ps 37,18f.]; propter peccata nostra excogitantes aeterna supplicia, universa quae patimur delicias reputamus, exclamantes cum Daniele [3,26–28]: Iustus es, Domine, et iuste induxisti haec mala super nos propter peccata nostra."

59 Später hat es Karlstadt noch klarer herausgestellt, daß er das Gebet „flagella quae meremur, averte" als eine Bitte um Heilssicherheit für diejenigen versteht, die sich eben als „praedestinati" ihrer Entfremdung von Gott am tiefsten bewußt sind. In den Thesen vom März 1521 erhalten wir eine deutlichere Antwort als im Mai und September 1518. Ihr Hauptthema ist wieder die „poenitentia passiva", die gerade in ihrer „halb-sakramentalen" Fassung „anti-sakramental" im traditionellen Wortsinn verstanden ist; vgl. z.B. These 4: „Baptisati spiritu et aqua tribulationis vere sunt baptisati" und These 6: „Tribulatio spiritualis sacramentum est". Das „averte" von 1518 muß nach der Formulierung der These 8 verstanden werden, die die Entfremdung von der wahren Kirche und von Gott („Dolor et sensus alienati a sanctis dei aut abscisi spiritus a deo...") in der Konfrontation mit den eigenen Sünden („...in conscientia infirmitatis et peccatorum recordatione")

Eck auf dieses Problem anspricht und ihn fragt, warum er die Prädestination von der Rechtfertigung trenne, wo doch die Prädestinationslehre das tragende Fundament der paulinischen Rechtfertigungslehre sei[60].

Bezeichnenderweise meint Eck, daß die Prädestinationsfrage von Karlstadt „an den Haaren herbeigezogen" sei[61] und mit dem zur Debatte Stehenden nichts zu tun habe. Er betont jedoch, daß er zu einer besonderen Disputation über dieses Thema gern bereit wäre[62], zumal da er es schon in seinem ‚Chrysopassus' eingehend behandelt habe[63]. Damit ist der Weg zur Leipziger Disputation vorgezeichnet, in der Karlstadt wiederum versuchen wird, an diesem Punkt systematisch den Hebel anzusetzen. Wohl als dankbarer Schüler von Staupitz, dessen ‚Libellus de exsecutione aeternae praedestinationis' ihm wesentlich zum Bruch mit der Scholastik verholfen hat[64], sieht Karlstadt den inneren

---

ausdrückt. Die Thesen zum Thema Prädestination sind kein Anhängsel, sondern streng auf das Ganze bezogen: Auf der einen Seite ist diese Art der Anfechtung ein verläßliches Zeichen, zu den Prädestinierten zu gehören (Thesen 2f.); auf der anderen Seite wird gesagt, daß die Kirche für das geistliche Wohl allein („tantum") der Prädestinierten betet: „Orationes justorum tantum praedestinatis sunt salubres ad vitam aeternam" (These 20). Th. Brieger, Thesen Karlstadt's, ZKG 11 (1890) 479–483.

60 Löscher II 128: „Si profundum inspexeris et amussatius adverteris [averteris Löscher], fateberis ex praedestinatione omnia pullulare, de quibus concertamus, et te nimis impudenter affirmasse materiam praedestinationis operibus esse extraneam atque impertinentem. Nam apostolus [Eph 2,10] ait: Ipsius sumus figmentum creati in bonis operibus, quae praeparavit Deus, ut in illis ambularemus. Praescivit, ait Augustinus, et praedestinavit bona opera se daturum electis. Quam ob causam negas praedestinationem operibus esse pertinentem et intrinsecam? Hoc enim scilicet quod Deus iustificat, nimis occulte facit; ex hoc enim incipiunt bona opera ex quo iustificamur, non quia praecesserunt iustificamur. Si enim gratia esset ex operibus, iam non esset gratia [Röm 11,6]. Latitudo perseverantiam habet."

61 CC I 65,13–66,1: „Quamvis autem clare posuerim adnotationem meam, tamen D. Bodenstein quasi per capillos detorsit in materiam praedestinationis, adducendo omnia quae sequuntur, ad hunc finem quod nulla sit ratio praedestinationis..."

62 CC I 66,11–67,2: „Neutram tamen partem hic suscipio defendendam, quod praedestinationis negotium sit proposito impertinens et omnino extrarium. Unde nescio, quo spiritu D. Bodenstein tam impertinenter in hanc materiam excurrit. Si tamen placuerit sibi, ventilare hanc materiam in studio eligendo, placet mihi, positiones in ea dare et super his respondere aut respondenti opponere."

63 Vgl. CC I 66,8f.

64 Siehe das Widmungsschreiben an Johann von Staupitz zum Kommentar zu Augustins „De spiritu et litera", in: Ernst Kähler, Karlstadt und Augustin. Der Kommentar des Andreas Bodenstein von Karlstadt zu Augustins Schrift De spiritu et litera, Halle 1952, 5,15–21; vgl. 4* ff. Da Kähler mit Recht darauf hinweist, daß in Karlstadts Kennzeichnung von Staupitz' Traktat – „... hortatorium tuum ... epistolium, quo Christi dulcedinem, quam hii, qui puro corde in sacris literis Christum videntes, non qui eas velo obductas iudaice extrospicientes pregustant, egregie extulisti..." (5,17–19) – „keine unmittelbare Beziehung auf den Libellus" de exsecutione aeternae praedestinationis anklingt (7*), möchte man das „epistolium" wegen der direkten Parallelen mit dem ‚De amore Dei libellus' identifizieren. Siehe I. F. K. Knaake, Johann von Staupitzens sämtliche Werke,

Zusammenhang von Prädestination und Rechtfertigung, und eben an dieser Stelle greift er deshalb seinen Gegner an.

I: Deutsche Schriften, Potsdam 1867, 88–119, bes. 97: „... allein ist ein trost darbey, das vnter dem buchstaben der geyst vorborgen ligt, das das allt gesetz schwanger ist vnd tregt Cristum, durch den die gnade got vber alle ding zelieben geben wirt. Die diesen geyst funden haben, vnd Christum ym gesetz verborgen erkenen, den ist die geschrifft zu nutzbarer lere vnd, alls Paulus sagt, zu troste kommen, vornehmlich in deme, das sy bey der kranckheit die sterckung, bey dem tod der natur die lebmachung der gnaden funden, durch Ihesum christum vnsern hern, in welcher sy auch got vber alle ding lieben vnd das gesetz volkommenlich verpringen mogen"; und 98: „Dis vnd der gleichenn bringt der buechstab des newen testaments, vnnd todtet. Vnnd ob ehr schon Christum in die augenn bringt, vnnd sein lere in die ornn, weil er doch den geist Christi nit vermag in das hertz zubringen, dient ehr allein zu schwererm todt. Die iuden hetten Christum inn augen, in den orn, vnnd inn henden, sy hetten aber denn geist Christi nit ym hertzen, darumb waren sy verdamlicher den die heidenn." Aber wenn Knaake auch zeigt, daß diese Schrift „iam 1517 adumbratum et conceptum sit" (90), so ist dies doch immer noch zu spät, um Karlstadts auf den 18. November 1517 datierte Widmung an Staupitz zu erklären. Allerdings ist festzuhalten, daß Karlstadt sich mit vollem Recht auf eine Grundlinie in Staupitz' Theologie beruft, die 1518 zum erstenmal in dieser konzentrierten Formulierung begegnet.

Dagegen spricht nun dreierlei dafür, daß Karlstadt in seiner Widmungsvorrede auf Staupitz' Prädestinationsschrift anspielt:

(1) die Überschriften des 15. und 17. Kapitels in Staupitz' Schrift: „De praegustu salutis"; „De dulcedine sermonis Christi ad cor christiani";

(2) das 16. Kapitel, bes. der Anfangssatz „Christum accepistis signis quibusdam amoris sui dulcedinem in intimis animae palam facere..." (§ 122) und der Schlüsselsatz „Lex quoque Christi ad litteram durissima est..." (§ 126);

(3) die Hauptthese, in der Staupitz in bewußtem Gegensatz zur üblichen scholastischen Deutung die „gratia gratum faciens" nicht als sakramental eingegossenen Habitus versteht, durch den der Mensch Gott „angenehm" wird, sondern als die Liebe zu Gott, in der Gott dem Menschen angenehm wird: „Haec est gratia gratum faciens; non hominem Deo, sicut multi exponunt, quia hoc ipsa electio fecit, sed solum deum facit placere et gratum esse homini per caritatem, quae restituit, quam rapuit concupiscentia, oboedientiam, qua Deo, non nobis, et recte et iuste sumus et vivimus." Staupitz 2II (s. Anm. 43), cap. VI § 36; vgl. cap. VII § 40; cap. VIII § 47; cap. XVI § 131 und cap. XVIII § 152. Die Erläuterung dieses dritten Punktes zwingt uns zu einem differenzierteren Vergleich zwischen Staupitz, Karlstadt und Luther unter Heranziehung Augustins.

Wenn man die unter (3) aufgeführte These vergleicht mit der zentralen Stelle in Augustins ‚De spiritu et litera' („Charitas quippe Dei dicta est diffundi in cordibus nostris, non qua nos ipse diligit, sed qua nos facit dilectores suos: sicut iustitia dei, qua iusti eius munere efficimur; et Domini salus, qua nos salvos facit; et fides Iesu Christi, qua nos fideles facit. Haec est iustitia dei, quam non solum docet per legis praeceptum, verum etiam dat per spiritus donum", cap. XXXII 56; PL 44,237) sowie mit der in derselben Schrift gebotenen Exegese von Röm 1,16f. und Hab 2,4 („Haec est iustitia dei, quae in Testamento Veteri velata, in Novo revelatur: quae ideo iustitia Dei dicitur, quod impertiendo eam iustos facit; sicut ‚Domini est salus' [Ps 3,9], qua salvos facit. Et haec est fides, ex qua et in quam revelatur, ex fide scilicet annuntiantium, in fidem obedientium: qua fide Jesu Christi, id est, quam nobis contulit Christus, credimus ex Deo nobis esse, pleniusque futurum esse quod iuste vivimus", cap. XI 18; PL 44,211), so läßt sich folgendes feststellen:

Es scheint nun allerdings so, als ob Eck die Frage nach der „ratio praedestinationis", dem – wie auch immer gearteten – Grund der Prädestination in den Auserwählten selbst, prinzipiell offen läßt. Er gesteht einerseits, es sei eine weitverbreitete Auffassung („communis sententia"), daß alles, was wir haben, ein Geschenk Gottes ist. Er verweist dafür ausdrücklich auf Gregor von Rimini († 1358) als Vertreter der augustinischen Tradition[65]. Andererseits aber betont er, es gäbe eine

---

(1) Staupitz' Hauptthese „contra multos", d.h. seine „eigene" Deutung der gratia gratum faciens, geht auf Augustin zurück.

(2) Ebenso wie in Karlstadts Kommentar handelt es sich jedoch auch bei Staupitz um die fides caritate formata auf der Basis des „sola gratia", wobei die Frage ungelöst bleibt, wie sich nun die so betonte caritas zur traditionellen Sakramentsgnade verhält. Vgl. Karlstadt: „Cui consequens est charitatem dei utiliter operari. per ista iam nolo ambagiosam questiunculam de vi sacramentorum dissolvisse, suo loco aptius explicandum." KÄHLER 95,15–17; dieses „suo loco" hat sich dann erst im Sakramentsstreit mit Luther bewahrheitet!

(3) Während für Augustin die Gerechtigkeit Gottes im Alten Testament „velata", im Neuen dagegen „revelata" ist, sind sich Staupitz und Karlstadt darin einig, daß die littera als solche verhüllt ist und verhüllend wirkt, und zwar im Neuen Testament ebenso wie im Alten. Beide Theologen verlagern damit das Problem vom Hermeneutischen bzw. Heilsgeschichtlichen ins Anthropologische bzw. Kosmologische.

(4) In einer gemeinsamen Front gegen Luther deuten sowohl Karlstadt als auch Staupitz das „sicut" im ersten Augustinzitat zu einem konsekutiven „ut" um. Nach Luthers eigener Aussage sind die Genitivbildungen „opus Dei", „virtus Dei", „sapientia Dei", „fortitudo Dei", „salus Dei", „gloria Dei" analoge Begriffe zu dem rätselhaften „iustitia Dei" – „colligebam etiam in aliis vocabulis analogiam" (WA 54.186,11); ebenso parallelisiert Augustin mit dem „sicut" „caritas Dei", „iustitia Dei", „salus Domini" und „fides Christi". Allerdings dürften Karlstadt und Staupitz mit ihrer konsekutiven Deutung des Verhältnisses von fides und caritas der augustinischen Auffassung näher kommen als Luther.

KÄHLER weist auf die Betonung der „praktischen Abzweckung der Gnadenmitteilung, eben ihrer Verwirklichung in einem christusförmigen Leben" als gemeinsames Merkmal der Auffassung von Staupitz und Karlstadt hin (7*). Für eine zutreffende Analyse dieses Verhältnisses unter Heranziehung aller Werke von Staupitz s. DAVID C. STEINMETZ, Misericordia Dei. The theology of Johannes von Staupitz in its late medieval setting, Leiden 1968, 171–181. – Zur Bedeutung von Augustins Schrift ‚De spiritu et litera' für Luthers Entwicklung s. BERNHARD LOHSE, Die Bedeutung Augustins für den jungen Luther, Kerygma und Dogma 11 (1965) 116–135, bes. 131. In ‚De doctrina christiana' (III 33, 46; CChr 32.105) sagt Augustin explizit, daß „de spiritu et litera" eine andere Bezeichnung sei für „de promissis et lege", die dritte Regel des Ticonius für die Interpretation des Alten Testaments. Zur Bedeutung dieser Regel für die mittelalterliche Hermeneutik sowie für Luthers frühe Theologie s. JAMES S. PREUS, From shadow to promise. Old testament interpretation from Augustine to the young Luther, Cambridge (Mass.) 1969, bes. 11.

[65] CC I 65,15–66,4 (Forts. v. Anm. 57): „... quod nulla sit ratio praedestinationis, sed omnia bona nostra sint a Deo, quae est communis theologorum sententia, et latissime per Gregorium Ariminensem ad mentem Augustini distinctione 27. secundi [libri] tractata et distinctione xl. primi." Auf einer Disputation am 7. Juli 1515 in Bologna, abgehalten von dem Provinzial der deutschen Dominikaner, hat Eck die These angegriffen: „nullam esse praedestinationis rationem"; s. Johannes Eck, Disputatio Viennae Pannoniae habita

Reihe von Theologen, die in dieser Sache anderer Meinung seien[66]. Die Darstellung Ecks erweckt zunächst den Eindruck einer rein deskriptiven dogmenhistorischen Darlegung[67]. In Wirklichkeit aber bedeutet schon die Entscheidung, „hier" keine Stellung zu beziehen – da die Prädestinationslehre nichts zu tun habe mit der Lehre von der wahren Buße, der Verantwortlichkeit des Menschen, der Funktion des Willens im Kräftespiel zwischen Gott und Welt, kurz: mit einer theologischen Anthropologie[68] –, eine Entscheidung gegen Gregor von Rimini! Und wenn sich Eck zur Begründung seiner Willenslehre auf Sirach 15,14–17 beruft, wonach es dem Menschen freistehe, sich zwischen „Wasser" und „Feu-

---

(1517), hg. v. Therese Virnich, Münster 1923 (= CC VI) 46 Anm. 3. Nicht im Gegensatz dazu ist seine These 3, die er fünf Tage später ebenfalls in Bologna vertreten hat: „Nullam fore praedestinationis causam, celebris est opinio; attamen meritorum praescientiam esse praedestinationis rationem, ut Bonaventura et Ales loquunter, est multum probabile." CC VI 46,12–14. (Für den „attamen"-Teil dieses Satzes vgl. die folgende Anmerkung 62.) Schon im ‚Chrysopassus' hatte Eck klar jede causa praedestinationis abgelehnt, die ratio praedestinationis aber befürwortet. Die wichtige Verschiebung in der Fragestellung zwischen 1515 und 1518 tritt hervor in der Ersetzung von „praedestinationis causa" (1515) durch „praedestinationis ratio" (1518); die „opinio celebris" (1515) kann Eck teilen, die „opinio communis" (1518), von Gregor in seinem Sentenzenkommentar beschrieben, nicht. Wie sich aus dem „Chrysopassus" ergibt, ist schon Ecks Bologneser These 12 als Angriff auf Gregor von Rimini zu werten: „Non omnis infidelium actus est peccatum, licet omne, quod non ex fide fiat, sit peccatum." CC VI 47,25f. Vgl. Anm. 76.

Während diese These 12 die Hauptlinie in Ecks Auseinandersetzung mit Karlstadt vorzeichnet, bringen die Bologneser Thesen 6–11 die Grundlage für Ecks ‚Obelisci', die also nicht aus Eifersucht, Ehrgeiz oder rein ad hoc abgefaßt sind, sondern organisch aus Ecks „vor-reformatorischer" Theologie herauswachsen. Diese Thesen, am 5. Dezember 1515 in Augsburg veröffentlicht, könnten der direkte Anlaß gewesen sein für Gabriel von Eybs Rückfrage bei Eck Anfang Januar 1518. Vgl. jedoch auch WA 1.278. CC VI 47,9–24: „6. Sicut opera satisfactoria etiam in pecato [sic] mortali utiliter satisfaciunt, ita et indulgentiae mortuis non tantum per modum suffragii, sed autoritative a papa dari possunt. Corollarium. [7.] Illa clausula ‚per modum suffragii' in bullis apostolicis non diminuit, sed ponitur declarative. 8. Existens in purgatorio est quodammodo viator et ita super terram, sicut et sanctus Paulus in raptu fuit viator simpliciter. 9. Eadem ratione non confesso et non contrito actu vel proposito indulgentiae dari possunt, licet non nisi super contritis et confessis. 10. Quare papa pro maiori parte de plenitudine potestatis purgatorium evacuare posset, non tamen totum, sicut Christus fecit in resurrectione, attamen residuis per modum suffragii prodesse potest. 11. Peccatum veniale nec de ‚per se' nec de ‚per accidens' punitur aeternaliter in inferno."

[66] CC I 66,5–10: „Plures tamen boni et sancti theologi rationem praedestinationis suo modo admisere, ut seraphicus doctor Bonaventura, s. Thomas in scripto, Alexander de Ales, Henricus de Gandavo, Thomas Argentinus, Gabriel Biel, Silvester de Prierio et alii, quorum in Chrysopasso memini. Hi solvere habent pro maiori parte hic per D. Bodenstein inducta."

[67] So Leif Grane in seiner Untersuchung: Gregor von Rimini und Luthers Leipziger Disputation, Studia theologica 22 (1968) 29–49; 33: „Die nächste These fängt gerade mit folgenden Worten an: Neutram tamen partem hic suscipio defendendam..."

[68] CC I 66,11f., s. Anm. 62. Vgl. als Kontext dieser Aussage die ganze Darlegung von CC I 63,2 an.

er" zu entscheiden[69], so weiß er genau, daß Gregor diese biblische Aussage auf den Stand des Menschen vor dem Fall bezieht und deshalb eine Berufung auf diese Stelle als nicht augustinisch zurückweist[70]. Ebenso weiß er, daß Gregors Abhandlung in der folgenden „distinctio" lapidar schließt mit den Worten: „Neminem hic posse hominum poenitentiam agere, nisi quem deus illuminaverit et gratuita miseratione converterit" – kein Mensch in der Welt kommt zur Buße, ohne daß ihn Gott zuvor erleuchtet und aus reinem Erbarmen bekehrt[71].

Da nun Eck Karlstadt auffordert, sich anhand seines ‚Chrysopassus' besser zu orientieren, tun auch wir gut daran, noch einen kurzen Blick auf dieses Werk zu werfen, um Ecks eigene Stellungnahme hinter seiner dogmenhistorischen Analyse klar zu erfassen. Ohne die Frage nach der Bedeutung Gregors von Rimini für die Genesis der reformatorischen Theologie hier lösen zu wollen[72], können wir dabei folgendes festhalten:

(1) Nicht nur in Wittenberg muß Gregor seit der Einführung der neuen Statuten der artistischen Fakultät im Jahre 1508 neben Thomas und Scotus gelesen werden[73] – auch Eck ist sich bewußt, wenn nicht

---

69 CC I 64,4–8.

70 Gregor von Rimini, In 2 Sent dist 26–28 q 1 art 3 ad 12; Gregorii Ariminensis OESA Lectura super Primum et Secundum Sententiarum, tom VI, hg. v. D. Trapp, V. Marcolino, Berlin 1980, 77,7–78,27.

71 In 2 Sent dist 29 q 1 art 2; 173,14f.; nach Pseudo-Augustin (= Fulgentius v. Ruspe), De fide ad Petrum 74; CChr 91A, 755.

72 Dafür verweise ich zusammenfassend auf Manfred Schulze ‚Von der Via Gregorii zur Via Reformationis: Der Kampf um Augustin im späten Mittelalter, Diss. theol. Tübingen 1980 (masch.). Leif Grane (s. Anm. 67) führt in die Diskussion als wichtiges Argument die Beobachtung ein, daß Karlstadt in Leipzig nicht Gregors Entdeckung ausnutzt, daß nämlich die ‚Epistola ad virginem Demetriadem', die Eck unter dem Namen des Hieronymus anführt, in Wahrheit von Pelagius stammt (35–37) (vgl. Gregor, In 2 Sent dist 26–28 q 1; 23,1–5; 84,31–85,5). Grane schließt daraus: „Deshalb darf man wohl davon ausgehen, daß diese Feststellung alle weiteren Vermutungen einer genaueren Kenntnis Gregors durch die Wittenberger vor der Leipziger Disputation ausschließen muß, auf jeden Fall so lange, bis neue Argumente auftauchen" (37). Dazu ist jedoch dreierlei zu bemerken.

(1) Wir wissen, daß auch Eck Gregor gründlich studiert hat. Dennoch kann ihn das nicht davon abhalten, die „epistola" sowohl in seinem Chrysopassus (C II 13; fol. D ii^r und C III 79, fol. I ii^r) als auch in der Leipziger Disputation (Seitz [s. Anm. 5], 34f.) Hieronymus zuzuschreiben.

(2) Karlstadt führt an der zur Debatte stehenden Stelle als Autorität Erasmus – der wiederum auf Augustin und Beda verweist – an (vgl. Grane 36 Anm. 22). Da dieser aber 1519 sicher ein größeres Ansehen genießt als Gregor, ist es ganz natürlich, daß sich Karlstadt eher auf den verehrten, überparteilichen Rotterdamer als auf das scholastische Schulhaupt der via Gregorii beruft.

(3) Schon ein flüchtiger Blick in Ecks Chrysopassus zeigt, daß ihn eine Berufung auf Gregor in dieser Disputation niemals hätte überzeugen können.

73 Friedensburg (s. Anm. 7), 53 (Kap. 3: De eleccione decani): „eligatur decanus ... quicumque ille fuerit, seu religiosus seu secularis, Thome, Scotho sive Gregorio mancipa-

Anhängern, so doch wenigstens Lesern Gregors gegenüberzustehen[74].

(2) Eck hat Gregor so aufmerksam analysiert, daß schon er, 450 Jahre vor Louis Saint-Blancat, gesehen hat, daß Gregor stark von Petrus von Ailli benutzt wird, und daß man deshalb die Kenntnisse des letzteren als „quasi Epitome primi libre Gregorii" bezeichnen kann[75].

(3) Nicht nur an einzelnen Punkten, sondern immer, wenn Gregor zu Fragen der Rechtfertigungslehre Stellung nimmt und dabei besonders auf die unlösbare Verbindung von Rechtfertigung und Prädestination hinweist, wird er von Eck zurückgewiesen. So kann Eck schließlich ganz allgemein sagen: „Gregorius Ariminensis, valens ille doctor more suo sit singularis", wobei zu bedenken ist, daß „singularitas" nicht „Eigen-" oder gar „Einzigartigkeit" bedeutet, sondern per definitionem eine Vorstufe zur Häresie darstellt[76]. Es gibt dann auch trotz des Epitheton

---

tus." Ebd. 56 (Kap. 10: De horis leccionum et modo legendi...): „... indifferenter profiteatur via Thome, Scoti, Gregorii. estate quinta, hieme octava libri phisicorum et de anima, quibus finitis parva naturalia, similiter per tres vias. hora duodecima minor logica, id est Petrus Hispanus, similiter per tres vias, secunda libri ethicorum et post illos metaphisica, item in mathematica, tercia grammatica."

[74] C V 88, fol. V^{r}: „Audite, domini, qui legitis Gregorium: nam ipse assumit Augustinum ac si imposuerit Manicheo dixisse se esse spiritum sanctum. Divus tamen Augustinus in eo loco hoc non fecit..."

[75] C I 69, fol. B vi^{r}: „Sed quicquid sit de dicto Gregorii (quem tamen dictus cardinalis [Cameracensis] ut plurimum sequitur ut eius scientiae videantur quasi Epitome primi libri Gregorii...)"; vgl. Louis Saint-Blancat, La théologie de Luther et un nouveau plagiat de Pierre d'Ailly, Positions Luthériennes 4 (1956) 61–81.

[76] C III 79, fol. I ii^{r}; vgl. C II 31, fol. E^{r}: „... In caeteris vero auctoritatibus ad idem propositum scilicet quod nullum actum bonum agit homo vel coagit nisi ad coagendum moveatur et iuvetur a deo, remittit Gregorius adnotata per eum in dis. XXVI. secundi: quas hic brevitati studentes lubenter etiam dedita ope resecamus: In ea enim distinctione quam citat amplectitur opinionem quae nobis in alto et basso displicet. Sed regia via procedamus..." und C II 76, fol. F ii^{v}: „... omitto quae Gregorius Ariminensis ponit dis. XXVI. secundi... Nam omnino adversatur nobis Gregorius, sed oculatus facile intelliget oppositum suarum conclusionum esse verum. Ostendatur ergo illud evidentiale primo in generali quoad primam partem per beatum Gregorium [Magnum] qui etiam dona naturalia per gratiam dari testatur..."

Zur „singularitas" vgl. Gerson, Contra curiositatem studentium, hg. von Mgr. Glorieux, Œuvres complètes III, Paris 1962, 230: „Superbia scholasticos a poenitentia et fide viva praepediens, duas in eis filias infelices, nisi providerint, gignere solita est, curiositatem et singularitatem." Vgl.: „Signum curiositatis et singularitatis poenitentiam atque credulitatem impedientis apud scholasticos est gaudere potius in impugnatione doctorum aut in defensione unius pertinaci quam ad eorum dicta concordanda operam dare." Ebd. 240, cons. 5. „Praesumptuosa curiositas et singularitas in omni scientia causant de facili scissuram ... per contrarium unitas linguarum ecclesiasticum aedificium stabilivit." Ebd. 248, cons. 9.

N.B. den bisher unbeachteten radikalen Reformvorschlag: „Amplius deduceretur est istis expedire unicum Studium esse theologiae generale in tota Ecclesia, aut saltem in tota Gallia." Ebd. Siehe Jean Gerson, hg. v. Steven E. Ozment (Textus Minores 38), Leiden 1969, 82 Anm. 4.

ornans „valens ille doctor" keinen zweiten Theologen, mit dem sich Eck so konsequent und rücksichtslos auseinandersetzt. Der Grund dafür liegt zweifellos darin, daß sich Eck selbst, wenn er zu Wort kommt, in jeder Hinsicht als einer von denen ausweist, die nach Gregor noch schlimmer irren als Pelagius: "peius errant quam Pelagius ipse."[77]

Ecks eigene Konzeption ist bereits von Greving ausführlich dargestellt worden[78]. Für einen deutlichen Einblick in die überraschende Symmetrie zwischen den Kämpfen, die die Wittenberger an zwei verschiedenen Fronten auszutragen haben, ist dabei vor allem das Folgende wichtig:

(1) Eine doppelte Prädestination im Sinne einer „grundlosen" Verwerfung von seiten Gottes kommt auf keinen Fall in Frage. Das kann nicht verwundern: Nach der allgemeinen Auffassung des 15. und des beginnenden 16. Jahrhunderts würde die unverursachte, d.h. unverschuldete Verwerfung eines Menschen Gott zum blutdürstigen Tyrannen machen[79].

(2) Was die Prädestination als Gnadenwahl betrifft, so unterscheidet Eck mit Ockham und Biel zwei Gruppen von Fällen: In außerordentlichen Fällen, wie z.B. dem der Jungfrau Maria, gibt es auch nach seiner Meinung eine unverursachte Prädestination „ante praevisa merita"[80].

Für „singularitas" im pejorativen Sinn s. auch Staupitz, Libellus de exsecutione aeternae praedestinationis, cap. XXII § 224.

[77] In 2 Sent dist 26–28 q 1 art 2 (s. Anm. 70), 61,26f.

[78] Grevings für seine Zeit hervorragende Arbeit erscheint nach sechzig Jahren insofern revisionsbedürftig, als Ecks Wahlverwandtschaft mit der occamistischen Schule innerhalb der nominalistischen Theologie heute klarer zutage tritt. Siehe hierzu besonders die oben, Anm. 13, angeführte Arbeit von WALTER MOORE. Im übrigen läßt sich Greving wohl doch zu sehr von Ecks „modestia" beeinflussen, wenn er sagt: „Eck pflichtet im Chrysopassus der Lehre von der doppelten bedingten Prädestination bei ... will aber seine Meinung andern nicht aufdrängen." CC I 66 Anm. 5. Vgl. dazu auch GREVING, Johann Eck als junger Gelehrter (s. Anm. 13), 69: „Der Geist, in dem Eck seinen Chrysopassus herausgab, ist also kurz dahin zu charakterisieren: er war eine Verbindung von Selbstbewußtsein und Bescheidenheit."

[79] C III 25, fol. G ii^{v}f. über die causa reprobationis: „TERTIO sic [obiicit Thomas Argentoracensis]: Si deus solum pro beneplacito voluntatis reprobaret aliquem, tunc deus esset crudelis et iniustus. Consequens est impossibile. Sequela autem probatur: quia omnis ille qui sine alia ratione quam beneplacitum voluntatis creaturam aliquam rationis capacem et experientiae sensitivam deputat ad aeternam poenam et horribilissimam, ille utique videtur crudelis. Nam crudelis est princeps et tyrannus, qui sitit sanguinem subditorum suorum. Has rationes Thomae adduco tamquam persuasivas, non nescius quam faciliter possint evacuari."

[80] C II 94 fol. F v^{r}: „CONCLUSIO. Misericordissimus deus aliquos sine ratione praedestinat; aliquos vero cum causa et ratione, non quidem necessitante, sed congruente et decente. Ista conclusio habet duas partes. Prima pars probatur sic: Quia aliqui ex speciali gratia sunt ordinati ad vitam aeternam ita quod sibi ipsis non sunt derelicti, sed praeveniuntur a gratia ne ponant obicem, ergo aliqui praedestinantur sine ratione praevia in eis praevisa aut reperta. Antecedens probatur... [Hinweis auf Maria unter Berufung auf

(3) Das Hauptprinzip seiner Prädestinationslehre, das er ohne jede Zurückhaltung vertritt – „Ich sehe nicht, wie irgendein lebender Mensch das verneinen kann" – ist jedoch das „facere quod in se est": Es liegt im Bereich der menschlichen Möglichkeiten, der göttlichen (allgemeinen) Einwirkung nachzugeben, und wenn man dies tut, so verdient man damit – natürlich nur „de congruo" – die Gnade und darauffolgend die ewige Herrlichkeit[81].

(4) Mit aller Klarheit bestimmt schließlich Eck seine Position, wenn er – wiederum in Auseinandersetzung mit Gregor von Rimini – sagt: „Gregor häuft vieles an über die Prädestination, Rechtfertigung und Taufe. Aber man darf seine Folgerung, daß jemand *deshalb* gerechtfertigt sei, weil er prädestiniert ist, nicht annehmen; es verhält sich vielmehr umgekehrt."[82] Die Distanz zwischen Eck (1514) und Staupitz (1517), dem gemeinsamen Lehrer Karlstadts und Luthers, ist offenkundig und handgreiflich!

Als Eck im Jahre 1518 den Namen Gregors von Rimini in die Debatte wirft, beruht das nicht auf Zufall: Wittenberg erlaubte nicht nur die via Gregorii, die Wittenberger äußern sich demgemäß auch als Gregorianer – so muß Eck sie gehört haben. Karlstadt, der sich öffentlich von

---

Bernhard nach der Deutung Biels, III Sent dist 3 q 2 art 1 concl 1; vgl. q 1 art 3 K; Collectorium (s. Anm. 21), III 97,18–98,35; 94,K 1–96K 53]"; vgl. C III 28, fol. G iii^{r}. Vgl. auch mein Buch: Der Herbst der mittelalterlichen Theologie, 181–203.

N.B. in der Conclusio: „aliquos vero cum causa et ratione" – eine gefährliche Weichenstellung, die gegen Ecks eigenen Grundsatz geht, nach dem es keine causa außer Gott, nur eine ratio gäbe; C III 17.21, fol. G^{v}f. „Causa" muß hier verstanden werden im nominalistischen Sinn: „de potentia ordinata". Vgl. z. B. Ockham, II Sent q 3 P, und Biel, I Sent dist 41 q 1 art 1 nota 2; Collectorium I 729, B1–17. Ecks anfängliche Fragestellung war auch undifferenziert: „utrum sit aliqua ratio vel causa praedestinationis..." C I 3, fol. A^{v}.

[81] C III 60, fol. H iiii^{r}: „QUINTUM corollarium. Quod voluntas nostra acquiescit motioni divinae est vera praedestinationis ratio ex parte praedestinati non de condigno, sed de congruo et decenti. Nam hoc faciendo facit quod in se est; et non video quomodo ullus hominum qui spirat possit huic refragari, nam non potest non esse in potestate hominis facere quod in se est. Faciendo autem quod in se est praeparat se de congruo ad gratiam et per consequens ad gloriam. Est ergo in ipso homine quo potest facere ut habeat vitam aeternam per meritum de congruo." Vgl. C III 51, fol. H ii^{v} und C III, 52, ebd.: „...ergo est ratio ex parte voluntatis nostrae potentis facere dispositive saltem et de congruo ut sit praedestinata. Antecedens patet per beatum Augustinum in pluribus locis super Ioannem: Si non traheris, ora ut traheris; si non es praedestinatus, fac ut pradestineris." Vgl. auch die Definition des „facere quod in se est" in C IV 3, fol. K iiii^{v} unter Berufung auf Gerson und Biel: „Facere quod in se est est removere obicem et impedimentum gratiae..."

[82] C IV 6, fol. K v^{r}: „DUM IN TERTIA confirmatione multa accumulat Gregorius de praedestinatione, iustificatione, ac baptismo, Respondendum est non admittendo suam causalem: quia ille est praedestinatus, ideo est iustificatus; sed potius econtra." Vgl. Gregor, In 2 Sent dist 26–28 q 2 art 2 (s. Anm. 70), 110,25–29.

Capreolus (via Thomae) und Scotus losgesagt hat[83], ist als Wittenberger Universitätslehrer und als Verteidiger Luthers mit der Erwähnung dieser Autorität direkt angesprochen, während Eck seinerseits mit dem Hinweis auf Gregor als Vertreter einer bestimmten Schule weit mehr Affekt verbindet als mit der zurückhaltenden Darstellung anderer für ihn wenigstens möglicher theologischer Positionen. Eck weiß durch seine große Vorarbeit, die der ‚Chrysopassus' tatsächlich darstellt, genau, wo er steht und was er sagt; und auch Karlstadt hat, wie aus seinen Antworten hervorgeht, klar erkannt, welche Stellung Eck in der Vielfalt der spätmittelalterlichen Schulmeinungen einnimmt. Dabei mag es dahingestellt bleiben, ob Karlstadt Ecks Einladung gefolgt ist und im Jahr 1518 – oder schon vorher – den ‚Chrysopassus' gelesen hat[84]. Wenn nicht, so bot ihm die mühsame Loslösung von seiner eigenen Vergangenheit wie die Auseinandersetzung mit ihr die Möglichkeit, Ecks Koordinatensystem unmittelbar zu erfassen. Der moderne Historiker dagegen, der sich über die Jahrhunderte hinweg in diese Konfrontation einleben muß, kann auf den ‚Chrysopassus' nicht verzichten, wenn er den Weg nach Leipzig beleuchten will.

Daß Luthers Weg nach Leipzig – über Heidelberg und Augsburg – ein anderer gewesen ist als derjenige Karlstadts, hatte schwerwiegende Folgen für die Geschlossenheit des reformatorischen Lagers. Dies sollte uns aber nicht daran hindern, die von Karl Bauer eingeschlagene Richtung, den Wittenberger Kreis als Ganzheit zu betrachten, weiter zu

---

83 „... sectam et Capreolinam et Scotisticam manifesta interpretatione successive profitebar." Kähler (s. Anm. 64), 3,20.

84 Was Luther betrifft, so ist es u. E. ausgeschlossen, daß er Ecks Jugendwerk vor März 1518 gelesen hat, da er sich sonst wohl nicht so überrascht gezeigt hätte von dem scholastischen Tenor der ‚Obelisci'. Zu Luthers Kenntnis des Chrysopassus kann nur verwiesen werden auf WA 2.673,4–8: „Satis indicavit hoc Lipsica disputatione, Indicant et libri eius de praedestinatione et mystica theologia: omnia fortissime et summa primo tentat, ita ut casum grandem illi misere metuam. Breviter, ipse tu nosti, dolia vacua esse sonantiora plenis." Bei J. Ch. Mylius, Memorabilia bibliothecae academiae Jenensis, Jena-Weißenfels 1746, wo auch die aus der alten Wittenberger Universitätsbibliothek (vor 1547) stammenden Buchbestände verzeichnet sind, ist kein Exemplar des ‚Chrysopassus' aufgeführt. Jedoch gab es zumindest eines in Wittenberg, das aber, wie Luther berichtet, am 10. Dezember 1520 am Elstertor verbrannt wurde; s. WAB 2.234. In seiner Antrittsvorlesung in Wittenberg am 29. August 1518 richtet sich Philipp Melanchthon im Zuge seines Angriffs auf die scholastische Dialektik auch gegen Eck, wohl wegen dessen Kommentar zu Petrus Hispanus: In summulas Petri Hispani ... explanatio, Augsburg 1516; vgl. Tres orationes funebres in exequiis Ioannis Eckii habitae... (1543), hg. v. J. Metzler SJ, Münster i. W. 1930, LXXV; vgl. Ecks Schrift aus dem Jahr 1507, ebd. LXXII f. Nr. 1 (1) und 1 (2); De corrigendis adolescentiae studiis, in: Melanchthons Werke in Auswahl, III: Humanistische Schriften, hg. v. R. Nürnberger, Gütersloh 1961, 32, 20. Die Wiener Thesen Ecks (vgl. Anm. 29) und dieser Hispanus-Kommentar werden mit zu den „Eckiana" gehört haben, die neben dem ‚Chrysopassus' am Elstertor in Flammen aufgingen.

verfolgen[85], um so Luthers eigener Wortbildung „Wittenbergescere" Rechnung zu tragen. Trotz des ständigen Wechsels im Kreise der Wittenberger Freunde und Mitarbeiter ist bis zum Sommer 1519 das Geschick von Luther und Karlstadt mit ihrer gemeinsamen tief empfundenen Verpflichtung gegenüber Staupitz so eng verbunden, daß man die von beiden vertretene „via leucoriana (Wittenbergensis)" keinesfalls – wie es oft geschieht – aus dem Blickwinkel der darauffolgenden Entfremdung und Verfeindung betrachten darf. Wenn Luther im Jahre 1524 fast gleichzeitig von Karlstadt zu hören bekommt, daß er zu langsam und konservativ und von Staupitz, daß er zu schnell und radikal vorgegangen sei, so ist das nicht nur ein Beweis dafür, daß diese drei niemals wirklich eine Front bildeten, sondern eben auch Ausdruck einer Enttäuschung darüber, daß sich der streckenweise gemeinsame Weg nicht als zukunftsträchtig erwiesen hat[86].

---

[85] Karl Bauer, Die Wittenberger Universitätstheologie und die Anfänge der Deutschen Reformation, Tübingen 1928. Vgl. Luthers bewegten Brief aus Nürnberg, drei Tage vor seiner Ankunft in Augsburg (7. Oktober), sein „Testament" an den Wittenberger Kreis (Karlstadt, Amsdorf, Melanchthon, Beckmann u. a.): „De Eckio nostro minor est fama, quam vellem. Creditur Nurmbergae non adeo bene Wittenbergescere, quin Theologis Vittenbergensibus inuidiam operari voluisse dicitur. Sautium mihi est cor erga eum, [cum] aliud didicer[im]." WAB 12.14,6–9; 4. Oktober 1518.

[86] Auch vor den Wittenberger Unruhen (1521–1522) war sich Luther der Differenzen zwischen ihm und den andern Wittenberger Theologen bewußt, allerdings im Sinne einer „diversitas in unitate". Vgl. seinen Brief vom 15. Februar 1518 an Spalatin: „Mihi in indulgentiis hodie videri non esse nisi animarum illusionem et nihil prorsus utiles esse nisi stertentibus et pigris in via Christi. Et si hanc sententiam non tenet noster Carlstadius, certum est tamen mihi, quod eas nihil ducit." WAB 1.146,55–58. – Ich betrachte Luthers private Äußerung nicht als eine Radikalisierung gegenüber dem ‚Tractatus de Indulgentiis', in dem er den Ablaß als „suffragium" so positiv bewerten kann („forte"), daß heutzutage mehr als früher („nunc ... quam olim") „... multi intrant [purgatorium] et pauci pro eis laborant, dum praecedentes et adhuc superstites utrinque segnes fuerunt et sunt, Papa eis isto saltem modo succurrit." WAB 12.8,143–9,148; 31. Oktober 1517.

Ich bin daher außerstande, Ernst Kähler beizupflichten, wenn er meint, daß Luthers Aussage in Leipzig „fast sophistisch klingt", wenn Luther sagt: „Ich habe niemals geleugnet, daß der Ablaß nützlich sei, jedoch nicht für Christen, das heißt für die, die glühend handeln, Christus ihrem [!] Namen entsprechend lieben und suchen [non Christianis, hoc est fervide agentibus, Christum secundum nomen suum (!) amantibus et quaerentibus...]; diesen ist der Erlaß von Werken unwillkommen, willkommen vielmehr die Auferlegung von Werken." WA 59.557,3899f. Kähler, Beobachtungen zum Problem von Schrift und Tradition in der Leipziger Disputation von 1519, in: Hören und Handeln. Festschrift für Ernst Wolf, hg. v. H. Gollwitzer und H. Traub, München 1962, 214–229; 229. Vgl. die traditionelle Äußerung im ‚Tractatus de Indulgentiis': „Perfecte contritus evolat sine indulgentiis..."; und in der ‚conclusio': „Id itaque diligenter attendendum, ne indulgentiae, id est satisfactiones, fiant nobis causa securitatis et pigritiae et damnum interioris gratiae. Sed sedulo agamus, ut morbus naturae perfecte sanetur et ad Deum venire sitiamus prae amore eius ... id est assidue sanantem gratiam eius quaeramus." WAB 12.7,66f.; 9,152–156.

Auch Kählers Schlußfolgerung kann ich nicht mitvollziehen: „Damit wird die Pro-

Zum Schluß kehren wir zu unserem Ausgangspunkt zurück: Im Jahre 1518 werden in den parallelen Auseinandersetzungen zwischen Karlstadt und Eck einerseits und Luther und Prierias andererseits in demselben Stichwort „facere quod in se est“ die beiden Hauptspitzen der 95 Thesen klar entfaltet. Dem Historiker mag es dabei gestattet sein, rückblickend zu bedauern, daß Karlstadts impulsive Angriffsfreudigkeit die staats- und kirchenpolitische Beweglichkeit und die Zahl der potentiellen Bundesgenossen frühzeitig eingeengt hat. Der Theologe dagegen kann nur feststellen, daß eben so jener doppelte Kampf ausgetragen wurde, den Luther bei seiner Wendung von einer Universitätsreform zur Kirchenreformation selbst vorgezeichnet hatte in den nicht zu verharmlosenden geschichtsmächtigen 95 Thesen.

---

blematisierung der verpflichtenden Tradition von einer ganz anderen Seite her vollzogen, nämlich von der Frage her: Wem gilt sie? Ihm geht es um die christiani, mit ihnen allein [?] will er es zu haben haben. Die traditionelle Autorität wird entmächtigt, da die (wahren) Christen dessen nicht bedürfen, was die Kirche ihnen hier anbietet.“ Ebd. Damit wäre der Luther von Leipzig 1519 entweder als joachitischer Fraticell entlarvt oder zu einem Vorläufer der späteren Antinomisten, wie ich meine, „umfunktioniert“.

VI

Tumultus rusticorum: Vom ‚Klosterkrieg' zum Fürstensieg. Der deutsche Bauernkrieg aus der Nähe betrachtet

1. Der deutsche Bauernkrieg

Trotz intensiver Bauernkrieg-Forschung, die von weltanschaulichen Interessen nicht nur, wie oft beklagt, erschwert, sondern auch angestachelt und vorangetrieben wird, erweist es sich als schwierig, alte bis in die Reformationszeit zurückreichende Vorstellungen abzustreifen. So reden wir unbeirrt vom *Deutschen* Bauernkrieg, obwohl sich diese Begrenzung schon längst als unhaltbar herausgestellt hat und die bei allem Wechsel gleichbleibenden Gravamina und Widerstandsformen der ‚rustici' als gesamteuropäische Phänomene zu begreifen sind.

Weiterhin reden wir vom *Bauern*krieg, obwohl die Quellen des 16. Jahrhunderts es nahelegen, den Terminus ‚rustici' differenzierter mit Landbevölkerung oder – aus humanistischer Perspektive betrachtet – mit ‚ungebildete' und ‚einfache Leute' wiederzugeben. Darüber hinaus verfolgten nachweislich in den frühen zwanziger Jahren des 16. Jahrhunderts Teile der Stadtbevölkerung dieselben sozialen und politischen Ziele und ‚solidarisierten' sich somit nicht nur mit den Bauern, sondern haben die in ihren Konsequenzen revolutionäre Bewegung entscheidend getragen und mitbestimmt. ‚Revolution' ist dann aber wortwörtlich zu verstehen: Das ‚Zurückkehren', um Fehlentwicklungen rückgängig zu machen.

In zahlreichen Variationen wiederholt sich immer wieder derselbe Protest gegen die „großen Beschwerden (Lasten), so wider Gott und alle Gerechtigkeit dem armen gemeinen Mann in *Stetten und uff dem Land,* von Geistlichen und Weltlichen, Herren und Oberkeiten uffgelegt worden." So heißt es im Artikelbrief der Schwarzwälder vom 8. Mai 1525[1].

[1] Flugschriften des Bauernkrieges, hg. v. KLAUS KACZEROWSKY, Rowohlts Klassiker der Literatur und Wissenschaft, Dt. Lit. 33, Hamburg 1970, 15. Einen breiteren Einblick in ‚the voices of discontent' am Vorabend der Reformation bietet die ansprechende Textsammlung von GERALD STRAUSS, Manifestations of Discontent in Germany on the Eve of the Reformation, Bloomington 1971. – Bei einem überspitzt konstruierten Gegensatz zwischen ‚Stadt' und ‚Land' ist von vornherein auch für den Bauernkrieg zu bedenken, daß der Markt in den Städten als Organisationseinheit des Landes betrachtet werden muß. Siehe DAVID SABEAN, Markets, Uprisings and Leadership in Peasant Societies: Western Europe 1381–1789, in: Peasant Studies Newsletter II, Pittsburg 1973, 17–19.

Die Mühlhäuser Artikel (September 1524) verlangen auf Drängen verschiedener Stadtbezirke und der „leinweber Sanct Jacoff und aus andern hantwerken" die Reform des Rats[2]. Auch die Erfurter Artikel vom 9. Mai 1525 sind der Niederschlag dessen, worüber „alle Viertel der Stadt Erffurdt sampt denn Hantwercken darinn gehorende uff weither Vorbesserung untterredt habenn"[3].

Die Historiker der Deutschen Demokratischen Republik sind geneigt, den Bauernkrieg als deutsches Ereignis – konkurrenzfähig gegenüber der Französischen und Russischen Revolution – in ihre Nationalgeschichte einzugliedern und sind so zur Überbewertung der Bedeutung des Jahres 1525 bereit. Jedoch hat in der Frage des *Bauernkriegs* die marxistische Forschung mit ihrer Ideologie eine eindeutig günstigere Ausgangsposition und Blickrichtung als die von einer braunen Bauernromantik verzerrte deutsche Geschichtsforschung der dreißiger und vierziger Jahre[4]: Nicht eine Berufsorganisation, sondern eine soziale Schicht begehrt auf.

Die Bezeichnung Bauern*krieg* apostrophiert schließlich nur das, was sich erst seit Mai 1524 (Forchheim, 16. Mai) mit den Höhepunkten Mühlhausen (25.) Mai 1525 und der Flucht Gaismairs ein Jahr später (2. Juli 1526) in einer gewalttätigen revolutionären Bewegung entfaltete[5], aber in der europäischen Geschichte als gewaltloses Reformdrängen schon seit langer Zeit vorhanden war. Tatsächlich haben zum Schlagwort gewordene reformatorische Grundgedanken wie ‚Freiheit' und ‚Priestertum aller Gläubigen' die ländliche Bevölkerung allerorts elektrisiert und mobilisiert. Die Wittenberger und Zürcher Reformatoren, weit davon entfernt, die Entsklavung der Seele mit einer Sublimierung der weltlichen Gravamina zu erkaufen, haben – von zahlreichen Stadtpfarrern und Wanderpredigern unterstützt – in die Programme der

[2] Akten zur Geschichte des Bauernkriegs in Mitteldeutschland [AGBM] II, unter Mitarbeit v. Günther Franz, hg. v. Walther Peter Fuchs, Jena 1942 [Aalen 1964] 47, Nr. 1128.

[3] WA 18.534,1–3.

[4] So damals Günther Franz, Der deutsche Bauernkrieg, München-Berlin 1933, 481.

[5] „Bei diesem Überblick über die Ursachen, welche die Bauernunruhen auslösen, wird aber auch deutlich, daß alle diese Auseinandersetzungen einschließlich der ersten des Jahres 1525 noch gewaltlosen Charakter haben. Lösungen werden zunächst friedlich-schiedlich gefunden und meistens vertraglich festgelegt. Beschwerden über einzelne Punkte bringt man schriftlich nur dort vor, wo man mit Entgegenkommen rechnet, nicht aber dort, wo man im Begriff ist, loszuschlagen, sondern wo zunächst von Verhandlungen etwas zu erhoffen ist. Besonders in Zeiten, in denen man nicht gern viel schreibt, faßte man solche Beschwerdebriefe wohl doch nur ab, wenn man sich etwas davon versprechen konnte." Adolf Waas, Die Bauern im Kampf um Gerechtigkeit 1300–1525, München 1964, 38.

politischen Bitt- und Schmähschriften eine deutlich spürbare Tiefe und Schärfe gebracht.

Die aufrührerischen ‚Haufen' und ‚Rotten' der Vorreformationszeit, die sich auf das alte Recht berufen, scharen sich um Bußprediger, die zur Vorbereitung auf das kommende Friedensreich aufrufen. Im Sinne einer gewaltlosen Reform von oben werden als die markantesten Tugenden die *conversio cordis* und *patientia mentis,* persönliche Bußgesinnung und geduldiges Harren auf das kommende Reich des Friedens und der Gerechtigkeit gepriesen[6]. Das neue reformatorische Ferment bewirkte nun eine politische Radikalisierung im Sinne eines biblisch-theologisch begründeten geistigen Widerstands gegen die diesseitige Machtfülle der Kirche, ihre Steuerprivilegien in Stadt und Land und ihre Rom-orientierte Wirtschaftspolitik[7]. Während in der Zeit des sogenannten Bau-

---

[6] Die Interpretation der „Reformatio Sigismundi" als revolutionäre Schrift ist überzeugend widerlegt worden von Lothar Graf zu Dohna: „Es war ein arges Mißverstehen, daß man die Erneuerung der Ordnung, die Reform, als *neue* Ordnung ansehen wollte. Man hatte die Aktualisierung des vorfindlichen, wenn auch weitgehend verdeckten Ordo wegen seiner Zukünftigkeit für etwas grundlegend anderes gehalten als die vorhandene Ordnung. Es gibt aber im Denken des Verfassers nur *eine* Ordnung. Sie ist ihrem Ursprung und Wesen nach göttlich und zugleich in die Geschichte eingetaucht. Sie kann auch als ‚rechte' oder als ‚heilige, selige Ordnung' bezeichnet werden. Ihr Wesen könnte man vielleicht, besser als in einer Definition, durch einen gehorsamheischenden Anspruch der Schrift zum Ausdruck bringen, in dem beide Aspekte der Ordnung enthalten sind, einmaliger Vollzug und ewige Geltung: ‚man soll halten, was Christus mit Leib und Leben geordnet hat'." Reformatio Sigismundi. Beiträge zum Verständnis einer Reformschrift des fünfzehnten Jahrhunderts, Veröffentlichungen des Max-Planck-Instituts für Geschichte 4, Göttingen 1960, 115; vgl. 182. Für die Bedeutung der Reformatio Sigismundi in der Folgezeit, bes. auch für Luthers „An den christlichen Adel", s. Reformation Kaiser Siegmunds, MGH VI, Stuttgart 1964, 27.

[7] „Die Reformation scheint eine erhebliche Intensivierung dieser Unruhen gebracht zu haben, die sich dann in dem großen Aufstand von 1524/25 entluden." Horst Gerlach, Der englische Bauernaufstand von 1381 und der deutsche Bauernkrieg: Ein Vergleich, Meisenheim am Glan 1969, 66. Obwohl Luther eine ‚Reform von oben' als einzige Lösung betrachtet und Gewalttätigkeit ‚von unten' prinzipiell als ungesetzlich zurückweist, entspricht seine Erfassung der Lage – wirtschaftlich und psychologisch – Anfang 1522 genau dem, was drei Jahre später in den Bauernartikeln zum Tragen kommt: „Es ist von gottis gnaden yn dissen iaren das selige licht der Christlichen warheyt, durch Babst und die seynen tzuvor vordruckt, widder auffgegangenn, da durch yhre manchfeldige schedliche und schendliche vorfurunge allerley misztadt und tyranney offentlich an tag bracht und tzuschanden worden ist. Das es sich ansehen lest, es werde gelangen tzu auffruhr und Pfaffen, Munich, Bisschoff mit gantzem geystlichen standt erschlagenn und voriagt mochten werden, wu sie nit ein ernstliche merckliche besserung selbs fur wendenn, denn der gemeyne man, yn bewegung und vordriesz seyner beschedigung am gut, leyb und seel erlitten, tzu hoch vorsucht und ubir alle masz vonn yhn auffs aller untreulichst beschweret, hynfurt solchs nymmer leydenn muge noch wolle, und datzu redliche ursach habe mit pflegeln und kolben dreyn tzu schlagen, wie der Karst hans drawet." Eyn trew vormanung Martini Luther tzu allen Christen, sich tzu vorhuten fur auffruhr unnd emporung. WA 8.676,6–18.

ern*kriegs* Bauernführer sich wiederholt ausdrücklich von Gewaltanwendung distanzierten, so waren schon längst vor dem Beginn der reformatorischen Ausstrahlung nicht nur die Klagen über die Unterdrückung der Bauern, sondern zugleich auch bewaffnete Zusammenstöße gang und gäbe[8]. Das Problem der Anwendung oder Nichtanwendung von Gewalt wurde allerdings erst thematisiert, als nach den Aufständen von 1512–1515 in Stadt und Land – von Deventer bis Regensburg und von Schwaben bis Sachsen – die Berufung auf die göttliche Gerechtigkeit altrechtliche Vorstellungen vollends absorbiert hatte[9].

Der Begriff ‚deutscher Bauernkrieg' ist also in seinen drei Bestandteilen mit Umsicht, wegen der wuchtigen Sprachtradition unter Vorbehalt und jeweils nach dem Kontext differenziert zu verwenden. Der Ausdruck *tumultus rusticorum* erlaubt es, das Geschehen von 1525 zunächst einmal zu entfremden und als unbesetzte Chiffre für die Neudeutung einzusetzen.

2. Der neue Erwartungshorizont

Wenn wir in dem Gestrüpp der Programme und Tendenzen dieser Epoche den heiklen, aber für unser modernes Verständnis notwendigen Versuch machen, zwischen Reformbestrebungen einerseits und den im Ansatz revolutionären Bewegungen andererseits zu unterscheiden, so ist auf den sich verändernden Erwartungshorizont hinzuweisen. Die Berufung auf altes Recht und Herkommen gegenüber der unaufhaltbaren Ausbreitung einheitlich verwalteter Territorien – und somit Vorläufern unseres modernen Flächenstaats – ist ein Notruf und Hilfeschrei von unten nach oben auf dem Grunde eines unter den gegebenen Umständen überraschend ungebrochenen Vertrauens auf die Obrigkeit.

Dort, wo sich aber die Berufung auf das neue göttliche Recht durchsetzt, treibt das wegen der unerträglichen Steuerlasten, Beeinträchtigung der Allmendenutzungen und weiteren Entrechtung von Freien

---

[8] Die Losung der Bundschuhbewegung des Jahres 1523 im Breisgau war offenkundig in ihrer Verbitterung: „gott griess dich gesell, was hast du für ain wesen?" Die Antwort mußte lauten: „der arm in der welt mag nit genesen". Quellensammlung der badischen Landesgeschichte, Bd. 3, Karlsruhe 1863, 590. Voraufstände gab es u. a. 1478 (Salzburg), 1489/90 und 1513/15 (Eidgenossenschaft), 1499 und 1502 (Vorlande), 1514 (Württemberg ‚Armer Konrad'), 1520 (Tirol, geplant). Vgl. auch Wilhelm Stolze, Bauernkrieg und Reformation, Schriften des Vereins für Reformationsgeschichte 44, Leipzig 1926, 39f.

[9] Diese ‚Vorgeschichte' wird in die Täuferforschung noch eingebracht werden müssen. Siehe James M. Stayer, Anabaptists and the Sword, Lawrence 1972. Vgl. die zutreffenden Rezensionen von John H. Yoder in: Church History 43 (1974) 272f. und Steven E. Ozment in: Renaissance Quarterly 27 (1974) 213ff.

empfundene Unrecht, materialiter unverändert, jetzt zur verstärkten Reflexion und Aktion. Man hat damit die Ebene des Verlangens nach *restitutio* und nach Rückkehr zu vielfachen Formen der früheren regionalen ‚Autonomie' verlassen. Wir stoßen nun auf die ersten Töne eines Wissens darum, gleichberechtigt zu sein unter dem Anspruch des die ganze Gesellschaft, Stadt und Land, Bauern und Bürger, kirchliche und weltliche Obrigkeiten gleichermaßen umfassenden, bindenden und verpflichtenden gerechten Willen Gottes. Was im Selbstverständnis und in der Gesetzgebung der Reichsstadt bzw. des Stadtstaats schon seit zwei Jahrhunderten lebendig war, nämlich die von allen Bürgern und Einwohnern gemeinsam zu tragende Verantwortlichkeit gegenüber dem Willen Gottes, findet in den letzten Dezennien vor der Reformation zusehends Widerhall auch in Kreisen der Landbevölkerung.

Der bisherigen Forschung kann man beipflichten, wenn sie annimmt, daß die städtischen Unruhen der Jahre 1513–1515 auf Bauernwirren zurückzuführen sind; zu bedenken ist dabei jedoch, daß die dem Bauern-Programm zugrunde liegende Struktur nicht *ex nihilo* auf dem Lande entstanden, sondern in der Ausstrahlung des schon längst in den Stadtgemeinschaften erprobten gottgewollten Gleichgewichts zwischen Rechten und Pflichten begründet ist[10].

---

[10] Vgl. Bernd Moeller, Reichsstadt und Reformation, Schriften des Vereins für Reformationsgeschichte 180, Gütersloh 1962. Der Übergang von der Pflegschaftspflicht zum Pflegschaftsrecht und dem damit einhergehenden Gedanken der sakralen Stadtgemeinschaft ist ein vorreformatorischer Vorgang, in dem wir die Entstehung der „bürgerlichen Kirchengemeinde als genossenschaftliches Gegenstück zur herrschaftlichen Auffassung der Kirche" vorfinden. Rolf Kießling, Bürgerliche Gesellschaft und Kirche in Augsburg im Spätmittelalter. Ein Beitrag zur Strukturanalyse der oberdeutschen Reichsstadt, Augsburg 1971, 126; vgl. 312, 360. Die Vertiefung des Stadtbewußtseins durch die Reformation bleibt vorläufig noch Arbeitshypothese. Nach Moeller hat die Reformation in den Reichsstädten „jedenfalls zunächst eine Neubesinnung auf deren genossenschaftliche Grundlagen, neue lebhafte Anteilnahme der Bürger an den kommunalen Angelegenheiten erweckt..." Op. cit., 33. Die vorsichtige Abschwächung der dazugehörigen Anmerkung (63) ist leider in der übrigens vorzüglichen amerikanischen Übersetzung von H. C. Erik Midelfort und Mark U. Edwards nicht mit aufgenommen worden: Imperial Cities and the Reformation. Three Essays, Philadelphia 1972, 69, Anm. 65. Heide Stratenwerth hat darauf hingewiesen, daß die Osnabrücker Archivbestände keinen Hinweis bieten, aus dem hervorginge, daß die Bürger ihre Kommune als religiöse Gemeinschaft verstanden hätten. Die Reformation in der Stadt Osnabrück, Wiesbaden 1971, 123, Anm. 81. Beispiele für das vorreformatorische Ineinander von Stadt und Kirche im Rat der Bürgerschaft nennen Hans-Christoph Rublack, Die Einführung der Reformation in Konstanz von den Anfängen bis zum Abschluß 1531, Gütersloh 1971, 2f., 16, 20ff., und Helmut Maurer, „Die Ratskapelle. Beobachtungen am Beispiel von St. Lorenz in Konstanz", in: Festschrift für Hermann Heimpel II, Veröffentlichungen des Max-Planck-Instituts für Geschichte 36/II, Göttingen 1972, 225–236; 234f. – Erst im Vergleich mit der energisch vorangetriebenen italienischen Stadtforschung wird es möglich sein, die verschiedenen Typen der cis-alpinen Stadtgemeinschaften unterscheiden zu lernen. Vgl.

Wir würden uns somit jedem Verständnis für die Emotionen, Wünsche, Überlegungen und Ereignisse dieser *tumultus rusticorum* verschließen, wenn wir die Berufung auf das Göttliche Recht als ein Trachten nach einem Idealzustand oder einer politischen Utopie ansähen, wie das bis in die jüngste Literatur hinein geschieht. So wie es wohl unangemessen wäre, den spätmittelalterlichen Stadtstaat mit seiner religiösen Bundestheologie nur deshalb als utopischen Wunschtraum anzusehen, weil er sich zum Teil schon vor dem Anfang der dreißiger Jahre des sechzehnten Jahrhunderts dem Zugriff des landesherrlichen Absolutismus nicht mehr entziehen konnte[11], so unbegründet wäre es auch, der territorialen Landbevölkerung das realistische Verlangen abzusprechen, ihre Lebensbedingungen im Rahmen des politisch und wirtschaftlich Möglichen nach den in der Stadt erprobten Rechtsstrukturen auszurichten. Es waren nun eben die „Freiheiten" der Städte mit ihrer eigenen Pfarrerwahl (Stadtprediger), ihren Steuer- und Marktrechten, die den Begriff Freiheit – ebenso wie z. B. im Bundschuh – im Sinne einer vom Alten Testament her interpretierten Bundesgemeinschaft propagierten und inhaltlich füllten, und zwar Jahre bevor Luthers grundsätzliche Reformationsschrift *Von der Freiheit eines Christenmenschen* (1520) gedruckt und bald weit verbreitet wurde.

Die Behauptung, daß der Freiheitsgedanke Luthers von den Bauern[12] falsch verstanden worden wäre, die bis heute noch durch die Bauernkriegsliteratur geistert, muß dann auch von dieser Perspektive aus neu erwogen werden[13]. Jene Deutung basiert auf der frühesten, Cochläus noch vorangehenden Beurteilung des Bauernkriegs, wonach der ‚revolutionäre Luther' mit seinem ‚pseudo-prophetischen Berufsbewußtsein' und seiner ‚uneinsichtigen Haltung gegenüber Kirche und Papst' *tumul-*

Marvin B. Becker, Some Common Features of Italian Urban Experience (c. 1200–1500), in: Medievalia et Humanistica NS 1 (1970) 175–201.

[11] Thomas A. Brady hat schon für das Jahr 1530 nachgewiesen „the essential weakness of the cities in the political world of Reformation Germany". Vgl. Jacob Sturm of Strasbourg and the Lutherans at the Diet of Augsburg 1530, in: Church History 42 (1973) 1–20; 20.

[12] Auf die parallele Bedeutung des städtischen Gemeinschafts- und Bruderschaftsgedankens für die nicht-städtische Ritterschaftsbewegung hat Martin Brecht in seinem Aufsatz „Die deutsche Ritterschaft und die Reformation" (Ebernburg-Hefte 3. Folge, 1969, 27–37) überzeugend hingewiesen. Die an Martin Bucers Neuw Karsthans angehängten „Dreißig Artikel" (Beigabe des Druckers H. Schott, Straßburg 1521) enthalten eine Mischform der gravamina, wie sie in den Wittenberger Wirren (Karsthans, Art. 23–25) und den Bauernartikeln zum Tragen kommen; s. Arnold E. Berger, Die Sturmtruppen der Reformation, Leipzig 1931 [Darmstadt 1964], 202–204.

[13] Wie solch ein Mißverständnis von Luthers libertas christiana sich hätte (!) ergeben können, wird rekonstruiert von Hans J. Hillerbrand, The German Reformation and the Peasants' War, in: The Social History of the Reformation, hg. v. Lawrence P. Buck und Jonathan W. Zophy, Columbus (Ohio) 1972, 106–136; 118ff.

tus hervorrufen mußte. In den von Erasmus beeinflußten humanistischen Kreisen war gerade dieser Vorwurf schon vor der Veröffentlichung von *De libero arbitrio* (1524) Grund genug, sich von dem Reformator abzuwenden[14]. Und Luther selber hat seit den ersten Gerüchten über bewaffnete Rotten, die Wittenberg erreichten, darum gewußt, daß ihm und seiner Deutung des Evangeliums die aufsässigen Freiheitsbewegungen angelastet werden würden.

Da darüber hinaus die heutige Quellenlage uns einen besseren Einblick in den gehobenen sozialen Status- und Bildungsstand der Bauernführer und ‚Rottenpastoren' gewährt[15], ist es nicht mehr zulässig anzunehmen, daß sie bei der Aufnahme und Wiedergabe von Luthers reformatorischer Botschaft als begeisterte aber geistig beschränkte Mitläufer sich selbst getäuscht oder geirrt hätten: Die *libertas christiana* war für jedermann eine zentrale Frage, die nun dank Luther mit der Schrift in der Hand und nicht mit dessen Freiheitstraktat auf dem Tisch zu lösen war. Luthers Freiheitsbegriff fiel bei der Landbevölkerung nicht in ein Vakuum, wo er in schwärmerischer Begeisterung verzehrt und verzerrt worden wäre. Im Gegenteil, dort, wo der höhere Gehorsam gegenüber dem göttlichen Recht die Freiheit von älteren Weltzwängen begründet hatte, war dadurch der Boden schon längst bereitet.

Dies heißt nun aber nicht, daß Luther etwa nur Katalysator gewesen wäre; vielmehr müssen wir Luther in seiner Signalwirkung sehen, als wegbereitende Gestalt und nicht zunächst als überzeugenden, Zeile um Zeile analysierenden Scribenten. Das bewirkt auch materialiter die Wendung von der Berufung auf die ‚Gerechtigkeit Gottes' hin zur Berufung auf das ‚Evangelium des Herrn', das nun endlich „klar und ohne Zusätze" verkündet wird. Weiterhin bot Luthers Begründung des allgemeinen Priestertums allen Gläubigen die Möglichkeit, von der ‚Gerechtigkeit Gottes' auf die bestehende Rechtsungleichheit zwischen ‚Pfaffen' und Laien zu schließen und diese zu beseitigen[16].

---

[14] Tumultus, nicht nur als ‚Uffrur', sondern schon allgemein als ‚Agitation', ist seit 1521 in zunehmendem Maße Grund für die Sorge der Stadtväter und wichtige Voraussetzung für die Einführung und Beschleunigung der Reformation. Vgl. Eberhard Naujoks: „Indem die religiöse Reformbewegung die obrigkeitliche Position an der empfindlichsten Stelle, dem kaum beruhigten Verhältnis zwischen Rathaus und Zünften, angriff, löste sie bei den Stadtvätern die nie ganz eingeschlafene Furcht vor unberechenbaren Straßenaufläufen aus." Obrigkeitsgedanke, Zunftverfassung und Reformation. Studien zur Verfassungsgeschichte von Ulm, Eßlingen und Schwäb. Gmünd, Stuttgart 1958, 56.

[15] Bei den Anführern handelt es sich meist nicht um Bauern, sondern um Pfarrer, Adlige, Handwerker und Gastwirte. Siehe Gerlach, op. cit., 144–175; ferner Rudolf Endres, Der Bauernkrieg in Franken, in: Festschrift für Gerd Wunder, Württembergisch Franken, Jahrbuch 58, Schwäbisch Hall 1974, 153–167; 162f.

[16] Vgl. Flugschriften des Bauernkrieges, ed. cit., 10 („Die 12 Artikel der Bauernschaft"). Die 7. These, vertreten von Christoph Schappeler in der Memminger Disputa-

Das Verlangen nach dem Recht auf freie Pfarrerwahl ist, wie schon angedeutet, nicht neu[17]. Die Begründung ist nun aber deutlich reformatorisch. In den „Zwölf Artikel(n) der Bauernschaft“ heißt es: „Der selbig erwölt Pfarrer soll vns das hailig Euangeli lauter unnd klar predigen one allen menschlichen zusatz, leer und gebot, dann uns den waren glauben stetz verkündigen, geyt uns ain vrsach got vmb sein gnad zu bitten, vnns den selbygen waren glawben einbylden vnd in vns bestetten, Dann wann seyn genad in vnß nit eingepyldet wirdt, so bleyben wir stetz fleysch vnnd blut, das dann nichts nutz ist, wie klärlich in der geschrifft stat das wir allain durch den waren glauben zu got kommen kinden, vnd allain durch seyn barmhertzigkait sälig müssen werden, Darumb ist vns ain söllicher vorgeer vnnd Pfarrer von nötten vnnd in dieser gestalt in der geschrifft gegrindt.“[18]

In dem parallelen Kontext auf städtischer Seite heißt es in den Worten der Hallenser Artikel (6. Mai 1525): „Nachdem der ewige, unser gutiger gott und vater aus besundern seinen gottlichen gnaden sein heiliges teures, ja unuberwintlichs wort wunderbarlich, ja wie zur zeit der apostеln Christi, unsers einigen behalters, in die weite welt seinen gleubigen zum heil mitteilt, ausgebreit und zu wissen *frei* gemacht hat, wil der gemeine zu besundern lob und ehern desselbigen unsers einigen gotts geburen, das ein ider in sonderheit und semptlich, ja auch wes standes der sei, zu fordern und so zu geleben vorpflicht sein, dem also auch raum und stadt zu geben und gelart zu werden, sal es und muß sein, das eine ide gemeine einen frommen, aufrichtigen, vorstendigen desselbigen worts des hern zu wehlen, zu entsetzen macht haben sal, dorumb die gemin hir in Halle u. g. h. undertenig bittende, so zu gescheen, pfarner und prediger zu wehelen, gnediglich nachhengen wolle.“[19] Dieser von Gott allen Menschen zugedachten Freiheit, sich einen Pfarrer wählen zu können und das Evangelium kennenzulernen, schließt sich eine dritte Forderung an: Jene „Einbürgerung“ der Geistlichen, die auch später in den für die Reformation gewonnenen Städten verwirklicht wird[20].

---

tion am 2. Januar 1525, lautet: „Ein einiges geistliches Priesterthum mit gleichem Opfer und Amt, nicht zweierlei, sei allen Christgläubigen gemein.“ Friedrich Dobel, Memmingen im Reformationszeitalter nach handschriftlichen und gleichzeitigen Quellen, Teil 1: Christoph Schappeler, der erste Reformator von Memmingen, 1513–1525, Memmingen 1877, 59.

[17] Siehe dazu Dietrich Kurze, Pfarrerwahlen im Mittelalter, Forschungen zur kirchlichen Rechtsgeschichte und zum Kirchenrecht 6, Köln-Graz 1966, bes. 465f., 471f. u. ö. Zu den spätmittelalterlichen Anläufen zur Einbürgerung der Geistlichen – nicht aus einem Glaubensideal heraus, sondern aus wirtschaftlichen Gründen, s. Kiessling, op. cit., 97f.

[18] Flugschriften des Bauernkrieges, ed. cit., 10.

[19] AGBM II, 216f., Nr. 1345 [4].

[20] Vgl. Bernd Moeller, Kleriker als Bürger, in: Festschrift für Hermann Heimpel II, Göttingen 1972, 195–224; Pfarrer als Bürger, Göttinger Universitätsreden 56, Göttingen

Das, was Friedrich Engels die ‚bürgerliche Ketzerei' genannt hat – „der Form nach reaktionär" –, gibt auch die Grundstruktur ab für die „bäuerisch-plebejische" Ketzerei[21]. Es wäre zu kurz gegriffen, die wachsende Opposition in Stadt und Land gegen die Privilegien der Kirche rein wirtschaftlich zu deuten: In verschiedenen soziologisch bedingten Ausprägungen handelt es sich um das Eindringen theokratischer Vorstellungen auf Kosten hierokratischer dogmatischer Prinzipien. Bei beiden Arten von „Ketzerei" wird die Gerechtigkeit Gottes als Richtschnur, ja strenger noch als „Gesetz" für Kirche und Gemeinschaft verstanden. Hauptmerkmal ist die innige Verbindung der vertikalen mit den horizontalen Komponenten der Gerechtigkeit, von der *iustitia coram Deo* und *iustitia coram hominibus*. Die spätmittelalterliche Stadt als Geburtsstätte der frühen reformierten Tradition liefert uns durch die Hervorhebung des Bundesgedankens und der Ethik von gemeinsamen Rechten und Pflichten[22] die adäquate historische Perspektive.

Es ist keineswegs eine neue reformierte Errungenschaft, diese Stadttheologie auch über die Stadtmauern hinaus auf die Dorfehrbarkeit und ländlichen Verhältnisse übertragen zu haben[23]. Das Drängen der Bauern auf gesellschaftliche Änderungen, so wie es aus ihren programmatischen Äußerungen in den verschiedenen Eingaben und Manifesten hervorgeht, wird getragen von Vorstellungen, die in der von der Reformation noch unberührten spätmittelalterlichen Stadt beheimatet waren und sich als lebensfähig erwiesen hatten.

Der Versuch aber, diese von der ‚Gerechtigkeit Gottes' bestimmten Modelle auch auf dem Lande zu verwirklichen, sollte an den dort

1972. Moeller weist in seinem zuerst genannten Aufsatz (211, Anm. 102) auf erste Lastengleichheitsforderungen in Erfurt 1521 und auf den Ratsbeschluß in Straßburg vom März 1523 hin. Etwa ein Jahr später als in Straßburg, aber ein Jahr früher als in Nürnberg, versucht der Rat in Memmingen, die Geistlichen der weltlichen Gerichtsbarkeit zu unterstellen. Vgl. Ratsprotokoll vom 22. Juli und 28. November 1524. Siehe Dobel, op. cit., 54, Anm. 110f.

[21] Friedrich Engels, Der deutsche Bauernkrieg [Leipzig 1870], Berlin 1970[9] (1946), 48f.

[22] Vgl. Rudolf Endres: „Allgemein in Franken ist die Forderung nach Aufhebung der wirtschaftlichen und juristischen Sonderstellung der Geistlichen, nach ihrer völligen Gleichstellung mit Bauern und Bürgern und ihrer Teilhabe an den kommunalen Pflichten." Art. cit., 160.

[23] Gegenüber der Konstruktion eines Gegensatzes zwischen Stadt und Land ist die Gemeinschaftsform des Dorfes zu berücksichtigen: „Gerade in den Klein- und Zwergstädten, deren Rechtscharakter als Stadt unbestreitbar ist, ergeben sich zahlreiche Berührungspunkte und Verwandtschaften zwischen Stadt und Dorf." Karl S. Bader, Studien zur Rechtsgeschichte des mittelalterlichen Dorfes, Teil I: Das mittelalterliche Dorf als Friedens- und Rechtsbereich, Weimar 1957, 231. Vgl. „Einen burger und einen gebür scheit nicht me wen ein czuhen und ein mür." Op. cit., 234. Für die städtische coniuratio im Vergleich zur dörflichen, s. Bader, Teil II: Dorfgenossenschaft und Dorfgemeinde, Köln-Graz 1962, 271–274.

vorherrschenden politischen, wirtschaftlichen und Bildungs-Verhältnissen scheitern und z.T. in sehr unterschiedlichen Formen zur Rückkehr in die Stadt führen: Tabor, Münster, Genf. Demgegenüber ist seit den Anfängen des 17. Jahrhunderts immer wieder ‚a trek into the wilderness'[24] zu beobachten; was jedoch die arme deutsche Landbevölkerung anbelangt, so wird es ‚a trek into the Americas'. Die in einigen (Bauern-) Schriften jener Zeit bezeugte Feindlichkeit gegen die von Produktion und Handel geprägten Städte („... alle rinckmauren an den stetten ... sollen niderprochen werden und hinfur nimmer stött, sonnder dorffer sein...")[25] schließt nicht aus, daß die Landbevölkerung die städtischen Freiheiten für sich beanspruchte. Die in ihren antistädtischen Tendenzen reaktionären Vorstellungen und restaurativen Programme der Bauern sind nicht verwirklicht worden. Die spätere Geschichte der gesellschaftlichen Emanzipation – z.B. in dem niederländischen Freiheitskrieg – zeigt, daß die Gerechtigkeit-Gottes-Bewegung nur dort politische Wirklichkeit werden kann, wo sie an die Tradition der städtischen Freiheiten anschließt, durch die sie wesentlich mitbestimmt worden war.

3. Drei zeitgenössische Zeugnisse zur Beurteilung des Bauernkrieges

Die Dokumentensammlungen, auf denen unser heutiges Bild des Bauernkriegs basiert, beziehen sich verständlicherweise vornehmlich auf die Ereignisse des Jahres 1525, und die zeitgenössischen Darstellungen beschäftigen sich besonders mit der Endphase des Bauernkrieges, d.h. mit den fürstlichen Strafexpeditionen. In jenen Monaten befanden sich aber die örtlich und zeitlich verschiedenen Auseinandersetzungen bereits in den letzten Zügen. Wesentliche Ansätze aus der Anfangszeit blieben daher in den Darstellungen unberücksichtigt.

1. Der wohl früheste Versuch, den Bauernkrieg durch Einordnen in den Ablauf der Reformation historisch zu würdigen, stammt aus der Feder des Desiderius Erasmus. Er stimmt weitgehend mit der bis heute gängigen historischen Darstellung der wichtigsten Ereignisse überein. Für ihn ist die Geschichte der Reformation bis 1525 ein Drama in drei Akten: Zuerst Humanismusstreit, dann Streit um Luther und schließlich der Ständekampf: „prodierunt in scenam nobiles et agricolae". Für den

[24] Vgl. George H. Williams, Wilderness and Paradise in Christian Thought, New York 1962.

[25] Vgl. Gaismairs Landesordnung, April 1526, Flugschriften des Bauernkrieges, ed. cit., 79. Siehe dazu auch Heinz Angermeier, Die Vorstellung des gemeinen Mannes von Staat und Reich im deutschen Bauernkrieg, in: Vierteljahrsschrift für Sozial- und Wirtschaftsgeschichte 53 (1966) 329–343; bes. 341.

Rotterdamer handelt es sich aber nicht nur um ein zeitliches Nacheinander dieser drei Szenen, sondern um eine geistige Talfahrt aller Kräfte in Richtung Katastrophe. Der eigentlichen Sache des Jahrhunderts, der Wiedergeburt der *studia humanitatis,* folgt der durch den nach seiner Meinung unbeherrschten Luther entfachte rauhe Glaubensstreit, der folgerichtig in einer blutigen Konfrontation mündete[26].

Da Erasmus mit seiner europäischen Korrespondenz wie in einer Nachrichtenzentrale die verwirrte Lage überblicken kann, kommt seiner Beurteilung der Beweggründe einige Bedeutung zu. Obwohl nur als ‚spectator' beteiligt[27], zeigt er Verständnis für die unzumutbare wirtschaftliche Lage der Landbevölkerung und betrachtet den Bauernkrieg nicht als einen Aufstand gegen die Obrigkeit, sondern als Widerstand gegen monastische Ausbeutung: ‚Vielerorts sind die Mönche zwar hart angegangen; doch in der Tat sind die meisten unerträglich und können auf keine andere als gewaltsame Weise zur Vernunft (Reform) gebracht werden. Sie haben sich verschanzt hinter zahllosen Privilegien und Sonderrechten und agieren in verschworener Solidarität... Wenn es auch als Schandtat erscheint, wenn Bauern ein paar Klöster schleifen, dann hat doch mönchische Zerrüttung, die durch Gesetze nicht zu zügeln ist, regelrecht danach geschrien.'[28]

In kurzen Sätzen skizzierte Erasmus die ‚Lage der Nation' wie folgt: Aus 's-Hertogenbosch, der Hauptstadt von Brabant, wurden die Franziskaner und Dominikaner vertrieben; in Antwerpen werden trotz Verbot des Kaisers, der Regentin und des Magistrats auf dem Lande außerhalb der Stadtmauer ‚Hagepreken' abgehalten; die Mehrheit der Bevölkerung von Holland, Zeeland und Flandern „odio plusquam capitali fertur in monachos"[29]. Durch Luthers Schriften angestachelt, ist sie

[26] „Prima turba erat de bonis literis. Hic suas partes egit Reuchlinus, nonnihil etiam Erasmus. Mox ad fidei negocium deuoluta est actio. Hic primas egit Lutherus, non incruentae fabulae princeps. Saltarunt et reges suam portionem ... Nuper prodierunt in scenam nobiles et agricolae. Actio fuit mire sanguinaria. Ea nunc recrudescit; quae sit futura catastrophe nescio." Opus Epistolarum Des. Erasmi Roterodami, hg. v. P. S. ALLEN und H. M. ALLEN, VI: 1525–1527, Oxford 1926, 153, 1–10; Brief an Guillaume Budé, 25. August 1525.

[27] Zu sehr als bloßen ‚spectator' betrachtet Valentin LÖTSCHER Erasmus in: Der deutsche Bauernkrieg in der Darstellung und im Urteil der zeitgenössischen Schweizer, Basler Beiträge zur Geschichtswissenschaft 11, Basel 1943, 234–236.

[28] „Multis in locis dure tractati sunt monachi; verum plerique cum sint intolerabiles, alia tamen ratione corrigi non poterant. Tot privilegiis, tot exemptionibus, tot phalangibus armati sunt ... Quanquam immane videtur quod rustici monasteria quaedam diripuerunt, tamen huc istorum improbitas provocavit, qui nullis legibus corrigi possunt." Opus Epistolarum, ed. cit., 156, 53–55; 157, 90–92; Brief an Willibald Pirckheimer, 28. August 1525.

[29] „Est ciuitas Brabantiae satis ampla frequensque, Syluam ducis appellant; hic populus eiecit Minoritas et Dominicanos omnes ... Antwerpiae quidam ausi sunt extra ciuitatem concionari; nec veritus est illo populus confluere, contemptis omnibus Caesaris, Margare-

dabei völlig außer Rand und Band geraten. Die Stadtkultur ist tödlich bedroht.

In „Deutschland", so Erasmus, ist gleichfalls eine allgemeine Wut gegen die Mönche entbrannt, Frauen- und Männerkloster werden vernichtet, die Behörden greifen hier und dort mäßigend ein durch strikte Kontrolle der Klöster, aber auch sie sind der Meinung „has coniuratas phalangas et tot priuilegiis armatas diutius ferri non posse"[30]. Am 5. September 1525 ist der Kriegslärm Erasmus' Basler Studierstube so nahe gekommen, daß er das Geschrei der Verwundeten hören kann. Das blutige Ende ist erreicht: „Agricolae ruunt in mortem." Dann äußert er zurückhaltend, doch mit verhüllter Kritik: „Die Fürsten reagieren lediglich mit den üblichen Maßnahmen – ich fürchte, daß sie das Übel noch vergrößern."[31]

Erasmus hat den Bauernkrieg aus der Perspektive des hochgebildeten Stadtmenschen gesehen. Allem abgeneigt, was seine akademische Ruhe bedroht, zumal wenn es zum Tumult ausartet, sieht er seine Sache, die der *bonae literae,* gefährdet. Grund und Ursache liegen aber nicht beim Volke *(infima plebs),* sondern allerorts bei den Mönchen und ihren unerträglichen Ansprüchen. Für Erasmus ist der Bauenkrieg „Pfaffenkrieg" und „Klosterkrieg", d.h. Krieg gegen Pfaffen und gegen die Klöster[32]. Dieser Krieg ist eine für Erasmus verständliche Erhebung von Stadt und Land, auf die die Magistrate der Städte gescheiter *(moderatius!)* reagieren als die Fürsten, die erst in der letzten Phase und dann als blinde Schwertträger erscheinen.

Erasmus' Perspektive von der Stadt her verzeichnet das Bild: Auf dem Lande wurden nicht nur Klöster, sondern auch Burgen und Schlösser als Symbole der Unterjochung gestürmt. Sie bietet aber dennoch eine Korrektur gegenüber der Tendenz, den Bauernkrieg hauptsächlich als Krieg gegen Adel und Fürsten zu betrachten. So abwegig ist Erasmus' Interpretation nicht. Für die Anfangsphase des Bauernkriegs ist

---

thae et magistratuum edictis. Itaque tota ciuitas illa feruet periculoso tumultu ... Maxima populi pars apud Hollandos, Zelandos et Flandros scit doctrinam Lutheri, et odio plusquam capitali fertur in monachos: qui cum plerique sint mali, tamen pro his nunc belligerabimur. Qui si vicerint, actum erit de bonis omnibus. Incipiunt nunc ferocire." Ibid., 155, 15–31.

30 Ibid., 150, 22f.; Brief an John Selva in Paris, 25. August 1525.

31 „Principes tantum agunt vulgaribus remediis. Metuo ne magis exasperent malum, sed Christus insignis artifex solus potest hanc fatalem tempestatem vertere in laetos exitus." Ibid., 160, 25–28; Brief an Polydore Vergil, 5. September 1525; s. auch Lötscher, op. cit., 236.

32 Der ‚Klosterkrieg' als erste Phase ist eine der wichtigsten Parallelen zwischen Bauernkrieg und Hussitenkrieg. Siehe Frederick G. Heymann, The Hussite Revolution and the German Peasants' War. An historical Comparison, in: Medievalia et Humanistica, NS 1 (1970) 141–159; 145f.

Erasmus' Beurteilung bei allen Unterschieden und Besonderheiten gegenüber dem mitteldeutschen Raum zutreffend und beachtenswert. Im Gegensatz zu seinem Freund Bonifatius Amerbach, der in den Bauern nichts anderes sieht als Mörder, die das Evangelium nur als Vorwand benutzen[33], zögert Erasmus nicht, die Gravamina der Bauern als berechtigt hervorzuheben. Aber letztlich hat für ihn die Sache der *bonae literae* Vorrang, sie lebt von der *pax Christi,* welche nun in teuflischer Weise bedroht ist. Den Schlußsatz von Amerbachs Bericht hätte Erasmus ohne weiteres übernehmen können: „Gebe Gott, daß dieser Aufstand zum Erliegen komme, wenn nicht, dann ist es um uns alle geschehen."[34]

2. Einen Einblick in die erste Reaktion auf die ‚Zwölf Artikel der Bauernschaft', auf jenes oberschwäbische Manifest, das zum Prototyp für die Bauernartikel in ganz Deutschland werden sollte, gewährt uns ein anderes zeitgenössisches Dokument, wiedergegeben in einem Brief vom April 1525[35].

---

[33] „Videres passim suboriri tumultus et ubique per totam Germaniam multa sese coniungere rusticorum millia, monasteria devastantia ac cuncta diripientia, nec dubitandum, quod exhaustis cenobiis ac direptis idem contingat urbibus. Et tamen interim tam insignibus latrociniis ac rapinis Euangelicam pretexunt libertatem. Euangelicum illis nunc est cuncta diripere, operas patrono detrectare, census debitos non amplius s‹olue›re, omne obedientiae iugum excutere et, si ita pergant, nullum non flagitii genus sub Euangelica scilicet tuebuntur libertate. Ius non ex bono et aequo sed ex viribus metiuntur, nempe vt, qui minus fortis sit, potentiori cedere cogatur." Die Amerbachkorrespondenz, hg. v. Alfred Hartmann, III: Die Briefe aus den Jahren 1525–1530, Basel 1947, 18, 44–54; Brief an Alciato, Basel, 28. April 1525; Lötscher, op. cit., 220.

[34] „Faxit deus, ut tumultus sedari possit; quod nisi fiat, periimus omnes." Amerbachkorrespondenz III, ed. cit., 19, 63f. Der von Erasmus befürwortete, an der Katastrophe vorbeiführende gemäßigte Kurs wurde vom Basler Nachbarn Konstanz praktiziert. Nach dem Zusammenbruch der Bauern wurde diese ‚Neutralität' scharf kritisiert. Siehe Rublack, op. cit., Exkurs III, „Konstanz im Bauernkrieg", 142–144.

[35] Da die folgende Darstellung auf einen Brief fußt, der in der Bauernkriegforschung meines Wissens bisher keine Beachtung gefunden hat, zitieren wir hier den ganzen Memminger Bericht: „In loca vicina Vlme, oppido Sueuie, conuenit exercitus conscriptus ex rusticis factionis illius qui nomine Euangelicorum sese iactitant. Numerus eorum, ut perscriptus est ad Dominum Marchionem Badensem, fertur esse centum et viginti millium. Castrametati sunt in septem locis, vt commodius eis commeatus suppeditetur; in singulis castris sunt quindecim millia, quibus breui decem millia adiuncta sunt, indiesque fit maior numerus eorum. Dux Wittembergensis petiuit cum eis inire federa; responderunt ei, nullum se velle cum ipso habere commercium, quum constet illum querere mundana et sua; se autem agere negocium Euangelij et libertatis Christiane. Habent in exercitu suo sexcentos consiliarios, quorum nutu omnia aguntur. Habent concionatores multos;quos singulis diebus audiunt. Miserunt legatos suos ad Vicarium Imperatoris cum quibusdam articulis, super quibus cupiunt sibi et Christianis relliquis administrari iustitiam. Articuli autem maxime attingunt Episcopos et prelatos Ecclesie; quidam etiam principes. Nolui interrogare ex legato qui cum illis ad Dominam Margaretam a Vicario Imperatoris mittebatur. Audiuimus tamen antea multos ex articulis esse de tollendis grauaminibus Germanie: nolunt amplius soluere decimas; cupiunt liberari a teloneis et nescio quibus aliis

Ein ungenannter Botschafter des Markgrafen Philipp von Baden, der den Auftrag hatte, der Regentin der Niederlande, Margareta von Parma, über die Situation in Süddeutschland zu berichten, betont Rutger Rescius gegenüber, wie zahlreich – 120000 mit täglichem Zuwachs –, wie diszipliniert – 600 Offiziere –, wie fromm – mit täglichen Predigten von vielen Feldpredigern – und wie selbstbewußt die schwäbischen Bauern seien. Es wird angenommen – so heißt es weiter –, daß sie sich mit vielen Städten verbündet hätten. Sie könnten es sich sogar leisten, ein Bündnisangebot des Grafen Ulrich von Württemberg auszuschlagen: Sie möchten nichts mit ihm zu tun haben, da er nur seine eigenen, weltlichen Interessen im Auge habe, während sie selber ‚die Sache des Evangeliums und der christlichen Freiheit' betrieben: „negocium Evangelii et libertatis Christiane."

Wichtig für unsere Überlegungen ist, daß er ein Urteil über die Zwölf Artikel abgibt, und zwar in drei Punkten: (a) Sie fordern Gerechtigkeit nicht nur für den Bauern, sondern ‚für sich und die anderen Christen'. (b) Die Artikel richten sich vor allem gegen die Kirche – die Bischöfe und Prälaten –, nur wenige auch gegen die Fürsten. (c) Die Versuche der Bischöfe und Fürsten, ein Heer auf die Beine zu stellen, sind daran gescheitert, daß niemand bereit war, das Risiko zu laufen, die eigenen Familienangehörigen töten zu müssen: „posse enim incidere ut vel parentes vel fratres occiderent."

Dieser ‚Diplomaten'-Bericht führt uns sicher näher an das eigentliche Geschehen heran, als es Erasmus' Studierstube zuließ. Die Beurteilungen beider stimmen jedoch darin überein, daß die Ziele des Bauernprogramms nicht nur Bauernsache waren und daß sie vor allem eine religiöse Revolte gegen das kirchliche Establishment bedeuteten. In dieser Hinsicht handelt es sich für jenen ‚Diplomaten' beim Bauernkrieg nicht um regionale Ausschreitungen, sondern um eine gut organisierte, durch Bündnispolitik abgesicherte unaufhaltsame Erhebung von Stadt und Land; scheinbar unaufhaltsam und nicht einzudämmen deshalb, weil der Bauernkrieg nicht nur als ‚Klosterkrieg', sondern auch als Bürger- und Bruderkrieg verstanden wird.

Der Berichterstatter ist offensichtlich bemüht, nüchtern wertfreie Fakten zu geben, er zeigt sich beeindruckt von dem Ernst der Bauern,

---

oneribus. Episcopi et Principes Germanie conati sunt conscribere exercitum ad resistendum eis, sed ne vnum quidem inuenire potuerunt qui nomen dare uellet. Respondent se nolle pugnare contra suos; posse enim incidere vt uel parentes vel fratres occiderent. Multi etiam suspicantur multas Ciuitates cum illis esse foederatas..." Literae ad Franciscum Craneveldium 1522–1528, hg v. Henry de Vocht, Humanistica Lovaniensia 1, Louvain 1928, 417, 55–418, 86; Brief von Rutger Rescius (geb. in Maeseyck, † 1545, erster Inhaber der griechischen Professur am Collegium Trilingue), angeführt im Brief von Joh. de Fevyn an Francisco Cranevelt, Bruges, 9. April 1525.

das *negotium Evangelii* zu betreiben. An einem Punkt verrät er seinen eigenen Standpunkt: die Bauern pochen darauf *(sese iactitant)*, evangelisch zu sein, aber es handelt sich für ihn nicht um einen blinden, vom Teufel gerittenen Haufen, sondern aus seiner Sicht um ein revolutionäres Vorhaben mit Aussicht auf Erfolg. Dieses Dokument warnt uns, den Bauernaufstand als eine von vornherein zum Scheitern bestimmte Bewegung zu betrachten. Wenn der Kaiser bei Pavia nicht gesiegt und Hilfstruppen somit nicht hätte zur Verfügung stellen können...!

3. Noch näher an das Geschehen heran führt uns schließlich eine Beurteilung aus der Schlußphase des Bauernkriegs, niedergeschrieben von Christoph Schappeler in Memmingen am 2. Mai 1525 und gerichtet an Zwingli. Anders als der Humanist und der Diplomat ist Schappeler aktiver ‚Sympathisant' und – wenigstens, was das Vorwort und weitgehend die Bibelbelege betrifft – Mitautor der Zwölf Artikel[36]. Dieser im wahren Sinne des Wortes ‚Augenzeuge' zeigt sich über die Mißstände auf dem Lande genau informiert. Wie wohl wenig andere jener Zeit dringt er in die Psyche der Bauern ein und beschreibt mit innerer Vehemenz, was es bedeutet, als Bauer unter den erdrückenden Steuerlasten seufzen zu müssen[37]. Als er seinen Brief nach Zürich schickt, können Schappelers neue Akzente gegenüber den Zwölf Artikeln noch nicht durch Luthers „Ermahnung zum Frieden auf die Zwölf Artikel" veranlaßt worden sein. Er schreibt jetzt aufgrund seiner Erfahrung mit der Radikalisierung des im Prinzip gerechtfertigten Widerstandes[38].

Aus nächster Nähe erlebte er, wie das einfache Volk zerrissen wurde von widersprüchlichen Gehorsamspflichten: gegenüber Gott, zugleich aber auch gegenüber den weltlichen und kirchlichen Obrigkeiten, die alle das Evangelium mit allen Mitteln bekämpfen[39]. Es war ihnen klare Pflicht, Gott mehr zu gehorchen als den Menschen. Als dann jedoch ihr Widerstand zu einer blinden Zerstörungswut ausartete, war nicht mehr

---

[36] Für Schappelers Ruf ist es erhellend, daß schon Konrad Peutinger in einem Brief vom 11. Mai 1524 an Bürgermeister und Rat von Memmingen in Sachen Schappeler warnt: „Wa und wan ainer, der sich berömbt, nichtz anders dann das war und clar gotswort geprediget zu haben ... demnach gar leichtlich widerwill und aufrur daraus entsteen möchten, das doch meniglich zu verhieten und zufurkomen schuldig." Konrad Peutingers Briefwechsel, hg. v. Erich König, München 1923, 395; vgl. 382–389.

[37] „Audientes enim atque scientes, immo et in ceteris sentientes seipsos, proavos, denique posteros gentili ritu ac iudaica hypocrisi preter modum in dispendium et animae et rerum omnium delusos, extenuatos, onere ac iugo iniquo oppressos et quasi in ventum misere datos, animo in ea servitute vivere omnino nolunt, onera Christiano indigna ferre renuunt, servire diis, ut est in proverbio, alienis respuunt, voce una omnes clamant, reclamant, sua potius querentes." Huldreich Zwinglis sämtlich Werke, CR 95 [= ZW VIII], Zwinglis Briefwechsel II: Die Briefe von 1523–1526, 325,12–19.

[38] Anders akzentuiert bei Lötscher, op. cit., 230f.

[39] „... ipsorum ducibus, hominibus scilicet Christum eiusque euangelium et manibus et pedibus impugnantibus..." ZW VIII. 325,22–24.

eine Spur vom Evangelium zu entdecken; bei den Zerstörungen und Blutbädern geriet die Berufung auf die ‚Gerechtigkeit' zum Vorwand *(praetextus)* und zum Versuch, eigenes Recht zu suchen. In dem apokalyptischen Ende dieses Aufstandes sieht Schappeler eine gerechte Strafe für alle, denn – so sagt er – wir haben gegen Jesus Christus gesündigt, indem wir »sein Evangelium und seine Heilslehre linkisch und ungeduldig umarmt", d. h. verstanden und angewendet haben[40].

Schappeler als Mann der Mitte und Mann der ersten Stunde ist „links" überholt worden, und zwar dadurch, daß die Bedingung zum Schluß der Zwölf Artikel fallen gelassen wurde: „Wol man vns mit dem Wort Gots für vnzimlich anzaigen, wolt wyr daruon abston..."[41] Wenn die Artikel nicht mehr Verhandlungsbasis sind, sondern Programm, das sofort und mit Gewalt durchgesetzt werden muß, wird ‚sinistre et impatienter' vorgegangen[42].

Schappelers Deutung gemäß müssen wir von einer Befreiungsbewegung sprechen, die sich im christlichen Glauben begründet wußte, aber zum Schluß in einen Wirtschafts- und Interessenkrieg ausartete. Die Schuld wird nicht bei Mönchen oder Fürsten gesucht, sondern in der bäuerischen Ungeduld, die Süddeutschland in ein Sodom und Gomorra zu verwandeln droht, in eine Stätte der Verwüstung als Zeichen des endzeitlichen Gotteszornes: „Indulgentiam queramus ne simul in unum cum Zodoma et Gomorra increduli pereamus omnes."[43]

4. Iustitiae praetextu: Gerechtigkeit als Vorwand

Was anfänglich nicht Vorwand, sondern echter und ursprünglicher Beweggrund im Wissen um die Gerechtigkeit Gottes war, hat sich nicht durchsetzen können. Der steuernde ‚Überbau' ist zusammengebrochen unter der Wucht des unlenkbaren Fanatismus. Nur eines bleibt, die Bitte, ‚Gott verhüte, daß die einst Gerechten nicht untergehen als Ungläubige'.

Kein anderes zeitgenössisches Dokument – und auch keine heutige Darstellung – versetzt den Leser so unmittelbar in die ergreifende Wende von anfänglichem großen Hoffen zum letzten furchtbaren Schrecken.

---

[40] „... Christi Iesu euangelium atque doctrinam sanam, sinistre impatientesque amplectantes." ZW VIII. 326,6f. Vgl. dazu auch Lötscher, op. cit., 230 und bes. Anm. 61.

[41] Flugschriften des Bauernkrieges, ed. cit., 14.

[42] Bernhard Fleischlin kommt zu dem Schluß, daß Schappeler selber „das Evangelium der Revolution gepredigt hatte". Schweizerische Reformationsgeschichte I, Stans 1907, 551.

[43] ZW VIII. 326,9f. Diese Weltuntergangsstimmung kennt keine Grenze und Partei, sondern durchzieht in diesen Tagen alle von uns herangezogenen Quellen.

Die tagtägliche unmittelbare Verbindung zum Lager ist offenbar nicht durch informationsträchtige diplomatische Depeschen zu ersetzen; ja, selbst nicht durch die Studierstuben-Weisheit eines Hochgebildeten.

Der Bauernkrieg ist nach den eigenen Quellen eine religiöse Volkserhebung, die nach dem Maßstab der göttlichen Gerechtigkeit auf Änderung der gesellschaftlichen Verhältnisse drängte und dies *nicht* nur ‚in eigener Sache'.

Der Vorwurf des nur vorgetäuschten Durstes nach jener Gerechtigkeit – ‚iustitiae praetextu' – ist damals von allen Parteien in den verschiedensten Formen gegeneinander erhoben worden: gegen die Altgläubigen, die Lutheraner, die Anabaptisten und schließlich auch gegen die ‚Bauern'[44]. Wo die moderne Forschung ihre Fortschritte z. B. eben dem Umstand verdankt, daß sie die genuinen Beweggründe der verschiedenen Parteien erkennt und würdigt, besteht, was den Bauernkrieg betrifft, ein erheblicher Nachholbedarf[45]. Unsere heutige wirtschaftlich und sozialgeschichtlich zugespitzte Fragestellung darf biblisches Gedankengut, christlich-apokalyptisches Ferment und religiösen Erwartungshorizont der Aufständischen nicht zurückdrängen oder gar verdecken, wodurch Entstehung und Verbreitung des Bauernkrieges allein zu verstehen sind.

Die reformatorische Bewegung hat in ihren verschiedenen Ausprägungen, variierend von Luther und Karlstadt bis zu Müntzer und Hut, den religiösen Faktor in dem schon längst bestehenden bäuerlichen Drängen zu stärken oder zu steuern versucht[46]. Es ist sicher richtig, daß

---

[44] Beatus Rhenanus denkt keineswegs nur an den Bauern, wenn er am 1. September 1525 von denjenigen spricht, „qui sub evangelici nominis praetextu impostores agunt". Briefwechsel des Beatus Rhenanus, hg. v. Adalbert Horawitz und Karl Hartfelder, Leipzig 1886 [Nieuwkoop 1966], 334.

[45] Ich bin mir sehr wohl bewußt, daß die Hervorhebung des Schappelerbriefs und der Diplomatendepesche – anders als der Lagebericht des Erasmus – den Verdacht aufkommen lassen kann, aus beschränkt regionaler Sicht den *ganzen* Bauernkrieg deuten zu wollen. Als eine in dieser Hinsicht berechtigte Korrektur bringt Hans Hillerbrand die These: „there can be little doubt that the famous Twelve Articles convey an utterly erroneous picture of the relationship between the Reformation and the peasant uprising. The bulk of the peasant documents does not echo the sentiment of that document. The majority of the grievances are concretely economic or social." Art. cit., 125. Das statistisch gewonnene Ergebnis, daß weniger als fünf Prozent der Gravamina „have to do with religion or exhibit religious terminology" (ibid.), kann aber allzuleicht der ‚iustitiae praetextu'-Kritik der frühesten Zeiten Vorschub leisten. Um den religiösen Faktor in seiner Bedeutung erfassen zu können, wird man neben den Artikeln sämtliche Briefe und Akten berücksichtigen müssen, einschließlich des abschließenden Verhörprotokolls vom 12. März 1527, aus dem hervorgeht, daß bei dem mißlungenen Überfall auf Mühlhausen „die losunge were gewest: das wort gots". AGBM II, 873, Nr. 2081 [20].

[46] Vgl. meinen Aufsatz „Thomas Müntzer: van verontrusting tot verzet", in: Kerk en Theologie 24 (1973) 205–214.

der Begriff ‚religiöser Faktor' dann modernistisch und somit anachronistisch verwendet wird, wenn nicht deutlich gesehen wird, daß damit weit in die gesellschaftlichen Bezüge hineingeleuchtet wird. In einer apokalyptischen und mystischen Zusammenschau innerer und äußerer Ordnung ist sogar eine Perichorese oder Verschmelzung programmatisch anvisiert. Daß es dennoch daneben einen zweiten vom religiösen Faktor nicht abgedeckten Bereich gibt, ist keineswegs zu verneinen. Im Gegenteil, nicht nur Luther, sondern auch Schappeler und Müntzer sprechen von einer nicht vom Glauben abgedeckten Entwicklung im Programm und Vorgehen der Aufständischen. Der religiöse Faktor ist hier aber so sehr Oberbegriff und Maßstab, daß das soziale Drängen der Bauern ‚in Reinkultur' mit einer überraschenden Einstimmigkeit charakterisiert wird als: ‚quae sua sunt querunt', d.h. die interessenbedingte Verdrängung der Sache Gottes.

Die Charakterisierung des Bauernkrieges, impliziert in der abgekürzten Formel ‚iustitae praetextu', ist deshalb nicht nur eine von Unkenntnis oder Klassendistanz bedingte out-group-Beurteilung, sondern zu gleicher Zeit eine in-group-Manöverkritik, die aus einer Mischung von begeistertem Engagement für die Sache und Enttäuschung über die Verwirklichung entsprungen ist.

Im Programm und Ansatz erweist sich der sogenannte Bauernkrieg im Urteil seiner gemäßigten Kritiker und seiner radikalen Führer als Glaubensrevolte.

Abschließend kann festgestellt werden, daß der Bauernkrieg trotz seines blutigen Endes mit gleichem Recht seinen Platz in der Kirchengeschichte beansprucht wie die ‚Reformationen', die von Wittenberg, Genf und Trient ausgegangen sind.

VII

Martin Luther: Vorläufer der Reformation

1. Reformation als gescheiterte Transformation

Aus der Perspektive einer sozialgeschichtlichen Reformationsforschung, die den theologischen Faktor nur als zeitbedingte Randerscheinung wertet, kann es nicht überraschen, daß die These vom Scheitern der Reformation Zuspruch gefunden hat. Neue Quellen nämlich führen weg von der Fixierung auf die Elite als Kulturträger und erschließen die Kultur des ‚gemeinen Mannes', der sich – so kann man bei Gerald Strauss lesen[1] – nur äußerlich und vorübergehend der Missionierung Europas gebeugt habe. Die These anders gefaßt: Das ‚offizielle Christentum' hat sich die Jahrhunderte hindurch nur vordergründig und innerhalb einer dünnen Oberschicht gegen die Popularkultur im Untergrund durchsetzen können. Die Rede vom christlichen Abendland ist somit nur hagiographische Projektion und moralische Illusion.

Eine solche hartnäckige, lebenskräftige ‚Subkultur' vorausgesetzt, wird das Großziel der Reformation dann folgendermaßen bestimmt: Es ist der programmatische Versuch, nach den früheren mißlungenen Anläufen nun endlich die gesamte Gesellschaft zu durchdringen, um jene Transformation zu erzielen[2], von der mittelalterliche Missionare geträumt und nach der Inquisitoren vergeblich getrachtet hatten. Als Kronzeuge für eine solche Konstruktion scheint sich Martin Luther

[1] G. Strauss, Luther's House of Learning. Indoctrination of the Young in the German Reformation, Baltimore/London 1978. Strauss spricht von „a vigorous religious subculture" (303). „The deep current of popular life nourishing this subterranean religion was beyond the theologian's grasp, the preacher's appeal, or the visitor's power to compel" (ebd.). Für Strauss ist der hartnäckige „popular" Aberglaube zugleich Beweis und Symptom des Scheiterns der Reformation: Success and Failure in the German Reformation, in: Past and Present 19 (1975) 30–63; 62f. Unabhängig von Strauss verfolgte L. Rothkrug dieselbe Fragestellung. Popular Religion and Holy Shrines. Their Influence on the Origins of the German Reformation and Their Role in German Cultural Development, in: Religion and the People, 800–1700, hg. v. J. Obelkevich, Chapel Hill, NC 1979, 20–86.

[2] „... if it was its central purpose to make people – all people – think, feel, and act as Christians, to imbue them with a Christian mind-set, motivational drive, and way of life, it failed." Strauss, 307. Das Wörtchen „if" sollte nicht als offene Frage gedeutet werden: Der Verfasser ist sich seiner Sache ganz sicher. Für ihn ist klar, daß die Beweislast nunmehr nicht bei ihm, sondern bei allen liegt, die behaupten wollen, „that the Reformation in Germany aroused a widespread, meaningful and lasting response to its message". Ebd. 307f.

aufzudrängen[3], hat er doch den gemeinen Mann als Priester in Anspruch genommen und durch Visitationen dessen Glaubenspraxis mit bleibendem, durchschlagendem Effekt umgestalten wollen. Die grundsätzliche Rückfrage muß dann aber lauten: Hat Luther ‚Reformation' als Transformation je gewollt und getragen?[4]

2. Endzeitlicher Notstand: Non est nostrum remorari eum

Mit Luther dem heroisch-unerschrockenen Reformator, dem zuversichtlichen Vorkämpfer der ‚Transformation', ist nicht nur das Auftreten auf dem Wormser Reichstag (April 1521) angesprochen samt der öffentlichen Weigerung, sich von seinen Schriften zu distanzieren. Gewiß ist „Luther vor dem Kaiser in Worms" zu einem Symbol reformatorischen Bekennermuts geworden[5], das auch viele von denen erreicht hat, die nicht lesen konnten[6]. Es läßt sich feststellen, daß die reformatorische Tat dem reformatorischen Wort die Wege weit ins Volk gebahnt hat. Sogar die „literati" haben – bis in unsere Zeit hinein – von der Tat her die frühen Schriften Luthers gelesen. Das reformatorische Wort hat diese frühe Personalisierung und Heroisierung immer wieder steuern, korrigieren und zur Sache der Reformation treiben müssen. Mit diesen Augen gelesen, gelten die Schriften des Jahres 1520 zu Recht als reformatorisches Programm und krönender Abschluß der Entwicklung des

---

[3] Für STRAUSS ist allerdings die Rückfrage an Luther keineswegs zwingend: „Luther himself blurred the division between secular and ecclesiastical competences, and – in any case – events soon passed him by." Ebd. 313 Anm. 50.

[4] Als Bejahung dieser Frage deute ich die Schlußbetrachtung von S. E. OZMENT, in der er ebenfalls den Begriff „Transformation" einsetzt und in seine Generalkritik Luther einschließt. „The great shortcoming of the Reformation was its naïve expectation that the majority of people were capable of radical religious enlightenment and moral transformation, whether by persuasion or by coercion." The Age of Reform 1250–1550. An Intellectual and Religious History of Late Medieval and Reformation Europe, New Haven/ London 1980, 437. Obwohl B. MOELLER um eine Differenzierung zwischen Luther („der Christ steht als Einzelner vor Gott") und der städtischen Reformation („Gemeinwohl") bemüht ist, meint auch er, daß Luther „in den optimistischen ersten Jahren" tatsächlich „den allmählichen allgemeinen Sieg des Worts für möglich" hielt; „er lebte wohl noch soweit in der mittelalterlichen Gedankenwelt, daß er diesen Sieg zum Ziel machen konnte". Reichsstadt und Reformation, Gütersloh 1962, 37. Nicht überzeugend ist MOELLERS Beleg dieser These mit dem Verweis auf die Schrift an die Böhmen „De instituendis ministris Ecclesiae" (1523; WA 12.169–196) als „kennzeichnend für diese Gedanken Luthers". Ebd. Anm. 17.

[5] Siehe dazu Luthers eigene, rückblickende Deutung in seinem Brief an Melanchthon vom 9. Juli 1530. WAB 5.456,3–9.

[6] Auch die Kulturelite ist von der Symbolkraft dieser Tat erfüllt, wie Albrecht Dürers Klage um Luther enthüllt. Vgl. Albrecht Dürer, Tagebuch der Reise in die Niederlande, in: Dürer, Schriftlicher Nachlaß, hg. v. H. RUPPRICH, I, Berlin 1956, 170–172.

jungen Luther. Wenn das Wormser Edikt weitere Lutherschriften hätte unterbinden können[7], so stünde dennoch die Grundstruktur seiner Theologie auch uns Heutigen klar vor Augen.

Die Faszination durch die reformatorische Tat birgt in sich die Gefahr der – donatistischen – Mischung von Person und Amt, welche Luther selbst nicht anzulasten ist. Er hat vielmehr sein Programm als wissenschaftlich überprüfbare Entdeckung verstanden, die gerade losgelöst von der Person Bestand haben sollte. Diese Unterscheidung von Person und Amt fällt keineswegs leicht, da sie genau dort, wo die Person zur geschichtsmächtigen Gestalt wird, entfallen muß. Aus der Sicht des mitgerissenen Zeitgenossen ist es voll gültig, die Jahre 1519–1521 als die „Hoch-zeit" des Charismatikers zu beschreiben: „Es ist jene wunderbare Zeit, da Luther ... in nachtwandlerischer Sicherheit vorwärts stürmt, wie besessen von der Unausweichlichkeit seines Geschicks und preisgegeben dem Willen seines Gottes."[8]

Was sich in dem publizistisch überschäumenden Jahr 1520 als sprudelnde Neuschöpfung Luthers gibt, ist jedoch nicht „nachtwandlerische Sicherheit" im Sinne eines Traumzustandes, sondern Aufbereitung seiner wissenschaftlichen Ergebnisse, gewonnen in sieben Jahren biblischer Exegese. Seine Kampfthemen sind fest verankert in dem am hebräischen Psalmtext gewonnenen exegetischen Befund, nach jahrelanger zünftig wissenschaftlicher Erschließung des Bibeltextes breit entfaltet in den „Operationes in Psalmos", jenem Psalmenkommentar (1519–1521), den Luther der Vorladung nach Worms wegen jäh abzubrechen gezwungen war. Die reformatorische Klärung begegnet uns konzentriert in der detaillierten Auslegung von Psalm 10(9b), die er am Jahresanfang 1520 in akademischen Vorlesungen seinen Studenten vorgetragen hatte[9]. Hier werden die Grundgedanken der Schrift „An den christlichen Adel" (Mitte August) entwickelt, hier wird auch jene heilshistorische Sicht der captivitas am Text festgemacht, in deren Rahmen

---

[7] Vgl. WAB 2.336,10f.

[8] H. Freiherr von Campenhausen, Reformatorisches Selbstbewußtsein und reformatorisches Geschichtsbewußtsein bei Luther, 1517–1522 (1940), in: Ders., Tradition und Leben. Kräfte der Kirchengeschichte. Aufsätze und Vorträge, 1960, 318–342; 330. Dort finden sich (331 Anm. 67) Kritik an H. Preuß (Martin Luther. Der Prophet, Gütersloh 1933, 112–119) sowie (329 Anm. 58; 339 Anm. 125) Korrekturen gegenüber K. Holl (Luthers Urteile über sich selbst, in: Gesammelte Aufsätze zur Kirchengeschichte I, 381–419). Von Campenhausens anschauliche und mitreißende Beschreibung stimmt in jedem ihrer Teile, und dennoch ist ihre Gesamtperspektive verschoben: Luthers eigene Vorstellung von „reformatio" und die davon bestimmte „Erfolgserwartung" kommen nicht zum Tragen.

[9] W. Maurer hat die Auslegung von Ps 13(14) auf März 1520 datiert. Vgl. Von der Freiheit eines Christenmenschen. Zwei Untersuchungen zu Luthers Reformationsschriften 1520/21, Göttingen 1949, 78.

„De captivitate Babylonica“ (Anfang Oktober) zu deuten ist. Eindeutig wird hier entfaltet, was „Reformation“ allein bedeuten kann. So erschließt sich, was Aufgabe eines Reformators ist und wie Luther sein Amt interpretiert.

Es ist alles daran gelegen zu unterstreichen, daß dieser „Reformationspsalm“ zugleich die Charakteristik und Ansage der endzeitlichen Bedrohung ist. Er bot ihm mit seinen Staccatoversen ein Psycho-, ja Pneumogramm der Kirche seiner Tage: „Nam si mihi ecclesiasticorum et dominantium in ecclesia administratio hodierna esset oratione propria, apta, commoda, plena perfectaque disserenda, hunc psalmum recitarem...“[10] Die Kirchenführung will das Evanglium nicht hören, denn das würde „Reformation“ für sie unausweichlich machen: „ecclesiam et ecclesiasticos oportere reformari.“[11] Reformation aber heißt Abwendung von Macht und Prunk sowie Zuwendung zu Verkündigung und Gebet, sie zwingt zurück zur apostolischen Nachfolge in Armut und führt in die Lebensgefahr, ungeschützt für die Wahrheit eintreten zu müssen[12]. Dieses Thema ist nicht neu. Schon in einer frühen Predigt und in den „Dictata“ begegnet uns Luthers Überzeugung, daß die Reformation der Kirche nur durch die Verkündigung des Wortes erzielt werden kann[13]. Das Zeitalter der Kirchenreform ist jetzt vorbei, keine Reformatoren sind mehr zu erwarten, Gott selber muß[14] und wird „Reformation“ durchführen[15]. Nur ihm gebührt die Bezeichnung „Reformator“,

[10] Ps 10,7; AWA 2.588,8–10; WA 5.336,37–337,1.

[11] AWA 2.588,14; WA 5.337,4f.

[12] „... positis pompa, fastu, regnis et mundi negotiis, ministerio verbi et orationi instandum sit et apostolorum exemplo in penuria et periculo vitae pro veritate vivendum; quod ne fiat, potius omnia praedicemus, sive hinc populorum animae maledictionem capiant sive quid peius.“ AWA 2.588,14–18; WA 5.337,5–8.

[13] Siehe WA 1.13,24–40 (1512?). Im Hinblick auf die papalistischen Thesen des Sylvester Prierias sagt Luther im Kommentar zu Gal 6,6 („catechisatur verbo“): „Et, ut dicam libere, impossibile est, scripturas posse elucidari et alias ecclesias reformari, nisi universale illud reale, Rhomana curia, quam primum reformetur. Haec enim verbum dei audire non potest nec sustinere ut pure tractetur: verbo autem dei non tractato neque caeteris ecclesiis succurri potest.“ WA 2.609,10–14 (1519). „Succurri“ bezieht sich auf den Petrusauftrag in Lk 22,32: „...so stärke deine Brüder.“ Die Irreformabilität Roms blockiert „Reformation“ diesseits des Jüngsten Tages.

[14] „Ecclesia indiget reformatione, quod non est unius hominis Pontificis nec multorum Cardinalium officium, sicut probavit utrumque novissimum concilium, sed tocius orbis, immo solius dei. Tempus autem huius reformationis novit solus ille, qui condidit tempora. Interim vitia tam manifesta negare non possumus. Claves sunt in abusu et servitute avaritiae et ambitionis, et gurges accepit impetum: *non est nostrum remorari eum*. Iniquitates nostrae respondent nobis, et onus est unicuique sermo suus.“ Resolutiones disputationum de indulgentiarum virtute, 1518; WA 1.627,27–34. Ich kursiviere die Schlußfolgerung Luthers, da so seine Sicht des endzeitlichen *Notstands* hervorsticht, die Fehler in der Deutung des Vorhergesagten (s. Anm. 16) hätte verhüten können.

[15] „Non vincitur Satanas et Christianorum hostis nobis operantibus, sed dumtaxat patientibus et clamantibus.“ AWA 2.571,28f.; WA 5.327,13–15.

denn er wird die Reformation am Weltende, am Tage des Gerichts vollziehen[16].

Welches Amt und welcher Auftrag kann dann noch einem Luther übrigbleiben? Wie hat er sein eigenes Auftreten deuten können? Die bislang angebotenen Deutungskategorien des „Heros“ oder auch des „deutschen Propheten“, ja sogar des erfolgreichen „Reformators der Kirche“ entspringen einem Fortschrittsglauben, der „Eschatologie“ als unmittelbaren Lebenskontext theologiegeschichtlich zurückgelassen hat. Wir werden Luthers Sendung nicht näher kommen können, wenn wir uns nicht auf seine plastische und drastische Eschatologie einlassen. Sie ist nicht einfach abzustreifen, um zum Bleibenden, zur forthin reformatorisch verbindlichen Geschichtstheologie durchzudringen[17]. Für unsere Frage können wir uns nicht damit begnügen, zeitbedingt spätmittelalterliche apokalyptische Vorstellungen aufzuweisen, die man schlicht zu durchstoßen hätte. Was an Luther apokalyptisch erscheint, ist keineswegs dem Herbst des Mittelalters als phantasiegeladener, angstumwog-

---

[16] „Ita vides psalmum hunc finem suum in finem mundi et iudicii diem constituere.“ AWA 2.619,19f.; WA 5.352,25f. Die Aussage „immo solius dei“ (oben Anm. 14) ist in der Forschung keineswegs übersehen worden, nur wird sie – soweit ich sehe, ohne Ausnahme – im Rahmen der Rechtfertigungslehre gedeutet und nicht in ihrer ekklesiologischen Dimension erkannt. So schließt W.-E. Peuckert: Luther „fühlt sich zum Reformator berufen, zu dem, der die von Gott gestellte Aufgabe lösen muß“. Die große Wende II: Geistesgeschichte und Volkskunde, Darmstadt 1966, 568. W. Maurer deutet Luthers Absage an den Titel „Reformator“ moralisch als „demütige Haltung“ und seine Erwartung – „frei von allen apokalyptischen Erwartungen“ – als Resignation. Was verstand Luther unter der Reformation der Kirche? in: Luther 28 (1957) 49–62; 54f. R. Stupperich wertet den Passus „immo solius dei“ ganz im Sinne der Rechtfertigung: „Luther weiß, daß Menschen Entscheidendes nicht zu leisten vermögen.“ Luther und die Reform der Kirche, in: Reformatio Ecclesiae. Festgabe für Erwin Iserloh, hg. v. R. Bäumer, Münster 1980, 521–534; 524.

[17] Mit verschiedener Akzentsetzung ist das einschlägige Material bereits gesammelt und gesichtet worden. Übereinstimmung besteht in der These, daß die Apokalyptik für Luther keine konstitutive Funktion hat. Peuckert findet sie erst nach 1531, zurückgeführt auf Luthers „bäuerliches Denken“, in das er eingebunden ist und von dem er immer wieder überfallen wird. Peuckert (s. Anm. 16), 544. Im Vergleich zu Peuckert bedeutet M. Greschats Darstellung (Luthers Haltung im Bauernkrieg, in: ARG 56 [1965] 31–47) einen erheblichen Fortschritt. Mit Recht wird von ihm der apokalyptische Kontext der Bauernkriegsschriften hervorgehoben, der jedoch nicht erst vom 20. Nov. 1524 an (Luthers Predigt über die synoptische Apokalypse, Mt 24,15ff.; WA 15.738–758) datiert werden darf (32). Wie noch zu zeigen ist, berücksichtigt Greschat nicht Luthers Zwei-Reiche-Lehre bei der Schlußfolgerung (35): „Angesichts der Schrecken des kommenden Gerichtes wird alles Ringen und Feilschen um irdische Vorteile und Rechte bedeutungslos.“ Die überzeugende Neudatierung des Weingartener Vertrages durch J. Wallmann unterstreicht vielmehr Luthers Interesse an einem weltlichen Friedensschluß. Ein Friedensappell – Luthers letztes Wort im Bauernkrieg, in: Der Wirklichkeitsanspruch von Theologie und Religion, Festschrift Ernst Steinbach, hg. v. D. Henke u.a., Tübingen 1976, 57–75.

ter Zeit zuzusprechen, der nur jener Ausweg blieb, die Zeitenwende zu ersehnen. Gewiß gehört das zum Zuschnitt der Zeit[18]. Aus joachitischen, lollardischen und hussitischen Quellen gespeist, hat sich im späten Mittelalter in den verschiedensten Teilen Europas eine Neuerungserwartung festgesetzt, die an häretischer Anstößigkeit schon eingebüßt hatte. Als zentrales Merkmal ist der Einbruch des Dritten Reiches greifbar, das Zeitalter der Ausgießung des Heiligen Geistes: In dieser Zeit sollte sich die umfassende Transformation vollziehen, die das Corpus Christianum endlich mit dem Corpus Christi zur Deckung bringt.

Es ist aber entscheidend, daß Luther diesem Verständnis von Reformation energisch und in allen Phasen seines Lebens widerspricht. Es ist vielmehr überraschend, wie weitgehend seine Eschatologie im Rahmen derjenigen Endzeiterwartung bleibt, die Augustin in „De civitate Dei" entwickelt hat[19], und wie er zugleich noch hinter den Kirchenvater zurückgreift, indem er die urchristliche Naherwartung neu zur Erfahrung bringt. Mit Augustin[20] hält er sich fern von jeder Form des Chiliasmus. Die Parusie Christi wird *nicht* vorbereitet durch eine Transformation der Gesellschaft oder durch eine Theokratie, die von „Propheten", „Richtern" oder „apostolischen Sendboten" initiiert wird. Von vornherein ist somit auch jene militante Apokalyptik ausgeschlossen, die etwa mit Thomas Müntzer, Hans Hut, Melchior Hofman oder Jan Matthijs die Ausrottung der Gottlosen vor dem Jüngsten Tag ansetzt[21].

Ebenfalls mit Augustin deutet Luther Apk 20,3 – „danach muß er [Satan] eine kurze Zeit freiwerden" – als die letzte Phase der Geschichte, in der Gott dem Antichrist erlaubt, die Auserwählten zu versuchen und die wahre Kirche mit entfesselten Kräften anzugreifen. Allerdings hebt Augustin hervor, daß diese Zeit, durch Gottes Erbarmen abgekürzt, nur drei Jahre und sechs Monate dauern wird[22]. Für Luther hingegen ist die Länge dieser Frist unbekannt. Er rechnet mit einem Vorspiel von drei bis vier Jahrhunderten und läßt sich von den Zeichen

---

[18] Siehe die angeführte Literatur und eigene Darstellung von H. Gülzow, Eschatologie und Politik. Zum religiösen Pluralismus im 16. Jahrhundert, in: Das „Augsburger Bekenntnis" von 1530 damals und heute, hg. v. B. Lohse u. O. H. Pesch, 1980, 32–63.

[19] Siehe Augustin, De civitate Dei XX, 7–13; CChr 48.708–723.

[20] Vgl. Augustin, ebd. XX, 7; CChr 48.708–712.

[21] Vgl. H.-W. Krumwiede, Glaube und Geschichte in der Theologie Luthers. Zur Entstehung des geschichtlichen Denkens in Deutschland, Berlin 1952; J. M. Headley, Luther's View of Church History, New Haven/London 1963; U. Asendorf, Eschatologie bei Luther, Göttingen 1967; K. Deppermann, Melchior Hoffman. Soziale Unruhen und apokalyptische Visionen im Zeitalter der Reformation, Göttingen 1979; M. Reeves, The Influence of Prophecy in the Later Middle Ages. A Study in Joachimism, Oxford 1969. Zur Vorgeschichte der spätmittelalterlichen Apokalyptik s. H. D. Rauh, Das Bild des Antichrist im Mittelalter: Von Tyconius zum Deutschen Symbolismus, Münster 1979².

[22] Vgl. Augustin, De civitate Dei XX, 8.13; CChr 48.713,37–40; 722,1f.; 723,47f.

der Zeit immer wieder neu in seiner Endzeitberechnung bestimmen; doch die Zeichen bleiben Zeichen und werden nie zur Offenbarung. Der Deus absconditus ist keinesfalls nur Kontrastchiffre zum Deus revelatus[23]: Der richtende, Recht setzende Gott ist nicht dadurch weniger real, daß man ihm nichts vorrechnen kann; und seine Zeit ist nahe herbeigekommen.

Augustins Interesse richtet sich auf das große „Interim", das tausendjährige intervallum zwischen dem ersten und dem zweiten Advent Christi[24]. Er spricht futurisch von der Drangsal der letzten Tage und bekennt sich noch unsicher, ob der Antichrist in der Kirche selber erscheinen wird oder außerhalb ihrer als Gegenkirche (2.Thess 2,1–4)[25].

Luther dagegen schaut auf Augustins intervallum als nahezu abgeschlossene Epoche zurück. Er lebt bereits am Ende des „Interim", wie er die Zeit der Entfesselung des Satans bis zur Wiederkunft Christi bezeichnet: „Das einzige, was dich somit in diesem Interim tröstet, ist das kommende Gericht und dein Glaube, daß der Herr regiert in Ewigkeit – letztlich werden alle Gottlosen vergehen."[26] Für ihn ist zu Anfang des Jahres 1520 schon sicher geworden, daß jetzt am Ende der Zeit der Antichrist die Kirche von innen her, aus ihrem Zentrum vom heiligen Stuhl in Rom aus, unterwandert. War diese letzte und verschlagenste Vorstellung des Satans schon von Augustin als möglicher Ausgang der Geschichte benannt, so ist bei Luther neu hinzugetreten, daß Gott im Interim sein Evangelium – bereits seit drei- bis vierhundert Jahren verdunkelt – wiederbringen muß, um die Erwählten zu sammeln und gegen diesen teuflischen Betrug zu schützen. Während Augustin mit getauften und im Glauben unterrichteten Christen rechnet, die ohne Wortverkündigung durch heimliche Taufe und Schriftmeditation vom Geiste getragen jene dreieinhalb Schlußjahre ausharren können[27], greift für Luther Gott mit seinem Worte öffentlich ein, um die pauperes, den erwählten „Rest Israels" mit seinem Wort gegen die Blendung durch den Antichrist zu schützen. Hatte Luther in seinen Dictata den Psalm 10(9b) (1513) noch als Ruf der Urgemeinde um Gottes Einschreiten contra Iudaeos interpretiert[28], so erweitert er jetzt die Perspektive

---

[23] Siehe G. Ebeling, Existenz zwischen Gott und Gott. Ein Beitrag zur Frage nach der Existenz Gottes (1965), in: Ders., Wort und Glaube II, Tübingen 1969, 257–286, bes. 282.

[24] Augustin, De civitate Dei XX, 13; CChr 48.722,13–17; vgl. XX, 8; CChr 48.712,21–713,27.

[25] Augustin, De civitate Dei XX, 19; CChr 48.731,26–52.

[26] Ps 10(9b),16; AWA 2.615,1–3; WA 5.350,7–9.

[27] „... adiuvante Dei gratia per considerationem scripturarum..." De civitate Dei XX, 8; CChr 48.715,117f.

[28] „Contra Iudeos, qui apostolos et discipulos Christi persequebantur, hic Psalmus proprie loquitur et respicit in tempus apostolorum et discipulorum Christi, licet aliqui de Antichristo exponant." WA 55I. 76,16–18; vgl. WA 4.478,20f.

ausdrücklich auf die nun eingebrochene endzeitliche Bedrohung durch den Antichrist[29]. Nur darin ist sich Luther Anfang 1520 noch nicht restlos sicher, ob der Antichrist bereits leibhaftig gekommen ist, so daß auch die Endzeit binnen kurzem ihr Ende findet; es ist aber unverkennbar,daß alles, was die Exegeten ihm unisono zugeschrieben haben, „hodie impletum esse usque ad minimum apicem et iota"[30]. Es ist kaum zu glauben, daß noch ein anderer Antichrist zu erwarten ist, der Schlimmeres (peiora) anrichten könnte[31]. Unbezweifelbar ist die seit Jahrhunderten wachsende Unterdrückung des Evangeliums in Kirche und Theologie das Präludium, das unmittelbare Vorspiel zu seinem Advent: Die letzten Vorläufer des Antichrist, das ist sicher, sind bereits eingetroffen[32]. Die Gegenreformation geht somit der Reformation voraus.

Etwa ein halbes Jahr vor Veröffentlichung der Bannandrohungsbulle (15. Juni 1520) deutet Luther deren Eröffnungsworte „Exsurge Domine" (Ps 10[9b],12) als den letzten Aufschrei der vom Antichrist verfolgten Kirche Christi: „Erhebe dich, Herr! Strecke die Hand aus!" Niemand anders wird mehr korrigierend eingreifen, kein anderer Reformator ist mehr zu erwarten als Christus selbst im Jüngsten Gericht. In dieser vorreformatorischen Zwischenzeit werden die Gottlosen immer weiter um sich greifen: „Interim proficient impii in peius semper usque in finem."[33] Zum größten Teil, zumal in ihrer Spitze (pars nobilior et melior), ist die Kirche bereits in die babylonische Gefangenschaft geführt[34]. Es ist eindeutig, daß alles, was in diesem Psalm über die Endzeit vorausgesagt ist, heute (nostro saeculo) in vollem Lauf, ja teilweise bereits gelaufen ist[35].

Nur noch dringender wird jetzt die Frage: Welches Amt und welcher Auftrag verbleiben Luther? Es ist das „vorreformatorische" Amt des Auslegers der Schrift, mit dem Auftrag, dem überschrienen und ver-

---

[29] AWA 2.567,13ff.; WA 5.324,23f. Im Zuge der mittelalterlichen Zusammenschau von Juden, Häretikern, Türken und „Antichristiani" ist dies keineswegs eine Frontverlagerung, sondern die vorausgesagte und erwartete Zuspitzung der Endzeit. Vgl. AWA 2.571,19–29; WA 5.327,5–15.

[30] AWA 2.589,2f.; WA 5.337,13f.

[31] Siehe AWA 2.590,13f.; WA 5.337,36f.

[32] „... fortiter tamen Antichristo praeludunt..." AWA 2.593,7; WA 5.339,12. Für die zunächst typologische, dann eschatologische Dimension von „praeludere" und „praeludium" s. WA 4.200,29–38 (confractio der Juden); 605,26; WA 9.461,11; WA 13.646,35; WA 25.282,7; WA 31II. 337,12.28. Zu WA 4.605, Predigt vom 6. Nov. 1519, s. E. Vogelsang, Zur Datierung der frühesten Lutherpredigten, in: ZKG 50 (1931) 112–145; 127.

[33] AWA 2.605,12f.; WA 5.345,19f. Vgl. AWA 2.609,10f.; WA 5.347,18f.

[34] Vgl. AWA 2.600,9f.; WA 5.343,7f.

[35] „... non sit dubium nostro saeculo, immo iam plusquam tribus saeculis huius psalmi rem pleno cursu geri et gestam esse." AWA 2.606,2–4; WA 5.345,28–30.

schrienen, ja verketzerten Ruf des Propheten weit über den Hörsaal hinaus wieder Stimme zu verleihen[36]. Nur so vorbereitet auf die Listen des Antichrist und so gefestigt im Evangelium der Rechtfertigung, werden die Kinder Gottes dem teuflischen Zugriff entrinnen können[37]. Da der Antichrist auch die weltliche Macht usurpiert, ist es lebensgefährlich, Christus öffentlich zu bekennen[38]. So schreibt er zwei Jahre später dem Kurfürsten: „Dieser Sachen soll noch kann kein Schwert raten oder helfen, Gott muß hie allein schaffen, ohn alles menschlich Sorgen und Zutun. Darumb: wer am meisten gläubt, der wird hie am meisten schützen."[39] Kein Mensch wird dem Evangelisten in der Zeit des Antichrist Schutz und Schirm bieten können, „nisi solus Deus"[40]. Dieser „Evangelista" ist Luther[41], als Doktor der Heiligen Schrift berufen, „den Geist des Propheten" zu verkündigen[42], mit der doppelten Aufgabe, die Erwählten[43] mit der Schrift gegen Irreführung zu wappnen und Gott um sein Einschreiten anzurufen[44], zum Abschluß der Heilsge-

---

[36] Vgl. AWA 2.580,17–19; WA 5.332,34–36.

[37] „... quae [die Wahrheit] quam primum revelata fuerit, omnium animos in se rapit et fraudem nudam et ignominiosam relinquit." AWA 2.597,9f.; WA 5.341,10f. Die „Optimismusthese" (vgl. Anm. 4) hätte einen Beleg in dem hier ausgesprochenen Vertrauen, daß sogar der Satan weiß, die Wahrheit werde *omnium animos* mitreißen – wäre nicht *pauperum* hinzuzufügen. Die Wahrheit des Evangeliums wird eben nicht ohne Unterschied „alle", sondern „alle Erwählten" sammeln. Vgl. auch AWA 2.610,16–611,5; WA 5.348,6–15.

[38] Vgl. AWA 2.599,32f.; WA 5.342,37–39.

[39] WAB 2.455,80–456,2; 5. März 1522 Luther an Kurfürst Friedrich auf der Rückreise von der Wartburg.

[40] AWA 2.611,8f.; WA 5.348,18f. Die Verbindung von „Vorreformation" und Reformation wird noch einmal ausgesagt in einem Brief an Staupitz vom 27. Juni 1522: „Destruendum est mihi, mi Pater, regnum illud abominationis et perditionis Papae, cum toto corpore suo. Atque id agit iam sine nobis, sine manu, solo verbo: finis eius venit coram Domino." WAB 2.567,19–21.

[41] v. Campenhausen (s. Anm. 8) 331 findet diese Selbstbezeichnung erst im Jahre 1522 belegt. Doch schon Anfang 1520 beschreibt Luther die Aufgabe des „Evangelista", und zwar genauso, wie er selbst bereits als Ausleger der Schrift amtiert.

[42] Luther kann sich auch den „Deutschen Propheten" nennen (WA 30III. 290,28) oder einen zweiten Jeremias (WAT 5.24,5). Vgl. Holl (s. Anm. 8), 392. Nicht an der Bezeichnung „Evangelista" als festem Titel, sondern an dem „Interimsamt" vor der „Reformation" ist alles gelegen.

[43] „Sed Antichristus nostris episcopis et ecclesiasticis rectoribus utetur, sicut in haereticis coepit, quibus cum in omnibus oboediendum sit vice Christi, periculosissimum erit non oboedisse, rursum idem periculum oboedisse, cum et electi hic in errorem duci queant." AWA 2.610,16–19; WA 5.348,6–9.

[44] „Non quod deus his indigeat, ut moveatur, sed nos, ne in fide et spe succumbamus, his artibus nos armemus et roboremus." AWA 2.607,5–7; WA 5.346,16–18. Gott muß zwar angerufen werden, doch solange er das Böse zuläßt – so Luther an Staupitz am 31. März 1518 über die Verirrung der Schultheologie –, gibt es keinen Einhalt: „Sed, si Deus operatur, nemo est, qui avertet. Si quiescit, nemo suscitabit." WAB 1.160,25f. Vgl. drei Jahre später: „Sed non est, qui surgat et teneat Deum, aut opponat sese murum pro

schichte der Unheilsgeschichte ihr Ende zu setzen: Exsurge, Domine. Mit eben diesen Worten wird bald der Papst Gott um Einschreiten gegen die Reformation anflehen!

Gewiß verleiht das unerschrockene Auftreten in der gottlosen Endzeit Martin Luther „heroische Züge". Er ist aber nicht ein prometheischer Fackelträger oder ein germanischer Heerführer, er ist nicht einmal ein alttestamentlicher Richter, der unerschrocken, nur auf Gott gestellt, die Reformation „einführt"; er ist schon gar nicht ein Theokrat, der aufgetreten ist, um Reformation als „Transformation" zu bewirken. Vor dem Gerichtstag gibt es nur eine Transformation, nämlich der schnell fortschreitende Siegeszug des Satans. Sein weltlicher Glanz und seine Macht garantieren, daß „totus orbis ruat in obsequium Antichristi"[45]. Weit entfernt, „Reformation" durchzusetzen, beschleunigt der Evangelist Luther vielmehr durch die Verkündigung des Wortes die satanische Vergewaltigung und Verknechtung der Welt: „Non est nostrum remorari eum."[46]

3. *Praeludium Lutheri: Das Vorspiel zur ,Reformation'*

Mit welchem Recht dürfen die Schriften des Jahres 1520, die nun schnell aufeinanderfolgen, angesichts des satanischen Einbruchs in Kirche und Welt als Programm zur Durchführung von „Reformation" bezeichnet werden? Denn falls es sich hier tatsächlich um ein „Reformationsprogramm" handelt, kann die Frage nicht ausbleiben, ob sich für Luther seit der Auslegung von „Exsurge Domine" (Ps 10,12) im Januar 1520, also im Verlauf von wenigen Monaten, das letzte „Interim" nun zeitlich so gedehnt hat, daß Reformation, wie zeichenhaft und örtlich begrenzt auch immer, zur geschichtlichen Möglichkeit wird im Vorgriff auf Gottes Reformation am Jüngsten Tag.

Ein solcher Bruch ist aber nicht gegeben. Der Sermon von den guten Werken (März 1520) und der Traktat von der Freiheit eines Christen-

---

domo Israel, in hoc die novissimo irae eius. O dignum regnum Papae fine et faece saeculorum! Deus misereatur nostri!" WAB 2.333,15–17; 12. Mai 1521 an Melanchthon.

[45] AWA 2.611,3f.; WA 5.348,12f.

[46] ,Wir können's nicht aufhalten!' WA 1.627,33; wie oben Anm. 14. Siehe auch die enthüllenden, auf den gleichen Zielpunkt zulaufenden Bemerkungen über Kursachsen in einer Predigt des Jahres 1531: „...persequimur eius ministros, quos mittit, ut nos mit gnaden visitir. Ideo sol die scharhansen [Adel] komen und die Cives et rusticos auffressen, post ipsi seipsos. Sed non hilfft: quando dicitur, non creditur, es wil sich erfarn. Rustici et Cives colligunt pecuniam, stelen, hat kein not, und Scharhansen habent arma. Quicquid dicitur, ut timeamus et deum in ehren halten, nihil fit, wir konnens nicht auffhalten." WA 34II. 87,10–88,5; 13. August 1531 über Lk 19,41–44 (Zerstörung Jerusalems). Für das räuberische „Scharren" des Adels s. WA 22.192,35f. (1532).

menschen (Ende Oktober 1520), die die große Schriftenreihe eröffnen und beenden, sind nicht nur zeitgleich mit der Psalmexegese, sie haben auch ihre gemeinsame Wurzel in den Operationes in Psalmos[47]. In beiden Programmschriften geht es um das Evangelium der Befreiung und um das Christenleben der Befreiten, denen jetzt der Zuspruch der Gerechtigkeit Gottes und die Einung mit Christus im Glauben öffentlich verkündet werden kann. Für beide Schriften gilt, was Luther vom Freiheitstraktat ausgesagt hat: „Es ist eyn kleyn büchle, ßo das papyr wirt angesehen, aber doch die gantz summa eyniß Christlichen leben drynnen begriffen, ßo der synn vorstandenn wirt."[48] Diese Worte sind keine Floskel, sondern mit ihrer ganzen Spannung zwischen Buchstabe (Papier) und Geist (Sinn) ein erheblicher Vorbehalt: Nur die pauperes, die erwählten Kinder Gottes, werden den Evangelisten verstehen können.

Freilich spricht Luther in beiden Schriften als „öffentlicher" Seelsorger, aber nur, um den „Rest Israels" zu sammeln, der unter dem moralischen Gesetz der scholastischen Theologie seufzt und von der papalen Kirche unter dem kanonischen Recht geknechtet ist. Für ihn will er den spiritus prophetae zum Tragen bringen, zur Sammlung leuchtet das Evangelium wieder auf; nur in der gesammelten Gemeinde schließlich kann der Befreite bis zum Ende den Stricken des Satans entgehen und im Glauben beharren. Ohne diesen heilsgeschichtlichen Rahmen wird der „Sermon" zur reinen Apologie gegen den Vorwurf des Laxismus, dann wird der „Traktat" zur Quelle einer neuen evangelischen Mystik, zum Sprungbrett für eine moderne Anthropologie oder für eine protestantische Ethik. Alle vier Gesichtspunkte haben ihre Gültigkeit angesichts gewichtiger Textstellen und fließen auch zusammen in dem Schluß des Traktats: „Aus dem allenn folget der beschluß, das eyn Christen mensch lebt nit ynn yhm selb, sondern ynn Christo und seynem nehstenn, ynn Christo durch den glauben, ym nehsten durch die liebe: durch den glauben feret er uber sich yn gott, auß gott feret er widder unter sich durch die liebe, und bleybt doch ymmer ynn gott und gottlicher liebe."[49]

Luther ist ebensowenig zu den passiven wie zu den militanten Apokalyptikern zu rechnen. Er entfaltet nämlich als die Folge der Freiheit eine „Interimsethik", die gerade auf die Erhaltung der Welt abzielt und nicht auf ihr baldiges Ende: „Darumb wie uns gott hatt durch Christum umbsonst geholffen, alßo sollen wir durch den leyp und seyne werck nit anders den dem nehsten helffen", ihm „zu willen und besserung"[50]. Diese Besserung ist nicht nur individualistisch gemeint, sie zieht institutionelle und rechtliche Reformen nach sich, wie bereits ausgesagt im

[47] Siehe MAURER (s. Anm. 9), 78.
[48] WA 7.11,8–10.
[49] WA 7.38,6–10.
[50] WA 7.36,6–8.30.

Titel der Adelsschrift – „von des christlichen Standes Besserung“ (Mitte August 1520). Da durch die päpstlichen Übergriffe das ordentliche Bischofsamt (die Verkündigung!) nahezu ausgeschaltet ist und den armen Seelen (pauperes!) geschadet wird, „ist der keyszer mit seinem adel schuldig, solch tyranney zuweeren und straffen“[51].

Luther nimmt sehr wohl das gängige Reizwort „Reformation“ auf, benutzt es aber als Äquivalent für weltliche „Besserung“ und eben nicht für „endzeitliche Transformation“. So kann er als Historiker mittelalterliche Reformversuche als gescheiterte Versuche der Besserung beschreiben und werten. Spätmittelalterliches Konzilsvokabular einsetzend, vertritt er die These, daß der römische Stuhl nur deshalb die Bettelorden gemehrt habe, um mit diesen Hilfstruppen eine episkopale Reformation zu verhindern[52]. Die Mächte der Endzeit haben sich bereits im Rom des 15. Jahrhunderts so tief festgesetzt, daß Reformation als Selbstreform im geistlichen Bereich nicht mehr möglich ist.

Auf die akademische, in Wittenberg statutengemäße, weltliche Institution der „reformatores“[53] kann er zurückgreifen, wenn er schreibt: „Die universiteten dorfften [bedürfen] auch wol eyner gutten starken reformation.“[54]Reformation als Besserung ist also nicht in eins zu setzen mit dem geschichtsmächtigen mittelalterlichen Traum der Transformation durch Engelspapst und Friedenskaiser[55]. Weltliche Besserung ist allerdings möglich und notwendig, sie ist der Kampf des Erhaltens[56] gegen jene satanische Hochkonjunktur, in deren Folge die Zeiten schlimmer und ärger (peiora) werden. Es handelt sich dabei nicht um Transformation, sondern um ein weltliches Geschäft, um Besserung als

---

[51] WA 6.433,24f.

[52] Vgl. WA 6.438,30–34.

[53] „Magistri deputentur ad lecciones ordinarias per reformatores.“ Urkundenbuch der Universität Wittenberg, hg. v. W. FRIEDENSBURG, I, Magdeburg 1926, 56. Siehe auch: Geschichtsquellen der Provinz Sachsen und angrenzender Gebiete, bearb. v. K. PALLAS, Bd. 41: Die Registraturen der Kirchenvisitationen im ehemals sächsischen Kurkreise II/2, Halle 1907, 1. Für die Reformation der „series lectionum“ s. Luthers Brief vom 11. März 1518 an Spalatin. Luther berichtet hier über seine Besprechung mit Karlstadt „de lectionibus studii nostri initiandis vel instituendis“ (WAB 1.153,5) und meint, daß der beigelegte Plan eine „vera occasio omnium universitatum reformandarum“ biete (Z. 11f.). Der detailliertere Vorschlag vom 23. Februar 1519 direkt an den Kurfürsten ist neben anderen gemeinsam von Luther und Karlstadt unterschrieben. WAB 1.350,43f.

[54] WA 6.457,28f.

[55] Zur Vorgeschichte s. G. B. LADNER, The Idea of Reform. Its Impact on Christian Thought and Action in the Age of the Fathers, Cambridge, MA 1959, bes. 284ff. 402ff. Vgl. L. GRAF ZU DOHNA, Reformatio Sigismundi. Beiträge zum Verständnis einer Reformschrift des fünfzehnten Jahrhunderts (Veröffentl. des Max-Planck-Instituts f. Gesch. 4), Göttingen 1960, 68.82.135f.

[56] Vgl. „... ich hofft, es solt schier besser werden“. WA 6.457,12.

Schutz der bedrohten Schöpfung, um „ein nottige ordnung, beszondern zu unsern ferlichen zeytten“[57].

Neu gegenüber dem Jahresanfang ist die Entfaltung des Gedankens, daß der Satan durch seine Mischung der zwei Reiche beide verdirbt, indem er in Gottes Schöpfung teuflisches Chaos verursacht[58]. Wo das Evangelium wieder aufgerichtet wird, kommt es, diesem Chaos entgegen, zur weltlichen Besserung, weil die Mischung der Reiche beseitigt wird und die Welt nun zu ihrem Recht kommen kann. Das Evangelium wird demjenigen Lande Besserung bringen, in dem es Schutz findet, da das weltliche Reich dann in seiner gottgewollten Würde und Macht anerkannt und wiederhergestellt wird. Jetzt wird den Klöstern und Stiften wiederum die Aufgabe übertragen, wie einst als Schulen zu dienen, „darynnen man leret schrifft unnd zucht nach Christlicher weysze, unnd leut auff ertzog, zu regieren unnd predigen“[59]. Jene Zucht ist also keineswegs ein Spätprodukt schleichender Versteinerung oder ungewolltes Ergebnis der Einführung des landesherrlichen Kirchenregimentes[60].

---

[57] WA 6.439,33f. Als Aufruf zur „reformatz“ hat Hans Kotter, reformatorisch gesonnener Dichter († 1541 in Bern), die Adelsschrift gelesen. Sein Brief an Bonifatius Amerbach vom 22. Okt. 1520 bietet uns ein einmaliges Zeugnis der unmittelbaren Wirkung Luthers: „Deßglichen hab ich nie gelesen noch gehört; alle mönschen verwonderen sich dorab, etzlich meinen, der tufel redt vß im oder der heilig geist. Er riert den boden [= Dreck], dz dem heiligen vatter vnd der römer wesen nit wol schmecken wirt... Also kumbt herfurrer die boßheit, so zü Rom furgath.

Eß mag in die leng nit bestan,
ein reformatz missen si han,
Carolus wurdt dz fahen an.“

Die Amerbachkorrespondenz, hg. v. A. Hartmann, II: Die Briefe aus den Jahren 1514–1524, Basel 1943, 260,36–39.51–53.

[58] Als Beispiel der Besserung führt Luther eine Versöhnungspolitik mit den Böhmen an, die absieht von Kreuzzügen zur gewaltsamen Rückführung unter die Oberhoheit des Papstes. Vgl. WA 6.454,17–457,27. „Besserung“ erwartet Luther auch von der Erneuerung des weltlichen Rechts, das „besser, kunstlicher, redlicher ist, den[n] das geystlich“. WA 6.459,31. Das Bild eines rechten Regiments, die paradiesische Wiederherstellung, bietet ihm im Jahre 1530 Kursachsen: „... ein großes Teil des Himmelreichs Christi in E. K. F. G. Land ist durch das heilsam Wort erbauet ohn Unterlaß; das weiß er [der Satan] und siehet seinen Unwillen dran.“ WAB 5.327,102–103. Vgl. aus derselben Zeit die Vorlesung zum Hohenlied (4,13): WA 31II. 697,4–16.

[59] WA 6.439,38f.; vgl. 461,11–23.

[60] Der Gegensatz zwischen „Spontaneität“ des frühen Luther zu der späteren „Sittenüberwachung“ ist somit nicht am Text festzumachen. Es wäre zu kurz gegriffen, „Zucht“ allein mit „Disziplin“ im Sinne individueller Lebensführung zu übersetzen. Es geht um die gesamte äußere Ordnung, um Maßnahmen gegen Luxus (ubirflusz), Handel (specirey), Wucher (zynsz kauff), Monopole (Fuckern) und Prostitution (frawenheuszer). WA 6.465,25–467,26. Aber auch „Disziplin“ ist angesprochen, wenn Luther Fressen und Saufen als das „szondern laster“ der Deutschen anprangert. Mit der Predigt ist diesem Laster nicht mehr beizukommen: „Es mag das weltlich schwert hie etwas weren...“ WA 6.467, 8. 12.

Haben wir bislang in der Forschung die weltliche „Besserung“ im Gegensatz zu Luther als endzeitliche Wende in Welt und Kirche gedeutet, so ist umgekehrt das echte endzeitliche „Praeludium Lutheri“ im Titel der „Captivitas Babylonica“ zum agitatorischen Spottlied verharmlost und verweltlicht worden. Es wird nämlich generell als das Vorspiel Luthers übersetzt, als die Verballhornung der Papisten[61]. Damit wird aber jene eschatologische Dimension überspielt, innerhalb derer diese Schrift gedeutet werden will. Das „Praeludium Lutheri“ ist das Vor-Spiel auf Gottes Gericht, die Vorentlarvung vor der Apokalypse am Jüngsten Tage, wenn die um sich greifende Unterdrückung der wahren Christen schlagartig durch Gottes große Reformation enthüllt und zugleich aufgehoben wird.

Es ist insofern tatsächlich ein „Spiel“, als die Weisheit Gottes mit weltlichen Augen betrachtet nur als Narrheit erscheinen kann. Erasmus hatte dieses Thema bereits eloquent in seiner Schrift „Moriae Encomium“ (1511/1514) ausgearbeitet[62]. Was dort aber satirisch angeprangert und damit geistig „durchschaut“, d.h. bereits zurückgelassen ist, wird von Luther auf die Endzeit bezogen und mit dem vollen Ernst der letzten Warnung vorgetragen[63]. Die Warnung gilt nicht „Babylon“, der herrschenden Kirche, dem Papsttum oder der Kurie, sondern bezweckt die Berufung, Bekehrung und Sammlung der Gläubigen, die sonst ohne das Wort der Wahrheit beirrt und ohne die zu Trost und Stärkung gestifteten Sakramente hoffnungslos geschwächt in der Gefangenschaft zurückbleiben würden[64].

Der „Sendbrief“ an Papst Leo X. (Ende Oktober 1520), etwa gleichzeitig mit dem Freiheitstraktat verfaßt und als dessen Begleitschreiben gemeint, entspringt nicht der Angst vor der eigenen Courage, nicht

---

[61] Vgl. die Einleitung zu „De Captivitate“, WA 6.486.

[62] In seiner überzeugenden Darstellung hat M. A. Screech diese „Aufklärung“ als Verklärung und raptus zu deuten gewußt. Ecstasy and the Praise of Folly, London 1980, bes. 218–222.248f.

[63] Dieser eschatologische Bezugspunkt des „Vorspiels“ schließt nicht aus, sondern ein, daß – gemäß der bisherigen Deutung – dem Widersacher Spottlieder gesungen werden: „Huttenus et multi alii fortiter scribunt pro me, et parantur indies cantica, quae Babylonem istam parum delectabunt.“ WAB 2.264,51f.; 9. Februar 1521 an Staupitz. Siehe dazu auch den Schluß der Adelsschrift, WA 6.469,1–4. Doch dieses Spiel ist todernst, da in der babylonischen Gefangenschaft Christus lächerlich gemacht wird: „Verum seria res est ... quando per totum orbem ipse optimus salvator, qui sese pro nobis dedit, ludibrium iactatur...“ WAB 2.263,27–29.

[64] Ähnlich wie Augustin stellt Luther die Schrift ins Zentrum. Sie wird öffentliches Ereignis, geöffnet in der Wortverkündigung. Augustin hingegen hatte sich nach einigem Zögern, ob in der Drangsal der Endzeit überhaupt noch Neuchristen hinzugewonnen werden, dafür entschieden, daß Kinder von bekennenden Christen durch *heimliche* Taufe und Erwachsene durch *private* Schriftmeditation in den letzten Tagen gerettet werden. Vgl. De civitate Dei XX, 8; CChr 48.715,115–118.

einer listigen Verstellung oder sogar einer ironischen Inkonsequenz[65]. Er illustriert vielmehr, wie Luther den Papst als Person pastoral zu betreuen und dem Antichrist zu entreißen sucht, ihn dabei von der babylonischen Institution des Papsttums zu unterscheiden weiß: Deine Heiligkeit wird „yn aller welt beruffen [gerühmt]“, „widder deyne person“ habe ich nichts vorzubringen[66]. Die allenthalben angeprangerten Sitten Roms stehen überhaupt nicht zur Debatte. Aber unter dem Namen des Papstes und der römischen Kirche wird „das arm volck ynn aller welt“ betrogen und geschädigt[67]. „Es ist auß mit dem Romischen stuel, gottis tzorn hatt yhn ubirfallen on auffhoren. Er ist feynd den gemeynen Conciliis, er will sich nit unterweyßen noch reformieren lassen, und vormag doch seyn wuttends unchristlichs weßen nit hindernn, damit er erfullet, das gesagt ist von seyner mutter, der alten Babylonen, Hiere. [Jer 51,9]: ‚Wyr haben viel geheylett an der Babylonen, noch [dennoch] ist sie nit gesund wordenn, wyr wollen sie faren lassenn.‘“[68] Dieses Jeremiawort wird Luther bis zum Ende seines Lebens begleiten. Es formuliert zugleich den Auftrag zur Verkündigung und die erwartete Erfolglosigkeit der Reformation[69].

Noch einen Schritt weiter zwingt uns Luther zu gehen. Weit entfernt, voller „Optimismus“ jene Reformation in Gang zu bringen, die eine Transformation initiieren sollte, hat die Wiederentdeckung und Wiederverkündigung des Evangeliums als „Praeludium“ die gegenteilige Wirkung, daß der Satan zur Gegenoffensive gereizt, nahezu herausgefordert und von Gottes wegen gezwungen wird, seinen Zugriff auf die Welt zu beschleunigen. Durch Gottes Gnade wird so das Interim seiner Entfesselung gekürzt und das Jüngste Gericht näher gebracht[70].

Die apokalyptischen Vorstellungen, die Luther hier verwendet, sind nicht nur Instrumente, damit er sich seiner Zeit verständlich mache, sondern sie sind zugleich sein eigener, erfahrener Denk- und Lebenskontext. Der Satan richtet sich gegen das Zentrum des Widerstandes und versucht, Martin Luther selbst physisch und psychisch einzukreisen. Der Endkampf trägt deshalb auch sehr persönlicheZüge, die in nahezu jedem Brief aufbrechen. Der Wartburgaufenthalt ist eine Zeit besonde-

---

[65] Vgl. dagegen R. Bäumer, Martin Luther und der Papst, Münster 1970^{2}, 61f.

[66] WA 7.4,8f. 38.

[67] WA 7.5,14f.

[68] WA 7.5,37–6,3. Siehe M. Brecht, Curavimus enim Babylonem et non est sanata, in: Reformatio Ecclesiae (s. Anm. 16), 581–595.

[69] „... dixi Prophetam loqui hoc psalmo de his, qui extremo iudicio apprehendentur in fine mundi, postquam impietas eorum praevaluerit per orbem in desperatam usque emendationem.“ AWA 2.609,9–11; WA 5.347,17–19. Vgl. für das Jahr 1533 WA 38.73,28f.38–40.

[70] „... at ego indies magis provoco Satanam et suas squamas, ut acceleretur dies ille Christi destructurus Antichristum istum.“ WAB 2.567,35f.; 27. Juni 1522 an Staupitz.

rer Anfechtungen – wie neun Jahre später die Zuschauerrolle auf der Veste Koburg –, weil Luther, aus der Frontlinie genommen, damit des Endkampfs nicht mehr wert zu sein scheint: „Es gibt nichts, was ich inniger wünsche, als mich dem Gegner entgegenzuwerfen.“[71] Das ist nicht die Anzeige einer psychisch bedingten, des Lebens überdrüssigen Martyriumssehnsucht[72], sondern die Konsequenz der Erwartung, daß die Zerschlagung des „Evangelisten“ den letzten Übergriff des Satans markieren könnte und damit das Ende seines Wütens, das Jüngste Gericht, näher rücken wird[73].

Der breite Zuspruch im Volk, von dem Luther seit Mai 1521 auf der Wartburg ständig unterrichtet wird, scheint jedoch aller Endzeit ungemäß eine Neuzeit anzukündigen. Drei Überlegungen lassen sich bei Luther in den zwanziger Jahren unterscheiden, die das bei allen seinen Endzeiterwartungen völlig Unvorhergesehene, nämlich „Erfolg“, zu bewältigen erlauben.

Einmal verwirft er jedes gewaltsame Vorgehen im Namen des Evangeliums. Sein Erfolg, seine Popularität als Freiheitskämpfer ist ein sarkastischer Witz des Teufels: „Vehementer enim me offendit ista gratia hominum in nos...“[74] Es ist seine Absage an alles, was in Richtung militanter Apokalyptik tendiert, sie gilt nicht erst den Bauern im Jahre 1525, sondern schon vier Jahre zuvor ganz anderen sozialen Gruppen, den raubsüchtigen Rittern oder den ausbeuterischen Amtsleuten in Kursachsen.

Eine andere Überlegung verbindet sich mit der traditionellen Glaubensdefinition aus dem Hebräerbrief, die ihn seit seinen Anfängen

[71] „Nihil magis opto, quam furoribus adversariorum occurrere obiecto iugulo... Sed non est, qui surgat et teneat Deum, aut opponat sese murum pro domo Israel, in hoc die novissimo irae eius. O dignum regnum Papae fine et faece saeculorum! Deus misereatur nostri! Quare tu verbi minister interim insta, et munito muros et turres Hierusalem, *donec et te invadant.*“ WAB 2.332,8f.; 333,15–19; 12. Mai 1521 an Melanchthon. Vgl. den Brief vom selben Tag an Agricola: „...optem in publico stare pro verbo, sed dignus nondum fui.“ WAB 2.336,10f.

[72] So könnte ein „psycho-historisch“ ausgerichteter Interpret Luthers Wunsch, isoliert betrachtet, verstehen: „Iam in christiana libertate ago, absolutus ab omnibus tyranni istius legibus, quamquam mallem, ut ille porcus Dresdensis publice praedicantem dignus esset interficere, si Deo placeret, ut pro verbo eius paterer; fiat voluntas Domini.“ WAB 2.338,62–66; 14. Mai 1521 an Spalatin.

[73] In diesem Sinne deute ich auch die Todeserwartung, als Luther ein halbes Jahr vor seiner Hochzeit den Gedanken an eine Ehe noch abweist: „...animus alienus est a coniugio, cum expectem quotidie mortem, et meritum haeretici supplicium. Itaque nec Deo figam terminum operis in me, nec in corde meo nitar. Spero autem, quod non sinet me diu vivere.“ WAB 3.394,23–26; 30. Nov. 1524 an Spalatin.

[74] „... ex qua liquido videmus, nondum esse nos dignos coram Deo verbi sui ministros, et Satanam in nostra studia ludere et ridere.“ WAB 2.332,5–7; ca. 8. Mai 1521 an Melanchthon. Vgl. an Spalatin im Juli 1521: „Sed nihil proficiet; non sunt nostri, qui haec faciunt.“ WAB 2.367,16.

beschäftigt hatte: Der Glaube bezieht sich auf das, „was man nicht sieht" (Hebr 11,1). Schon immer war für ihn hiermit der qualitative Unterschied zwischen Himmel und Erde ausgesagt[75], so daß die Glaubenshoffnung sich auf das in der Zukunft Unsichtbare, Verborgene bezieht. Jetzt, in der Endzeit, charakterisiert es christlichen Glauben, mit dem zu rechnen, was unerwartet ist und was sich gegen alle errechenbaren Abläufe durchsetzt[76]. Das könnte bedeuten, daß seine Rolle als „Evangelista" schon ausgespielt ist und daß ein anderer, etwa Melanchthon, an seine Stelle berufen wird: „Ego etiam si peream, nihil peribit euangelio, in quo tu nunc me superas..."[77] Es kann aber auch so ausgehen, daß der Antichrist sein Ansinnen, die Opposition im Geheimen abzuwürgen – „es geht unter dem hudlin zu"[78] –, angesichts von Luthers schnell wachsender Gefolgschaft wird aufgeben müssen zugunsten des offenen Schlagabtauschs. Dann wird Gewalt nicht zu vermeiden sein: „Habet Germania valde multos Karsthansen."[79] So sehr Luther darauf bestehen wird, daß er „die Sache" angefangen hat[80], so lernt er im Laufe der Zeit zu rechnen mit einer wachsenden Zahl von evangelischen Prädikanten, wenn auch während der Wartburgzeit zunächst nur Melanchton und er in der vordersten Kampflinie stehen[81]. An Erzbischof Albrecht von Mainz schreibt Luther am Ende des Jahres 1521 in der Gewißheit, nicht mehr allein zu stehen: „Schweigen werde ich nicht, und ob mir's nicht würde gelingen, hoffe ich doch, ihr Bischoffe sollt euer Liedlin nicht mit Freuden hinaussingen. Ihr habt sie noch nicht alle vertilget, die Christus wider euer abgöttische Tyrannei erweckt hat."[82] Erfolg bedeutet somit Fortschritt im Sammeln der Gläubigen.

Die dritte Deutung des unerwarteten Erfolges setzt seit 1525 die Lösung der früheren Fragen voraus. Mit der Unüberwindlichkeit der Wahrheit ist nunmehr das Bild vom „fahrenden Platzregen"[83] und von der Gnadenfrist verbunden[84]. Die Wahrheit hat den Boden urbar ge-

---

[75] Siehe G. Ebeling, Luther. Einführung in sein Denken, Tübingen 1964, 272f.

[76] „Toties de fide et spe rerum non apparentium locuti sumus; age, semel vel in modico eius doctrinae periculum faciamus, quando id vocante Deo, non nobis tentantibus ita contingit." WAB 2.348,45–48; 26. Mai 1521 an Melanchthon. Vgl. WA 4.322,16–24; 324,1–4; Schol Ps 119,31.34.

[77] WAB 2.348,48. Im nächsten Brief an Melanchthon bezeichnet Luther seinen akademischen Kollegen als (Wittembergensis Ecclesiae) „Evangelista". WAB 2.356,1f.

[78] AWA 2.597,1; 595,25; WA 5.341,1f.; 340,20.

[79] WAB 2.348,64f.; 26. Mai 1521 an Melanchthon.

[80] Vgl. von Campenhausen (s. Anm. 8), 328.

[81] „Nos soli adhuc stamus in acie; te quaerent post me." WAB 2.333,21f.; 12. Mai 1521 an Melanchthon.

[82] WAB 2.408,100–103; 1. Dez. 1521.

[83] WA 17II. 179,28–31.

[84] Vgl. WA 41.220,5f.

macht, das Evangelium ist gepflanzt, jetzt soll es gehegt und gepflegt werden. In diesem Sinne kann tatsächlich vom erfolgreichen „Lauf des Evangeliums"[85] gesprochen werden. Und im Rückblick aus dem Jahre 1531 kann mit Freude darauf hingewiesen werden, daß Gott dem evangelischen Bekenntnis auf dem Reichstag zu Augsburg eine Tür aufgestoßen hat[86]. Die Ausführung aus der Gefangenschaft und die Reinigung der Papstkirche, die wir gemeinhin als „Reformation" bezeichnen, bleibt für Luther aber bezogen auf das befristete Vorspiel zur Reformation Gottes. Erst am Jüngsten Tage, wenn das Evangelium seinen Lauf vollendet hat, wird die „Captivitas" samt ihren Mauern zerstört[87].

Nicht erst aus Enttäuschung und nur im Rückblick auf die Erwartungen der Frühzeit, sondern bereits in den Tagen des größten sichtbaren „Erfolgs" weiß Luther um den kurz bemessenen Aufschub von Gottes Zorn, der über das undankbare Deutschland hereinbrechen wird, in dem das Evangelium gehört, aber abgelehnt wird: „... suspicor enim fore, ut cito visitet Dominus Germaniam, sicut meretur eius incredulitas, impietas et odium evangelii."[88] *Was spätere Erklärung verlangt, ist nicht Widerstand und Scheitern, sondern Durchbruch und Erfolg.* Das Gerichtswort des Jahres 1520 – „non est nostrum remorari eum" – wird am Ende der größten Erfolgsjahre der Wittenberger Reformation, im Jahre 1531, jetzt in der Landessprache noch einmal unmißverständlich wiederholt: „Wir konnens nicht auffhalten."[89]

Der für Luther unerwartete Fortgang der Geschichte spitzt die frühen Wartburgfragen auf das eine Thema zu, daß die evangelische Sammlung der Gläubigen nun bald abgeschlossen sein wird. Das Vorspiel hat schon

---

[85] Vgl. WA 30III. 477,7–13; allgemein für das Werk des Evangeliums: WA 49.269,30f. (Gal 5,7; Apg 20,23).

[86] Vgl. WAB 5.480,29f.; 15. Juli 1530 an Jonas, Spalatin, Melanchthon und Agricola.

[87] „Er hat, Gott lob, itzt auch angefangen, unsern Götzen und Larven, des Bapstumbs lesterlichen treudelmarck nider zu legen und seine Kirchen zu reinigen durch sein Euangelium, auch zum vorspiel, das man sehe, das er es mit jnen auch ein ende machen wil. Wie es fur augen schon angefangen zu fallen und teglich mehr und mehr fallen mus. Und viel greulicher wird zu bodem gestossen werden und ewiglich zu grund gehen müssen, denn die Jüden zustört und vertilget sind. Dieweil es auch viel ein schendlicher grewel ist. Das sol sich erst recht anfahen, wenn nu das Euangelium hinweg ist, umb der schendlichen, greulichen lesterung willen. Aber zu letzt mit dem Jüngsten tag erst recht sein endliche und ewige zerstörung nemen." WA 22.193,12–21. Crucigers Postille nach der Predigt über Lk 19,41–48; 13. August 1531. Vgl. WA 34II. 96,5–10.

[88] WAB 2.372,75–76; 1. August 1521 an Melanchthon. Von „Optimismus" kann keine Rede sein: „At haec plaga tum nobis imputabitur, quod haeretici Deum provocaverimus, erimusque opprobrium hominum et abiectio plebis, illi vero apprehendent excusationes in peccatis suis, et iustificabunt semetipsos, ut probet, reprobos neque bonitate neque ira bonos fieri, et scandalisabuntur multi. Fiat, fiat voluntas Domini, Amen." WAB 2.372,76–81.

[89] WA 34II. 88,4f.; Predigt vom 13. August 1531; s.o. Anm. 46 und 71.

begonnen und ist nicht mehr aufzuhalten „umb weniger fromen willen“. Das Vorspiel wird sein Ende finden, sobald „der kleinest hauffe, so Christum kennen“, „das heubt legen“ wird[90].

4. *Auf dem Wege zur Visitation: Cito visitet Dominus Germaniam*

Es wäre für uns durchaus verständlich, wenn Luthers eschatologischer Erwartungshorizont des Kampfes der letzten Tage in dem Maße verschwinden würde, in dem die evangelische Bewegung Geschichte „machen“ konnte. Das ist aber keineswegs der Fall, im Gegenteil! In den Jahren 1530/31 ist sogar eine nochmalige Steigerung festzustellen im Wissen um den „furor finalis Dei“, um die Zeichen des Zornes Gottes, der es zuläßt, daß die Mächte der Endzeit sich zum letzten Mal gegen das Evangelium zusammenballen und über das undankbare Deutschland hereinbrechen[91].

Um so dringender stellt sich die Frage nach der Einführung des landesherrlichen Kirchenregiments. Welche Aufgabe kann einem solchen Regiment in der Kirche der Endzeit überhaupt noch zufallen? Sollte etwa die Visitation erreichen, was der Reformation verwehrt war? Um diesem Verdacht nachzugehen, werden wir die Entwicklung seit dem Aufenthalt auf der Wartburg zu deuten haben. Den Schutz und Schirm, den Junker Jörg auf der Wartburg genossen hat, konnte er akzeptieren als weltliches Handeln der Obrigkeit, genauso wie später die Durchführung der Visitation. Die Sache der Reformation aber kann von der weltlichen Obrigkeit nicht gesichert oder beschleunigt werden. Aus dem Schutz der Wartburg von der Gemeinde in Wittenberg herausgerufen, wagt sich der Geächtete in die Öffentlichkeit zurück, ohne den Schirm des Landesherrn in Anspruch zu nehmen. Eindeutig und feierlich erklärt Luther am 5. März 1522, „daß ich das Evangelium nicht von Menschen, sondern allein vom Himmel durch unsern Herrn Jesum Christum habe, daß ich mich wohl hätte mügen (wie ich denn hinfort tun will) einen Knecht und Evangelisten rühmen und schreiben. ...ich komme gen Wittenberg in gar viel einem höhern Schutz denn des Kurfürsten... Dieser Sachen soll noch kann kein Schwert raten oder helfen, Gott muß hie allein schaffen, ohn alles menschlich Sorgen und

[90] WA 22.194,6; WA 21.324,1f.; WA 22.194,12.

[91] Siehe dazu meinen Beitrag: Luthers Beziehungen zu den Juden: Ahnen und Geahndete, in: Leben und Werk Martin Luthers von 1526 bis 1546. Festgabe zu seinem 500. Geburtstag. Im Auftrag des Theologischen Arbeitskreises für Reformationsgeschichtliche Forschung hg. v. H. JUNGHANS, Göttingen 1983, 519–530, 894–904; 525–527.

Zutun."[92] Was Luther braucht, was er von Brief zu Brief von den Freunden erbittet, ist nicht Schutz, sondern Fürbitte, die Gemeinschaft der Gesammelten. Dieser Schutz des Evangelisten ist nämlich genauso allein Sache Gottes wie die Durchführung der großen Reformation.

Für die weltliche Besserung benutzt Gott jedoch seine Mittel: Es sind Christen und Nichtchristen in allen Ämtern, einschließlich und vor allem der Kurfürst. Hier, im weltlichen Bereich, liegen die Wurzeln der Visitation[93]. Bereits vor dem Bauernkrieg, seit Ende 1524, kamen die Vorbesprechungen und Anläufe zur Visitation in Gang[94], ihre Durchführung hingegen wurde durch die Aufstände eher verzögert als beschleunigt. Am achten Jahresfest des Thesenanschlages, am 31. Oktober 1525, richtet Luther an seinen neuen Kurfürsten Johann, den Bruder des mitten im Bauernkrieg verstorbenen Friedrich († 5. Mai 1525), einen Dringlichkeitsantrag, der zugleich als Reformprogramm bezeichnet werden muß. Ausdrücklich verweist Luther dabei auf den inzwischen vollzogenen Plan, „die universitet zu ordiniren"[95], wozu Gott den Kurfürsten „zum wergzeug gebraucht hat"[96]. Einen Monat zuvor spricht Luther im Zusammenhang mit den Wirren in Kirche und Regiment von „Reformation" und hätte dies auf deutsch auch als „Besserung" oder „gute Ordnung" bezeichnen können, denn es handelt sich um strukturelle Maßnahmen, die seit langem in die Zuständigkeit der weltlichen Obrigkeit fielen. Hierzu gehört auch die neue Gottesdienstordnung, die Luther sich in seiner Vorrede zur Deutschen Messe als territorial einheitlich gestaltet vorstellt[97]. So bleiben jetzt nach der Liturgiereform

[92] WAB 2.455,40–43; 455,76f.; 455,80–456,82; 5. März 1522 an Kurfürst Friedrich. Vgl. den Brief sieben Wochen später, 27. Juni 1522, an Staupitz (oben Anm. 40).

[93] Siehe vor allem oben Anm. 60.

[94] Siehe H. Bornkamm, Martin Luther in der Mitte seines Lebens. Das Jahrzehnt zwischen dem Wormser und dem Augsburger Reichstag, Göttingen 1979, 425–442. Neben der von Bornkamm zitierten und kommentierten Arbeit von H.-W. Krumwiede (Zur Entstehung des landesherrlichen Kirchenregimentes in Kursachsen und Braunschweig-Wolfenbüttel, Göttingen 1967) ist auf den Beitrag von I. Höß hinzuweisen: The Lutheran Church of the Reformation: Problems of its Formation und Organization in the Middle and North German Territories, in: The Social History of the Reformation, hg. v. L. P. Buck/J. Zophy, Columbus, Ohio 1972, 317–339. Speziell zur Frühgeschichte der Visitationen s. I. Höß, Humanismus und Reformation, in: Geschichte Thüringens, hg. v. H. Patze/W. Schlesinger, III: Das Zeitalter des Humanismus und der Reformation, Köln 1967, 1–145; 71–84.

[95] WAB 3.594,11; vgl. 595,36f.; 31. Okt. 1525 an Kurfürst Johann. Für die Verbindung von „Reformatio" und Universitätsreform s. o. Anm. 53.

[96] WAB 3.595,33.

[97] Vgl. WA 19.73,6–8. Genau wie die Universitätsreform und der Schutz der Pfarrkirchen ist die einheitliche Liturgie ein öffentliches Anliegen und fällt somit in den Zuständigkeitsbereich des Kurfürsten: „Scio reformatione parochiarum opus esse et institutis uniformibus ceremoniis, iamque hoc saxum volvo, et principem sollicitabo." WAB 3.582,5–7; 27. Sept. 1525 an Nikolaus Hausmann. Auch hier fehlt der signifikante Zusatz nicht:

„noch zwey stuck furhanden“, welche „eynsehen und ordenung“ durch den Kurfürsten erfordern, und zwar wiederum „als welltlicher oberkeyt“[98].

Der erste abzustellende Mißstand ist, daß Pfarreien, Schulen und Prädikaturen aus Geldmangel dahinsiechen, „und also gotts wort und dienst zu boden gehen“[99]. Der zweite Mißstand ist das „bose regiment, beyde ynn stedten und auff dem lande“[100]. Auch dieses weltliche Regiment sollte der Kurfürst „visitirn“ lassen. Von einer Appellation an den Landesherrn als „Notbischof“ ist nicht die Rede. Es sind allesamt das Gemeinwohl tangierende und somit obrigkeitliche Pflichten. Im mittelalterlichen Sprachgebrauch sind es „Reformationen“, in modernem Deutsch Reformen, die „gut ordnung“ herstellen sollen in Kirchenverwaltung und politischem Regiment.

Die Verbindung zwischen diesen beiden Visitationsbereichen ist offensichtlich: Die eigennützigen Amtsleute, voran der „räuberische Adel“, vergreifen sich am Kirchengut, aus dem Schulen und Pfarrgehälter bezahlt werden sollen[101]. Die Reformen bezwecken neben der Förderung von Bildung und Beamtennachwuchs vor allem die Sicherstellung der Verkündigung[102]. Diese zielt auf die Sammlung der Gläubigen[103], ohne daß Luther dabei an eine große Ernte denkt. In jeder Gemeinde werden sich nur wenige an Christus halten: „Quotos, quaeso,

---

„Satan est in medio“ (582,11). Das angebliche Zögern bei dem organisatorischen Aufbau der evangelischen Kirche wird oft damit erklärt, daß ihm organisatorische Fragen fernlagen. Dazu paßt das Argument: „Luther hatte ja keine neue Kirche schaffen, sondern die bestehende erneuern wollen.“ Höss, Humanismus und Reformation (s. Anm. 94), 71. Die erste, die psychologische Deutung scheint mir verfehlt: Luther hat einen überraschend feinen Sinn für das Erreichbare im Dreieck von politischen Sachzwängen, finanziellen Abhängigkeiten und menschlich Zumutbarem. Die zweite Deutung sollte auf das geistliche Regiment zugespitzt und um die Dimension der Wirksamkeit Gottes „in den letzten Tagen“ bereichert werden.

[98] WAB 3.595,38f.

[99] Ebd. Z. 45

[100] Ebd. Z. 59f.

[101] Vgl. die Klage über den nachlassenden Respekt des niederen Adels vor Kurfürst Johann mit der katastrophalen Folge der „rapina monasteriorum“. WAB 4.150,33; 160,8–11.

[102] „Ich tröste sie aber alle [die evangelischen Pfarrer ohne Gehalt] mit der zukünftigen Visitation.“ Es gibt jedoch „etliche große Hansen“, die der Visitation entgegenwirken: „Wo dem so ist, so ist's aus mit Pfarren, Schulen und Evangelio in diesem Land; sie müssen entlaufen.“ WAB 4.168,6–9; 3. Februar 1527 an Kurfürst Johann.

[103] Mit ‚Sammlung‘ meint Luther nach wie vor die Ausleitung der Erwählten und deren Zusammenführung zur ‚Kerngemeinde‘, die „durch die Visitation soll angericht werden“. WAB 4.181,10f.; 29. März 1527 an Nikolaus Hausmann. Diese Gemeinde kann christliche Zucht ausüben, die aber nicht mit jener öffentlichen Sittenzucht zu identifizieren ist, für die das weltliche Regiment verantwortlich ist. Siehe vor allem WAB 4.159,7f.; 181,20f. So schon in der Vorrede zur ‚Deutschen Messe‘; WA 19.75,18–30 (1526).

Christus in tanto suo populo proprio habuit adhaerentes?"[104] Am zehnten Jahrestag des Thesenanschlags – mit Pokalanstoß gefeiert[105] –, als eben jene Visitation in Gang gebracht wird, für die Luther sich bereits so lange beim Kurfürsten eingesetzt hatte, erwartet er keineswegs die Transformation der Gesellschaft und erfüllt ihn nicht die „Hoffnung besserer Zeiten". Im Gegenteil: „Wir haben nur einen Trost dem wütenden Satan entgegenzustellen, nämlich, daß wir immerhin das Wort Gottes haben, mag er auch den Leib verschlingen."[106]

5. *Der Antichrist: Mythos oder Mysterium*

Unsere Nachzeichnung dürfte deutlich gemacht haben, daß es Luther gewesen ist, der – allerdings nicht allein, sondern als Sprecher einer Reihe von Stadtpfarrern – dem anfangs noch zögernden Kurfürsten Johann konsequent ins christliche Gewissen geredet und ihn bei seinem weltlichen Amt behaftet hat, mit Visitationen einzugreifen zur Ordnung beider Regimente. Das „ius circa sacra" ist von Luther für den christlichen Landesfürsten sogar als „munus circa sacra" interpretiert und vertreten worden. Längst vor Einführung der Visitationen ist der Fürst für Wohlstand des Landes und Besserung der Kirche in Amtspflicht genommen und so das Fundament gelegt worden, auf dem sich in territorial unterschiedlichem Verlauf das landesherrliche Kirchenregiment bilden sollte[107]. Die reichsrechtliche Lösung vom Jahre 1555 gemäß dem Prinzip „cuius regio eius religio" setzt das ius reformandi des Territorialherrn voraus[108], das Luther bereits im sächsischen Teilungs-

[104] WAB 4.167,18; 2. Februar 1527 an Johannes Draco (Drach, † 1566), einer der Unterzeichner der Schmalkaldischen Artikel. Vgl. Die Bekenntnisschriften der evangelisch-lutherischen Kirche, Göttingen 1982^{9}, 464 Anm. 6.

[105] So am Schluß des Briefes an Amsdorf die Datumsangabe: „Wittembergae die Omnium Sanctorum, anno decimo Indulgentiarum conculcatarum, quarum memoria hac hora bibimus utrinque consolati, 1527." WAB 4.275,25–27; 1. Nov. 1527. E. Iserloh meint, daß dieser Festtrunk hinreichend erklärt wird, „wenn wir annehmen, daß Luther am 31. 10. die Thesen den zuständigen Vertretern der Kirche zugesandt hat". Luther zwischen Reform und Reformation. Der Thesenanschlag fand nicht statt, Münster 1968^{3}, 57. Siehe hierzu jedoch meine Ausführungen in: Werden und Wertung der Reformation, 190–192.

[106] „Sic sunt foris pugnae, intus pavores, satisque asperae, Christus nos visitat. Unum solatium est, quod Satanae furenti opponimus, scilicet verbum saltem Dei nos habere, pro servandis animabus credentium, utcunque corpora devoret. Proinde nos fratribus commendes et tibi ipsi, ut pro nobis oretis, ut feramus fortiter manum Domini, et Satanae vim et dolum vincamus, sive per mortem, sive per vitam, Amen." WAB 4.275,19–25.

[107] Vgl. G. Franz, Die Kirchenleitung in Hohenlohe in den Jahrzehnten nach der Reformation, Stuttgart 1971, 149f.

[108] Zur cura religionis und zum Augsburger Religionsfrieden s. M. Heckel, Staat und

vertrag (1484) verankert sieht[109]. In Einklang mit Kurfürst Johann haben Luther und Melanchthon gemeinsam die Visitationen vorbereitet und ihrer Durchführung mit Instruktionen für die Visitatoren die Basis verliehen.

Die Einigkeit der beiden Wittenberger Reformatoren sollte eine weitreichende Divergenz jedoch nicht verdecken. Luthers ur-christliche Naherwartung im Wissen um die endzeitliche Bedrohung des Evangeliums durch den Antichrist (2.Thess 2,4; Apk 20,3) ist – im Gegensatz zur Strategie der Visitationen – von Melanchthon nicht übernommen und mitgetragen worden[110]. Als Luther in den Schmalkaldischen Artikeln (1537) ausdrücklich vom Papst sagt, er sei „der rechte Endechrist oder Widerchrist"[111], will Melanchthon nur unter dem Vorbehalt unterschreiben, daß der Papst, falls er das Evangelium zuläßt, als Oberhaupt anerkannt wird, um so „pax und tranquillitas", Ruhe und Ordnung, in der Christenheit zu sichern: Friede mit denen, die künftig (!) unter dem Papsttum sein werden[112].

In Melanchthons „Tractatus de Potestate et Primatu papae" (1537), zusammen mit den Schmalkaldischen Artikeln in das Konkordienbuch aufgenommen, fehlt jeder eschatologische Bezug, und der Gedanke des „Endechrist" wird umsichtig, aber merklich entmythologisiert. Zwar „reimen sich auch alle Untugend, so in der heiligen Schrift vom Antichrist sind weisgesagt, mit des Bapsts Reich und seinen Gliedern"[113], doch die wahren Christen brauchen sich nur so vor dem Papst zu hüten, als wäre er der Antichrist – „imo necesse est ei *tanquam* Antichristo adversari"[114]. Hier ist das Papsttum zur Chiffre für „Widerstand gegen

---

Kirche nach den Lehren der evangelischen Juristen Deutschlands in der ersten Hälfte des 17. Jahrhunderts, in: Jus ecclesiasticum 6 (1968) 205–216; hier ist die einschlägige Literatur aufgeführt.

[109] „... weil es geteilte Fürstentum wären, und Vertrag geschehen, daß ein jeglicher in seinem Fürstentum sollt gläuben lassen [= zulassen], wie er möcht..." WAB 4.306,19f.; 28. Dez. 1527 an die Gebrüder von Einsiedel, deren Besitz teilweise im kurfürstlichen und herzoglichen Sachsen lag. Wie weitgehend die Herren von Sachsen sich für die cura religionis verantwortlich machten, läßt sich neben ihrer Ablaßpolitik auch an der Unterstützung jener Observanz illustrieren, aus der Luther hervorging. Siehe die Einleitung von F. Gess (Hg.), Akten und Briefe zur Kirchenpolitik Herzog Georgs von Sachsen I: 1517–1524, Leipzig 1905, XXI–LXXXVIII. Vgl. den grundsätzlichen Brief an Melanchthon vom 21. Juli 1530 zum Thema: „... sequitur, quod eadem persona non possit esse episcopus et princeps, nec simul pastor et paterfamilias." WAB 5.492,17f.

[110] Vgl. WAB 5.496,7f.; 21. Juli 1530 an Justus Jonas.

[111] Bekenntnisschriften, 430,14f.

[112] „De pontifice autem statuo, si evangelium admitteret, posse ei propter pacem et communem tranquillitatem christianorum, qui jam sub ipso sunt et in posterum sub ipso erunt, superioritatem in episcopos, quam alioqui habet jure humano, etiam a nobis permitti." Ebd. 463,13–464,13–16.

[113] Ebd. 484,19–22.

[114] Ebd. 489,1f. Vgl. auch 485,28f.

Gott" geworden. Hinter dem scheinbar unverfänglichen „tanquam" steckt eine radikal andere Eschatologie, nämlich die „Hoffnung besserer Zeiten"[115]. Das Wissen um des Satans Wüten in seinem letzten Ansturm auf das Evangelium weicht dem Vertrauen auf evangelische Aufklärung in Predigt und Schule. *Bei Melanchthon konnte die „Besserung", die für Luther die Sammlung der Gläubigen in den Wehen der Endzeit ermöglicht, zu jener „Reformation" werden, die unseren Sprachgebrauch bis heute bestimmt*[116]. Erasmianische Bildung und reformato-

---

[115] Lukas Cranachs „Passional Christi und Antichristi" (März [?] 1521) wurde von Luther begrüßt als „bonus pro laicis liber". WAB 2.283,24f.; 7. März 1521 an Spalatin. Die Bildlegende für das 26. Bild, wie die anderen ebenfalls wohl von Melanchthon in Zusammenarbeit mit Johannes Schwertfeger besorgt (347,23f.), lautet: „... der herr Jesus ... wirdt yn [den Antichrist] sturtzen durch die glori szeyner tzukunfft." WA 9.714,7f. Luther versteht darunter die Wiederkunft Christi. Wie leicht jedoch der Sturz des Antichrist mit der Wiederentdeckung des Evangeliums in eins gesetzt werden konnte, wird aus den Schlußzeilen des Passionals ersichtlich: „Nembt alszo vorgut: Es wirdt baldt besser werden." WA 9.715,9f. – Diese letzte, bis hin zu Spener weiterentwickelte Deutung wird in der von Andreas Osiander herausgegebenen und von Hans Sachs mit Merkversen erläuterten ‚Wunderliche Weissagung' (Nürnberg 1527) den Laien zugänglich gemacht: Der „heldt Martinus Luther" hat mit dem Evangelium angefangen, dem Papstregiment ein Ende zu bereiten. „Denn wirdt Gott selber setzen eyn / Getreue knechte seyner gemeyn / Und wirdt sie stercken durch seyn geyst, / Das sie die wayden machen feyst." Andreas Osiander d. Ä., Gesamtausgabe, hg. v. G. Müller, II, Gütersloh 1977, 403–484; 463.479. Die Reformationshoffnung ist getragen von der Erwartung, daß das Reich Christi bereits *jetzt* beginnt und am Ende der Tage sich dann voll seinen Durchbruch verschafft: „Die [Diener des Wortes] eeren wirdt die christlich schar, / Seyt das sie Christum leren klar, / Den edlen hymelischen schatz, / On menschenleer und all zusatz." „Das weren [– dauern] sol, biß Christus kum / Und richten wirdt bayd, pȍß und frum. / Dem wirdt der gwalt gantz ubergeben; / Mit dem wir ewig herschen werden. Amen." Ebd. 481.483 Ich betrachte die Antragen von K. Aland an J. Wallmann von diesem überzeugend beantwortet. K. Aland, Spener – Schütz – Labadie? Notwendige Bemerkungen zu den Voraussetzungen und der Entstehung des deutschen lutherischen Pietismus, in: ZThK 78 (1981) 206–234; J. Wallmann, Pietismus und Chiliasmus. Zur Kontroverse um Philipp Jakob Speners „Hoffnung besserer Zeiten", ebd. 235–266. Allerdings sollte Wallmanns These von der „neuen Eschatologie" bei Spener im Lichte des Obenstehenden überprüft werden.

[116] Dieser moderne Zug – keineswegs vereinzelt im Gesamtdenken des Praeceptor Germaniae – findet sich in einer anderen, wohl noch geschichtsmächtigeren Gattung wieder, nämlich in der ältesten Reformationsgeschichte seines jüngeren Verehrers Johannes Sleidanus. Für Sleidan ist der Papst eine gefährliche, allen concordia-Bestrebungen in Europa entgegenstrebende, unter frommem Schein agierende weltlich-politische Macht, aber eben nicht der „Endchrist". Siehe vor allem seine aufgrund der Eindrücke während des Hagenauer Religionsgesprächs (1540) geschriebenen zwei Warnungsreden an den Kaiser und die Deutsche Nation vor der Einmischung des „römischen Nebenhauptes": Zwei Reden an Kaiser und Reich, hg. v. E. Böhmer (Bibliothek des literarischen Vereins in Stuttgart 145), Stuttgart 1879, bes. 122–135.249–252. Am Schluß der ‚Oration an alle Stende des Reichs, Vom Römischen Nebenhaupt, im Keyserthumb erwachsen' (1541) wird jene „Fürsorgepflicht" der Obrigkeit dargestellt, welche Luthers Begründung der Visitationen um einiges erweitert: „Gott der Herr drewet gar ernstlich denjhenigen, so in vor den menschen verleugnen. Wie vil mehr will er dann von denen bekant sein, denen er land und leut bevolhen hat, dieselbigen, nit alleyn in zeit und burgerlichen sachen zu

rische Theologie sind hier zur Geschichtsmacht zusammengewachsen, die den neuzeitlichen Protestantismus bis tief in dessen Selbstverständnis hinein geprägt und Luther als „Vorreformator“ zurückgelassen hat.

Diese Synthese hat auch die städtische Reformation in ihrer kurzen Blüte getragen. Der Zürcher Reformator Huldrych Zwingli unterscheidet sich in dieser zentralen Frage nicht von Melanchthon[117]. Martin Bucers Zugeständnisse bei den Religionsgesprächen am Anfang der vierziger Jahre sind begründet in seiner Erwartung einer erfolgreichen deutschen – und später englischen – Flächenreformation wie auch in der Beurteilung des Papsttums als weltliche Macht. „Rom“ steht bei ihm für eine teuflisch gefährliche Politik, nicht aber für die Phalanx des Antichrist[118]. Johannes Calvin und die von ihm bestimmte Tradition betonen eher die fortschreitende Machtergreifung Christi und das wachsende Sichtbarwerden seiner Königsherrschaft[119], weniger aber die Umwertung aller Werte durch die um sich greifende Macht des Satans in diesen letzten Tagen. In der lutherischen Orthodoxie blitzen Aspekte von Luthers Endzeittheologie immer wieder auf – wohl unter dem Eindruck

---

regieren, und vor gewalt zu beschützen, sonder auch im zwang zu halten. Und fürsehung zu thun, das sie eyn erbar leben füren, und mit keyner falschen lere verfüret werden?“ Ebd. 133. Melanchthons „tanquam“ wird politisch übertragen in der Fortschreibung des mittelalterlichen Streits zwischen Sacerdotium et Imperium: „Es sihet doch E. M. mehr dann augenscheinlich, das sie mit dem Bapstumb keinen nützlichen bestendigen raht noch anschlag annemen kan. Es wil ja kein glück dabei sein. Es hat ine und seine herrschung der prophet Daniel so hell und klar abgemalet, das einem billich grausamen solt, einige gemeinschafft mit ime zu haben.“ Oration an Keiserliche Majestat. Von dem, das der jetzige Religionshandel kein menschlich, sonder Gottes werck und wunderthat seie... (1544). Ebd. 250.

[117] G. W. Locher weist darauf hin, daß für Zwinglis Eschatologie noch eine genaue Untersuchung aussteht. Die Zwinglische Reformation im Rahmen der europäischen Kirchengeschichte, Göttingen 1979, 200. Sein eigenes, gut belegtes Ergebnis ist aber, daß „die von Zürich aus geprägte Reformationsbewegung weniger von der Spannung als von der Verbindung zwischen göttlicher und menschlicher Gerechtigkeit getragen bleibt“ (618). Faber Stapulensis steht mit den städtischen Reformatoren in Verbindung. Er deutet die Entfesselung des Teufels (Apk 20,7) zwar auf die diabolische Unterwanderung der Kirche seiner Zeit, vertraut aber auf das baldige Kommen Christi, und zwar per suum verbum – durch Europa und die ganze Welt. Praefatio, Commentarii Initiatorii in quatuor Evangelia (vor 2. April 1522); Correspondance des Réformateurs dans les pays de langue française, hg. v. A.-L. Herminjard, I, Genf/Paris 1866 [Nieuwkoop 1965], 94.

[118] Siehe C. Augustijn, Die Religionsgespräche der vierziger Jahre, in: Die Religionsgespräche der Reformationszeit, hg. v. G. Müller, Gütersloh 1980, 43–53; 47f. Auf der gleichen Linie wie Bucer liegt Kaspar Hedios Beurteilung des Papsttums. Vgl. H. Keute, Reformation und Geschichte. Kaspar Hedio als Historiograph, Göttingen 1980, 239.384 Anm. 9.

[119] Siehe Calvins politisches Testament, in: Supplementa Calviniana I: Sermones de altero libro Regum, hg. v. H. Rückert, Neukirchen 1936–1961, 104,42–105,10; 105,33–44. Vgl. Kapitel XII: ‚Die „Extra“-Dimension in der Theologie Calvins‘, unten 253ff.

der Katastrophe des Dreißigjährigen Kriegs[120]. Es ist künftig der Frage nachzugehen, inwieweit die Debatte über den Kryptocalvinismus der Philippisten den fundamentalen Dissens in der Eschatologie zwischen Luther und Melanchthon damals verdeckt und für uns heute damit verschüttet hat[121].

In seiner Vorrede zum „Unterricht der Visitatoren" benennt Luther mit dem Grund auch die Grenzen der Visitation als Instrument der Reformation. Reformatorische Eschatologie weiß um „des teufels und endechrists spott und gauckelwerck"[122]; schon einmal, im Mittelalter, ist das Visitationsamt zur Tyrannei verwandelt worden. Auch die weltliche, evangelische Visitation wird den Widersacher nicht in der babylonischen Gefangenschaft als Geschichte zurücklassen: „Der teufel ist nicht from noch gut worden dis jar, wirds auch nimer mehr."[123]

Es steht noch viel ärger um die Reformation Luthers, als mit der These vom Scheitern ausgesagt werden kann. *Die moralische Reformation als Transformation ist nicht gescheitert, sie ist nicht einmal erwartet,* ja, wo „der ethische Fortschritt mit dem Reich Christi gleichgesetzt wird, hat der Antichrist seine Hand im Spiel"[124]. Das rechte Verständnis der Zwei-Reiche-Lehre, von Gerhard Ebeling als tragfähige Brücke zwischen Luthererbe und weitsichtigem Neubau moderner Theologie ausgewiesen, zeigt sich als „Not-wendig" in der Unterscheidung zwi-

---

[120] Vgl. Johann Matthäus Meyfart, Tuba novissima, das ist von den vier letzten Dingen des Menschen, Coburg 1626, hg. v. E. TRUNZ, Tübingen 1980. Urteilend im Vergleich mit einer modernen, stark reduzierten, individualistischen oder auch „gnostischen" Eschatologie, findet H. E. WEBER die Naherwartung gewahrt „auf den verschiedensten Seiten": wie bei Luther so bei Melanchthon und seiner Schule, bei den Gnesiolutheranern wie bei den Reformierten. Reformation, Orthodoxie und Rationalismus I: Von der Reformation zur Orthodoxie, 2. Halbband, Gütersloh [1940] 1960^2, 243.

[121] In der lutherischen Orthodoxie wird der Chiliasmus mit Augustin zurückgewiesen, neben einer Vielzahl von „antichristi" der Papst als „antichristus magnus" bezeichnet, der – so Johann Gerhard mit Luther – etwa seit dem Jahre 1300, tausend Jahre nach Konstantin, zusammen mit den Türken „entfesselt" ist. Vgl. HEINR. SCHMID, Die Dogmatik der evangelisch-lutherischen Kirche. Dargestellt und aus den Quellen belegt, neu hg. v. G. PÖHLMANN, Gütersloh 1979^9, 401–407; 405f. Die „conversio Judaeorum universalis" als eines der letzten Zeichen vor Einbruch des Jüngsten Tages wird mehrheitlich verworfen, wenngleich von Gerhard mit der Einschränkung angenommen, daß nicht alle, aber doch viele Juden bekehrt werden (404). In der reformierten Orthodoxie scheint mir der Locus de novissimis weniger ausgeführt und vor allem weniger anschaulich zu sein. Bei Polanus werden die „antichristi revelatio" und die „Judaeorum conversio" als die ersten zwei Zeichen aufgeführt, ohne irgendein Indiz, daß die Einlösung der Zeichen bereits „im Gange" und diese Zukunft nahe ist. H. HEPPE, Die Dogmatik der evangelisch-reformierten Kirche. Dargestellt und aus den Quellen belegt, neu hg. v. E. BIZER, Neukirchen 1958^2, 557–570; 562.

[122] WA 26.196,31; Die evangelischen Kirchenordnungen des XVI. Jahrhunderts, hg. v. E. SEHLING, I/1, Leipzig 1902, 150a.

[123] WA 26.201,4f.; Kirchenordnungen, 151b.

[124] W. ELERT, Morphologie des Luthertums I, München 1965^3, 451.

schen Reformation und Visitation, zwischen Sammlung und Besserung, zwischen illusionslosem Glaubenskampf und vernünftiger Besserung der Welt. Der Neuprotestantismus hat mit der Neuzeit den „Endechrist“ im geistlichen Bereich entmythologisiert und Luther aufgeklärt. Der Preis dafür ist hoch: die mythologische Aufladung in der Ideologisierung einer weltlichen Besserung, gefolgt von herben Enttäuschungen. Luthers weltliche Weisung zerschlägt die teuflische Alternative von Transformation oder Resignation.

Martin Luther: Zwischen Mittelalter und Neuzeit

1. Streit um Luther

Im November 1933, vor fünfzig Jahren, wendete sich Karl Barth angesichts der schicksalhaften „deutschen Stunde“ an „seine lieben Deutschen“ mit der Warnung: „Der Mann, dessen Gedächtnis am 10. November gefeiert werden soll, ist schwerer verständlich und Wenigeren zugänglich, als man es in diesen Tagen wahrhaben wollen wird. Die Warnung ist am Platze, daß man ihn mit der symbolischen Gestalt, die jetzt in den Kirchen und auf dem Markt festlich sichtbar werden wird, nicht verwechseln soll. Ein ernstes Luthergedächtnis würde sich wohl vor allem an dem Luther der meisten Lutherfeiern vorbei freie Bahn brechen müssen.“[1]

Es ist deutlich, gegen welche Lutherdeutung Karl Barth hier angetreten ist. Es ist Luther, der nationale Heros, der große Deutsche – Luther, Prophet der deutschen Stunde. Gegen welchen Luther werden wir heute antreten müssen? Welchem Luther müssen wir freie Bahn brechen?

Die Antwort ist zunächst einfach und eindeutig: Der braune Luther ist dahin. Heute werden wir nicht mehr mit dem „Deutschen Christen“ konfrontiert. Unsere Zeit locken zwei andere, ebenso verführerische Lutherbilder. Es ist der moderne Friedensstifter Luther, den die Ökumene in Dienst genommen hat. Ihm wurden seine polemischen Zähne gezogen, um Anwalt der Una Sancta Ecclesia zu werden, ausgesöhnt mit einem aus dem Renaissancerausch gerissenen, nunmehr asketischen Papst. Andererseits tritt er uns heute als Schreckensbild dessen entgegen, was wir – angeblich – überwunden haben. Luther, der dem Mittelalter verhaftete Fürstenknecht, der Bauernfänger, Judenhasser und Papistenfresser, der uns Modernen nichts mehr zu sagen hat im Kampf für Frieden und Freiheit.

Damit sind wir genau beim Thema, bei jenem Luther, der uns hin und her zu reißen scheint zwischen den Zeiten. Wo ist Luther tatsächlich anzusetzen zwischen Mittelalter und Neuzeit? Wohin führt der Weg, wenn wir der historischen Gestalt freie Bahn brechen, nicht dem Luther unserer Träume, sondern dem geschichtlichen Luther?

Das Thema hat eine eindrucksvolle wissenschaftliche Vorgeschichte. Um dieses Ziel, um die Einordnung der Reformation im Epochenwech-

[1] Karl Barth, Lutherfeier 1933, Theologische Existenz heute 4, München 1933, 8.

sel der abendländischen Kultur, haben Generationen gekämpft. Und noch immer steht die ‚Gretchenfrage' an: Wie hältst du es mit der Reformation? Erkennst du mit Karl Holl in Martin Luther den Gründer der Neuzeit oder weist du mit Ernst Troeltsch die Reformation in die überholte Epoche des Mittelalters zurück? Bei der Durcharbeitung der Druckerzeugnisse dieses Streits kommt man von dem Gedanken nicht los, daß wir aus den Träumen zwar gerissen, zugleich aber in ein Glasperlenspiel hereingezogen werden, dessen Spielausgang durch die Spielanlage vorbestimmt ist. Die Definition des Mittelalters bzw. der Neuzeit wird vorher so konstruiert, daß Luther am Ende entweder abgeschlagen oder siegreich hervortreten muß. In den hohen Lüften dieser geistreichen Geistesgeschichte werden aber durchweg „universalia" konstruiert, abstrakte, lebensfremde Epochenkonstruktionen „sine fundamento in re", interessante, zuweilen sogar eindrucksvolle Gedankengebilde, die besonders für den Zweck der Lutherdeutung aufgebaut worden sind, die sich bei genauer Sichtung jedoch ‚sine fundamento in Luthero' entlarven.

Nicht nur die Zeitläufte, die Epochenwechsel selbst, sondern auch wir Lutherforscher haben Luther fremd, weil elitär gemacht, seine Sprache gehoben vergeistigt und entleibt. Der historische, eben der eckige und fleckige, der irdische, fleischliche Luther wird in der hochgestochenen akademischen Rede durchweg zugleich salonfähig und hörsaalfähig gemacht und, eingespannt in das Prokrustesbett einer zuvor definierten Modernität, entzeitlicht und verewigt.

Wenn die vorschnelle, konfessionell hungrige oder philosophisch geistreiche Modernisierung Luthers richtig als Grundgefahr gesichtet ist, wird nicht mehr so, sondern anders anzusetzen sein. Dann gilt der programmatische Satz: Der gute Historiker ist zweisprachig. Er ist Dolmetscher, der seine historische Sprache genauso kennt wie die Sprache seiner eigenen Zeit. In unserem Fall bedeutet das für den Historiker, daß er die Sprache des 14., 15. und 16. Jahrhunderts zu entschlüsseln und in die eigene Sprache zu übersetzen weiß. Das ist die eine Möglichkeit, die eine gültige Aufgabe. Deshalb ist es auch zulässig zu fragen, was Luther heute gesagt und getan hätte, wenn er konfrontiert worden wäre mit dem modernen Katholizismus, mit dem modernen Weltprotestantismus, mit der ökumenischen Bewegung und Frauenemanzipation – kurzum mit Papst, Pershing und Patriarchat.

Es bietet sich ein zweiter Weg, um Luther treffen zu können – es ist der Weg zurück, den ich jetzt zu gehen einlade. Es ist dann nicht die Übersetzung aus der Vergangenheit erst abzuwarten, sondern umgekehrt sind wir gefordert, selbst den Weg in die Fremde zu ziehen und uns auf eine Pilgerfahrt ins späte Mittelalter einzulassen. Moderne Voraussetzungen, Sicherheiten und sicher gewähnte Errungenschaften sind zurückzulassen, um Luthers Zeitgenosse werden zu können. Es gilt, seine Denk- und Lebensvoraussetzungen zu teilen[2], ihm so zu begegnen, daß man sein Zeitgenosse und Mitlebender wird, anstatt ihn nur zu feiern und immerzu daran zu denken, wie wir ihn für den aufgeklärten Menschen der Neuzeit glaubwürdig machen können.

Zu dieser Überfahrt ins Zeitalter der Reformation ist eine letzte Vorbemerkung noch vorwegzuschicken. Luther, der wortschöpferische Schriftsteller, der Autor fesselnder Traktate und mitreißender Schriften, wußte besser als mancher der späteren Universitätsprofessoren um die ganz eigene Gattung des Vortrags. Er vermochte zu unterscheiden zwischen der vitalen freien Rede und dem geschriebenen Wort, das im Druck veröffentlicht sein eigenes reduziertes Leben führt und darauf wartet, im lebendigen Wort wieder freigesetzt zu werden.

Die Analyse der Unterschiede zwischen seinen gesprochenen Vorlesungen und Predigten und deren späterer Drucküberarbeitung macht deutlich: Er hat es gewagt, Einbußen an gefälliger und feiner Durchformulierung in Kauf zu nehmen, eben um das gesprochene Wort tatsächlich zur lebendigen viva vox werden zu lassen.

Anders als die großen Stadtreformatoren, wie Bucer, Capito und Zwingli, hat Luther darum gewußt, daß die Heilige Schrift Notmaßnahme Gottes ist, die nur um unserer Schwachheit willen kodifizierte Form der lebendigen Verkündigung des Evangeliums. Das Evangelium zwischen den Buchseiten muß wiederum als freies Wort herausbrechen, um weit mehr als nur das Hirn, nämlich auch Herz und Seele des Hörers zu erreichen. Der Luther des lebendigen Evangeliums kann nicht in hochgestochenen akademischen Verhandlungen voll ausgelotet werden – diese lenken die Aufmerksamkeit des Hörers oft mehr auf die Erudition des Autors als auf das Anliegen des Reformators. Akademische Abhandlungen drohen Luther auf den Wissenschaftler zu reduzieren, um seine eminente Akribie und eindrucksvolle Denkdisziplin zum Tragen zu bringen. Weit weniger wird dann das Ausmaß deutlich, wie Luther, der Wissenschaftler, immer zugleich auch Zeuge des Evangeliums gewesen ist und als Prophet verstanden werden will. Dicht eingehüllt im Gelehrtenbarett und Professorentalar wird der Wittenberger Professor stimm- und leiblos, als wäre er eine Abschußrampe für systematisch-

[2] Im Vorwort zu meinem Lutherbuch habe ich diese Einladung noch mißverständlich formuliert: „Den Menschen Luther zu entdecken, verlangt mehr, als Wissenschaft je zu bieten hat. Gefordert ist die Bereitschaft, über die Jahrhunderte des konfessionellen Streits hinweg sein Zeitgenosse zu werden und das eigene Welt- und Lebensbild zurückzulassen." Luther. Mensch zwischen Gott und Teufel, Berlin 1983[2], 7. Tatsächlich ist dieser Vortrag undenkbar ohne die Konzeption, die dem Lutherbuch unterliegt – und davon möchte ich nicht abweichen. Hier nun gilt es weiterzugehen auf dem eingeschlagenen Wege, immer mit den Quellen als Wegweisung, also *mit* allem, was ‚Wissenschaft je zu bieten hat'.

theologische Zitate. Der mächtige Worttheologe aber, Prediger und Prophet, bleibt ohne Leib und Stimme zurück. Was Luther selbst zu verbinden gelang, die lebendige Glaubenserfahrung und der Umgang mit der Heiligen Schrift in wissenschaftlicher Zucht, wird damit in einer Luther verzerrenden Weise zerspalten auf fromme Predigt für den „gemeinen Mann" und auf druckreife Hörsaalsätze, die nur noch einer kleinen wissenschaftlichen Elite verständlich sind.

Genauso wie der Doktor Luther damals seinen Talar zum Bersten mit vulkanischem Prophetenwort gefüllt hat, so wird der Historiker heute die akademische feine Sitte bis zur Grenze der Unanständigkeit strapazieren müssen. Auf der Pilgerfahrt zurück werden wir also nicht nur moderne Denkvoraussetzungen zurückzulassen haben, sondern auch jenen akademischen Luther, den wir stubenrein, salonfähig und hörsaalgerecht gemacht haben.

Das mag zur Einführung genügen, die – man verstehe sie recht – keineswegs eine captatio benevolentiae bezweckt, vielmehr eine praeparatio malevolentiae, eine warnende Vorbereitung auf das, was mit Martin Luther selbst auf uns zukommt.

2. *Entdeckungen unterwegs*

Auf drei überraschende Korrekturen am traditionellen, aus moderner Sicht erstellten Lutherbild werden wir uns gefaßt machen müssen.

1. Wer heute fragen würde, wie man Luthers „Amt" auf den Begriff bringen könnte, dem, so zweifle ich nicht, wird ohne Zögern eine alle Differenzen der Forschung übergreifende, gemeinsame Antwort gegeben werden: Martin Luther ist „der Reformator"; und: Die Bewegung, die von ihm ausging, ist „die Reformation". Wenn wir uns nun freimachen vom Vorwissen und vom Vorurteil der Moderne, dann allerdings entdecken wir, daß Luther sich selbst nie Reformator genannt hat und daß er die Bewegung, die von ihm ausgegangen ist, niemals als Reformation bezeichnet hat[3].

Ist das vielleicht auf Bescheidenheit zurückzuführen? Keineswegs. Bescheidenheit gehört nicht zu den Tugenden, die man Luther vorwerfen könnte. Ohne Zögern hat er sich Prophet genannt und sich damit in

[3] Sehr wohl spricht Luther von Reformation als ‚Besserung' im komparativen Sinne und er kann sich im Rahmen des konziliaren Wortgebrauchs gelegentlich auch als ‚Reformator' bezeichnen, vor allem dann, wenn er mittelalterlich-kuriale Reformationsansprüche ironisiert: Wenn schon die Kurie ‚reformationes' für sich in Anspruch nimmt, dann mit weit mehr Recht der Luther! ‚Reformator' ist dann eben nicht Ausdruck der Selbsteinschätzung, sondern gezielte Abweisung. Siehe Kapitel VII: ‚Martin Luther. Vorläufer der Reformation', oben 173ff.

die Reihe der alttestamentlichen Propheten gestellt; als Evangelist wollte er gehört werden, der das Evangelium wieder rein und unverfälscht wie in den Zeiten der Apostel unter das Volk gebracht hat. Eben deshalb weiß er sich sogar als Apostel, in der direkten Nachfolge des Apostels Paulus. Reformator aber hat er sich nie genannt: Keinen Moment ist es ihm in den Sinn gekommen, daß ein Mensch es wäre, der die Reformation erbringen könnte. Reformation wird gewiß am Jüngsten Tag von Gott selbst heraufgeführt, wenn Er alles neu macht, alle Tränen abwischt, wenn Er alles in allem ist und alle Knie sich vor ihm beugen werden. Reformation ist allein Gottes Sache. Die Reformation Gottes, die einzige, die diesen Namen zu Recht trägt, wird bald hereinbrechen, denn das Ende der Weltgeschichte ist nahe herbeigekommen.

Eine andere Überraschung geht damit einher. Die Wiederentdeckung des Evangeliums reizt den Teufel, sie ruft seine nie unterbrochene Gegenwart nun gewaltig auf den Plan. Die Rückführung der Gläubigen zum Evangelium fordert Gegenkräfte heraus, die mit Macht zur Gegenreformation schreiten: „...wenn Gottes wort etwa ist auffgangen und sein heuflin zusamen gelesen, so ist der Teuffel des liechts gewar worden, und hat aus allen winckeln da wider geblasen, gewehet und gestürmet, mit starcken, grossen winden, solch Göttlich liecht auszuleschen."[4]

Die Zeitabfolge, die von uns heute geläufig nachgesprochen wird, ist bei Luther genau umgekehrt. Grundsätzlich weicht er von jener Epochenfolge ab, die in den Hörsälen aller Universitäten der Welt gelehrt wird: Dem Mittelalter folgen Renaissance, Reformation und Gegenreformation. Für Luther hingegen ist es deutlich, daß die Gegenreformation der Reformation vorausgeht. Wenn sie am schlimmsten wütet, dann macht Gott mit seiner Reformation ihrem Toben ein Ende. Die Gegenreformation wütet bis zum Jüngsten Tag: In Rom genauso wie in Wittenberg, im römischen Katholizismus wie im Protestantismus, vorausgesetzt, der Teufel findet noch etwas zu bekämpfen. So sieht es Luther, und wir interpretieren ihn Satz für Satz grundfalsch, wenn wir ihn nicht für sich selbst reden lassen, sondern ihn mit unserem eigenen Zeitgefühl überrollen.

2. Die zweite Korrektur: Luther weiß um die Gegenwärtigkeit und Wucht des Teufels. Sein Teufelsglaube rechnet ständig mit der bedrohlichen Macht des Satans, diese Schau aber ist keineswegs einfach mittelalterlich. Er stand dem Teufelsaberglauben seiner Zeit äußerst kritisch gegenüber. Im Messekommentar des großen Tübinger Theologen Gabriel Biel († 1495) hat Luther in Vorbereitung auf seine erste Euchari-

[4] WA 50.475,9–12. Siehe auch: „Ja umb des frölichen seligen liechts willen, kan [die Kirche] nicht ruge haben, sondern mus jmer newe, und aber newe stürm winde des Teuffels gewarten, wie es von anfang geschehen ist..." WA 50.476,2–5.

stiefeier lesen können, daß es Aberglaube ist, den sich nicht zu widerlegen, sondern nur zu belächeln lohnt, wenn man den Teufel zum Gott macht[5]. Luther hingegen hat den Aberglauben darin gesehen, daß man glaubt, der Teufel könne Mensch werden, mit Bockshörnern zwar und Pferdefuß verkleidet, aber eben real präsenter Mensch. Das ist Aberglaube, aber dennoch keineswegs wegzulächeln, denn der Teufel ist gegenwärtig, und voller Neid möchte er Mensch werden. Genau das aber kann er nicht. Gott allein ist Gott und Gott allein kann wahrer Mensch werden. Der Teufel kann es eben nicht.

Gefährlich ist der Aberglaube nicht deshalb, weil er mit der Todesgefahr durch den Teufel rechnet, sondern weil er dem Teufel mit dem Ort auch Rechte einräumt, die er tatsächlich nicht hat. Wir Modernen haben mit dem mittelalterlichen Aberglauben den Teufel stolz aufgeklärt hinter uns gelassen und in der faustischen Tradition vermenschlicht, psychologisiert und damit verharmlost. Nicht so Luther. Seine Teufelsvorstellung ist real: Der Teufel kann weder Gott noch Mensch werden, er bleibt der Teufel; eben so aber bedroht er Glauben und Schöpfung und zieht uns weg von Gott und Mensch.

Luthers eigene Erinnerung vermag seine Teufelsschau besser zu illustrieren und lebendiger vor Augen zu führen als die Akkumulation sämtlicher Belegstellen leisten kann. Denn seine Erinnerung führt zu eigener Erfahrung, die aber ist ein Stück gelebter Theologie.

Es ist wohl im Winter 1513/14, kaum zwei Jahre, nachdem Luther sein Doktorat erworben und damit, wie in einer mittelalterlichen Universität üblich, auch sein Professorat erhalten hatte. Der Ort ist das Augustinerkloster. Die Mönche sind bereits zu Bett gegangen, sie müssen morgens früh die Metten singen. Luther aber ist beurlaubt von dieser Pflicht, denn er muß seine Vorlesung für den nächsten Morgen vorbereiten. Er arbeitet deshalb abends unten im Refektorium, dem einzig geheizten Raum, an seinem Vorlesungsmanuskript. Stolz sind die Brüder: Unser Bruder Martinus hier ist Professor an der Universität. Er wird morgen weiterlesen über die Psalmen und schreibt jetzt seine ‚Dictata super psalterium'.

Das Manuskript ist noch bewahrt, und zwar in der Wolfenbütteler Bibliothek – veröffentlicht in einer wertvollen Faksimile-Edition zu Luthers 500. Geburtstag. Graphologen werden nachweisen können, daß hier jemand mit großer Geschwindigkeit und dennoch sehr exakt auf ihn einstürmende Ideen eingefangen hat: offenbar ein hochintelligenter Mann! Erfahrene Hochschullehrer betrachten das nüchterner: Da schreibt ein junger Kollege unter Hochspannung seine Vorlesung

[5] Lectio 67 A; Canonis Misse Expositio III, Wiesbaden 1966, 95f.

zusammen, unter dem Druck, für den nächsten Tag noch genügend Stoff haben zu müssen.

Luther arbeitet bei Kerzenschein am ‚Wolfenbütteler Psalter' in der Nähe des Ofens, hinter dem die Holzblöcke aufgestapelt sind. Plötzlich das Geräusch: Es knistert in den Blöcken. Wir heutigen, aufgeklärten Menschen würden sofort sagen: Ratten oder der Holzwurm. Luther aber ist sich sicherer: Das ist der Teufel.

Er reagiert hier ganz mittelalterlich, ganz als Kind seiner Zeit. Doch ist sein Kommentar zu dem unheimlichen Geräusch mit der Teufelserklärung nicht beendet: Es war der Teufel, konstatiert er, „da habe ich mein Manuskript geschlossen und konnte beruhigt zu Bett gehen". Dieser kurze Nachsatz birgt reformatorische Botschaft. Im Schutz des Allerhöchsten, eingepflanzt in Christus, werde ich vom Teufel verfolgt, aber nicht gefangen, werde ich angefochten, aber nicht überwältigt.

Im Rückblick kann Luther sich sogar darüber ärgern, daß er den Teufel nicht ‚ausgesessen' hat und ihm zum Trotz wach geblieben ist. Doch für die Nachwelt ist die Gelassenheit in diesem Falle ergiebiger als die Neugier. Als er ein nächstes Mal vom Teufel gestört wurde, reagiert er wiederum mit Schlaf: „Da ich vermarkt, daß ers war, acht ichs nicht und schlief wieder ein."[6]

Wo der Versuch gemacht wird, die Grundzüge der Theologie Luthers zu erläutern, wird regelmäßig und gezielt ein lateinischer Satz eingesetzt – ob Leser oder Hörer des Lateinischen nun mächtig sind oder nicht, denn ein lateinischer Satz ist luzide und kurz. Ein lateinischer Satz fordert drei Zeilen auf Holländisch, zehn auf Englisch und drei Seiten auf Deutsch. Er lautet kurz und bündig: „Simul iustus et peccator."

Tatsächlich ist kein anderer Satz geeignet, Luthers reformatorische Entdeckung so deutlich auf den Begriff zu bringen wie dieser. Er vermag den Gegensatz einzufangen zum vorreformatorischen Glauben und, so muß man laut flüsternd hinzufügen, den Gegensatz zur nachreformatorischen Religiosität im katholischen und protestantischen Raum. „Simul iustus et peccator": Ein Christenmensch ist Sünder und gerecht zugleich, eben weil das zentrale Fest des christlichen Kalenders die Heilige Nacht ist. Denn da wurde Gott selbst Mensch, um im Dreck dieser Welt den Sünder zu suchen und diesen Sünder zum „iustus", zum Gerechten zu machen. Wer aber nicht wahrhaftig Sünder ist, der geht an Gottes Suchen vorbei. Deshalb: Zugleich Sünder und Gerechter.

Luthers Erinnerung an die Teufelsbegegnung im Winter 1513/14 führt uns ebenfalls zu einem „simul", nämlich zum „zugleich" von Mittelalter und Reformation. An der mittelalterlichen Vorstellung Luthers von der Gegenwärtigkeit dämonischer Teufelsmacht wird zugleich die Freude

[6] WAT 6.219,40; Nr. 6832.

über die Befreiung in Christus greifbar. Im Gegensatz zur geforderten Vorentscheidung, daß man entweder den mittelalterlichen oder den neuzeitlichen Luther zu wählen habe, ist festzuhalten, daß man Luther als mittelalterlichen Christen und mittelalterlichen Theologen gelten lassen muß, wenn man imstande sein will, die Konturen des Neuen der reformatorischen Botschaft zu erheben.

3. Die dritte Entdeckung führt zu Luthers Apokalyptik. Mit der uns so fremd gewordenen Apokalyptik meine ich zunächst das Wissen darum, daß die Endzeit, die letzten Zeiten bereits angefangen haben; und weiterhin, daß die Endzeit eine Zeit der Geburtswehen ist, gezeichnet von den Schrecken, die Gottes Neuzeit, seiner Neuschöpfung eines neuen Himmels und einer neuen Erde, vorausgehen.

Schließlich: Apokalyptik wird von der Hoffnung getragen, daß Gott in seiner Gnade diese schreckliche Endzeit nicht nur abkürzt, sondern daß er auch Propheten beruft, die auf den Mauern der Kirche Ausschau halten, um den Christen die Zeichen der Zeit zu deuten. Apokalyptische Propheten verkündigen den treuen Gott und die Erfüllung seiner Verheißung. Sie sind „speculatores", mit Gottes Wort und Geist ausgestattete Seher, nicht spekulative Systembauer der Philosophie und philosophischen Theologie, sondern diejenigen, die im Spiegel der Zeit nach schriftgemäßen Zeichen Gottes suchen.

Wir kennen den Begriff der Apokalyptik aus der alt- und neutestamentlichen Exegese, werden aber von der historisch-kritischen Forschung ermutigt, die Apokalyptik als vergangene Denk- und Lebensform von unseren Quellen abzustreifen, um so die „wahre Botschaft" bei Maleachi oder Daniel, in den Evangelien oder paulinischen Briefen entdecken zu können. Apokalyptik war, so heißt es, nur die Sprache jener Zeit, für uns nicht mehr relevant. Es bleibe jetzt offen, wie weit eine solche Verdrängung den Zugang zur biblischen Botschaft versperrt. Für Luther aber gilt ganz sicher: Wenn wir seine Apokalyptik abräumen, dann ist seine Theologie nicht mehr zu verstehen. Und wenn wir die Dimension des nahen Endes in Schrecken und Hoffnung entfernen und in moderner Überheblichkeit entmythologisieren, dann werden wir bald festzustellen haben, daß darunter historisch Erkennbares nicht mehr zu finden ist, nur noch das Selbstverständnis der Heutigen, so wetterwendisch wie die Moden der Zeit.

In der modernen historischen Forschung wird die Apokalyptik als typisch spätmittelalterlich ausgegeben; sie wird psychologisierend oder „schichtenspezifisch" als Glaube von verunsicherten Randgruppen und dogmengeschichtlich als häretischer Rest der Wirkung des Joachim von Fiore verhandelt. Luther hat aber seine Apokalyptik nicht bei den Randgruppen, sondern bei den großen und kleinen Propheten, bei Paulus und den Kirchenvätern, bei Augustin und Bernhard gelernt. Er stand in jener großen kirchlichen Tradition, die das Wort der Offenbarung ins Zentrum ihrer Erwartung stellte: „Der Engel ergriff den Drachen, die alte Schlange, das ist der Teufel, und band ihn tausend Jahre ... wenn die tausend Jahre vollendet sind, wird der Satan freigelassen aus seinem Gefängnis und er wird die Völker verführen an den vier Enden der Erde, um sie zu versammeln zum Streit gegen Gott. Deren Zahl ist wie der Sand am Meer“ (Apk 20,2.3.7).

Wie bereits Bernhard von Clairvaux war auch Luther davon überzeugt, die letzte Phase der Geschichte, die Endzeit habe schon angefangen. Das Evangelium wird verkündigt, um die Gläubigen zu sammeln und sie zu stärken gegenüber den wütenden Angriffen des Satans. Bereits der junge Luther weiß, daß der Widersacher sich auf das Allerheiligste stürzen wird, nämlich auf das wieder freigelegte Evangelium, verkündigt in Wort und Sakrament. Lutherforscher haben versucht, diese apokalyptische Sicht als nicht ernst zu nehmende Abweichung des alten Luther oder als nebensächlich zu neutralisieren mit dem Hinweis, daß Luther nie eine Vorlesung über die Offenbarung des Johannes gehalten hat. Das allerdings brauchte er auch nicht, denn das letzte Buch der Bibel ist in allen seinen Vorlesungen, Predigten und Liedern gegenwärtig.

Was kann dieser Luther, den wir auf unserer Pilgerfahrt aus der Moderne ins 16. Jahrhundert entdecken, mit seinem Verständnis von Reformation, von Teufel und Weltende uns Heutige noch angehen? Die Antwort auf diese Frage ist entscheidend, sie entscheidet über die Reformation heute – über ihre Bewertung als zeitfernes Curiosum oder gegenwärtige Herausforderung.

3. Luthers reformatorische Entdeckungen

In den englischsprechenden Ländern werden zu diesem Thema oft und gerne Vorträge gehalten unter dem Titel „Luther discovers the Gospel“. Wann immer ich dazu geladen werde, zieht sich die Scheu in mir zusammen vor dem in dieser Bezeichnung spürbaren protestantischen Triumphalismus. Hat denn niemand vor Luther das Evangelium gekannt, hat Luther nicht auf die zahllosen getreuen Propheten und Evangelisten verwiesen, hat er nicht immer wieder von der mittelalterlichen Kirche als unserer gemeinsamen Mutterkirche gesprochen, die doch mit so großer Treue die Schätze des Evangeliums tradiert hat? Sie war es, die das Apostolicum, das Vaterunser, die Sakramente und die Heilige Schrift von einer Generation zur anderen gereicht hat. Ohne diese Schätze und ohne das treue Beharren der mittelalterlichen Kirche wäre für uns spätere Generationen kein Glaube denkbar. Sinnvoller und näher an Luther heranführend ist die Bezeichnung „Luther entdeckt den Satan". An vier Aspekten möchte ich die für heute unverzichtbaren Dimensionen dieser Entdeckung aufzeigen.

1. Luther hat den Teufel *Doctor Consolatorius* genannt und ihm damit jenen Ehrentitel verliehen, den die ganze christliche Tradition nur dem Heiligen Geist beigelegt hat. Warum hat der Reformator gerade den unheiligen Geist den Tröster genannt?

Die Antwort ist frommen Ohren bis heute eine Frechheit: Wenn der Teufel zu Dir kommt und Dir selbst an der Qualität Deines Lebens nachweisen kann, daß Du sein bist, wenn er in Deinem Leben entdeckt, daß Du des Teufels bist, daß Deine eigene Sündigkeit in Wort und Werk sich wie eine Wand zwischen Gott und Dir aufzubauen droht, dann ist er eben damit ein Zeuge für die Präsenz Christi und seiner Gerechtigkeit. Denn der Teufel ist nicht an den Gottlosen interessiert, die hat er bereits. Er schlägt zu, wo er Christus spürt, er greift an, wo er jene Gerechten riecht, in denen Christus Wohnung genommen hat. An den Gottlosen geht er ungerührt vorbei. Der Trost besteht darin: Wenn der Teufel Dich angreift, dann darfst Du gewiß sein, daß Du in Christus eingepflanzt und sein Eigentum bist: „Weil aber der Teuffell unß also zusetzt, so stets recht umb unß."[7]

Diese zuvor unerhörte Deutung des Teufels ist eine Revolution in der Geistesgeschichte, tausend Jahre christliche Frömmigkeit und abendländische Moral werden hier umgestürzt. Der Satan, wider Willen murrend und fluchend in Gottes Dienst genommen, muß wie Bileams Esel Zeuge des Evangeliums werden. Das ist Luthers Lehre „de servo arbitrio *diaboli*„, vom unfreien Willen des Teufels: Wider Willen Künder des Wortes.

Die Tragweite dieser Rollenverkehrung läßt sich an traditionellen Darstellungen des Jüngsten Gerichts ausweisen. Oberhalb des Eingangsportals mittelalterlicher Kirchen, etwa der romanischen Kirche zu Conques in der Auvergne oder Autun in Burgund, wird in aller Regel im Tympanon das Jüngste Gericht dargestellt. In Stein ist die Szene der letzten großen Entscheidung, die Trennung zwischen Sündern und Gerechten, eingemeißelt. Zur Rechten Gottes stehen oder sitzen die Gerechten, still und unbeweglich, offenbar bereits der himmlischen Ruhe teilhaftig. Um jeden Irrtum in der Zuordnung auszuschließen, ist unübersehbar die lateinische Inschrift in den Stein geprägt: „iusti" oder „sancti", die Gerechten, die Heiligen.

Doch nicht diese Seite der Gerechten, sondern die linke Seite mit den „perversi" oder „peccatores", mit den Sündern, hat die volle Aufmerksamkeit der Künstler auf sich gezogen. Der geöffnete Schlund des

---

[7] WAT 5.44,8f.; Nr. 5284.

Satans geifert gierig nach seinen Opfern; eilend und ohne Unterlaß schleppen des Teufels Helfershelfer die Rotte der Bösen heran, Sünder, die ihren gerechten Lohn empfangen: Widerstrebend und schreiend werden sie für immer vom Höllenrachen verschlungen.

Diese Grundschau, daß die Güte nur das Gute sucht, Böses sich aber zu Bösem gesellt und der Teufel wesensgemäß und rechtens nur Gottlose eintreibt, hat mittelalterliche Frömmigkeit geprägt – nicht nur diese, sondern überkonfessionell und ökumenisch die nachreformatorische Theologie und religiöse Moral, allen Wandlungen im Satansbild zum Trotz.

Wären die Künstler von Luther geprägt gewesen, hätten der Teufel und seine Helfershelfer nicht unter den Gottlosen, sondern unter den Gerechten gewütet: „Diabolus non quiescit [der Teufel ruht nicht], so er sein reich verliern sol: wilt und soltu Gottes namen mit lere und leben ehren, so wird dich der Teufel gar getrost angreiffen an leib, ehr, gut, weib und kind."[8] Trost ist dann allein die Verheißung: Die so vom Satan Angegriffenen dürfen ihm die Gewißheit von Römer 8 entgegenschleudern: „... daß weder Tod noch Leben, weder Engel noch Fürstentümer, noch dämonische Gewalten mich scheiden können von der Liebe Gottes, die ist in Jesus Christus."

2. Die zweite Entdeckung Luthers kommt noch überraschender. Luther bezeichnet den Teufel nicht nur als Doktor Tröster, sondern als *Magister conscientiae,* Altmeister der Gewissensreligion. Das mutet noch fremder und noch frecher an, hatte doch die Lutherrenaissance mit eindrucksvollem Nachdruck gerade Martin Luther als den Lehrer der Gewissensreligion herausgestellt: Er, der im Gewissen Freie, habe so für die Neuzeit den Neubau der Sittlichkeit ermöglicht. Viele denken dabei an Luthers Wort in Worms, als er dem Kaiser gegenüber den Widerruf seines Glaubens mutig abgelehnt hatte. Damit leitet er, so heißt es, die Neuzeit ein, indem er sich gegen die Mächtigen der Welt auf die Macht seines Gewissens beruft. Läßt man Luther jedoch selbst zu Worte kommen, so sagt er ganz anderes, beruft sich nicht auf sein Gewissen, sondern auf Gottes Wort: „Mein Gewissen ist gefangen in Gottes Wort."

Die Alternative zu diesem „Gefängnis in Gott" heißt nicht „freies Gewissen", sondern „Gewissen gefangen vom Teufel", denn das Gewissen – das ist erschreckend, der Neuzeit gar unerträglich zu hören – ist natürlicher Herrschaftsraum des Teufels: Ständig schlägt er auf uns ein, nicht nur von außen durch besessene Rottengeister, sondern auch von innen – eben im Gewissen[9].

---

[8] WA 30I. 48,7–9.

[9] Vgl. WA 30I. 49,30f.

Keine Spur finden wir bei Luther von jener mittelalterlichen und zugleich säkularisiert neuzeitlichen Gewissensauffassung, daß es im Menschen eine von Sünde unberührte Stelle gäbe, die immerzu wie ein Kompaß gen Norden auf Gott ausgerichtet ist, unverrückbar und unfehlbar, Stimme Gottes im Menschen. Das Gewissen ist so gewiß des Teufels Fang, daß sich der Teufel meldet, bohrend und beißend, wenn wir abends im Bett zurückblicken auf den Tageslauf. Bibelfest führt er die Zehn Gebote vor, um uns zu überführen und für sich in Anspruch zu nehmen. Der Teufel ist nicht nur äußere Macht, versteckt unter Geldgier und Sexualität. Er reicht vielmehr bis in das Zentrum des Menschen hinein und stellt die Stimme des Gewissens in seinen Dienst. Dann aber darf der Christ ihm antworten: Nein, Du Satan, ich berufe mich auf eine höhere Autorität als mein Gewissen, auf die Gerechtigkeit Christi, an der ich gegen alle Sünde im Glauben festhalten darf: Ich bin Gottes Kind und gehöre Christus, denn ich bin getauft. Wenn wir uns aber auf das Gewissen verlassen, dann hat es der Teufel schon gefangen und wendet es gegen Gott und gegen uns. Eben auf diese Weise ist der Teufel der Meister des Gewissens.

Es ist gewiß nicht falsch zu behaupten, daß Luther die Tragweite des Gewissens ausgemessen hat. Das gilt aber im Bereich des weltlichen Regiments. Im Bereich der Welt ist der Christ nicht nur koalitionsfähig, sondern auch koalitionsverpflichtet mit den Nichtgläubigen – für Luther die große Mehrheit im Corpus Christianum, wo doch der wahre Christ eine „rara avis“ ist. Christen sind deshalb zur Koalition aufgerufen, weil sie keinen Wissensvorsprung vor den Nichtgläubigen haben, um die Welt nach Maßgabe einer angeblich höheren Vernunft und zuverlässigeren Erfahrung zu regieren. Es handelt sich hiermit um das Gewissen in Beruf und Amt, coram hominibus, von Gottes wegen befreites Gewissen zum schmutzigen Geschäft. Im Bereich des Glaubens, coram Deo, ist unser Gewissen aber Domizil des Teufels und – wenn nicht in Gottes Wort gefangen – natürlicher Verbündeter von Teufel, Tod und Sünde: Von diesem Gewissen darf und muß der Gläubige, gestellt in den Kampf zwischen Gott und Teufel, sich berufen auf die höhere Autorität der Gerechtigkeit aus Glauben allein.

3. Der Teufel ist *Princeps mundi,* Gegner Gottes, unablässig wütender Widersacher. Mittelalterlicher Teufelsglaube ist für Luther nicht lächerlich, sondern falsch; falsch, weil sagenhaft verharmlosend, legendenhaft einschläfernd und damit brandgefährlich. In nie zuvor und danach gekanntem Ausmaß hat er die Teufelsmacht erkannt und herausgestellt. Ohne eine metaphysisch-spekulative Satanologie zu bieten, ist Luther gegen den zentralen Glaubenssatz angetreten, der zur Berufungsinstanz zugleich für Gläubige und Atheisten geworden ist: Die Lehre von der Allmacht Gottes.

Als der christliche Glaube von jüdischen Christen in die hellenistische Welt hineingetragen wurde, da gehörte die Lehre von Gottes Allmacht zu jenen einsichtigen, allgemein verstandenen Attributen Gottes, die christliche Apologeten für den Gott der Bibel in Anspruch nehmen. In der abendländischen Tradition, von Hieronymus und Augustin voll ausgearbeitet, in der scholastischen Theologie zum klassischen dogmatischen Locus geworden, wurde diese Lehre bei Thomas von Aquin, Johannes Calvin und seitdem in protestantischer und katholischer Systematik zum Angelpunkt der Gotteslehre: Gott ist „Gubernator mundi", unwiderstehlich als Herrscher der Welt. Über alle Kulturen hinweg bezeugen selbst Negro Spirituals die Geschichtsmächtigkeit dieser Sicht: Gott ist der Allmächtige, „who holds the whole world in his hands". Dieser Glaubenssatz ist auch von Luther tausendfach ausgesagt und ausgelegt worden, aber eben als Verheißung des treuen Gottes im Vertrauen auf seine eschatologische Wahrheit. Was bereits Wilhelm von Ockham vorformulieren konnte, wurde zum reformatorischen Glaubenssatz: Daß Gott allmächtig ist, bezeugt allein der Glaube[10].

In seiner Entdeckung des Teufels hat Luther die Allmachtslehre an den Rand des Zerbrechens gebracht und mit völlig anderem Inhalt gefüllt: „Aber der Teuffel ist herr jnn der welt, und ich habe es selbs nie können gleuben, das der Teuffel solt Herr und Gott der welt sein, bis ichs nu mals zimlich erfaren, das es auch ein artickel des glaubens sey: Princeps mundi, Deus huius seculi."[11] Gott jetzt, hier und heute, ist noch voll beschäftigt, seine Schöpfung zurückzuerobern, er kämpft mit dem Satan bis zum letzten Tag. Erst dann, am Tage der großen reformatio wird sich seine Allmacht realisieren, wenn er alles in allem ist, im Himmel und auf Erden.

Die schrecklichen Konsequenzen der mittelalterlich ungebrochenen Omnipotenzlehre sind allen bekannt, die in Geschichte und Pastorat darum wissen, wie es Millionen von Menschen unmöglich wurde, sich länger als Gläubige zu bezeichnen, angesichts eines Erdbebens von Lissabon, zweier Weltkriege und nach Auschwitz, nicht minder angesichts der rätselhaften Schläge des täglichen Lebens in Krankheit, Not und Tod.

An diesen allmächtigen Gott, den Weltbeherrscher läßt sich nicht glauben; das scheinbar gesicherte Herzland christlicher Gotteslehre wird ebenso von Atheisten als Grundsatz unbezweifelt vorausgesetzt und bildet dann Berufungsinstanz und Beweisgrund für die Absage an Gott.

Martin Luther hat keine Satanologie geboten, ebensowenig wie der

[10] Quodl. *1 q 1;* Guillelmi de Ockham, Opera Theologica, Bd. IX: Quodlibeta septem, St. Bonaventure 1980, 11,230f., zu Luthers Konsequenzen siehe 250f.

[11] WA 50.473,34–37.

Autor des Buches Hiob, wo der Satan gänzlich ohne Erläuterung gegenwärtig ist als Widersacher der Gerechten sogar im Rate Gottes selbst. Über den Teufel ist nicht zu spekulieren, der Kampf läßt dazu keine Zeit und Muße, der Kampf selbst ist Beweis genug. Er ist da, Gegner Gottes und der Menschen. Aus dieser Sicht des Kampfes gegen den Teufel gelang es Luther, auf eine Weise von Gottes Werk in Christus zu sprechen, die ihm in der vielfältigen Tradition der abendländischen Christenheit eine unverwechselbare Stimme verleiht. Der uns offenbarte Gott ist kein allmächtiger Gott, das bezeugen Christi Geburt und Tod.

Der Teufel ist somit nicht nur Doktor Tröster und Meister des Gewissens. Er ist zugleich der größte Verneiner und atemberaubend mächtige Widersacher. Erst am Ende der Zeiten wird er gezwungen sein, sein Wüten einzustellen. Dann geht er in die Knie, wenn alle Knie sich beugen.

Wir betreiben heute emsig neue soziale und politische Theologie, um die Kirche für die säkularisierte Welt ‚glaubwürdig' zu machen. Von Luther können wir lernen, im Zentrum anzusetzen, nämlich bei der Einsicht, daß die Lehre von der „omnipotentia Dei", der Allmacht Gottes, nicht biblisch ist.

4. *Der Teufel ist ein saurer Geist.* Er ist es, der die Menschen mit Depressionen überzieht und zu Tode niederdrückt. Luther selbst hat oft und lang unter Depressionen gelitten und konnte so zum Meister der Psychologie werden. Depressionen kann er in einer Erfahrungssprache beschreiben, welche die Jahrhunderte der Distanz vergessen macht. Das ist Depression, wenn man morgens wach wird und der Tag sich endlos dehnt, wenn ohne Freude das Leben salzlos erscheint und nichts anderes lockt als die Einsamkeit des Schlafgemachs. Solche Depressionen sind nicht krankhaft, eben nicht neurotische Ausnahme, sie gehören vielmehr zum Grundbau des Menschen seit dem Sündenfall.

Depressionen sind wie Vögel, schreibt Luther von der Coburg herab, man kann nicht verhindern, daß sie über Deinem Haupte kreisen. Man kann aber verhüten, daß sie Nester in Deinem Haar bauen. Es ist der Teufel, der Dich so isolieren und in die Einsamkeit einschließen will.

In diesem Teufelsspiegel entdeckt Luther, daß der Christ Widerstand zu leisten hat, indem er die Gemeinschaft sucht, heraus aus der Einsamkeit des „Ich". Es ist nichts mit dem stolzen protestantischen Ideal des Individualismus; das Individuum, das sich selbst genügt, steht mit dem Teufel gegen Luther. Ein soziales Wesen ist der Mensch. Er sollte Geselligkeit als Gabe Gottes suchen, Musik machen, denn nach der Heiligen Schrift haßt der Teufel nichts so sehr wie die Musik. Gerade der Gläubige, der den Teufel auf sich zieht, sollte Karten spielen, singen, Wein und Bier trinken.

Wo immer er ist auf seinen Reisen, hält Luther seine Katharina auf dem Laufenden über die Qualität von Wein und Bier. Hier, so schreibt er, ist das Bier vorzüglich, am nächsten Tag und Ort aber heißt es: Das Bier ist schrecklich, der Teufel ist mir zuvorgekommen und hat Pech ins Bier gemischt.

Musizieren, singen, Karten spielen, tanzen und trinken, das alles *dem Teufel zum Trotz*. Denn der Teufel ist ein saurer Geist, der Gläubige aber nicht, er genießt die Gaben der Schöpfung. Hierin gehört alles, was Luther über die Sexualität zu sagen weiß, was jedoch keinen Platz finden kann in einem Lutherbild, das stubenrein und salonfähig entleibt und dem Hörsaal angepaßt ist.

Im Spiegel des Teufels entdeckt Luther die gottgeschenkte Gabe der Sinne, vor ihm und nach ihm als Einfallstor des Teufels verrufen. Für ihn ist der Hunger der Frau nach dem Mann und des Mannes nach der Frau nicht nur ein ursprüngliches Schöpfungsgeschenk Gottes, sondern die tätige Präsenz der Wirkung von Gottes schaffendem Wort im Menschen. Die Ehe ist der rechte Gebrauch, der Hunger selbst aber ist bereits göttliche Gabe, liebevoll im Menschen eingepflanzt. Deshalb kann Luther im Sommer des Jahres 1525 sagen: Ich heirate dem Teufel zum Trotz. Er rechnet deshalb mit des Teufels sittsamer Entrüstung: „... ich habe mich durch diese Heirat so verächtlich und geringschätzig gemacht, daß ich hoffe, es sollen die Engel lachen und alle Teufel weinen. Die Welt und ihre Weisen verstehen dieses göttliche und heilige Werk nicht, ja sie machen es an meiner Person gottlos und teuflisch."[12]

Parfümierte Reformationsgeschichte hat aus Luthers Ehe die schöne Idylle von der Gründung des deutschen Pfarrhauses gemacht. Luther selbst hat es besser gewußt: Es war ein moralischer Umsturz. Die Welt möchte in ihren geistlichen Führern Asketen verehren können, die der Betörung durch Teufel und Fleisch entronnen sind. Luther aber hat diese zwei, Teufel und Fleisch, zu unterscheiden gelernt. Die Hochzeit mit Katharina war sein Bildersturm, weit umstürzender als die äußere Zerschlagung der Heiligenbilder bei der Einführung der Reformation in den Städten.

Nur Monate nach seiner eigenen Hochzeit schreibt Luther an den Freund Georg Spalatin, ehemals Sekretär und Geheimer Rat des sächsischen Kurfürsten Friedrich des Weisen, der ebenfalls den umstrittenen Schritt zur Ehe wagt. Dieser Brief ließ sich erst in der modernen kritischen Edition vollständig rekonstruieren, nachdem Jahrhunderte lang jene anstößige Passage getilgt worden war, die Bürgermoral nicht dulden konnte. Der Stein des Anstoßes ist eines der enthüllendsten und gewinnendsten Zeugnisse für Luthers Sinnenfreude.

---

[12] WAB 3.533,8–10; 16. Juni 1525.

Er schreibt an Spalatin, daß er an seiner Hochzeitsfeier leider nicht teilnehmen könne, denn die Flüsse steigen so schnell, daß er des Hochwassers wegen nicht rechtzeitig nach Wittenberg zur Vorlesung zurückkehren könne. Deshalb nur dieser Brief: Lasse Dich, Spalatin, nicht von bösen Zungen beirren. Du wirst Deiner priesterlichen Aufgabe nicht untreu durch die Heirat. Denn die Ehe ist ein Geschenk Gottes. „Du sollst, wenn Du mit Deiner Katharina schläfst und sie umarmst, dabei so denken: Dieses Menschenkind, dieses wunderbare Geschöpf Gottes hat mir mein Christus geschenkt, ihm sei Lob und Ehre." Und dann folgt die Stelle, die eliminiert werden mußte: „An dem Abend jenes Tages, an dem Du nach meiner Berechnung diesen Brief empfangen wirst, werde auch ich sofort meine Frau in gleicher Weise lieben und so mit Dir in Liebe vereint sein."[13]

Stubenrein, salonfähig und hörsaalgerecht haben wir Luther gemacht. Der geschichtliche Luther ist dabei im vornehmen Talar verhüllt unsichtbar geworden. Sein Wissen um Teufel und Fleisch wurde in die doppelte Zange genommen. Theologisch ist der Teufel im Sog der Faustgestalt vermenschlicht oder bis zur Harmlosigkeit entmythologisiert. Literarisch haben wir Luthers leibhafte, fleischliche Sprache – jene Sprache, von der wir so geistreich sprechen können als die Sprache seiner Übersetzung, ‚der wir unser Deutsch verdanken' – entleibt, entsinnlicht und entstofflicht. Verhegelt haben wir Luthers Sprache eben dort, wo wir so geistreich von der Bedeutung des Wortes bei ihm reden. Über Hegel kann man dissertieren und promovieren, mit ihm kann man aber nicht extra muros über alle Sprachgrenzen hinweg kommunizieren, und Kommunikation war Luthers Sache, Sprache als Waffe der Anschaulichkeit, die alle Bildungsbarrieren durchbricht.

Wie konnte, muß der Historiker fragen, dieser Luther so zugedeckt werden? Eine Antwort auf diese Frage ist nur zu erhalten, wenn wir nuanciert von der Reformation des 16. Jahrhunderts reden und Luthers Reformation hinreichend deutlich von der städtischen Reformation unterscheiden. Die städtischen Reformatoren, ob nun Bucer in Straßburg, Zwingli in Zürich oder der junge Calvin in Genf, haben Reformation im modernen Sinne gewollt und auch erreicht. Für sie geschah wahre Reformation nicht erst am Ende der Tage. Der Teufel ist zwar noch da, von Bedeutung als Chiffre für politischen Widerstand gegen Gottes Siegeszug; am meisten zu fürchten als Verführer zu moralischen Vergehen. Er ist aber nicht mehr der große Gegenspieler, gegen den Gott um seine Allmacht ringen muß.

Sittenlehrer dieser Reformation ist nicht Luther, sondern Erasmus von Rotterdam. Erasmus hatte im Jahre 1503 sein ‚Enchiridion militis

---

[13] WAB 3.635,26–28; 6. Dezember 1525.

christiani', das Handbuch des christlichen Soldaten, veröffentlicht, das langweiligste Buch in der Geschichte der Frömmigkeit – so wenigstens urteilten die Zeitgenossen, denn verlegerisch wurde diese Ausgabe zunächst ein eklatanter Mißerfolg. Endlich zum Bestseller wird dieses Buch mit der Neuausgabe 1518, dann sogar zum Klassiker, der bis heute zu den Hauptwerken des Erasmus zählt. Nichts in diesem Buch wurde geändert, nur ein neues Vorwort ist hinzugefügt. Hier wagt sich Erasmus inhaltlich so weit in die Nähe Luthers wie niemals mehr. Fast kritisiert auch er die Ablässe als des Evangeliums unwürdig – als guter Holländer aber immer ausgewogen, ohne irgendeinem der Leser zu nahe zu treten, ohne irgend jemandem anstößig zu sein.

Dann kommt der entscheidende Passus, in dem er programmatisch formuliert, daß die im Kloster erstrebte Reformation der Mönche nun in der Stadt von den Bürgern realisiert wird. Die Stadt ist ein großes Kloster, innerhalb ihrer Mauern wird das Corpus Christianum Wirklichkeit: „Quid aliud est civitas quam magnum monasterium."[14] Was wir in der Stadt verwirklichen, ist wahrhaftig nicht weniger als das, wozu die Mönche sich verpflichtet haben. Jene drei Gelübde, Keuschheit, Armut und Gehorsam, führen nicht zu einer höheren Heiligkeit als die Taufe allen Christen verleiht. Keuschheit wird in der christlichen Ehe innerhalb der Stadt auf die Probe gestellt; Armut wird Gemeingut, wo jedermann von seinem Einkommen in den gemeinen Kasten zahlt und so den wahren Armen zu Hilfe kommt. Die scheinheiligen Armen aber sollten aus der Stadt entfernt werden. Erasmus denkt dabei vor allem an die Bettelmönche. Und schließlich der Gehorsam: Wir Bürger respektieren unseren Bischof oder Stadtprädikanten genauso wie die Mönche ihren Abt. An anderer Stelle zieht Erasmus auch die politischen Konsequenzen aus diesem Gehorsam: Wenn der Stadtrat politische Entscheidungen trifft, die von eigener Überzeugung abweichen, dann beugt man sich der Mehrheit. Hier liegen die zögernden Anfänge dessen, was man am besten „Protodemokratie" nennen kann. Tugenden und sogar Werte werden hier entdeckt und gelebt – wer könnte das verneinen?

Aber gerade in diesen Städten wird nun bald das Kartenspiel, Tanzen und Trinken verboten und die Prostitution mit einem solchen Vokabular geächtet, daß Sexualität an sich schon als „fornicatio" anwidern muß. Es ist diese Moral der städtischen Reformation des 16. Jahrhunderts, die gesiegt hat, die sich wie ein grauer Schleier über ganz Europa verbreitet, die über die Schweiz und Frankreich nach Holland, England bis in die Vereinigten Staaten gezogen ist. Bis heute bestimmt sie weitgehend das Gesicht des Weltprotestantismus und auch liberale Protestanten, mehr

[14] Erasmus von Rotterdam, Enchiridion militis christiani, hg. von V. Welzig, in: Erasmus von Rotterdam, Ausgewählte Schriften 1, Darmstadt 1968, 48f.

als sie es in ihrer emanzipierten Reaktion wahrhaben wollen. Auch der Protestantismus hat nicht mit jenem moralischen Consensus gebrochen, den das moderne Papsttum in ungebrochener Fortsetzung der mittelalterlichen Mönchsmoral als christliche Ethik verkündigt: gegen Frauenrecht, Abortus und Familienplanung.

Für die städtische Reformation gilt: *Die neuen Laien waren in Wirklichkeit nur alte Mönche. Martin Luther, der alte Mönch, wurde der wirklich neue Laie.* Im Spiegel des Teufels hat er christliche Lebensfreude freigelegt. Das ist ein Stück seines Erbes, das uns noch vorausliegt, nicht zwischen den Epochen, sondern jenseits von Mittelalter und Neuzeit.

4. Prophet für heute

Wir sind an das Ende unserer Pilgerfahrt ins Mittelalter angelangt, haben Luther dort aufgesucht, wo er wirklich lebte und sind überraschenderweise auf eine Epochenverwirrung gestoßen. Denn was hinter uns zu liegen schien, winkt plötzlich als Zukunft. Was aber können wir modernen Menschen mit Teufel und Weltende anfangen? Wir haben doch aufgeklärt und stolz den Spiegel des Teufels zerschlagen, wie können wir nun zurückfinden zum Evangelium vom Trost des Menschen und vom Streit Gottes für uns, eben zu evangelischer Freude an Gott und Welt?

Zum Teufel möchte ich nur noch das eine sagen: Aufgeklärte Weltbürger haben ihn zurückgelassen, entmythologisiert und erledigt. Ihr Leitsatz lautet: Der Teufel ist tot. Psychiater wissen bereits wieder um ihn und stoßen auf ihn, wo immer der Mensch in seiner Einsamkeit und im Gefängnis seines Gewissens gefesselt ist. Von Luther, dem prophetischen Seelenforscher, müssen wir uns noch viel mehr bieten lassen: Der Teufel ist nicht lachhafte, vermenschlichte Figur mit Hörnern und Pferdefuß, sondern überindividuelle, dämonische Macht, die sowohl die Welt des Glaubens als auch die Welt der Schöpfung bedroht und in beiden Bereichen Gottes Werk unterwandern will.

Was ist zu sagen von Luther, dem Apokalyptiker? Hat er sich nicht enorm geirrt mit seiner Weissagung, es gehe auf das Ende zu? Ja, er hat sich geirrt, genauso wie der Apostel Paulus. Das Ende der Welt ist noch nicht gekommen. Und doch werden wir eben hier auf Luthers Wort zu hören haben: Die Welt ist alt geworden und wird ihr Ende finden. Denn so wie Gott am Anfang diese Welt geschaffen hat, so wird er ihr das Ende setzen. Das Ende aber ist der Anfang der großen Reformation.

Alle gelehrten Verhandlungen über den Glauben bei Luther zielen an ihm vorbei, wenn nicht diese eine Dimension festgemacht wird: Lebendiger Glaube ist ausgerichtet auf das Ende und eben deshalb auf den Anfang der Offenbarung von Gottes Allmacht im Himmel und auf Erden. Als Luther im Sommer 1532 das Vaterunser für seine Wittenberger Gemeinde auslegt, weist er auf die entscheidende Bedeutung der zentralen Bitte hin: „Dein Reich komme." Diese Bitte ist das Merkmal des wahren Christen, um diese Bitte sammelt sich wahre Kirche. Ihr aber, ihr bittet es nur „sub condicione", unter Vorbehalt.

Wahrer Glaube betet nicht unter Vorbehalt. Mag er sich im Zeitpunkt auch irren, so richtet er sich dennoch voller Hoffnung auf das Ende der Welt als den neuen Anfang. Bis dahin gilt nicht das Geschäft der lähmenden Angst, sondern der Auftrag ohne Bedingung, die alte Welt als Schöpfung zu erhalten. Das ist der Ort für das berühmte Wort: Auch wenn morgen das Reich Gottes käme, würde ich dennoch heute mein Apfelbäumchen pflanzen.

Obwohl gewiß echtes Luthergut, ist diese Aussage leider nicht in den bewahrten Schriften festzumachen. Interessanterweise hat sie eine direkte rabbinische Parallele. Dem Rabbi Yohanan ben Zakkai (ca. 1–80 n. Chr.) ist das Wort zugeschrieben: „Wenn Du einen Setzling pflanzt und du hörst, daß der Messias gekommen ist, pflanze zuerst, bevor Du ihm entgegenläufst."[15]

Was Luther von der jüdischen Tradition hätte lernen und bejahen können, führt uns an ein dunkles Kapitel heran. In diesem Bereich gelang es Luther nicht, die Grenzen des Mittelalters zu überwinden[16]. Zugleich und genauso wurde der Reformator auf schreckliche Weise neuzeitlich gemacht. Eben dadurch werden wir aber an die Gefahr erinnert, wenn die Neuzeit sich ihren modernen Luther schafft. Es gilt, über alle Berge des Fortschritts hinweg dem historischen Luther neu zu begegnen. Ein voller Dank an diesen Luther, den evangelischen Propheten für heute, steht noch aus.

---

[15] Jacob Neusner, A Life of Yohanan ben Zakkai. Ca. 1–80 c. E., Leiden 1970, 183.

[16] Siehe mein Buch: Wurzeln des Antisemitismus. Christenangst und Judenplage im Zeitalter von Humanismus und Renaissance, Berlin 1983^2.

IX

Vom Protest zum Bekenntnis. Die Confessio Augustana: Kritischer Maßstab wahrer Ökumene

Was sollte uns heute bewegen, auf das augsburgische Bekenntnis zurückzugreifen? Messen wir doch zuvor die Distanz, bevor wir sie zu überwinden suchen. Was treibt uns 450 Jahre später, da wir nicht mehr deutsch, sondern europäisch, nicht mehr territorial, sondern global denken wollen; da wir nicht mehr konfessionell, sondern ökumenisch denken sollen; da uns nicht mehr die Angst vor dem Fegefeuer am Ende treibt, sondern vor einem Weltenbrand mitten im Leben.

Nur *ein* Satz aus der ganzen Confessio Augustana ist heute als politische Losung in einer bedrohten Welt sofort eingängig: ‚Gewaltlos durch das Wort allein' – „sine vi humana sed verbo"[1]. Die gewaltlose Reformation – dazu hätten wir heute mühelos Zugang. Doch selbst diese Brücke zurück erweist sich als nicht tragfähig. Auf dem Prüfstand der echten, der erlebten Reformationsgeschichte bleibt diese schöne Parole ein Stück Parteiprogramm, zugleich aus Wahlnähe und Lebensferne geboren. Der Weg zum Thesenanschlag in Wittenberg, zum Programm der Evangelischen in Augsburg führt über das Schlachtfeld bei Mühlhausen, als die Bauern reihenweise den gut ausgerüsteten Armeen der Fürsten zum Opfer fielen.

Gegenwärtig ist die Confessio Augustana nur dann, wenn wir heute bereit sind, darauf zu hören, daß sie ganz anderes aussagt, als den Kategorien einer liberalen Werteordnung entspricht. Wir haben der Versuchung zu widerstehen, das Augsburger Bekenntnis auf kurzfristige Relevanz zu erpressen, denn seine Vitalität steht nicht am Anfang, sondern am Ende des Weges historischer Nachfrage.

1. Die gewaltlose Reformation

Die Confessio Augustana war Antwort der Evangelischen auf die kaiserliche Aufforderung, ihre Reformation zu verantworten. Sie entsteht somit als Rechenschaftsbericht über die in verschiedenen Territorien

[1] Die Bekenntnisschriften der evangelisch-lutherischen Kirche, Göttingen 1982[9], S. 124,9.

und Städten im Reich bereits angelaufene Reformation nach Wittenberger Vorbild. Durch Melanchthon laufend überarbeitet, erwächst aus dem Rechenschaftsbericht ein Glaubensbekenntnis, die ‚Confessio'. Sie wurde am 25. Juni 1530 feierlich verlesen vor dem Reichstag zu Augsburg, der Stadt, die bereits seit römischer Zeit den lateinischen Namen trägt: Augusta Vindelicorum, deshalb ‚Confessio Augustana'.

Die Aufforderung des Kaisers ist eine doppelte Überraschung. Neun Jahre zuvor hatten Papst und Kaiser, die zwei mächtigsten Herrscher Europas, einmütig wie selten, gemeinsam Luther als Häretiker gebannt, ihn damit als tödliche Gefahr für Kirche und Reich zum zeitlichen und ewigen Tode verurteilt. Auch ohne seiner habhaft werden zu können, sollte das Todesurteil geistig vollstreckt werden. Seine Schriften wurden verboten, durften nicht gedruckt noch gehandelt werden und wurden öffentlich verbrannt. Die erste Überraschung ist in den Depeschen der päpstlichen Legaten nach Rom zu lesen: Die reformatorische Bewegung nahm trotz aller Drohungen und Hindernisse in den Jahren 1521 bis 1530 unaufhaltsam zu. Stand Luther in Worms noch ganz allein vor Kaiser und Reich mit seiner schriftbegründeten Weigerung zu widerrufen, so unterschrieben die Confessio Augustana im Jahre 1530 ganze Territorien und zwei Städte, Nürnberg und Reutlingen.

Die zweite Überraschung war, daß der Kaiser sich in seiner Ladung zum Reichstag bereit erklärt hatte, ‚in Liebe und Gütigkeit'[2] – also offenbar neutral – sowohl die Evangelischen als auch die Altgläubigen zu hören. Er verstand sich dabei – das ist die Überraschung – als höchster Richter in Glaubenssachen.

Kirchenpolitisch stand Kaiser Karl zwischen den Fronten. Nahezu vier Monate, bis zum Februar 1530, wohnte er neben dem Medicipapst Clemens VII. im Palazzo Pubblico von Bologna und drängte den Papst zielstrebig, alsbald ein Konzil zu berufen. Ohne Erfolg – denn die Päpste hatten Konzilien zu fürchten gelernt. Das deutsche Drängen auf ein Konzil konnte diese Angst nur noch intensivieren, oder wie Papst Clemens es aus seiner Sicht des Jahres 1530 formulierte: „Die Deutschen werden das Konzil und die ganze Welt durcheinanderbringen."[3]

---

[2] Urkundenbuch zu der Geschichte des Reichstages zu Augsburg im Jahre 1530, 2 Bde., hg. von K. E. FÖRSTEMANN, Halle 1833/35 [Osnabrück 1966] Bd. 1, S. 8. Der Kaiser zögerte zunächst, selbst auf dem Reichstag in Deutschland zu erscheinen. Die Verhältnisse im Königreich Neapel und der bevorstehende Feldzug gegen Florenz ließen sein Verbleiben in Italien zunächst dringlicher sein: Daß Karl dann endgültig den Entschluß faßte, selbst auf den Reichstag zu kommen, ist dem Drängen seines Bruders Ferdinand und seines Kanzlers, des Bischofs von Trient, zuzuschreiben. Vgl. HORST RABE, Befunde und Überlegungen zur Religionspolitik Karls V. am Vorabend des Augsburger Reichstags 1530, in: Confessio Augustana und Confutatio. Der Augsburger Reichstag 1530 und die Einheit der Kirche, hg. von E. ISERLOH, Münster/Westf. 1980, S. 101–112; 105f.

[3] Calendar of State Papers, Spain IV, 1, S. 822f.; angef. von HUBERT JEDIN, Die Päpste

Wie wir heute wissen, gilt eher das Umgekehrte: Die Kurie hat die Kirche und damit auch Deutschland und die Welt durcheinandergebracht, indem sie die Stunde des Konzils, die letzte Chance auf Einheit der westlichen Kirche, hintertrieben hat[4]. Dies ist vielleicht, nach dem Bannurteil über Luther, der schwerwiegendste Fehler des Papsttums in Sachen ‚Reformation' gewesen. Eine unreformierte römische Kirche wollten die wenigsten im Reich; der Kaiser ganz sicher nicht.

Bedenken wir die Möglichkeiten, die Reformation der Kirche anzugehen und die Religionszwietracht beizulegen, so steht neben einem Generalkonzil die Alternative des Nationalkonzils. Stemmte sich dem Generalkonzil der Papst entgegen, so blockierte nun aber die deutschnationale Lösung der Kaiser selbst. Die dringende Bitte seines Bruders Ferdinand und nahezu aller Reichsstände, ein deutsches Nationalkonzil nach Speyer zu berufen, hatte Karl (1524) kurzerhand zurückgewiesen[5].

Das Nationalkonzil war eine echte Chance für Europa und für die Kirche, denn mit einem Nationalkonzil wäre das Fundament für eine deutsch-nationale Kirche gelegt. Eine solche Entwicklung lag in Europa geradezu in der Luft. In Frankreich hatte der Papst kaum 15 Jahre zuvor der Einrichtung einer Nationalkirche mit großem diplomatischem Einsatz im letzten Moment noch durch ein Konkordat (1516) vorbeugen können. In England wurden eben in diesem Jahr 1530 die entscheidenden Weichen gestellt für die Unabhängigkeit der englischen Kirche. Für das habsburgische Weltreich aber hätte die Verselbständigung einer deutschen Nationalkirche eine tödliche Bedrohung und geradezu die politische Selbstaufgabe bedeutet: Das universale Habsburger Reich bedurfte einer universalen Kirche. Ohne Generalkonzil und ohne Nationalkonzil blieb dem Kaiser somit nichts anderes, als sich nicht nur gut mittelalterlich als Schirmherr der Kirche, sondern auch als höchster Richter in Glaubenssachen aufzuwerfen[6]. Der Papst, der solches im Mittelalter von keinem Stauferkaiser hingenommen hätte, schwieg sich jetzt aus: Ein Generalkonzil schien ihm weit gefährlicher.

Wer im Jahre 1530 nicht schwieg, war der Wittenberger Reformator

---

und das Konzil in der Politik Karls V., in: Karl V. Der Kaiser und seine Zeit, hg. von P. Rassow, F. Schalk, Köln 1960, S. 104–117; 111.

[4] Oder mit Hubert Jedin umsichtiger formuliert: „Es war vergebliches Bemühen, den Medicipapst für das Konzil zu gewinnen." Ebd.

[5] Weitere Angaben in meinem Buch: Werden und Wertung der Reformation, Tübingen 1979², S. 337f.

[6] Dieses Selbstverständnis kommt nicht nur in der persönlichen Korrespondenz zum Tragen, sondern auch in der Begründung, mit welcher der Kaiser am 24. Juni sich einer öffentlichen Verlesung der CA widersetzt: „... auch das ausscreyben des reichstages hilthe in, das allein seyne M^t iders opinion horen und darunder handeln wolle." Valentin von Tetleben, Protokoll des Augsburger Reichstages 1530, hg. von H. Grundmann (Schriften des Vereins für Reformationsgeschichte 177) Göttingen 1958, S. 75.

Martin Luther. Sein Einspruch führt uns zu einer dritten, aber jetzt zeitüberdauernden Überraschung. *Nicht der Papst, sondern Luther stemmt sich gegen die Neuauflage der kaiserlichen Kirchenherrschaft, gegen die Vermischung von Reichstag und Konzil, gegen die Verwechslung von Christus und Kaiser.* Die Freiheit eines Christenmenschen entfaltet er konsequent zur Freiheit der Kirche Christi.

Der Reformator kritisiert jetzt sein eigenes Auftreten damals 1521 auf dem Reichstag zu Worms, das heute oft und gerne romantisch als Höhepunkt oder als glorreicher Abschluß dargestellt wird in der Entwicklung des ‚jungen' Luther. Im Rückblick auf Worms sieht er nun, daß er mit seinem Bekenntnis dort im Jahre 1521 zwei Reiche vermischt hat: das Reich dieser Welt mit dem Reich Christi[7], das Reich des Kaisers, das der Vernunft wie das aller Politik, mit dem Reich des Glaubens, in das wir durch die Taufe hineingerettet werden. Jetzt im Jahre 1530 heißt es dagegen klar: „Für unsere Sache ist der Kaiser nicht zuständig."[8]

Die anfangs bereits zitierte Parole ‚gewaltlos durch das Wort allein' hat hier ihre Lebenswirkung, eben im politischen Ringen und nicht in der Utopie. Der Kaiser kämpft um Reichskirche und Kirchenreich, die Reformation Luthers steht ein für die Demarkationslinie zwischen den Bereichen, für die Freiheit der Kirche wie für die weltliche Gestaltung des Reiches.

Von Luther aus betrachtet ist das Fest, das wir heute feiern, nicht die politische Anerkennung der Reformation, eben weil ‚Reich der Welt' und ‚Reich des Glaubens' jeweils auf ganz eigene Weise regiert werden. Das Fest, das wir heute feiern, besteht für Luther vielmehr darin, daß es dank der Verlesung des Bekenntnisses mitten im Reichstagsgeschäft, im eiskalten, harten politischen Interessenkampf zur öffentlichen Verkündigung des Evangeliums gekommen ist – wie Luther wörtlich sagt: Gott hat Rat geschaffen, „der unserem Bekenntnis die Tür des Kaisers und der Fürsten aufgestoßen hat..."[9] Georg Spalatin, der erste evangelische Christ in der Großpolitik und Luthers Verbindungsmann zum Kurfürsten, meinte sogar, daß durch Gottes Eingreifen die Herzen der Widersacher wunderlich erweicht wurden[10]. Luther hat nicht an eine spontane Herzenswende des Kaisers geglaubt: Gott hat die Tür zu öffnen gezwun-

---

[7] Die Bezeichnung der Reiche wechselt, bleibt der Sache nach aber eindeutig. Im Kleinen Katechismus vom Jahre 1531 spricht Luther von „Gottes und der welt reich". WA 30I.351,3f.

[8] WAB 5.470,5f.: „... causam nostram non posse ferre Caesarem iudicem"; siehe auch 456,3–5: „Vides autem causam nostram redire in similem eventum, quo et sub me Wormatiae fuit, scilicet ut Caesarem iudicem patiatur." Vgl. ebd. 455,57f.

[9] WAB 5.480,29f.

[10] Vgl. WAB 5.472,1–6.

gen, um das Bekenntnis öffentlich verkündigen zu lassen. Luther warnt dringend davor, sein Auftreten zu Worms nachzuahmen und Reichstag mit Konzil zu vermischen. *Reichstag bleibt Reichstag und wird nicht zum Konzil.* Karl V. bleibt deutscher Kaiser und wird nicht zum Kirchenfürst; Glaubensbekenntnis ist nicht ‚Politik mit anderen Mitteln', es unterliegt nicht der ‚Kunst des Möglichen'. Konkordatsverhandlungen zwischen Christus und Kaiser sind unnütz, ja gefährlich, sie sind sogar unfromme Werke.

Nach der Verlesung werden Melanchthon und die sächsischen Theologen deshalb von Luther feierlich zurückbeordert: ‚Ihr habt nun eure Konfession gesprochen, jetzt kommt zurück': „Ich spreche Euch los von diesem Reichstag im Namen des Herrn. Immer wieder heim, immer heim!"[11] Politische Absicherungen erübrigen sich, sie sind sogar sichere Zeichen der Glaubensschwäche. Eigenart, ja Merkmal des Evangeliums ist, daß es in der Welt verfolgt wird; normal ist die Unterdrückung und nicht die Tolerierung. Der harte, realpolitische Kontext für den Text der Confessio Augustana ist schlicht dieser: Noch im Spätsommer 1530 wurden eben in dem Augsburg, wo kurz zuvor die Confessio Augustana verlesen war, drei Pfarrer abgesetzt und ein vierter den schon eingesperrten Täufern beigeworfen[12].

Wenn wir heute öffentlich und geschützt die Confessio Augustana feiern, gedenken wir nicht einer grundsätzlichen Überwindung der Gegensätze zwischen Kirche und Staat und schon gar nicht der Aussöhnung und Vermählung von Thron und Altar. Wir bedenken einmal das gnädige Eingreifen Gottes, das uns gestattet, heute evangelische Christen zu sein. Wir bedenken zum andern, wie bevorrechtigt wir sind, solches in der Bundesrepublik geschützt vom Grundgesetz öffentlich bezeugen zu können. Ein großes Vorrecht, aber ein Vorrecht auf Zeit, das uns nicht einschläfern oder unachtsam werden lassen soll, sondern wohl gerüstet und vorbereitet auf die Zeit, wenn das Bekenntnis wiederum mit der Lebensgefahr des Martyriums einhergehen wird. Wir sollten schließlich heute auch bedenken, daß wir dieses Vorrecht gegenüber zahllosen Mitchristen in vielen anderen Regionen der Welt genießen.

Wir haben von Luthers Kritik an Melanchthons Bleiben gehört. Bezieht sich sein Widerspruch auch auf Melanchthons Schreiben, auf die Confessio Augustana selbst? Bekannt ist geworden, daß Luther dem Kurfürsten sein Einverständnis zur Confessio Augustana mitteilt und dennoch den Zusatz nicht unterdrückt: ‚So sanft und leise kann ich nicht treten.'[13]

---

[11] WAB 5.480,21f.
[12] Vgl. WAB 5.464 Anm. 2.
[13] WAB 5.319,7f.

Allererst ist zu bedenken, daß es sich tatsächlich um einen Zusatz handelt zum vorbehaltlosen Lob im Hauptsatz: Das Bekenntnis „gefellet mir fast [sehr] wol, und weis nichts dran zu bessern noch endern". Wir dürfen auch das anschließende Gebet nicht als fromm verhüllte Kritik Luthers deuten: ‚Christus unser Herr helfe, daß es viel und große Früchte schaffe, wie wir hoffen und bitten. Amen.'[14] Gott dem ‚Erhörer der Gebete' dankt Luther im selben Sinne kaum zwei Monate später aus vollem Herzen: „Es erfüllt mich mit unsagbarer Freude, diese Stunde erlebt zu haben, in der [Christus] öffentlich verkündigt worden ist durch dieses wunderschöne Bekenntnis."[15] Das Lob Luthers ist deutlich; aber so leise wie die Confessio Augustana konnte er nicht treten. Er hätte die Confessio Augustana gewiß schärfer formuliert. Mit dem freien Zugang zum Evangelium muß die Mauer des Papsttums fallen. Mit der Rechtfertigung aus Glauben allein müssen die Instrumente der Werkgerechtigkeit demontiert werden. Zu dieser Demontage gehört die ausdrückliche Ablehnung von Fegefeuer, von Seelenmesse und Ablaß. Darin ist die Confessio Augustana zurückhaltend. Melanchthon war der Meinung, daß die deutliche Unterstreichung des Bischofs als Hirte der Gemeinde und Diener des Evangeliums den Papst wirkungsvoll in die Schranken weise, auch ohne harte Absage.

Luther drängt Melanchthon: Wage es mit dem Evangelium allein, ohne zu setzen auf realistische Opportunität, ohne auf die immer nur zeitweilig gegebene politische Allianz mit Kaiserhof und Papststuhl. In einem Strom von Briefen beschwört Luther seinen Stellvertreter, nicht weiter zu verhandeln, die Confessio Augustana nicht als ‚Augsburger Programm' zu degradieren. Politische Absicherung ist für Luther eigenmächtiges Eingreifen in Gottes Regierung: „Wir sollen Menschen und nicht Gott sein."[16] – „So sehr ist uns der Glaube not, wenn nicht aus der Sache des Glaubens eine Sache ohne Glaube werden soll."[17]

Hier brechen Grundsatzpositionen auf, deren Beurteilung wir uns nicht zu leicht machen sollten. Melanchthon geht in die Verhandlungen, da er einen Religionskrieg befürchten muß, einen Bürgerkrieg, der Deutschland ins Elend stürzen wird. In seinen Verhandlungen setzt er

[14] WAB 5.319,6.8f. Vgl. das uneingeschränkte Lob Luthers über die CA in ihrer endgültigen Form: „Relegi heri tuam [scil. Melanchthon] Apologiam diligenter totam, et placet vehementer." Ebd. 435,4f. Auch aus dem Abstand heraus, im Jahre 1532, ändert sich diese Sicht nicht: „Der reichstag zu Augspurg ist mit keinem geltt nicht zu bezalen propter confessionem fidei et verbi Dei factam a nobis; den da haben sie bekent, das unser confession recht sei und ware." WAT 2. Nr. 1481; vgl. WAT 1. Nr. 486.

[15] WAB 5.442,12–14. In seiner Begeisterung gerät nun Luther selbst fast ins Schwärmen über den Kaiser, dem er nahezu davidische Züge verleiht. Es bleibt aber dabei – was der Kaiser verdient, ist die Fürbitte. Ebd. 22–24.

[16] 30. Juni 1530 an Spalatin über Melanchthon; WAB 5.415,45.

[17] „Tantum est opus fide, ne causa fidei sit causa sine fide." WAB 5.414,30.

auf die reformwilligen Kräfte in Kirche und Reich, er umwirbt die gebildete Welt in allen Lagern und Parteien. Melanchthon ist sicher fehlgegangen in diesem Kalkül, daß es eine solche dritte, politisch gestaltende Kraft gäbe. Darin aber hat er, ohne übermäßig furchtsam zu sein[18], Realitätssinn bewiesen, daß er Krieg voraussah. Mit Recht warnt er: „Unheil droht der Kirche; nicht nur Deutschland, sondern ganz Europa treiben in höchste Gefahr."[19] Diese Lageanalyse, noch in Augsburg erstellt (3. Juni 1530), wurde voll bewahrheitet in jenem deutschen Bürgerkrieg und erstem europäischen Weltkrieg, der erst im Jahre 1648 ein vorläufiges Ende fand nach viel mehr als nur dreißig endlosen Jahren.

Auch Luthers Schriften durchzieht die Warnung vor Krieg und Notzeiten. Melanchthons Zukunftssorge teilt er uneingeschränkt. Doch er setzt anders an: Wir haben die Kirche nicht gegründet, wir haben das Evangelium nicht erfunden, wir haben die Reformation nicht entdeckt. Kirche, Evangelium, Reformation, sie alle sind Gottes Sache. Das ist gemeint, wenn Luther dem verhandlungsbereiten Melanchthon ins Herz prägen möchte: ‚Gebt nicht mehr als ihr habt.'[20]

Sowohl vor als nach der Verlesung warnt Luther auf massivste Weise, daß Melanchthon nicht ‚philosophiere'[21], sich nicht klug in Gottes Sache einmische: „Soll's denn erlogen sein, daß Gott seinen Sohn für uns gegeben hat...", ‚dem alle Macht gegeben ist im Himmel und auf Erden. Lieber mit Christus fallen als mit dem Kaiser stehen'[22]. Melanchthon sollte den Gegnern ins Gesicht schleudern: „Trotzt nur getrost

---

[18] Die Schlußanmerkung in dem leider nicht abgeschlossenen schönen Lutherbuch Heinrich Bornkamms ist seinem Einverständnis mit Hanns Rückert gewidmet: H. Bornkamm, Martin Luther in der Mitte seines Lebens. Das Jahrzehnt zwischen dem Wormser und dem Augsburger Reichstag, hg. von K. Bornkamm, Göttingen 1979, S. 603 Anm. 94; vgl. S. 599 Anm. 77. Nach Rückerts Deutung kritisierte Luther nicht die CA, sondern Melanchthons existentielle ‚Angst'. Vgl. H. Rückert, Luther und der Reichstag zu Augsburg. Glossen zu drei Briefen Luthers von der Coburg, in: Deutsche Theologie 3 (1936), S. 67–96; 76f. Neu abgedruckt in: Ders., Vorträge und Aufsätze zur historischen Theologie, Tübingen 1972, S. 108–136; 116f. Luthers zentrale Kritik richtet sich aber auf das, was die Angst begründet, kurz gefaßt in seinem Brief von der Coburg vom 27. Juni: „Philosophia tua ita te vexat, non theologia..." WAB 5.399,16f. Diese Warnung vor der Philosophie des weltlichen Kalküls gilt dem Fehlen der Zwei-Reiche-Lehre. Insofern Luther zugleich das ‚vexare' hervorhebt, ist Rückerts Deutung berechtigt. Im übrigen ist mir keine eindringlichere Erfassung des ‚Schicksals' Melanchthons bekannt als der im selben Aufsatzband erstmals veröffentlichte Tübinger Vortrag zum Melanchthonjubiläum vom 28. Juni 1960: Philipp Melanchthon, in: Vorträge und Aufsätze, S. 137–144.

[19] Melanchthons Werke in Auswahl, Bd. VII,2, Gütersloh 1975, S. 163,30–164,4.

[20] WAB 5.578,36f.

[21] WAB 5.412,51ff.

[22] WAB 5.411,13f.; 412,27f.

auf euern Kaiser, so wollen wir auf den unsern trotzen und sehen, wer das Feld behält."[23]

Wir müssen feststellen, daß Luther realpolitisch völlig recht hatte. Uns Heutigen ist bekannt, was in Augsburg gespielt wurde, weil wir Zugang haben zu den Nuntiaturberichten des Cardinals Campeggio nach Rom, zu den Instruktionen aus Rom, zu den Reichstagsakten und zu Teilen der kaiserlichen Korrespondenz.

Während im Juni und Juli 1530 noch mit Melanchthon verhandelt wird, ist der päpstliche Legat Campeggio längst von Rom angewiesen, keine Konzession zu machen[24]. Der Kaiser hat bereits längst seine angekündigte Neutralität aufgegeben und folgerichtig am 3. August die *Confutatio,* die Widerlegung des Augsburgischen Bekenntnisses, im eigenen Namen ausgehen lassen[25]. Aber realpolitisch hat Luther nun eben nicht argumentiert. Politik sollen die Politiker betreiben, die Kirche bleibe bei ihrem Bekenntnis.

Hier wird schlagartig deutlich, daß der Satz ‚gewaltlos durch das Wort allein' keine schöne Parole und kein bequemes Motto ist. Zugemutet wird in voller Konsequenz das Wagnis des Glaubens, *ohne* Kirchenstaat und *ohne* politisches Fangnetz zu leben. Die Bewahrung der Kirche ist *dem* Gott anzuvertrauen, der ihre Reformation zu *seiner* Sache gemacht hat. Er wird die Kirche schützen mit *seiner* Gewalt durch das Wort bis zum Ende der Zeit.

2. Nicht Römisch, sondern Katholisch!

Den historischen ‚Sitz im Leben' des Augsburgischen Bekenntnisses haben wir erkundet. Wo das massive Gebäude der mittelalterlichen Kirche, über Jahrhunderte gewachsen, abgetragen wird, entsteht nicht zugleich ein glatter, rißfreier, moderner Bau. Es ist deshalb zu fragen, wie nach 450 Jahren in einer geänderten Welt und einem anderen Weltbild die Confessio zu lesen ist, was darin als gültige Aussage in

[23] WAB 5.412,46–48. Vgl. die ganz andere, in der Sache aber gleiche Formulierung Melanchthons; s. unten Anm. 35.

[24] Salviati an Campeggio; Rom, 13. Juli 1530. Nuntiaturberichte aus Deutschland nebst ergänzenden Aktenstücken, 1. Abt.: 1533–1559, 1. Erg.Band: 1530–1531, bearb. von G. MÜLLER, Tübingen 1963, Nr. 21, S. 81. Überhaupt kann mit GERHARD MÜLLER gesagt werden: „Den transalpinen Vorgängen im rauhen und barbarischen Norden widmete Rom nur wenig Aufmerksamkeit. Das Weltgeschehen war entscheidend. Und ‚Welt' war für Clemens VII. zuerst einmal Italien." Die römische Kurie und die Reformation 1523–1534. Kirche und Politik während des Pontifikates Clemens' VII. (Quellen und Forschungen zur Reformationsgeschichte 38) Gütersloh 1969, S. 93.

[25] Die Confutatio der Confessio Augustana vom 3. August 1530, bearb. von H. IMMENKÖTTER (Corpus Catholicorum 33) Münster/Westf. 1979, S. 76, 14–17; 204f.

unsere Zeit hineinreicht. Die überzeitliche Botschaft der Confessio Augustana ist an ihrer Glaubensdeutung festzumachen, und zwar vierfach:

1. Christlicher Glaube ist schriftgebunden.
2. Christlicher Glaube ist katholisch.
3. Christlicher Glaube ist protestantisch.
4. Christlicher Glaube ist evangelisch.

Diese vier Schwerpunkte bedingen und erläutern einander fortschreitend so, daß wir erst am Ende voll erfassen können, was evangelisch zu sein beansprucht.

1. Christlicher Glaube ist schriftgebunden

Der Schlußsatz des Bekenntnisses deutet schon Wesentliches an: „Sollte in diesem Bekenntnis etwas vermißt werden, so sind wir bereit, so Gott will, weitere Auskunft nach der Heiligen Schrift zu geben."[26] Die Confessio Augustana ersetzt die Schrift nicht, setzt sie vielmehr voraus und zwingt zu ihr zurück. Reformatorisches Bekenntnis ist offen für die schriftgemäße Beantwortung neuer Fragen – allerdings nicht für Anbauten aus religiösen Bedürfnissen. Die Confessio Augustana nimmt uns in Pflicht, weitere Auskunft allein nach der Schrift zu erteilen. Diese Aufgabe ist von uns und von unseren Nachfahren im Glauben zu übernehmen und wahrzumachen. In der Confessio Augustana selber ist das Schriftprinzip nicht als gesonderter Artikel ausgeworfen. Sie ist aber darin Wegbereiter aller weiteren und aller auch von heute gesehen zukünftiger christlicher Bekenntnisse, daß sie beansprucht, schriftgemäß und nur von dort aus revidierbar zu sein. Am Schluß heißt es: „Bei uns gilt weder in der Lehre noch in den Zeremonien etwas, was der Heiligen Schrift oder der allgemeinen Kirche entgegensteht."[27] Diese allgemeine Kirche ist die horchende, auf die Schrift hörende Kirche, wie Luther mit einem ‚gewissen' Wortspiel prägnant zusammenfaßt: „In Christi Wort ist die Kirche heilig und gewiß. Außerhalb des Wortes Christi ist sie gewiß eine irrige, arme Sünderin, doch unverdammt um Christi willen, an den sie glaubt."[28] Der letzte Satz, ‚doch unverdammt

[26] Bekenntnisschriften, S. 134,35–135,3. Nach der Übersetzung von Heinrich Bornkamm, Das Augsburger Bekenntnis (Gütersloher Taschenbücher/Siebenstern 257) Gütersloh 1978², S. 71. In dem Entwurf Melanchthons ist ‚so Gott will' (deo volente) eindeutiger bezogen auf das Gelingen der Schriftauslegung: „... durch Gottes Gnad aus heiliger göttlicher Schrift..." Bekenntnisschriften, S. 136,24f.

[27] Bekenntnisschriften, S. 134,17–21.

[28] WA 30 III.342,14–17.

um Christi willen', ist Zuspruch und Zusage für alle Glieder der geteilten Kirche.

2. Christlicher Glaube ist katholisch

Mit dem letzten Zitat berühren wir zugleich den zweiten Schwerpunkt: Christlicher Glaube ist katholisch. Er bekennt *mit* der ganzen Kirche und *für* die ganze Kirche, weil er die ganze Wahrheit Christi umfaßt. Diese Katholizität ist in der Confessio Augustana fest verankert und nicht zu verwechseln mit römischem Katholizismus.

Römischer Katholizismus hat sich später auf dem Konzil zu Trient losgesagt von der Reformation und damit von jener in der Confessio Augustana bezeugten evangelischen Katholizität. Seit dem ersten und bestätigt auf dem zweiten Vatikanischen Konzil wird ‚katholisch' mit ‚römisch' so identifiziert, daß von Rom aus jede Reformation der Lehre als Kompromittierung der Wahrheit verdammt wird. Reformation ist somit immer zugleich Streit um wahre Katholizität!

Wenn es um so weitreichende Entscheidungen geht, ist aber der lapidare Satz der Confessio Augustana erst recht unverständlich: ‚Der ganze Streit geht nur um einige wenige Mißbräuche'[29]: Melanchthon wiederholt zehn Tage nach Verlesung der Confessio Augustana das Zurückstecken auf wenige Mißbräuche und fügt jetzt noch steigernd hinzu: „Kein einziges Dogma trennt uns von der römischen Kirche."[30] Das gilt heute gewiß nicht mehr, darin ist die Confessio Augustana von der Kirchengeschichte überholt. Konnte man solches aber 1530 noch ohne Entstellung behaupten?

Zwei Gesichtspunkte sind für eine Antwort hervorzuheben:

a. Der berühmte Satz, ‚der ganze Streit geht nur um einige wenige Mißbräuche', hat eine bislang übersehene Doppelfunktion, welche erst deutlich wird, wenn wir bedenken, daß dieser Satz eben dem Ende des ersten Teils eingebaut ist. Er kündigt somit an, daß es im zweiten Teil der Confessio um einige Mißstände gehen wird, bekräftigt aber zugleich, daß im ersten Teil völlige Übereinstimmung besteht.

In diesem großen ersten Teil formuliert die Confessio Augustana das Dogma, *die Lehre der ungeteilten katholischen Kirche: Der römischen Kirche wird gerade dieses Dogma der katholischen Kirche vorgesagt und zugemutet.* In der römischen Kirche sind Mißstände eingerissen, von denen es zu befreien gilt, um zur Katholizität zurückzufinden. Diese

---

[29] Bekenntnisschriften, S. 83c,14f.; 83d,12–14. Im Anmerkungsapparat zu BORNKAMMS CA-Übersetzung wird dieser Satz Melanchthons – wie üblich in der Literatur – kritisiert als eine Aussage, „welche die Differenz in unzutreffender Weise einschränkt". Das Augsburger Bekenntnis, S. 79, Anm. 48.

[30] CR 2.170; Melanchthons Werke in Auswahl, Bd. VII,2, S. 196,21f.

Befreiung hat in Sachsen angefangen. Der Satz über die wenigen Mißbräuche ist also nicht Anbiederung, sondern Unterricht, Beschwörung und äußerste Warnung. Das *Dogma,* daß heißt die Offenbarung Gottes und die Erlösung des Menschen, steht nicht zur Verhandlung.

Die Confessio Augustana mutet der römischen Kirche das katholische Dogma zu. Diese Zumutung geschieht im Vertrauen auf die Wirkung und Stoßkraft des Evangeliums, die ‚Mißstände' zu unterwandern, als schal und gehaltlos zu entlarven. Das Evangelium selbst ist kein Dogma, sondern Grund, Ursache und Interpretationshorizont des Dogmas. Das Rechtfertigungsevangelium der Confessio Augustana gemäß verstanden, ist das Lebensprinzip der glaubenden Kirche, ist die Kraft, um das Dogma, die Wahrheit über Gott und Mensch, zu hören, zu leben und in Erfahrung zu bringen. Aus dieser Erfahrung wird das altkirchliche Dogma nachgesprochen, nicht um die eigene Orthodoxie unter Beweis zu stellen, sondern um die angefochtene mittelalterliche Kirche in ihren Fundamenten zu befestigen. Darin ist die Confessio Augustana katholisch und unüberholbar modern zugleich. Es gibt keinen Rückzug auf die eigene konfessionelle Welt. Die ganze Kirche in der Welt mitsamt ihren ‚Mißständen' ist Sprachraum des Bekenntnisses.

Von Augsburg aus gesehen ist die mittelalterliche Kirche unsere Mutterkirche. Aber auch die Lehrentscheidungen des modernen Papsttums sind unsere Sache, mitsamt dem Fall Küng, denn auch dort steht *unsere* Katholizität auf dem Spiel.

b. Die Confessio Augustana ist in diesem Punkte zeitlos in ihrer Aussagekraft. Sie ist aber auch zeitgebunden, weil an einem ganz bestimmten Wendepunkt der Kirchengeschichte entstanden. Im historischen Kontext gesehen ist sie nämlich auch ein Stück *Glaubensstrategie.* Fern aller protestantischen Selbstbehauptung will die Confessio Augustana bis zum Äußersten katholischen Glauben bekennen, so daß ihre Verwerfung durch Rom die Trennung der römischen von der katholischen Kirche bedeuten muß. Um Augsburg als historischen Moment zwischen den Zeiten heute noch nachvollziehen zu können, wage ich es, Melanchthons Unterfangen im Jahre 1530 mit Chamberlains Beschwichtigungspolitik und Münchner Friedensmission voller Zugeständnisse an Hitler im Jahre 1938 (29. September) zu vergleichen. Die Bemühungen in München sind bis heute umstritten, doch läßt sich eins nicht abstreiten: Die Allianz der Demokratien hat im Herbst 1939 zu Kriegsbeginn die letzten Hemmungen des Pazifismus abstreifen können in der Erinnerung, in München bis zum Äußersten gegangen zu sein. Die Confessio Augustana ist darin ein Dokument der Glaubensstrategie, daß auch in Augsburg bis zum Äußersten gegangen wurde.

Solidarischer mit Melanchthon als manche modernen Forscher, urteilt Luther: ‚Ich befürchte, daß wir heute, 1531, uns nicht mehr so nahe kommen können wie damals in Augsburg.‘ Damals waren wir noch bereit, die bischöfliche Amtsgewalt anzuerkennen, vorausgesetzt, man gestattet uns Priesterehe, Laienkelch, Reform des Gottesdienstes und der Messe[31] – damit nennt er genau die ‚wenigen Mißbräuche‘, auf deren Abschaffung Melanchthon beharrte.

Von Kaiser und Papst gezwungen, mußte die Reformation seit 1530 ihre eigenen Bahnen gehen. Die Dogmavergessenheit und Sakramentsmißachtung des modernen Protestantismus, die im Lichte der Confessio Augustana erst recht und grell aufleuchten, zeigen an, wie dornig dieser Weg war. Rückkehr zur gelebten Katholizität ist der Aufruf der Confessio Augustana, aber schon längst nicht mehr an Rom allein.

3. Christlicher Glaube ist protestantisch

Im Jahre 1529, ein Jahr vor Verlesung der Confessio Augustana, hatte eine Minderheit der Reichsstände gegen den Beschluß des Reichstags von Speyer protestiert, die Reformation mit Gewalt zu unterdrücken. Die Begründung des Protests war, daß ‚... in den Sachen Gottes Ehre und unser Seelen Heil und Seligkeit belangend ein jeglicher für sich selbst vor Gott stehen und Rechenschaft geben muß...‘[32] Das Augsburgische Bekenntnis ist die inhaltliche Füllung dieser Reichsprotestation. Damals verteidigte die Protestation das Reichsrecht der evangelischen Stände. Die Confessio Augustana ist nun diese Reichsrechenschaft des Glaubens, die dann auch reichsrechtlichen Interessen diente, die heute nicht mehr relevant sind.

Eine der Folgen dieser Einbindung in die Geschichte und Politik des Reiches hat deutliche Spuren in der Confessio Augustana gezogen: Die unübersehbare Mißbilligung (improbant) der reformierten und die harte Verdammung (damnant) der freikirchlichen Tradition. Theologisch läßt sich die deutliche Differenzierung zwischen Lutherischen, Reformierten (Sakramentarier) und Täufern (Schwärmer) sachlich begründen, ja noch viel expliziter als in der Confessio Augustana geschehen. Aber neben dem ernsten Bemühen, bei allen tiefgreifenden Gegensätzen die gemeinsame Basis mit der römischen Kirche aufzuweisen, fehlt ein eindeutiger Versuch, die Gegner zur Linken ebenso ins Licht der Katholizität zu rücken. Für ihre Sonderlehre im Abendmahl werden die Reformierten zwar nur gerügt, gebannt werden dagegen die Täufer, die völlig aus den elenden Erfahrungen mit Thomas Müntzer und dem Bauernkrieg gedeutet und damit unzulässig verstellt werden.

---

[31] WAT 4. Nr. 4780; S. 495,7–9. Vgl. WAT 1. Nr. 898; WAT 2. Nr. 2325b; WAT 4. Nr. 4731.

[32] Deutsche Reichstagsakten, Jüngere Reihe, Bd. VII,2, Stuttgart 1935, S. 1277, 29–31.

Der Historiker wird urteilen müssen: Anderes war auch nicht denkbar, da die Täufer damals nicht im Bereich des Glaubens, sondern im Bereich der Politik ins Bewußtsein getreten waren, und zwar als aufständische und allgemeingefährliche Verschwörer, welche die Sache der lutherischen Reformation schlicht kompromittierten. Die protestierenden Stände mußten sich dagegen wehren, wie Täufer als Aufständische und Schismatiker beurteilt und verurteilt zu werden. Im Jahre 1530 war der Einsatz für die Einheit der Kirche verquickt mit dem Kampf um die Einheit des Reiches. Durch die Weltwirkung der Reformation ist jener Kontext des Reiches überholt, der ursprünglich die Anfänge dieser Bewegung schützte, aber sie später bald auch behinderte. Erst als der sakrale Traum vom Heiligen Römischen Reich Deutscher Nation ausgeträumt war, konnten die inneren und äußeren Gegner, ob nun in Straßburg oder Zürich, wieder vollends ins Blickfeld treten. Erst als die Täufer außerhalb des Reichsterritoriums in viel größeren Kontinenten sich als gemeinschaftsbauend und sozial verantwortlich, kurzum als christliche Bürger ausgewiesen hatten, konnten die tatsächlich tiefgehenden theologischen Differenzen – jetzt ohne Bannspruch – zur Behandlung kommen.

Die Bindung der Protestation und damit des Begriffs ‚Protestant' an die Gestalt des Reichsprotestanten ist nur die eine, vergängliche Seite. Es gibt aber auch eine andere, bleibende Dimension in der Speyrer Protestation vom Jahre 1529: In den Sachen Gottes Ehr und unser Seelen Seligkeit' steht jedermann für sich selbst vor Gott. Damals verteidigte diese Aussage das Reichsrecht der evangelischen Stände. Doch längst ist dieser Einspruch zum protestantischen Prinzip für jeden Gläubigen geworden. Bei aller Weltbejahung, allerdings in teilweise konservativen Ordnungsbildern, klingt das Grundmotiv der Protestation in der Confessio Augustana immer wieder auf: Gott mehr gehorchen als den Menschen.

Die Confessio Augustana ruft auch darin auf, zum Äußersten zu gehen, daß die Kirche nach Möglichkeit die weltliche Ordnung respektiert, sie bejaht und stützt. Als unverrückbare Grenze steht jedoch die unverwechselbare protestantische Verantwortung, in der jeder Einzelne vor Gott steht. Oft als individualistische Unterwanderung der Gemeinschaft angeprangert, hat eben diese Tradition selbst Toleranz erzeugt und demokratische Ideale mit ihrem Minderheitenschutz weiterentwickelt.

Das Negative im Begriff ‚Protestantismus' wird gerade zur positiven Bejahung der Existenz unter dem Kreuz, wenn die Gemeinde verfolgt wird und die Obrigkeit den Schutz verweigert. Dieses Prinzip ist bereits in der Protestation zu Speyer formuliert und im Augsburgischen Bekenntnis aufgegriffen. Für alle Zeiten einprägsam hat der kursächsische

Herzog und spätere Kurfürst Johann Friedrich, Mitunterzeichner der Confessio Augustana, jenen Vorbehalt der Verantwortung vor Gott zur Charta der christlichen Staatsethik erhoben. In einem Schreiben an den Stammvater des Hauses Oranien-Nassau schließt er amtlich für sich als Landesherr und grundsätzlich für alle Christen: ‚lieber einen ungnädigen Kaiser als einen ungnädigen Gott.'[33] Dem ungnädigen Kaiser hat Johann Friedrich den höchsten Preis zahlen müssen: Er hat die Kurwürde verloren. Der Letztunterzeichner der Confessio Augustana, Bürgermeister und Rat zu Reutlingen, hat sich aller politischen Vernunft zuwider, mitten von Habsburg umschlossen, für den gnädigen Gott entschieden. Darin ist Protestantismus unzeitgemäß und überzeitlich zugleich.

4. Christlicher Glaube ist evangelisch

Tragender Grund für den legitimen Rückgriff auf die Confessio Augustana ist ihr Zeugnis, daß christlicher Glaube allein im Evangelium verankert ist. Es ist unentbehrlich, diesen neuralgischen Punkt freizulegen, von dem her wir erst recht den christlichen Glauben als schriftgemäß, katholisch und protestantisch bezeichnen. Der rote Faden, der alle Artikel durchzieht, wird am Schluß der Confessio so festgehalten: ‚... es muß für immer als vornehmster Artikel des Evangeliums festgehalten werden, daß wir die Gnade Gottes durch den Glauben an Christus ohne unser Verdienst erlangen.'[34] *Die Confessio Augustana verkündet hier nicht ein neues Dogma der Reformation, dem nun zusätzlich zu glauben sei. Es geht zentral um das Lebensprinzip der Kirche, um Rechtfertigung im Vollzug.*

Rechtfertigung begründet das Verhältnis zwischen Gott und Mensch. Rechtfertigung im Vollzug verändert das Verhältnis von Kirche und Welt. Welt wird nicht mehr von Kirche und Gnade überhöht, sondern in eigener Würde und Wertigkeit als Gabe Gottes anerkannt. Diese Anerkennung verlangt zunächst die Lösung der brennendsten Zeitkrankheit: Dem Fürstbischof wird das Handwerk gelegt, der evangelische Bischof übt Zucht ohne menschliche Gewalt, sondern allein durch Gottes Wort – sine vi humana sed verbo. Mit diesem einen Satz wird aber nicht nur schlicht ein Stück Mittelalter abgeschlossen. Vielmehr wird das politische und geistige Regiment grundsätzlich entzerrt und je seinem eigenen, von Gott gegebenen Wirkungsbereich zugeführt.

Das bedeutet einerseits den Rückzug der Kirche aus der weltlichen

---

[33] Johann Friedrich der Grossmütige 1503–1554, hg. von G. MENTZ, Jena 1903, Teil 1, S. 136, Nr. 21; an Graf Wilhelm von Nassau, 24. Okt. 1530.

[34] Bekenntnisschriften, S. 129,2–6.

Machtpolitik. Andererseits kehren wir gestärkt in die Welt zurück. Wir sind befreit, uns einen ideologiefreien Raum zu schaffen, in dem die weltlichen Nöte des Nächsten Geltung beanspruchen als höchster Maßstab politischer Entscheidungen. Wo die Entzerrung der Reiche gelingt, ist die Rechtfertigungslehre der Confessio Augustana nicht nur kirchlich eingebunden, sondern auch weltlich freigesetzt.

Gestatten Sie mir abzuschließen mit einer Anekdote, die sehr wahrscheinlich einem historischen Ereignis entspringt. Während des Augsburger Reichstags lädt ein reicher Bürger die besten Theologen beider Parteien an seinen Tisch, unter ihnen Melanchthon und einen seiner heftigsten Gegner, Johannes Cochläus. Nachdem das Essen aufgetragen ist, spricht Melanchthon das Tischgebet. Die Altgläubigen sind überrascht, daß auch Lutherische beten können. Erwidert ihnen Melanchthon: ‚Die Päpstlichen wissen nicht einmal, was beten ist, sie solltens von den unsern lernen.' Cochläus weiß schließlich in der aufkommenden Debatte keine andere Antwort mehr, als sein Bekenntnis: ‚Wie dem auch sei, er wolle bei der Mutter bleiben, der heiligen christlichen Kirche.' Da hat Philippus Melanchthon geantwortet: ‚Ei, so wollen wir bei dem Vater bleiben und zusehen, wer da eher wird zum Teufel fahren.'[35]

Den Teufelstest kann der Historiker nicht durchführen, er muß aber feststellen: Der römische Katholizismus ist eindrucksvoll geschlossen. Der Preis für seine konfessionelle Einheit ist jedoch der immer höhere Ausbau kirchlicher Eigenautorität bis hin zur Unfehlbarkeit des Papstes. Die Evangelischen haben, frei von der Hierarchie, weltoffener auf den wechselnden Druck der Zeiten reagieren können – und dafür ebenfalls an Substanz gezahlt. Mit der Confessio Augustana werden wir heute wieder zurückgerufen zum vollen Leben aus dem Glauben: *Schriftgemäß* leben im Hören auf das Wort; *katholisch* leben im Bekennen für die ganze Kirche; *protestantisch* leben im Prinzip des Widerstands aus Nächstenliebe; *evangelisch* leben im Vertrauen auf den Vater.

Die Mutter Kirche sind wir, und alle, die uns im Glauben vorangegangen sind, irrtumsfähig, korrekturbedürftig; ohne Garantie, daß es unterwegs nicht Havarie und Not gibt. Wir leben aber aus der Hoffnung, daß wir ‚heil' ankommen ans Ende. Das ist die Zusage des Vaters.

[35] WAT 4.XLII.

X

Dichtung und Wahrheit. Das Wesen der Reformation aus der Sicht der Confutatio

1. Dichtung und Wahrheit

„O quam optarem, ut ipsorum confutatio in lucem prodiret“[1] – ‚Das sollten sie zu veröffentlichen wagen, auf den Moment freue ich mich‘. Martin Luther hat die Publikation der kaiserlich verordneten altkirchlichen Stellungnahmen zur Confessio Augustana nicht mehr erlebt. Nicht nur, weil auf Initiative des päpstlichen Legaten Campeggio[2] nach Verlesung der Confutatio am 3. August 1530 den Evangelischen eine Abschrift verweigert wird, sondern auch, weil die Drucklegung dieses Textes, von den Ereignissen zur Seite geschoben, sich demzufolge bis in die Mitte des Jahrhunderts verzögert. Sie erschien erst 1559 in Köln und Mainz; es folgte eine unveränderte zweite Auflage in Köln 1573[3].

In den entscheidenden Phasen der Durchsetzung und des Ringens um die reichsrechtliche Legitimation der Reformation bis zum Augsburger Religionsfrieden (1555) ist somit die Confutatio, anders als die CA, wohl als einmaliges Reichstagsereignis aktenkundig, nicht aber als theologisches Dokument inhaltlich geschichtswirksam geworden. Wie auch Luther berichtet wurde[4], war die ursprüngliche Fassung, die „Catholica et quasi extemporalis responsio“, auf kaiserliche Anordnung erheblich gemildert und zurückgeschnitten worden: die Konfutatoren waren Ausführungsorgan[5]. Die Catholica responsio war bedeutend schärfer gehalten und mit ihren gezielten Widerlegungen vor allem von Thesen Luthers weit mehr als nur ein bald gescheiterter Anlauf. Sie war in jeder Hinsicht gehaltvoller als die Confutatio selbst.

So „friedlich“ die Confutatio erscheinen mag, Luther jedenfalls muß-

[1] WA 30III.389,11f. Die Weimarana datiert dieses Fragment auf das Jahr 1531. Nichts spricht dagegen, bereits Herbst 1530 anzusetzen. Die früheste Parallele zu dem hier dokumentierten Stolz Luthers über die CA – „Ita nostra confessio et Apologia in summa gloria est edita“; ebd. 389,9f. – findet sich bereits im Brief an Konrad Cordatus (Coburg vom 6. Juli 1530); WAB 5.442,12–14.

[2] Siehe J. Ficker, Die Konfutation des Augsburgischen Bekenntnisses. Ihre erste Gestalt und ihre Geschichte, Leipzig 1891, 87f.

[3] Vgl. H. Immenkötter, Die Confutatio der Confessio Augustana vom 3. August 1530, Münster 1979, 52f. (= Conf.).

[4] WAB 5.533,21f.; Brief von Justus Jonas vom 6. August 1530.

[5] Siehe Ficker (Anm. 2) 58–61.

te in ihr ebenso deutlich wie in der Catholica responsio eine klare Absage erkennen an jedes Bemühen um eine evangelische Reformation der Kirche. Die Gewissensbefreiung durch den Glauben allein, so urteilt er im Rückblick (30. April 1531) unmißverständlich, hat der Papst unterdrückt, und schon zu Augsburg ist sie verworfen worden[6]. Hinter allen Einzeldifferenzen, besonders in Fragen der Beichte, der Messe und Anrufung der Heiligen[7], sieht Luther – und darin sind wir uns, wie ich meine, bis heute einig – den Grunddissens in der Ekklesiologie: *Bewahrt die Kirche, eben weil sie Kirche ist, ihren apostolischen Auftrag immer unbeirrt und recht, oder steht ihre Untrüglichkeit außerhalb ihrer Verfügung,* nicht systemimmanent, sondern autorisiert, geschützt und getragen allein durch das Wort? Etwa ein Jahr später bezieht sich Luther in einer Predigt wiederum auf die Reichstagsereignisse und greift genau das Thema der unbeirrbaren Kirche auf. „Wie sie zu Augsburg ... vorgaben: die Kirche *ist* fromm, denn sie *muß* aus Einsprechung des heiligen Geistes heilig sein. Solch Einsprechen will Christus nicht haben als allein aus dem Wort; er will den heiligen Geist nicht abgesondert haben von seinem Wort.“[8]

Melanchthon, bis zum letzten Moment voller Hoffnung in seinen Verhandlungen mit dem Legaten, urteilt noch an Ort und Stelle nicht weniger eindeutig als Luther: „Ich glaube, alle redlichen Männer sind sich ihrer Sache nur sicherer geworden, nachdem sie diese kindische [pueriliter] Confutatio gehört haben.“[9]

Herbert Immenkötter hat in der Einleitung zu seiner Ausgabe der Confutatio die Ablehnung durch die lutherischen Theologen insgesamt als „selbstzufrieden und unkritisch“ bezeichnet[10]. Auch wenn man Bedenken haben kann gegen dieses abqualifizierende Urteil – „siegessi-

---

[6] „Istam [doctrinam] papa hat unterdrucket et iam Augustae damnata.“ WA 34I.360,2; vgl. WA 30II.303,23; 30III.283,25f.; 298,22f.

[7] Vgl. zur Beichte: WA 34I.307,5ff.; zur Messe: WA 50.204,10ff.; zur Anrufung der Heiligen: WA 30III.312.14ff.

[8] WA 33.274,3–11 (Wochenpredigten über Joh 6–8, zwischen 5. November 1530 und 9. März 1532 in Wittenberg gehalten; der betreffende Passus muß auf das Jahr 1531 datiert werden). Vgl. WAB 5.590,11–14.

[9] WAB 5.537,26–28. Ähnlich äußert sich Melanchthon noch am gleichen Tage (6. August) gegenüber einem unbekannten Adressaten: „Omnes boni viri videntur mihi, audita illa, in nostris partibus facti firmiores, et adversarii, si qui sunt saniores, dicuntur stomachari, quod has ineptias obtruserint optimo Principi Caesari.“ CR 2.252; vgl. Melanchthons Briefwechsel, Kritische und kommentierte Gesamtausgabe, hg. von H. Scheible, Bd. 1: Regesten 1–1109 (1514–1530), Stuttgart 1977, 421; Nr. 1015. Vgl. Melanchthons Hinweis auf die „publica testimonia multorum bonorum virorum“ in der Vorrede zur Apologie. Die Bekenntnisschriften der evangelisch-lutherischen Kirche, Göttingen 1982[9], 144,30–38. Siehe auch unten Anm. 53.

[10] Conf. 49.

cher" oder sogar „triumphierend" wäre deskriptiver –, die Einstimmigkeit der reformatorischen Ablehnung der Confutatio steht außer Frage.

Wenn wir uns die ersten Reaktionen auf die Confutatio im evangelischen Lager vor Augen führen, kann man leicht verstehen, wie der moderne Herausgeber zu seinem Urteil kommen konnte. Repräsentativ ist die vernichtende Äußerung Georg Spalatins über die Weigerung, den Evangelischen eine Abschrift der Confutatio auszuhändigen: Übergeben sie uns ihre Widerlegung, wie es billig und recht wäre, so ist's ihre Schande. Übergeben sie uns diese nicht, so ist's ihnen zur Unehre und ein sicheres Zeichen, daß sie sich ihrer Handlung schämen[11].

„Unkritisch", oder besser „überkritisch", muß die wegwerfende evangelische Reaktion erst dann erscheinen, wenn wir mit Immenkötter der Confutatio das hohe Lob zuerkennen, daß sie keineswegs eine quantité négligable war, sondern „in der Sache deutlich die Position der alten Kirche herausstellt"[12]. Damit sind wir aber mit einer zweiten, noch weiterführenden Frage konfrontiert. Immenkötter selbst bescheinigt an anderer Stelle der unmittelbar vorangehenden Epoche eine „erschrekkende theologische Unklarheit und dogmatische Unsicherheit"[13]. Nimmt man beide Urteile Immenkötters zusammen, jenes Lob der Confutatio und die Kritik an der spätmittelalterlichen Theologie, so muß man erstaunt schließen: Wir stehen in Augsburg vor einem *miraculum conversionis!* Wie anders ließe sich sonst der beispiellose Umschwung verstehen, daß die Confutatio offenbar plötzlich zu jener Deutlichkeit vorstößt, an der es im Spätmittelalter so gemangelt hat?

Mit seiner Abwertung des späten Mittelalters steht Immenkötter gewiß nicht allein. Joseph Lortz hatte diesen Makel der Unklarheit zusammen mit der Zensur „nicht (mehr voll-)katholisch" oder sogar „wurzelhaft unkatholisch" dem spätmittelalterlichen Nominalismus vorbehalten[14]; dies bildete für Erwin Iserloh[15] und neuerdings vor allem für Vinzenz Pfnür[16] die Grundlage, um die Kritik Luthers an der spätmittelalterlichen Theologie und Kirche als nur relativ, das heißt beschränkt zutreffend, zu charakterisieren und damit abzuqualifizieren.

[11] Annales reformationis, hg. v. E. S. CYPRIAN, Leipzig 1718, 149; angef. v. FICKER (Anm. 2) 89. Siehe weiter WAB 5.538, Anm. 3.

[12] Conf. 48.

[13] H. IMMENKÖTTER, Um die Einheit im Glauben. Die Unionsverhandlungen des Augsburger Reichstages im August und September 1530, Münster 1973, 102.

[14] J. LORTZ, Die Reformation in Deutschland, Bd. 1: Voraussetzungen, Aufbruch, erste Entscheidung, Freiburg 1962 [1939], 176; 173.

[15] Zusammengefaßt im Handbuch der Kirchengeschichte, hg. v. H. JEDIN, Bd. 4, Freiburg 1967, 42f., 51ff.

[16] Vgl. V. PFNÜR, Einig in der Rechtfertigungslehre? Die Rechtfertigungslehre der Confessio Augustana (1530) und die Stellungnahme der kath. Kontroverstheologen zwischen 1530 und 1535, Wiesbaden 1970, 386f.

Jetzt, bei Immenkötter, gilt darüber hinaus die angebliche theologische Unklarheit als Signatur des Spätmittelalters im ganzen.

Die Erweiterung der Angriffsfläche über eine theologische Schule, öfter sogar nur über das Werk eines einzelnen Theologen, auf die ganze Epoche entspricht dem Befund in den Quellen; allerdings in einem ganz anderen Sinn, als das bei Immenkötter der Fall ist. Luther hat nicht nur einem einzigen, vereinzelten Theologen, dem Tübinger Gabriel Biel († 1495) – so Vinzenz Pfnür –, widersprochen, sondern er hat eine Normaltheologie attackiert und widerlegt, die weitgehend dominierte, vom Magisterium der Kirche fast 200 Jahre lang nicht zensiert wurde und die der kirchlichen Praxis geradezu entsprang. Sollten dann etwa Luthers Spitzensätze aus den Anfangsjahren der Reformation – von seinen heutigen Kritikern im katholischen Lager gemeinhin als „Überspitzung der Jahre 1520 und 1521" bezeichnet[17] – diese Klärung, dieses im wahrsten Sinne des Wortes *miraculum conversionis* hervorgerufen haben? Wenn das so ist, müßten wir uns leicht einigen können auf die heilende, kirchenbewahrende und kirchenbauende Kraft der Theologie Luthers, die in der Rechtfertigungslehre die altgläubigen Gegner zunehmend zur sogenannten Vollkatholizität getrieben hat.

Mit Recht hat Peter Manns beredt, gut belegt und wohlbegründet davor gewarnt, durch Aufwertung der Confessio Augustana – mit der Möglichkeit einer päpstlichen Anerkennung am Horizont – de facto eine Ökumene auf Kosten Luthers anzustreben[18]. Tut sich uns nun etwa die Möglichkeit auf, den von Manns aufgezeigten Gefahren zu entgehen, indem wir durch Aufwertung der Confutatio die gesamtkatholische Sendung Luthers aufdecken und auf diese Weise den Reformator als einen prophetischen *salvator Ecclesiae* herausstellen? Was ist hier Projektion, ökumenische Sehnsucht oder gar schwärmerische Dichtung und was ist nüchterne, eventuell ernüchternde historische Wahrheit?

---

[17] Vgl. Pfnür (Anm. 16) 188, 390, 392f.

[18] Vgl. P. Manns, Zum Vorhaben einer „katholischen Anerkennung der Confessio Augustana": Ökumene auf Kosten Martin Luthers?, in: Ökumenische Rundschau 26 (1977) 426–450. Bei Pfnür ist die Verwendung der These von den „polemisch überspitzten Äußerungen Luthers" – allerdings mit dem Zusatz „und anderen Reformatoren seiner Zeit" – als Erklärung für die massiven Verurteilungen auf dem Konzil zu Trient zu beachten. V. Pfnür, Anerkennung der Confessio Augustana durch die katholische Kirche?, in: Internationale katholische Zeitschrift „Communio" 4 (1975) 298–307; 5 (1976) 374–381; 477–478; neu abgedruckt in: Katholische Anerkennung des Augsburgischen Bekenntnisses?, hg. v. H. Meyer u. a., Frankfurt 1977, 60–81; 69.

2. Reformation aus der Sicht der Confutatio

Wie haben die Konfutatoren die Reformation, ihre Notwendigkeit und Legitimation gesehen? Haben sie so grob am Anliegen der bereits ganz Deutschland durchsetzenden „Wittenberger Bewegung“ vorbeigeurteilt, daß sie den Reformatoren mit „satanischer Blindheit“ geschlagen erscheinen mußten[19]?

Die Notwendigkeit einer Reformation der Kirche erscheint tatsächlich nicht im Horizont der Confutatio. Abgesehen von allgemeinen Andeutungen im kaiserlichen Epilog[20], gibt es die eine Ausnahme bezüglich der in CA 24 angeprangerten Mißbräuche im Zusammenhang mit der Messe[21]. Im Augsburgischen Bekenntnis geht es aber nicht nur um die Mißbräuche an sich – daß etwa die Privatmessen ins Unendliche vermehrt und dann verkauft werden. Vielmehr wird die Irreführung der Gläubigen angeprangert, daß sie die Rechtfertigung aus dem Werke der Messe und nicht aus Glauben allein erlangen. Während die Attacke der CA in dem grundsätzlichen Vorwurf gipfelt, daß „solcher Mißbrauch jahrhundertelang in der Kirche“ zugelassen worden ist, räumt die Confutatio nur ein: „Jeder verständige Mensch wünscht, daß solche Mißbräuche abgeschafft werden.“[22] Auf die Grundsatzfrage nach der über Jahrhunderte hinweg irrenden Kirche geht sie hingegen mit keinem Wort ein.

Es gibt überhaupt kein Anzeichen dafür, daß jenes Schuldbekenntnis noch eine Rolle spielte, geschweige denn wieder aufgegriffen worden wäre, welches der Legat Francesco Chieregati im Namen von Papst Hadrian VI. auf dem 2. Reichstag zu Nürnberg im Januar 1523 so deutlich ausgesprochen hatte. Das Schweigen der Confutatio zur Schuldfrage sollte vielleicht insofern nicht überraschen, als es sich dabei nicht um ein Bekenntnis[23], sondern um eine Widerlegung handelt; dazu paßt kein Schuldgeständnis, sondern Selbstrechtfertigung. So ist es auch verständlich, daß jetzt zum ersten Male nahezu ebenbürtig mit dem Begriff *catholica* ein anderes Merkmal der Kirche in Erscheinung tritt: *ecclesia orthodoxa* oder *fides orthodoxa*[24].

Nicht erst in der zweiten Hälfte des 16. Jahrhunderts und nicht erst im innerprotestantischen Kampf um Luthers Erbe, wie bislang angenom-

---

[19] „. . . sapientissimi et humanissimi . . . sunt sub captivitate Sathanae.“ WA 32.176,24.

[20] Conf. 205–207.

[21] Conf. 203,7–17; Bekenntnisschriften 92,10–19.

[22] „. . . nemo est eorum, qui recte sentiunt, qui abusus sublatos esse non percupiat.“ Conf. 161,16f.

[23] Im kaiserlichen Epilog wird die Confutatio trotzdem als „confessio ac responsio“ gekennzeichnet. Conf. 205,2.

[24] Conf., z.B. 77,19; 125,11; 159,8.

men, sondern bereits hier in Augsburg 1530 und im gegenreformatorischen Lager ist die Wiege der Orthodoxie aufgestellt. Der kaiserliche Epilog verkündigt den weitgehenden Konsens mit der CA, verlangt aber zugleich hinsichtlich der „vielleicht" *(fortasse!)*[25] noch bestehenden strittigen Fragen die Angleichung *(conformare)* an den zuvor als „orthodox" deklarierten Glauben „der heyligen, gemeinen und romischen kyrchen"[26].

Das Pochen auf unbezweifelbare Orthodoxie der vom Kaiser anerkannten römisch-katholischen Kirche ist der rote Faden, der alle Artikel des Hauptteils der Confutatio durchzieht. Ihre Verfasser haben damit die Grenzen des Friedenswillens, wie er im kaiserlichen Epilog bekundet ist, hinreichend scharf gezogen.

Formal gesehen sind zwei Argumentationsreihen zu unterscheiden, die das Profil reformatorischer Heterodoxie aus der Sicht der Confutatio umreißen. Zum einen wird der Vorwurf der Erneuerung alter und längst bekannter Irrlehren erhoben. Zum anderen wird auf die Widersprüche in den protestantischen Reihen selbst hingewiesen, welche der Reformation den Makel der in sich immer unstimmigen Häresie aufprägen. Während die Beurteilung der Reformation als eines Wiederaufflammens längst verurteilter Ketzereien seit der Bannandrohungsbulle „Exsurge Domine" (15. Juni 1520) bei den Kontroverstheologen allgemein Eingang gefunden hat, ist die Verwendung dieses Arguments im modernen ökumenischen Gespräch auffallend zurückgegangen – wohl in dem Maße, in dem sich die Theologie der Reformatoren größerer Bekanntheit erfreuen konnte.

Das zweite, damals eher subsidiäre Argument der Verschiedenheiten im reformatorischen Lager spielt dagegen heute eine erhebliche Rolle. Die Tendenz, in der Lehr-Einheit zugleich das Siegel der Wahrheit erblicken zu wollen, eröffnet der Ökumene jedoch keine Zukunft. Im Zeitalter der Reformation war die Verschiedenheit in der Interpretation der einen Heiligen Schrift in Wittenberg, Straßburg, Zürich oder Genf für die Reformatoren zunächst eine Überraschung und dann eine schwere Anfechtung, die sie aber ausgehalten haben, ohne sich dazu verleiten zu lassen, der Einheit ihrer Bewegung das gehorsame Hören auf die Schrift zu opfern. Heute ist es mit Hilfe der modernen Hermeneutik eher einzusehen, daß Pluralismus die Existenzform jener Kirche sein muß, welche die Konformität mit der Orthodoxie jeder Provenienz zu ersetzen wagt durch das gehorsame Hören auf die Schrift.

---

[25] Conf. 204,13; 205,8.

[26] Conf. 204,14f. Für die Entwicklung von ‚katholischer' zu ‚römisch-katholischer' Kirche ist auf den vom Konstanzer Generalvikar Johann Fabri den Pfarrern seines Bistums abverlangten neuen ‚Pfaffeneid' hinzuweisen. Vgl. mein Buch: Werden und Wertung der Reformation, 308f.

Um nicht nur strukturell, sondern auch inhaltlich die Sicht der Reformation in der Confutatio zu bestimmen, könnten wir uns neben der Ekklesiologie sehr wohl an die Artikel über die Beichte (11), Buße (12) oder über die Messe (24) halten. Insgesamt erweist sich die Rechtfertigungslehre, keineswegs überraschend, als durchgehendes Thema. Der Komplex der Rechtfertigungslehre, der in diesen drei Artikeln verwoben ist, läßt sich recht genau erfassen. Hier wird „katholische Orthodoxie" als *via media* zwischen Pelagianismus und Manichäismus charakterisiert.

Die Konfutatoren behaupten nicht, daß die CA sich von eben diesem Maßstab der katholischen Orthodoxie wesentlich entfernt hat. Im Gegenteil, die reformatorische Verurteilung des Pelagianismus wird bestätigt[27]. Mit offener Spitze wird aber hinzugefügt, daß es andererseits manichäisch wäre, die Verdienste zu verneinen, „welche durch beystandt der gotlichen genaden" geschehen[28]. Es wird ausdrücklich verworfen, daß die Rechtfertigung, die in der Confutatio durchweg als Heiligung („Gerechtmachung"[29]) verstanden ist, mit der CA dem Glauben allein zuzuschreiben ist[30]. CA 28 „Vom freien Willen" wird wiederum akzeptiert, allerdings deutend akzeptiert: „Dan also muß und soll ein rechter christ den mittelweg wandern, das er mit den Pelagianern dem freien willen nit zu vil zugebe, ime auch nit neme alle freyhait, wie dan die gotlosen Manicheer gethon haben..."[31] Die Unterscheidung der CA zwischen Unfreiheit *coram Deo* und Freiheit *coram hominibus* wird ersetzt durch den goldenen Mittelweg zwischen Pelagius und Mani.

Wenn wir an dieser Stelle einen Schlußstrich ziehen und zusammenfassen würden, müßte man zu einem Ergebnis kommen, das sich nicht nur dem kaiserlichen Friedensdrängen konform erweist, sondern sich auch in den heutigen ökumenischen Dialog organisch einfügt. Die Confutatio bestätigt offensichtlich, was in den letzten Jahren aus der Perspektive der CA zur Frage der Kircheneinheit vorgebracht worden ist. Denn die verbleibenden Unterschiede in der Rechtfertigungslehre – so heißt es neuerdings auch auf evangelischer Seite – brauchen nicht „als kirchentrennend bewertet zu werden"[32]. Falls aber eine solche Konkor-

---

[27] Vgl. Conf. 85,2–4.

[28] „...per assistentiam gratiae divinae..." Conf. 84,15; 85,11f. Als Zitat unter ‚anderen' biblischen Autoritäten druckt der Editor eine fundamentale Conclusio: „Ubi enim est merces, ibi est meritum." Ebd., 87,1f.

[29] Vgl. Conf. 90,18; 92,1.

[30] „...cum id pertineat ad gratiam et caritatem." Conf. 93,1f.

[31] Conf. 116,16–18.

[32] „...weil sie die Übereinstimmung in der Grundstruktur der Rechtfertigungsbotschaft nicht in Frage stellen." Präsident Dr. G. GASSMANN, Lutherisches Kirchenamt, Die Rechtfertigungslehre in der Perspektive der Confessio Augustana und des lutherisch-katholischen Gesprächs heute, in: Luther 50 (1979) 49–59; 59. Gaßmanns Darstellung geht

die aus dem Stroh der Sehnsucht und auf dem Sand der ahistorischen Schwärmerei gebaut ist, wird sie keinen Bestand haben, ja nur Schaden bringen. Deshalb müssen wir diesen angeblichen Konsensus im nächsten Abschnitt noch einem Härtetest ohne Gängelung durch den Zeitgeist unterziehen. Damit entfernen wir uns nicht von der Aufgabe, der historischen Lage in Augsburg 1530 gerecht zu werden. Denn jener Zeitgeist ist keineswegs ein Novum dem 16. Jahrhundert gegenüber. Er weist unübersehbare Analogien auf mit dem kaiserlichen Interesse an einem vereinten Europa, widerstandsfähig gegen den Einbruch aus dem Osten.

3. Evangelische Anerkennung der Confutatio?

Wir sollten ausgehen von Melanchthons Urteil, daß, abgesehen von Zusätzen „fauler *calumniae*“ in der Confutatio, „unsere Artikel an ihnen selb alle concedirt“[33] sind. Ist die CA tatsächlich in ihrer Substanz von den Konfutatoren „concedirt“, so liegt die Frage nahe, ob nicht in direkter Parallele zum Vorschlag einer Anerkennung der CA durch Rom jetzt auch von evangelischer Seite die Confutatio als „konkordienfähig“ betrachtet werden kann.

Klammern wir zunächst die im Urteil Melanchthons vorgenommene Einschränkung durch die Worte „an ihnen selb“ aus – darauf ist noch zurückzukommen –, so ergeben sich doch erhebliche Bedenken, wenn wir die angeführten Aussagen der Confutatio zur reformatorischen Lehre der Rechtfertigung genauer analysieren. Formal könnte die Verdammung der *Pelagiani* ermutigen. *De facto wird aber ein Pelagianismus verurteilt, den es so nie gegeben hat* und der im übrigen auch von Pelagius selbst nie vertreten worden ist. Die Confutatio reprobiert jene Pelagianer, die lehren, daß „der mensch aus aignen kreften, außgeschlossen die genad Gottes *(seclusa gratia!)*, das ewig leben verdienen“ kann[34].

Die Geschichte der Begriffe ‚Pelagianer‘ und ‚Pelagianismus‘ im Mittelalter zeigt, daß es aus unserer heutigen Perspektive betrachtet gerade

von dem falschen Gegensatz aus, daß „für die Reformatoren die Rechtfertigungslehre die zentrale Streitfrage“ sei, für uns heute dagegen das Abendmahl und vor allem die Kirchenlehre. Ebd. 49. Siehe dagegen hier Anm. 8 und 55.

[33] „Von der Lahr acht ich werde der Kaiser nicht disputieren. So sind unsre Artikel an ihnen selb alle concedirt in der Confutatio, allein sind etliche viele calumniae daran gehängt.“ CR 2.269. Für die Lesung „faule“ statt „viele“ siehe Pfnür, Rechtfertigungslehre (Anm. 16), 250. Eine Parallele zum Urteil Melanchthons findet sich in seinem Gutachten für Kurfürst Johann von Sachsen vom 3./4. August 1530, CR 2.258; siehe Melanchthons Briefwechsel 1 (Anm. 9) 419, Nr. 1009.

[34] Conf. 84,3f. Vgl. die lateinische Fassung: „. . . Pelagiani damnantur, qui arbitrati sunt hominem propriis viribus seclusa gratia dei posse mereri vitam aeternam. . .“ Ebd. 85,2f.

Pelagianer gewesen sind, die eine solch extrem gefaßte Definition des verdammten Pelagianismus gehandhabt und verbreitet haben. So konnte ihre eigene Rechtfertigungslehre vor dem Hintergrund des als „exzessiv“ zu bezeichnenden Pelagianismus bereits als augustinisch, d. h. in der Sprache der Confutatio als „orthodox“ erscheinen. Die Zustimmung zur Verurteilung jenes fiktiven, *dogmenhistorischen* Pelagianismus bedeutet somit keineswegs die Verwerfung des *kirchengeschichtlich* real-wirksamen Pelagianismus. Im Gegenteil, die genuinen Schüler Augustins fassen sich immer genauer und unmißverständlich: Die Confutatio-Formulierung würde sie vielmehr alarmieren und eine sofortige Attacke auslösen.

Auch jene Behauptung der Confutatio, die *assistentia gratiae* gehe allem Verdienst voraus, ist nicht klärend und kann im Lichte der spätmittelalterlichen Debatte als naiv und deshalb sogar als entlarvend bezeichnet werden. Solchen „beystandt“[35] hat keiner der mittelalterlichen Theologen, auch Gabriel Biel nicht, geleugnet. Die der Confutatio vorausgehende Catholica responsio brachte dann auch die notwendige Absicherung, daß diese helfende Gnade „vorausgehen, begleiten und folgen sollte“[36]. Sie sah sich aber dann sofort veranlaßt, genauer zu differenzieren und die immer enthüllende Unterscheidung zwischen *meritum de congruo* und *meritum de condigno* zu verteidigen[37]. Diese Unterscheidung vorausgesetzt, könnten alle mittelalterlichen Pelagianer bzw. Semipelagianer oder Neopelagianer – an dieser Differenzierung liegt mir hier nichts – mühelos einstimmen in die Schlußfolgerung: „Unsere Werke sind aus sich heraus keineswegs verdienstlich, sondern es ist die Gnade Gottes, die ihnen die Würde *(digna)* verleiht, das ewige Leben zu verdienen.“[38]

[35] Conf. 84,15.

[36] „Nam gratiam oportet prevenire, comitari ac subsequi.“ FICKER (Anm. 2) 15,8f.

[37] „Errat itaque impie Luther, errat Rieger [Rhegius], qui temere dixerunt Paulum confodere omnia theologorum somnia de merito congrui et (con)digni.“ FICKER (Anm. 2) 18,13–19,1. In seinem letzten Ausgleichsversuch legt Luther dem meritum de congruo noch eine heilshistorische Bedeutung bei. Es ist das Harren Israels, auf die Erfüllung der promissio, die Inkarnation des Messias, zu warten; so Luther im Jahre 1515. Vgl. WA 4.262,4–11. In dem weitestgehenden Ausgleichsversuch auf katholischer Seite wird dreißig Jahre später das meritum de congruo bei Johannes Gropper als Verdienst ex concedentia ähnlich, aber ganz anders in der promissio begründet: „Die promissio dei erlaubt es dem Sünder, nach Erfüllung der Voraussetzungen [sic] die Einlösung des Versprechens zu erwarten.“ R. BRAUNISCH, Die Theologie der Rechtfertigung im „Enchiridion“ (1538) des Johannes Gropper, Münster 1974, 236, vgl. Anm. 210. Auch das Konzil von Trient verurteilt die Pelagiani, läßt aber das meritum de congruo unangetastet. Siehe meine Studie: Das tridentinische Rechtfertigungsdekret im Lichte spätmittelalterlicher Theologie, in: ZThK 61 (1964) 251–282; mit Zusatz zu Rückfragen Hanns Rückerts neu abgedruckt in: Concilium Tridentinum, hg. v. R. BÄUMER, Darmstadt 1979, 301–340.

[38] „... opera nostra ex se nullius esse meriti, sed gratia dei facit illa digna esse vitae aeternae.“ Conf. 87,11f.

Der Editor der Confutatio kritisiert Johannes Ficker, sich den Kommentar zur Catholica Responsio zu leicht gemacht zu haben[39]. Selber bringt er dankenswerterweise eine Fülle von Verweisen auf gegenreformatorische Schriften des 16. Jahrhunderts. Wenn aber auch die Parallelen im spätmittelalterlichen Schrifttum herangezogen wären, was leider seines Erachtens nicht zu seiner Aufgabe gehören konnte[40], so wäre er gewiß bereits in seinem ersten Durchgang auf das Hauptwerk des wichtigsten Verfassers der Confutatio, auf den „Chrysopassus" des Johannes Eck, gestoßen. Wie Walter L. Moore für diesen ersten deutschen Gegenreformator und später federführenden Konfutator nachgewiesen hat, bedeutet der goldene Mittelweg zwischen Pelagius und Mani für Eck unmißverständlich, daß statt *Gottes Gnadenwahl* eben des *Menschen Gotteswahl* konstitutiv am Anfang des Heilsweges steht[41]. Die Gnade Gottes befreit somit nicht zum Glauben, sondern gewährleistet das Selbstbestimmungsrecht des Menschen, grundsätzlich jedem erreichbar und von der Sünde nicht aufgehoben.

Für die Rechtfertigungslehre der Confutatio ist somit jenes *miraculum conversionis*[42] nicht festzustellen, welches eine nachträgliche evangelische Anerkennung der Confutatio begründen könnte. Was sich vom späten Mittelalter bis zur Zeit des Augsburger Reichstages 1530 und darüber hinaus als bleibendes Element durchhält, ist allerdings nicht die theologische Unklarheit. In aller Deutlichkeit sind der „Chrysopassus" und die Confutatio darum bemüht, ohne Paulus und Augustin zu widersprechen, aber an ihnen vorbei, das moralische Anliegen der Pelagianer

---

[39] Conf. 37, Anm. 12.

[40] Vgl. Conf. 71.

[41] Vgl. W. L. Moore Jr., Between Mani and Pelagius. Predestination and Justification in the Early Writings of John Eck, Diss. Harvard (Cambridge, Mass.) 1967, 57f.; vgl. dessen Edition: In primum librum Sententiarum annotatiunculae D. Johanne Eckio praelectore anno ab Christo nato 1542, Leiden 1976.

[42] Wie wenig von einem miraculum conversionis die Rede sein kann, geht aus der Antwort eines der Konfutatoren in Augsburg, des Erfurter Augustiners Bartholomäus von Usingen, auf Melanchthons Apologie zur CA (1531/32) hervor. Er verteidigt die Unterscheidung zwischen der Gesetzeserfüllung quoad substantiam actus (aus natürlichen Kräften) und quoad intentionem praecipientis (im Stand der Gnade). Dieser Unterscheidung kommt die gleiche Funktion zu, den menschlichen Entscheidungsfreiraum zu schützen und für heilsrelevant zu deklarieren, wie der Differenzierung der menschlichen merita de congruo einerseits und de condigno andererseits: „Nostra autem legis impletio non est immunda, simpliciter loquendo, ita quod sit peccaminosa. Quia si impletio illa fit extra gratiam, est impletio quoad substantiam actus, et illa est actus neutralis, qui medius dicitur inter meritum et demeritum. Si autem fit ex gratia, est impletio ad intentionem praecipientis et est meritoria gloriae." Bartholomaei Arnoldi de Usingen O. S. A., Responsio contra Apologiam Philippi Melanchthonis, hg. v. P. Simoniti, Würzburg 1978, 139,846–140,852; vgl. 141,909–142,914.

aller Zeiten zu sichern: „Der Mensch, der immer strebend sich bemüht, den können wir erlösen“[43] – du kannst, denn du sollst[44]!

4. Evangelium oder Orthodoxie

Schließlich wenden wir uns noch jener Einschränkung in Melanchthons Urteil über die Confutatio zu, daß die Artikel der CA „an ihnen selb“ konzediert seien. Aus dem Kontext heraus ergibt sich, daß er innerhalb der Confutatio unterscheiden will zwischen der formalen Bejahung – oder besser: Nichtwiderlegung – der reformatorischen Theologie und der kirchengeschichtlichen Dokumentation der Konfutatoren, welche ihm historisch so „stümperhaft“[45] erscheint, daß sich alle Vorurteilsfreien ihrer und damit „unserer“ Sache nur sicherer geworden sind. Hierbei muß jener Reformator, der mehr als alle anderen reformatorischen Theologen die „Testimonia Patrum“[46] erforscht und das Zeugnis der alten Kirche erarbeitet hat, an eines besonders gedacht haben: an den Anspruch der Gegenpartei auf die unbeirrbar zuverlässige Orthodoxie der Kirche, unveränderlich bis ins 16. Jahrhundert hinein. Was auf den ersten Blick der üblen Nachrede *(calumniae)* wegen eine reine Stilfrage zu sein scheint, weitet sich so zum grundsätzlichen ekklesiologischen Dissens.

Es ist Melanchthon aber bis auf den heutigen Tag vorgeworfen worden, daß er diesen Dissens nicht begriffen hat und noch einen Monat vor

---

[43] Goethe, Faust 2, 5. Akt, 11936f.

[44] Vgl. Kant: Der Mensch urteilt, „daß er etwas kann, darum weil er sich bewußt ist, daß er es soll, und erkennt in sich die Freiheit, die ihm sonst ohne das moralische Gesetz unbekannt geblieben wäre.“ Kritik der praktischen Vernunft, 1. T. 1. B. 1. H. § 6 (II 39). Kant bezeugt hier nichts anderes als das klassische, weil ‚biblische‘ Argument des Pelagianismus, das bereits Gregor von Rimini († 1358) aufgegriffen und mit Berufung auf Augustin widerlegt hat: „... homini praecipitur a deo, ut ista bona opera agat, sicut patet per totam sacram scripturam, igitur possibile est homini agere talia opera. Alioquin deus praecepisset homini impossibilia sibi...“ In 2 Sent. dist. 26–28, q. 1; Gregorii Ariminensis OESA, Lectura super Primum et Secundum Sententiarum, Bd. VI, hg. v. D. Trapp, V. Marcolino, Berlin 1980, 23,6–8; vgl. 17,25–27. Gregors Gegenargument: „Ex his (scil. verbis Augustini) colligitur quod utique homo pro statu isto debet et tenetur esse sine peccato, nec tamen potest per se tantum sine adiutorio divinae gratiae esse sine peccato... Et ideo non sequitur ut possit ex solis naturalibus bene agere.“ Ebd., art. 3; 77,1–6.

[45] Siehe oben Anm. 9. Die Unzulänglichkeit der Argumentation hebt in gleicher Weise die Nürnberger Gesandtschaft in ihrem Bericht an Rat und Bürgermeister der Stadt hervor: Am Ende sind „die großen Hauptartikel, die Priesterehe, das Sacrament unter beider Gestalt zu nehmen, und daß die Meß kein Opfer sey, deßgleichen daß die Klöstergelübde nicht zu halten seyn, gänzlich verworfen und für unchristlich geachtet worden, und mit seltsamen Argumenten beschützt und verantwortet.“ CR 2.250 (4. August 1530).

[46] Vgl. P. Fraenkel, Testimonia Patrum. The Function of the Patristic Argument in the Theology of Philip Melanchthon, Genf 1961, bes. 52–109.

Verlesung der Confutatio dem päpstlichen Legaten schreiben konnte: „Wir respektieren den Papst und die ganze Kirchenordnung, vorausgesetzt, daß der Papst unsere Seite nicht verwirft."[47] Gegen alle Historiker, die diese Aussage als Verrat an Luther, als Leisetreterei und als Abweichung von der Sache der Reformation zu betrachten geneigt waren und sind, ist auf eine in der Forschung nicht rezipierte Stellungnahme Luthers aus dem Jahre 1533 hinzuweisen, in der er sich Melanchthons Worte direkt zu eigen macht:

„Wir haben uns bis da her allezeit, und sonderlich auff dem Reichstage zu Augspurg, gar [sehr] demütiglich erboten, dem Bapst und Bisschoven, das wir nicht wolten ir Kirchen rechte und gewalt zu reissen [zerreissen], sondern, wo sie uns nicht zu unchristlichen Artikeln zwüngen, gern von inen geweihet und regirt sein, und auch helffen handhaben solch ir recht und gewalt."[48]

Wie Luther sich diese Einfügung der evangelischen in die päpstliche Kirche dachte, hatte er zuvor (1531) erläutert: „Ich hab an die geistlichen auff diesem Reichstage zu Augspurg mein vleissig und trewes vermanen lassen offentlich ausgehen[49] und aufs höhest gebeten, das sie ja nicht den Reichstag, da alle welt so hertzlich auff hoffet und gaffet mit grossem sehnen, sollten on ende [Ergebnis] zurgehen lassen, sondern dahin handeln, das [1.] friede gemacht, [2.] etliche ire grewel geendert und [3.] dem Evangelio raum gegeben würde."[50]

Luther und Melanchthon haben lange Zeit bis hin zum Augsburger Reichstag an diesem freien Lauf des Evangeliums festgehalten und der

---

[47] CR 2.170. Melanchthon selbst hat offen seine zu sehr um Frieden bemühte Haltung in Augsburg eingestanden: „Ego non dissimulo me, propterea quod nostros noram, fuisse pacis cupidiorem Augustae." CR 2.632 (Brief an Hieronymus Baumgartner in Nürnberg, 15. Februar 1531); für diese Datierung (nicht 1533 wie in CR) siehe SCHEIBLE, Melanchthons Briefwechsel, Bd. 2: Regesten 1110–2335 (1531–1539), Stuttgart 1978, 21; Nr. 1124. Dennoch hat Melanchthon mit Recht die CA mit Luthers tiefstem Anliegen identifiziert, als er im Vorwort zum 2. Band der Wittenberger Ausgabe schrieb: „Et quid retineri voluerit (scil. Lutherus), et quam formam doctrinae et administrationis Sacramentorum probaverit, liquet ex confessione, quam Dux Saxoniae Elector Iohannes, et Princeps Philippus Landgravius Cattorum etc. in conventu Augustano Imp. Carolo V. anno 1530. exhibuerunt." CR 6.163.

[48] WA 38.195,17–22. Vgl. WA 30III.284,17–19 (1531). Auch die Ablehnung der Papstgewalt führt nicht gleichzeitig zur Ablehnung bischöflicher Autorität. In einem von Luther entworfenen Brief wird diese Autorität vielmehr anerkannt und voll unterstützt. Vgl. WAB 8.310,12–18 (Brief Luthers für Nikolaus Hausmann an den Meißener Bischof, 28. Oktober 1538); vgl. WAT 4.456,20–24; Nr. 4731 (1539).

[49] An die gantze geistlickeit zu Augsburg versamlet auff den Reichstag Anno 1530. Vermanung Martini Luther, WA 30II.268–356.

[50] WA 30III.276,3–9. W. GÜNTER skizziert kurz Luthers Vorstellung einer von Rom unabhängigen Nationalkirche – schließt allerdings mit der Behauptung: „... so sollte dies an der Lebenskraft der alten, universalen Kirche scheitern." Martin Luthers Vorstellung von der Reichsverfassung, Münster 1976, 105; vgl. 98ff.

Wirkung des Wortes zugetraut, daß es auch geschichtlich verfestigte Strukturen, Papst und päpstliches Lehramt, ändern und erneuern kann. Die Klausel Melanchthons, daß die in den Artikeln der CA formulierten Anliegen „an ihnen selb" konzediert sind, besagt, daß das Evangelium keineswegs widerlegt und verurteilt, ihm damit aber noch kein freier Raum gegeben wurde.

Die Auseinandersetzung in Augsburg bedeutet eine doppelte Zäsur für die Reformationsgeschichte. Die CA ist eine Zäsur für die Protestanten, weil diese damit über den Kampf gegen die römische Kirche hinaus von Streit und Polemik nun zum eigenen Bekenntnis zur catholica vorgestoßen sind. Die Confutatio setzt eine Zäsur, weil sie den Kampf aufnimmt und die Polemik koordiniert, um päpstliche Orthodoxie gegen evangelisches Bekenntnis zu mobilisieren.

Es bedeutet deshalb die Sicht aller Reformatoren völlig zu verstellen, wenn heute nicht unmißverständlich darauf abgehoben wird, daß die Kanonisierung der CA durch eine unfehlbar über die Schrift urteilende Kirche eben den tiefen Graben zwischen den Parteien markiert. Die Anerkennung des Augsburger Bekenntnisses an sich ist bereits längst vollzogen, nämlich in der Confutatio: „an ihnen selb", doch eben ohne Freigabe des Evangeliums. Frei in der Sprache Luthers ausgedrückt heißt dies auf eine Formel gebracht: Die CA ist anerkannt im Rahmen der *captivitas augustana*[51], d.h. ohne Freigabe des Evangeliums in der ecclesia romana.

Nunmehr wird in der reformatorischen Theologie nicht länger nur das kanonische Recht wie einst am Elstertor (1520) verworfen, vielmehr wird die *ecclesia romana,* der Papst und seine Bischöfe, beiseite gelassen durch die evangelische Fortschreibung der wahren *ecclesia catholica.* Aus den zwei kirchlichen Parteien entstehen zwei Konfessionen, das heißt jeweils an ihre Bekenntnisse gebundene Kirchen. Bei freier Evangeliumsverkündigung wären Papst und päpstliche Verfassung – das heißt dann allerdings nur *iure humano* – zu akzeptieren gewesen. Wo aber „Orthodoxie" nach Maßgabe einer vom Papst sanktionierten Tradition zur entscheidenden Norm und Regel des Glaubens erhoben

[51] Vgl. oben Anm. 6 und 19. Dem Evangelium Raum zu schaffen, das gerade ist für Luther das große Ereignis zu Augsburg gegen alles Wüten und Trotzen der Papisten: „Der Reichstag zu Augsburg, Anno 1530, ist alles Lobens werth; denn da ist das Evangelium auch unter die Leute kommen in andere Nation und Lande, wider beide, des Kaisers und des Papsts Willen und Versehen. Drüm was da verzehret [verbraucht] ist, das soll Niemand nicht reuen... Die Papisten hatten den Kaiser beredt, daß unsere Lehre ungereimt sollte seyn, und wenn er käme, da würde er sie alle heißen schweigen, daß Niemand kein Wort würde dürfen sagen. Aber es hat sich viel anders begeben. Denn die Unsern haben da das Evangelium offentlich fürm Kaiser und ganzem Reich frei bekannt, und haben die Widersacher, die Papisten, aufm selbigen Reichstage aufs Höchste zu Schanden gemacht." WAT 2.45,5–8, 17–21; Nr. 1323 (1532).

wird[52], ist einer Konkordie, über wie viele Artikel sie sich im einzelnen auch erstrecken mag, jeder Grund entzogen. So hat Luther es selbst erlebt und öfters dargestellt, nicht nur in seinen Tischreden. Genauso hat Melanchthon geurteilt. Und nichts anderes wird heute auch von einer wachsenden Zahl wahrhaftiger Katholiken vom Evangelium her zu sagen sein.

Aus der Perspektive unserer Zeit scheinen zwar manche Formulierungen der Confutatio in ihrem Wortlaut zumutbar; viel wissenschaftlicher Einsatz ist tatsächlich heute erforderlich, sogar „gebildeten Männern" zu zeigen[53], daß es in der Rechtfertigungslehre mit der Verurteilung eines fiktiven Pelagianismus nicht getan ist. Entscheidend ist aber, daß das Evangelium auch Papst[54] und Konzil gegenüber als höchste Glaubensinstanz zu gelten hat, die es erlaubt, ehrwürdige Vätersprüche, althergebrachte Konzilserklärungen und eindrucksvolle Konkordien neu mit geistlichem Inhalt zu füllen oder auch, wenn nötig, als zeitbedingt auf sich beruhen zu lassen. Die pilgernde Kirche – und nur sie lechzt nach Reformation – wird befreit aus den Mauern der Orthodoxie und Obödienz nur dadurch, daß sie zurückfindet zum urchristlichen Wagnis der zeitgemäßen Deutung der Schrift.

Die entscheidenden Ansätze der römisch-katholischen Dogmenentwicklung bis 1870 und, wie ich meine, bis einschließlich der Konstitution Lumen Gentium des II. Vatikanum stehen Luther bereits 1531 klar vor Augen: „Es sind gar grobe Theologi und blinde lerer, die jnn jhrem hertzen tichten, das die heilig kirche sey gantz heilig und habe keine sunde noch jrthum. Solchs ist jhrs kopffs getichte, darauff sie so viel artickel des glaubens bawen. Die schrifft sagt aber anders davon, wie

---

[52] Dies gilt sogar für Artikel, wo kein Dissens festgestellt wurde. Vgl. Conf. 79,3; 83,7.

[53] Es ist nicht die Eindeutigkeit, sondern eben die Zweideutigkeit, die bereits Melanchthon so erregt hat, als es ihm gelungen war, die Confutatio in die Hand zu bekommen: „Sed vidi nuper Confutationem, et animadverti, adeo insidiose et calumniose scriptam esse, ut fallere etiam cautos in certis locis posset... Non delecta nos discordia... Sed non possumus abiicere manifestam veritatem et Ecclesiae necessariam." Praefatio zur Apologie der Confessio Augustana (Mitte April 1531), CR 2.497; vgl. SCHEIBLE, Melanchthons Briefwechsel 2 (Anm. 47) 30; Nr. 1148; Bekenntnisschriften 143,14–16. Die Tyrannei zu verteidigen wider besseres Wissen, ist eines Gelehrten unwürdig: „Deinde hanc tantam turpitudinem artificiose excusant, fingunt prodesse, ut conservetur auctoritas et ἀξίωμα eorum, qui praesunt... Indignissimum est autem, praecipue doctis viris, tanquam satellites esse tyrannorum, et quidem Deo bellum inferentium, ac eorum confirmare furorem, et incendere saevitiam. Quid cogitari turpius hac servitute potest? Praesertim in illis, qui ad consilia regum, qui ad Ecclesiae gubernacula propter eruditionem evehuntur, ut sint religionis verae monstratores et custodes, non ut iniustis dominorum cupiditatibus adulentur." Vorrede Melanchthons zu ‚De ecclesiae autoritate...' (1539), CR 3.723f.; vgl. SCHEIBLE, Melanchthons Briefwechsel 2, 445; Nr. 2227.

[54] Siehe G. MÜLLER, Martin Luther und das Papsttum, in: Das Papsttum in der Diskussion, hg. v. G. DENZLER, Regensburg 1974, 73–101; bes. 90–94.

gehöret ist. Und sol auch der kirchen selbs niemand gleuben, wo sie on und ausser Christus wort thut odder redet." Mit einem „gewissen" Wortspiel erfaßt Luther das Wesen der wahrhaft evangelischen Kirche: „Inn Christus wort ist sie [die Kirche] heilig und gewis. Ausser Christus wort ist sie gewis eine irrige, arme sunderin, doch unverdampt umb Christus willen, an den sie gleubt."[55]

Der letzte Satz – „doch unverdammt um Christi willen..." – ist Zuspruch und Zusage für *alle* Glieder der geteilten Kirche.

[55] ‚Glosse auf das vermeinte kaiserliche Edikt' (1531), WA 30III.342,9–17. Die Sicherheit der Aussage im letzten Halbsatz beruht auf dem testamentum Dei, das Luther bereits in seiner ersten Psalmenvorlesung heraushebt. Vgl. WA 3.288,30–289,10.

In Fabers „Psalterium Quincuplex" bemerkt Luther im Anschluß an Ps 88,29 [„Et pactum meum fidele erit ei"] zu Vers 31 [„Si autem dereliquerint filii eius legem meam"]: „Magnum hoc verbum, quod facile omnes hereses frangat, quia scil. pactum Christi non irritum fiet propter peccata nostra, sicut nec stat aut incepit propter peccata nostra." WA 4.510,1–3.

XI

Zwinglis Reformation zwischen Erfolg und Scheitern: Zürichs Beitrag zur Weltgeschichte

1. Kantonalisierung und Lokalpatriotismus

Ist Zwinglis Reformation mehr als eine Episode zwischen Luther und Calvin? Europäische oder gar weltweite Wirkung zu beanspruchen erscheint anmaßend im Lichte jener jüngeren Reformationshistorie, die Zwinglis Zürich der ‚städtischen Reformation' zuordnet und dieses Phänomen wiederum soziologisch mit ‚Kommunalisierung' zu charakterisieren sucht.

Wenn mit Kommunalisierung nur die bereits spätmittelalterliche Emanzipation der Stadt gemeint ist und hiermit verbunden die ‚Lokalisierung' der Reformation im Gegensatz zur großflächigen Fürstenreformation, dann wird das Zürcher Geschehen in den Jahren 1519–1531 de facto zum innerschweizerischen Intermezzo kantonalisiert. Dazu paßt das Bild vom lokalpatriotischen Leutpriester der Ortskirche Zürich, der die religiöse mit der politischen Emanzipation der Stadt so reibungslos zu verbinden wußte, daß er bezeichnenderweise als Antistes ohne Talar und Kleriker in Waffen, als Mitglied der Bürgerwehr sein Leben auf dem Schlachtfeld verlor. Trotz der Niederlage bei Kappel 1531 wäre, so heißt es, die Reformation politisch so völlig in Zürich ‚eingebürgert', daß intra muros Zwinglis Werk nicht mehr gefährdet werden konnte.

Diese ‚bürgerliche' Zwinglideutung ist kritisch zu überprüfen. Zweifellos hat die umfassende und ausgeglichene Interpretation Zwinglis jahrhundertelang darunter gelitten, daß der Zürcher immer wieder in defizitärem Gegensatz oder in Abhängigkeit zu Luther gestellt worden ist. Der anerkannte Zwingliforscher, Gottfried W. Locher, hat auch darin seinen bleibenden Beitrag geleistet, daß er Zwingli aus sich heraus verstanden und so vom gnesio-lutherischen Anathema befreit hat. Seine Bedeutung aber, die Grenzen und das Ausmaß seiner Wirkungsgeschichte sind nicht zu erheben, ohne daß man ihn konfrontiert mit dem Urreformator Martin Luther[1] und in einen Rahmen einzeichnet mit dem reichsstädtischen Reformator Martin Bucer, mit dem eigenständigen

---

[1] Siehe dazu Ulrich Gäbler, Luthers Beziehungen zu den Oberdeutschen und Schweizern von 1526 bis 1530/1531, in: Leben und Werk Martin Luthers von 1526–1546, hg. von H. Junghans, Göttingen 1983, 481–496, 885–891; und Martin Brecht, Luthers Beziehungen zu den Oberdeutschen und Schweizern von 1530/1531 bis 1546, ebd. 497–517, 891–894.

Nachfolger Heinrich Bullinger und mit dem Genfer pastor pastorum Johannes Calvin. Ohne einen solchen gesamtreformatorischen Rahmen müßte der Historiker zu einem so vieldeutigen Begriff wie ‚Zwinglianismus' greifen, der, wie der Forschungsstand aufweist, vor Beliebigkeit nicht geschützt ist[2]. Bucer und Bullinger zu Zwinglianern zu machen, käme einer Zwangstaufe gleich. Ihr Zusammenhalt kommt erst in der Gegenüberstellung mit Luther zum Tragen, dem der dritte Teil dieses Kapitels gewidmet ist.

2. Zürich als Prototyp städtischer Reformation

Das Stichwort ‚Kommunalisierung der Reformation'[3] entbehrt nicht eines wichtigen Wahrheitselements, genauso, wie der Hinweis auf Zwingli als dem Soldatenprediger auf dem Schlachtfeld als Beleg für die radikal-konsequente Verbürgerlichung und Entprivilegisierung der Kleriker. Die städtische Reformation kann nur verstanden werden im Rahmen der spätmittelalterlichen Bestrebungen um die Emanzipation der städtischen Gemeinschaft aus der bischöflichen Jurisdiktion und um die Befreiung von klerikalen Privilegien. Hiermit ist tatsächlich das Kraftfeld abgesteckt, innerhalb dessen Zwingli zum Reformator und Zürich zur evangelischen Stadt wurden. Mit gleicher Deutlichkeit sind jedoch auch die Grenzen jenes stadtbürgerlichen Deutungsrahmens aufzuweisen. Die programmatisch angestrebte und – folgt man heutigen Forschungstendenzen – zugleich reibungslos verlaufende Verflechtung Zwinglis mit Zürich entspricht nämlich nicht dem Zeugnis der Quellen. Vor allem verbaut die Beschränkung auf das städtische Kraftfeld den Zugang zu Zwinglis überlokaler, ja gesamteuropäischer Bedeutung.

In der Beweisführung konzentriere ich mich auf eine Bestandsaufnahme dreier entscheidender Jahre: 1522/23, das Jahr des reformatorischen Durchbruchs; 1527/28 als Jahr der Bündnisse; und das Krisenjahr 1530/31, das zum zweiten Kappeler Krieg und Zwinglis Tod führte.

---

[2] Das monumentale Werk von Gottfried W. Locher, Die Zwinglische Reformation im Rahmen der europäischen Kirchengeschichte (Göttingen 1979), unterscheidet sogar den „Spätzwinglianismus" – die von Heinrich Bullinger geprägte ‚Nachfolger-Tradition' (584ff.) – noch einmal von „Form und Nachwirkungen", die nur in theologischen Anklängen ausmünden (671ff.). Der Begriff ‚Zwinglianismus' mußte extensiv bestimmt werden, eben damit auch Martin Bucer als ‚Zwinglianer' gelten kann. Siehe Lochers vorzügliche Skizze zu Johannes Calvin in: Protestantische Profile. Lebensbilder aus fünf Jahrhunderten, hg. von K. Scholder, D. Kleinmann, Königstein/Ts. 1983, 78–93.

[3] Siehe dazu Peter Blickle, Die Reformation im Reich, Stuttgart 1982, 92; 158.

(1) 1522/23: Die Einführung der Reformation

Die Vorstellung führt in die Irre, daß Zwingli in den frühen zwanziger Jahren harmonisch in das städtische Machtgefüge eingegliedert war und so organisch zum entscheidenden Lenker der Stadtpolitik werden konnte. Dieses Integrationsmodell hat sich auf unheilsame Weise mit nur scheinbar eindeutigen Schlagworten verbunden: von ‚biblischer Theokratie' ist die Rede oder von Zwingli als machtvollem Propheten des rechten Glaubens und der richtigen Politik. Insofern hiermit nicht Anspruch, sondern Wirklichkeit gezeichnet werden soll, sind das Zerrbilder. Sie beruhen auf einer weit überzogenen Einschätzung der Konsensfähigkeit und Konkordanz zwischen dem Leutpriester und der Führungsschicht im Rat. Ein Blick auf Zürichs innere Situation ist zur Erhellung von Zwinglis politischem Standort in der Stadt unumgänglich. Nicht erst bei der Zürcher Disputation vom 29. Januar 1523 ist anzusetzen, sondern früher, bei den Folgen der Niederlage von Marignano (1515) und ihren einschneidenden innenpolitischen Rückwirkungen auf die Machtverhältnisse innerhalb Zürichs.

Den Vertretern der Zünfte mußte eine Erweiterung ihrer politischen Verantwortlichkeit eingeräumt werden. Als Maxime der Ratspolitik hatte nunmehr zu gelten: Keine außenpolitischen Experimente. Das Reislaufen und Pensionenwesen wurde rigoros beschnitten, indem man allen Bündnissen mit fremden Mächten eine eindeutige Absage erteilte – abgesehen vom Bündnis mit dem Papst, das am 9. Dezember 1514 abgesegnet worden war.

Im Jahre 1518 war Zwinglis Berufung nach Zürich von der seit Marignano erheblich gestärkten päpstlichen Partei mitgetragen. Sie wird darum gewußt haben, daß ihr Kandidat in den Jahren 1513 und 1515 zum Schutz des Kirchenstaates das Landesaufgebot von Glarus begleitet hatte und daß er Glarus verließ, als dort nach der schockierenden Niederlage die französische Partei zur Macht gelangte.

Im Sommer 1521 zieht Zürich noch einmal in päpstlichen Diensten nach Italien, um Parma und Piacenza dem Heiligen Vater zu sichern. Es ist der letzte Soldzug Zürichs. Am 11. Januar 1522 wird das Verbot, sich in fremden Diensten zu verdingen, ein für allemal und ohne Ausnahme erlassen[4]. Um das Zustandekommen dieses überfälligen Erlasses zu erklären, wird auf das Gewicht der Proteste Zwinglis hingewiesen: Er war es, der unüberhörbar gegen die reichen Kardinäle gewettert hatte, die sich jungen Schweizer Blutes bedienen, um ‚als Wölfe' ungehindert wüten zu können. Der Beschluß vom 11. Januar entsprang jedoch nicht Zwinglis Warnung gegen *kurialen* Militarismus, sondern er entspricht

[4] Vgl. EMIL EGLI, Schweizerische Reformationsgeschichte, Bd. 1, hg. von G. FINSLER, Zürich 1910, 57.

der Ratspolitik, sich gegen *französische* Bemühungen zu wehren, Zürcher Söldner anzuheuern.

Als im Jahr zuvor der Piacenzer Zug zur Debatte stand, hatte der Rat *trotz* Zwinglis energischem Widerstand dennoch beschlossen, den Soldzug nach Italien zu unternehmen: ‚Pacta sunt servanda'. Der Einfluß des Leutpriesters reichte nicht bis in die Ratsstube hinein.

In der Passionszeit 1522 kommt es zum Fasteneklat im Hause Froschauer. Dieser löst umgehend, vom 7. bis 9. April, eine bischöfliche Visitation aus, die Zwinglis Auftreten und seiner ersten reformatorischen Schrift *zum Trotz* vom Rat mit dem Verbot weiterer Fastenübertretung gedeckt wird – also keine Freiheit zum „Erkiesen" der Speisen! Es bleibt dabei, „dass niemas zuo solichen vorhar verbottnen ziten und tagen on notdurft sölle fleisch essen"[5]. Der Rat stellt sich wiederum dem Leutpriester entgegen.

Zu den immer wieder ins Feld geführten Belegen der engen politischen Abstimmung zwischen Leutpriester und Rat gehören die Disputationen. Tatsächlich aber bergen sie ebenfalls eine Geschichte von Konflikten.

Hinzuweisen ist bereits auf Zwinglis private Disputation mit dem franziskanischen Wanderprediger Franz Lambert. Ausgelöst wurde diese Aussprache durch Zwinglis Zuruf während Lamberts Predigt im Fraumünster am 15. Juli 1522: „bruder, da irrest du"[6]. Diese Predigtstörung, die von Zwinglis linker Hand, Leo Jud, bereits öfter mit Erfolg als Agitationsmittel eingesetzt worden war, ist nichts anderes als Störung der vom Rat konsequent betriebenen Politik von Ruhe und Ordnung. Jetzt muß der Rat eingreifen. Eine Woche später werden die Kontrahenten, Zwingli und die Lesemeister der drei Bettelorden, vor einen Ausschuß des Kleinen Rates geladen. Hinzugezogen wurde das Großmünsterkapitel, die zwei anderen Leutpriester und der Magister Konrad Schmid, Baccalaureus der Theologie, wohl in der Funktion eines Sachverständigen (peritus). Ein halbes Jahr bevor am 29. Januar 1523 der Klerus von Stadt und Land allgemein zitiert wird, versucht der Rat, die explosive Situation im kleinen Rahmen zu entschärfen, indem er die altkirchliche Elite mit Zwingli konfrontiert. So sehr hiermit Zwinglis Position als Vertreter seiner Partei aufgewertet wird, so sehr bleibt die Entscheidung, nur schriftgemäße Predigt zuzulassen, Sache eines überparteilichen Rates. Selbst die Disputation sechs Monate später, in der Zwingliforschung gemeinhin als ‚erste Zürcher Disputation'

---

[5] Ratsmandat vom 26. Februar 1523; Emil Egli, Aktensammlung zur Geschichte der Zürcher Reformation in den Jahren 1519–1533, Zürich 1879 [Nieuwkoop 1973], 118, Nr. 339; vgl. damit das in der Sache gleichlautende erste Fastenmandat vom 9. April 1522, ebd. 77, Nr. 237.

[6] Georg Finsler, Die Chronik des Bernhard Wyss 1519–1530, Basel 1901, 16.

bezeichnet, ist noch immer nicht Zwinglis Disputation, sondern bleibt – dessen Erwartungen entgegen – Ratsdisputation.

Beide Disputationen, die vom Juli 1522 und die vom Januar 1523, wurden vom Rat nicht nur genehmigt, sondern regelrecht veranlaßt. In beiden Fällen übte der Rat die Richterfunktion aus, in welcher er das Ergebnis der Disputation bzw. des ‚Verhörs gegeneinander' feststellte. Wie später, im Jahre 1523, wird schon 1522 zur Stadtbefriedung die ‚kontroversfreie' Predigt verordnet: ‚Sie sollten miteinander freundlich umgehen'[7]. So hofft die Obrigkeit noch, den Sumpf vergiftender Zwistigkeiten trockenzulegen.

Die drei Vorgänge, vom ‚Fasteneklat' (April 1522) über die Konfrontation mit der Ordensspitze (21. Juli 1522) bis zur großen Ratsdisputation (29. Januar 1523), markieren ebenso viele Stadien auf dem Weg von der Ausschaltung der geistlichen Oberhoheit des Konstanzer Bischofs hin zur Richterfunktion des Zürcher Rats.

Kein Zweifel, Zwinglis Einfluß wächst. Als die Konstanzer Bischofsdelegation im April 1522 wegen des ‚Wurstessens' zur Visitation anreiste, mußte sich Zwingli noch mühsam vor dem Rat Gehör verschaffen[8]. Im Juli wird er bereits vor einen Ratsausschuß geladen. Bürgermeister Marx Röist übernimmt jetzt selber die Initiative und versucht zunächst, die Lösung im kleinen Kreis zu erreichen. Er denkt eine weitere Eskalation der Spannungen vermeiden zu können, indem er Zwingli und den Bettelmönchen eine einstimmige Predigt abverlangt. Verantwortlich für den öffentlichen Frieden, möchte er aber die inhaltliche Beurteilung des Theologenstreits noch dem Zürcher Münsterkapitel überweisen. Erst als Zwingli protestiert[9] und seine Parteigänger im Rat dem Bürgermeister in den Rücken fallen, kommt es zum Ratsmandat schriftgemäßer Predigt: „Ja, ir herren von örden, das ist miner herren meinung, daß ir sollend nun fürohin predigen das heilig evangelium, den heiligen Paulum und die propheten, daß die heilige gschrift ist, und lassend den Scotum und Thomam und sollig ding ligen."[10]

Was ist das Eigentümliche und Bleibende der folgenden Ratsdisputation vom 29. Januar 1523, der sogenannten ersten Zürcher Disputation? Es ist nicht mehr darin zu sehen, daß die Heilige Schrift zur Richtschnur

---

[7] FINSLER, Chronik, 19.

[8] Vgl. Acta Tiguri, Zwinglis Beschreibung des Geschehens vom 7.–9. April 1522, adressiert an Erasmus Fabricius, in: Huldreich Zwinglis sämtliche Werke (= ZW) I. 144,5–11; vgl. die Einleitung 137f.

[9] „Ich bin in diser statt Zürich bischof und pfarrer und mir ist die seelsorg bevolen; ich han darum geschworen und die münch nit; si sond uf mich acht han und ich nit uf si; dann so dick si predigend, das erlogen ist, so will ich's widerfechten..." FINSLER, Chronik, 19.

[10] Ebd. Zwingli selber berichtet an Beatus Rhenanus: „Mandatum erat, ut relictis Thomabus, Scotis reliquisque id farinae doctoribus unis sacris literis nitantur, quae scilicet intra biblia contineantur." Zürich, 30. Juli 1522; ZW VII. 549,3–5.

erklärt wird. Auch das im ‚Abschied' formulierte Ergebnis ist keineswegs eine Neuerung. Ebensowenig ist es ein Novum, daß überhaupt eine Ratsdisputation stattfindet: Sie liegt auf der verlängerten Linie der städtischen Emanzipation von der bischöflichen Jurisdiktion. Da die Forschung den Abschied aus Zwinglis Perspektive gelesen und damit als seinen Sieg gewürdigt hat, ist nur der eine Satz zur Geltung gekommen, daß der Leutpriester weitermachen darf ‚wie bisher'. Obwohl damit seine Verkündigung und Theologie als schriftgemäß anerkannt wird, ist dies jedoch nicht mit jener Ausschließlichkeit formuliert und mit jenem Alleinvertretungsanspruch verbunden, den Zwingli darin sieht.

Völlig im Einklang mit dem politischen Kurs des Kleinen Rats, insbesondere des Bürgermeisters Marx Röist, werden *beide* Parteien mit der Auflage entlassen, einander nicht mehr zu verketzern und zu schmähen[11], und zwar unter Androhung schwerster Strafen. Erst als eine Mehrheit im Kleinen Rat auch nach Ablauf der anschließenden Disputation im Oktober 1523 noch immer auf Pazifizierungskurs bleibt, beschließt der Große Rat am 11. Januar 1524, in Zukunft nicht nur die grundsätzliche Gesetzgebung, sondern auch die praktische Rechtsprechung über die rechte, zulässige Predigt an sich zu ziehen. *Wenigstens bis zu diesem Datum kann in keiner Weise von ‚Zwinglis Zürich' gesprochen werden.* Im Jahre 1523 – solange der Magistrat in Religionsfragen noch weitgehend vom Kleinen Rat bestimmt war – ist von Zwinglis Einfluß als Prediger, nicht von seiner Macht als Politiker zu reden.

Ein scheinbar winziges Detail ist als Beleg für Zwinglis Ratsferne enthüllend. Es wurde von der bisherigen Forschung wohl übersehen, weil es in das Bild von ‚Zwinglis Zürich' nicht einzupassen war. Am 20. Januar 1523 beklagt sich der eminente Schweizer Humanist Glarcan († 1563) in einem Brief aus Basel, daß Zwingli ihm ein falsches Datum für die Disputation angezeigt hatte – neun Tage zu früh: „Dein Brief, in dem Du geschrieben hast, daß die Disputation am 20. Januar stattfinden würde, hat uns völlig irregeführt, denn ich habe ihn eifrig überall den Freunden vorgezeigt; alle, die ihn gelesen haben und nun vergeblich nach Zürich gezogen sind, werden mir böse sein...“[12]

Zwinglis Brief an Glarean enthielt noch eine zweite Fehlinformation. Der Leutpriester ging davon aus, daß er selber präsidieren würde, wie ein Universitätsprofessor im mittelalterlichen Universitätsbetrieb, der statutengemäß den Vorsitz führt bei der Disputation über die von ihm

---

[11] „... einanderen hinfür dheins wegs schmützen, ketzeren, noch andere schmachwortt zureden.“ ZW I. 471,7f.

[12] „Mirum in modum fefellit nos charta tua, in qua scripseras XIII. Kalendas Februarias venturam disputationem. Eam cum ubique sedulus apud amicos circumferrem, quidam viderunt ac Tigurum iverunt, fortassis mihi infensi, cum celeritas tua et te et me fefellerit.“ ZW VIII. 9,1–4.

verfaßten Thesen. Tatsächlich kamen die Dinge ganz anders. Die Planung der Disputation war so sehr Ratssache, daß Zwingli von der Festsetzung des Datums völlig überrascht worden ist. Und nicht nur das *Datum,* sondern auch die *Form* der Disputation kam für Zwingli unerwartet: Während er sich für *seine* Disputation samt akademischer Thesenreihe rüstete, führten der Bürgermeister Marx Röist und der Kleine Rat ihren Plan durch: ein ,Verhör' der zwei Parteien. *Von einem gemeinsamen Vorgehen Zwinglis und des Rats kann somit keine Rede sein.*

Diese Ratsdisputation hat aber sehr wohl zwei Gesichter. Einmal passen Ausschreibung und Abschied nahtlos in die auch *gegen* Zwingli durchgehaltene Ruhe- und Ordnungspolitik des Kleinen Rates. Doch durch Zwinglis theologische Deutung und Bedeutung erwuchs aus diesem stadtpolitischen Lokalereignis im Rückblick ein geistliches Ereignis von überlokalem Ausmaß. In Zürich wird die Erneuerung von Theologie und Kirche auf der Basis der Heiligen Schrift initiiert, indem hier stellvertretend für die ganze Christenheit über diese Erneuerung endgültig befunden wird, denn der Heilige Geist redet nicht heute so und morgen anders[13]: Es handelt sich hier in diesem Saale zweifellos um eine christliche Versammlung[14].

Die Ratsdisputation ist Zwingli zum Konzil geworden, stellvertretend für die ganze Kirche. Der Rat von Zürich rief zum Verhör, Zwingli aber entdeckte darin die erste evangelische Generalsynode. Für die Geschichte der evangelischen Weltkirche ist diese Umwertung zur ,christlichen Versammlung' von epochemachendem Gewicht. *Das Ereignis ist so ,lokal' wie im Anspruch ,weltweit'.* Zwingli spricht von der Vollmacht Zürichs, dem entspricht die Macht der Reformation in Zürich – noch – nicht.

(2) 1527: Die Eidgenossenschaft der Evangelischen

Als es endlich so scheinen konnte, daß politische Führungsspitze und Stadtpfarrer ,ein Herz und eine Seele' waren, da drohten bereits die Perspektiven und Strategien des Rates und des Reformators wieder unvereinbar auseinanderzulaufen.

Die Stadtpolitik mußte darauf ausgerichtet sein, Spannungen intra muros zu beseitigen und keine neue ,Zwytracht' auszulösen mit der im Fernhandel engagierten Kaufmannsschicht und mit den so tangierten Zünften, insbesondere mit den auf Nachschub aus der Innerschweiz angewiesenen ,Metzgern'. Alle Bündnisse, die Zürich in überregionale Konflikte hineinziehen konnten, sollten unterbunden werden. Zwingli

[13] ZW I. 514,9f.
[14] ZW I. 495,10f.

hingegen setzt auf neue Bündnisse, er betrachtet Zürich nur als Anfang, als Ausgangsbasis und Prototyp für jene notwendige Befriedung der Christenheit, die mit dem Gehorsam an das Wort Gottes einhergeht.

Für die Erhaltung von Zwinglis umfassender Reformationsschau verdient ein Dokument besondere Aufmerksamkeit, nämlich sein Plädoyer vom Sommer 1527 für ein Bündnis, das der gesamteuropäischen Politik Habsburgs begegnen sollte. Da der Zürcher Reformator mit seinen Bemühungen bereits in den Jahren 1529/1530 rundum gescheitert ist, konnten sich deutsche Historiker des Urteils nicht enthalten, es handele sich dabei nur um die schwärmerischen Pläne eines Amateurpolitikers mit schweizerischen Scheuklappen. Sein in Geheimsprache verschlüsselter Briefwechsel mit Philipp von Hessen konnte sogar wegwerfend als Indianerspiel bezeichnet werden, und das um so leichter, als die politische Weitsicht von Zwinglis hessischem Korrespondenten, dem künftigen Führer und spiritus rector des Schmalkaldischen Bundes, durch die gängige Verurteilung seiner Doppelehe den moralisierenden Historikern verdeckt blieb.

Schweizer Historiker haben hier schärfer gesehen und Zwingli ihren Respekt vor seiner umfassenden politischen Konzeption nicht versagt. Das Urteil besteht zu Recht: Bereits die Einführung der Reformation in Bern (1528) bedeutete ihm viel mehr als nur einen kantonalen Sieg, sie war entscheidender Schritt auf dem Weg zu einer ‚wahren Eidgenossenschaft'. Doch selbst diese Deutung greift noch zu kurz. Gewiß hat der Zürcher Reformator – anstelle der nur lockeren Zusammenwirkung der schweizerischen Orte auf Tagsatzungen – eine festgefügte natio helvetica gewollt. Diese ist zugleich trotz und dank des zweiten Kappeler Kriegs erzielt worden.

Seine andere, die Grenzen der Nation überschreitende Vision ist hiermit aber nicht hinreichend gewürdigt worden. Auf zwei Folioseiten, von Walther Köhler († 1946) auf den Sommer 1527 datiert, hat Zwingli sein politisches Programm niedergelegt: Es ist der imposante Entwurf für eine übernationale ‚Eidgenossenschaft'[15].

Um die Bedeutung dieses Planes ins rechte Licht zu rücken, wird man zum Vergleich auf moderne Konstellationen vorgreifen dürfen: Es ist die nach dem Zweiten Weltkrieg geborene, wenngleich nicht realisierte, Idee einer eigenständigen europäischen Verteidigungsgemeinschaft mit dem Ziel, dem Kontinent die Einheit, Sicherheit und Selbständigkeit zu wahren. Die nachträgliche Überschrift des Zwingli-Gutachtens *Warum man sich mit Konstanz, Lindau, Straßburg etc.* – d.h. Elsaß, Oberrhein, Bodensee! – *in ein Burgrecht einlassen soll,* enthüllt auf den ersten Blick nicht vollends, was Zwingli der Stadtführung zumutet: Zürich sollte

[15] ZW VI 1.197–201.

nicht nur gesamtschweizerisch, sondern auch europäisch denken und handeln.

Konstanz und Lindau, Kaiser Maximilians strategische Operationsbasen im Schwabenkrieg des langen Jahres 1499 – noch in frischer und schrecklicher Erinnerung –, sollten eben nicht als ‚feindliches Ausland' abgeschrieben, sondern unter Beiseitelegung aller Ressentiments in ein Verteidigungsbündnis großen Stils aufgenommen werden. Wie der Landgraf Hessens war auch der Hirte Zürichs imstande, europäisch zu denken und dem habsburgischen Einheitstraum die Alternative des Bündnisses von evangelischen Eidgenossen entgegenzustellen.

Denn was war das Ziel? Daß von der Schweiz bis Straßburg „ein volck und pündtnus wurde"[16]. So sagte es Zwingli; wir fügen hinzu: Das wäre jener Riegel zwischen Burgund und Österreich und somit zwischen Habsburg und Habsburg, den Kaiser Maximilian mit der Bildung des Schwäbischen Bundes einst zu verhüten suchte. In die Machtlücke des eben zerbröckelnden Schwäbischen Bundes würde die neue Eidgenossenschaft hineinstoßen – jetzt gegen den Kaiser. In der Rückschau drängt sich ein weiterer Gesichtspunkt auf: Der Schmalkaldische Krieg des Jahres 1547 wäre damit auf einen für die evangelische Seite militärisch günstigeren Zeitpunkt um zwanzig Jahre vorverlegt worden.

Um zweierlei geht es in diesem Dokument. Erstens zeigt es einmal mehr, wie wenig Zwingli nur als Stadtpfarrer zu begreifen ist. Gleich wichtig ist ein Zweites, nämlich die theologische Begründung, die Zwingli seinem Gutachten voranstellt: Obwohl die Sache der Reformation allein ‚uss der kraft gottes' erhalten werden kann, greift Gott gemeinhin nicht unmittelbar ins Weltgeschehen ein, sondern verleiht dem Menschen seine ‚hilff und schirm' eben durch Menschen. Da nun Gott den Abschluß dieses Bündnisvertrags gestattet, „ist es offembar, das er inn zů gůtem bruchen wil"[17].

Im letzten Teil ist für den Vergleich mit Martin Luther auf diesen Grundsatz zurückzukommen. Hier gilt es, darauf abzuheben, wie sehr Zwingli in diesem einen Satz seine ganze Theologie zusammenfaßt: Gott führt die Geschichte der Menschheit allmächtig und gezielt hin auf das Zusammenwachsen von göttlicher und menschlicher Gerechtigkeit: Der Vertrag ist offenbar von Gott gewollt, denn er führt zu ‚friden, růwen, billicheit und gerechtigkeit'. Der allmächtige, immer gerechte Lenker der Geschichte ist Garant der Recht schaffenden Reformation; also gilt es, gottesgewiß und deshalb siegessicher die Reformation mit aller Kraft voranzutreiben. Das ist der Grundsatz von Zwinglis politischer Theolo-

[16] ZW VI 1.201,17.
[17] ZW VI 1.200,9.

gie; damit ist Realpolitik der Vollzug von Gottes Gerechtigkeit im Vertrauen auf seine Allmacht.

Dieser Grundsatz entspricht nun aber nicht persönlichen Erfahrungen Zwinglis, ganz im Gegenteil! Helmut Meyer hat durch sorgfältige Archivforschung nachweisen können, wie stark Zwingli an den Ratsberatungen beteiligt war[18] – bis in den ‚Geheimen Rat' hinein, ob das nun ein verfassungsgemäßes Gremium war oder nicht. Doch gerade die intensive Beteiligung Zwinglis am politischen Geschehen eben in den letzten Jahren, sein Vordringen bis zu den entscheidenden Ausschüssen der Zürcher Führungsschicht, ist kein Gegenbeweis für die Grenzen seiner Wirkung, es verdeckt eher das Ausmaß der Isolierung, der Zwingli sich in den letzten Jahren ausgesetzt sah. Das Scheitern des Marburger Kolloquiums im Oktober 1529 als Voraussetzung für eine umfassende evangelische Einung mit Kursachsen und Hessen wurde im nächsten Jahr noch überboten von der Entscheidung der Reichsstädte Konstanz und Straßburg, ohne Zürich – möglicherweise sogar gegen Zürich –, zusammen mit Lindau und Memmingen dem Kaiser in Augsburg ein eigenes Bekenntnis, die Tetrapolitana, vorzulegen. Zwinglis weitsichtige europäische Politik war gescheitert.

Zum Erfolg schien zwar sein Einsatz für die Einung der natio helvetica zu führen, insofern den fünf Orten der Innerschweiz die freie Evangeliumspredigt auferlegt wurde. Doch der Sieg im ersten Kappeler Krieg blieb ohne Frucht, da Zürich sich der zweischneidigen Berner Boykottierungsstrategie anzuschließen entschied. Aus Zwinglis Sicht hatte sich die Stadt der gottgewollten Stunde verweigert.

(3) 1531: Das Trauma von Kappel

Johann Stumpf hat in seiner *Chronica* festgehalten, wie sehr sich Zwingli von der Zürcher Führungsschicht im Stich gelassen sah. Am 26. Juli 1531 kündigte der Reformator seinen Rücktritt und Weggang aus Zürich an mit der Begründung, daß „die pensioner in den V orten ouch in Zürich überhand gewunnend"[19]. Diese Rücktrittsdrohung hat die Solidarität mit Zwingli zunächst gefestigt. Es heißt denn auch bei Stumpf, dessen Chronik als historische Quelle heute als ‚zu parteiisch' nicht hinreichend gewürdigt wird: „Ab dieser red erschrack mencklich, also

---

[18] Helmut Meyer, Der zweite Kappeler Krieg. Die Krise der Schweizerischen Reformation, Zürich 1976, 316–323.

[19] Johann Stumpf, Chronica vom Leben und Wirken des Ulrich Zwingli, hg. von L. Weiss, Zürich 1932², 166. Zu Stumpfs Chronik siehe Paul Wernle, Das Verhältnis der schweizerischen zur deutschen Reformation, in: Basler Zeitschrift für Geschichte und Altertumskunde 17 (1918) 227–315, 248–250.

daß vielen die ougen übergiengend." Drei Tage später bittet ihn dann auch der Rat zu versprechen, „by inen zu blyben, bis in den todt"[20].

Genau das geschah. Doch daraus zu schließen, Zwingli sei als gehorsamer Bürger im Dienste des Rates bei Kappel gefallen, ist eine Fehldeutung. Am 9. Oktober, als die fünf Orte bereits mobil machten, zeichnet Zwingli in einer letzten Predigt das ungeschminkte Bild seiner politisch hoffnungslosen Isolation. Finanzinteressen verketten Zürich mit den fünf Orten; jede Warnung kommt zu spät: „Aber es hilft kein getrüwe warnung an üch, sonder ist alles vergebens. Die pensionär der fünf orten habend zuviel ruggens in diser statt. Es ist ein ketten gemacht, uß der ich bishar mengen ring gerissen und sy oft gebrochen hab, aber jetzund ist sy ganz. [Stumpf erläutert:] (Verstand die heymlich oligarchy der fünf orten gönner Zürich.) Dise kette wirt mir und mengen frommen Zürcher den hals abziehen. Es ist um mich zuthon. Ihr werdend mich ihnen in die händ bringen, aber ihr werdend ein hörnli mit mir abstoßen."[21]

Die Frage, warum das mächtige Zürich am 11. Oktober mit kaum 3500 Mann einer doppelten Übermacht gegenübersteht, wird hier von Zwingli im voraus beantwortet – überzeugender als in modernen Darstellungen mit ihren gewiß richtigen Hinweisen auf beschränkte Mobilisationszeit und unzureichende militärische Taktik und Strategie. Die Niederlage war vielmehr vorprogrammiert, genau wie von Zwingli vorausgesagt, die Kette hatte sich geschlossen: In kaum einer Stunde fielen etwa fünfhundert Zürcher.

Im Lichte der Geschichtsschau Zwinglis, daß der allmächtige Gott die Reformation siegreich ans Ende bringt, kann das Trauma der verlorenen Schlacht bei Kappel am 11. Oktober 1531 vollends erfaßt werden. Nicht militärische Schwäche und taktische Fehler waren das Trauma, sondern daß Gott offenbar die ‚Kette' der Gegner nicht zerschlagen hat.

Politisch hat der Ausgang des zweiten Kappeler Krieges der Eidgenossenschaft den Weg in jene Zukunft gewiesen, die Deutschland erst viel später im Augsburger Religionsfrieden 1555 finden und nach viel mehr Blutvergießen 1648 besiegeln sollte. Was heute noch immer als deutsche Erfindung gilt, ist politischer Vernunft der Schweiz zuzuschreiben, festgeschrieben im zweiten Kappeler Landfrieden in Deinikon am 16. November 1531: ‚Cuius regio, eius religio.'

---

[20] Stumpf, Chronica, 166.
[21] Stumpf, Chronica, 169.

3. *Luther und Zwingli*

Der Niederschlag von Kappel hat weit über den engen Bereich des Kantons und der Eidgenossenschaft hinausgewirkt. Eine Welle von Vorwürfen ist über dem gefallenen Feldprediger zusammengeschlagen. Aus Wittenberg kamen nicht unerwartet die schärfsten Reaktionen. Noch 1544 hieß es: Kappel ist Gericht über alle Rotten und Schwärmer, „das schreckliche urteil Gottes, da der Zwingel so jemerlich ward erschlagen“[22]. Nur sächsische Selbstgerechtigkeit, nur Luthers Rechthaberei, an der er noch dreizehn Jahre nach Zwinglis Fall verbissen festhielt?

Kaum sieben Wochen trennen die Geburtsstunden der zwei großen Reformatoren – und dennoch liegt zwischen beiden ein Epochensprung. Auf einen Begriff gebracht: Der Wittenberger erlebte die Endzeit, Zwingli lebt in der Neuzeit. Das hat weitreichende Folgen für Theologie und Frömmigkeit, für Sakramentenlehre und ‚christliche‘ Politik. Um diesen Epochensprung recht ausmessen zu können, ist über das Einzelne hinaus bis zu jener Grundfrage vorzudringen, die sich aufgrund der Analyse von Zwinglis Wirken als Leutpriester in Zürich und als politischer Theologe mit europäischem Horizont aufgetan hat: Die Frage nach Gottes Gerechtigkeit und Allmacht.

Das Thema der Allmacht Gottes ist für die ganze Christenheit drängend, es steht auch für reformatorische Theologie an zentraler Stelle. Die Omnipotenz Gottes wird aber von Luther und Zwingli paradigmatisch je verschieden gedeutet. Von der Allmacht Gottes bei Luther zu reden heißt, seine Teufelsschau herauszuheben mit erheblichen Konsequenzen für seine Deutung der Geschichte: Geschichte ist nicht die Zeit der Allmacht, sondern der Ohnmacht Gottes, Kirchengeschichte die Zeit der verfolgten Kirche, dem Wüten des Teufels ausgesetzt. Erst am Ende dieser Welt wird er gezwungen sein, sein Wüten einzustellen[23].

Wenden wir uns zum Vergleich jetzt dem Zürcher Reformator zu. Ich stelle einen wissenschaftlich-exegetischen Text in den Mittelpunkt, und zwar Zwinglis Jesaja-Auslegung, die er 1527 in der pädagogisch innovativen Institution der gelehrten ‚Prophezei‘ vorgetragen und im nächsten Jahr in der Predigt öffentlich verkündigt hat. Jesaja 42,8 offenbart mit klarer Eindeutigkeit Gott allein als allmächtige Majestät: „Meine Majestät übergebe ich niemandem anders.“ Dieser eine Text, so führt Zwingli aus, zerschlägt die ganze Wittenberger Abendmahlstheologie. Die Realpräsenz des historischen Christus auf dem Altar ist unbiblisch, weil dieser leibliche Christus dann überall – ‚ubique‘ – in der ganzen

---

22 WA 54.154,17f.

23 Siehe Kapitel VIII: ‚Martin Luther: Zwischen Mittelalter und Neuzeit‘, oben 200ff.

Welt zugleich anwesend sein müßte. ‚Ubiquität' aber ist Eigenschaft des ewigen Gottes, sie gilt somit nur für Christus gemäß seiner göttlichen Natur. Nach seiner menschlichen Natur aber ist Christus nicht ewig, nicht unendlich, eben nicht ‚ubique' gegenwärtig: Gott tritt, wie Jesaja bezeugt, seine Majestät keinem Menschen ab[24].

Die wissenschaftlichen Darstellungen des Abendmahlsstreites haben die Jesajaauslegung, weil relativ spät, nicht zu berücksichtigen brauchen, denn in diesem Bereich bringt sie für die Abgrenzung zu Luther nichts Neues. Der Text bietet jedoch eine programmatische Aussage, die ihm für unsere Erfassung der *philosophischen* Voraussetzungen von Zwinglis Theologie paradigmatische Bedeutung verleiht. Gottes Wesen wird dort nämlich so logisch-zwingend aufgeschlüsselt, wie das in der mittelalterlichen *via antiqua* üblich war. Ich führe die Argumentation nicht in ihrer gesamten Abfolge vor, sondern unterstreiche den einen Grundsatz:

Allgegenwärtigkeit ist unverfremdbare und unübertragbare Eigenschaft Gottes allein. Denn darauf geht seine Allmacht zurück: „Ubique autem esse, intima ac sola numinis est proprietas. Hinc enim dimanat omnipotentia."[25]

Nicht nur daß Gott ist, läßt sich beweisen, sondern auch wie er logischerweise zu sein hat, läßt sich nachweisen. Allgegenwärtig muß Gott sein, denn das ist zwingend mit seiner Allmacht verkoppelt. Die ganze Argumentation wird getragen von der rational notwendigen Verknüpfung, die aufleuchtet in enthüllenden Leitworten: ‚necesse est', ‚ergo', ‚hinc enim' und ‚non potest' – zusammen die Merkmale einer Beweisführung jener vernünftigen Theologie, die im Mittelalter als *via antiqua* bezeichnet wurde, die seit Hegel und dem Idealismus auch die protestantische Theologie fesselt. Die *via antiqua* wirkt ‚vernünftig' im Sinne einer für jeden denkenden Menschen logisch nachvollziehbaren Kausalkette. Diese Kette hat die *via moderna* gebrochen.

Zwei Schlüsselsätze des Venerabilis Inceptor Wilhelm von Ockham vermögen das zu erhärten: *„Non potest demonstrari* quod Deus sit omnipotens, sed *sola fide* tenetur."[26] ‚Daß Gott allmächtig ist, läßt sich nicht beweisen, das ergreift der Glaube allein.' Die ‚vernünftig-logische' Analyse von Gottes Wesen und Eigenschaften findet ihre unüberwindbare Grenze an der ganz eigenen Seins- und Erkenntnisweise Gottes, die eben *nicht* nach dem Maßstab menschlicher Logik strukturiert ist:

---

[24] ZW XIV. 336,32–337,15.

[25] ZW XIV. 337,9–11.

[26] Quodlibet I, q 1 ad 7; Guillelmi de Ockham. Quodlibeta septem, ed. J. C. Wey C.S.B., Opera Theologica IX, St. Bonaventure, N.Y. 1980, 11,230f.

„intellectio Dei est alterius rationis a nostris intellectionibus“[27] – ‚Gott ist anders, unsere Vernunft faßt ihn nicht‘.

Darin steht Luther voll in der Tradition der *via moderna,* daß er die radikale Diastase zwischen Gottes Weisheit und menschlichem Denken übernommen und die Allmacht Gottes eben als Glaubensartikel herausgestellt hat. Weit über Ockham hinaus führen Luthers Konsequenzen: Es geht und gilt gegen Vernunft und Gewissen, ja gegen die sichtbar greifbare Macht des Teufels, allein aus Glauben festzuhalten, daß Gott allmächtig seine Geschichte zum Siege führt. Gottes Allmacht ist verborgen, er wirkt in der Geschichte ‚sub contrario‘, seine Macht ist vermummt im Kreuz.

In Zwinglis Theologie ist der Teufel bereits entmächtigt und überwunden, er hat ihn, wenn man so will, entmythologisiert. Für Luther herrscht der Teufel mit Macht und Gewalt bis zum letzten Tag der Endzeit über sein Imperium so weit wie die Welt: Er ist der rex saeculi. Aus Luthers Perspektive war Zwingli schon von der Kausal-Kette der philosophischen Theologie gefangen worden, längst bevor ihn die konspirative Kette der Zürcher Pensionäre in Fesseln gelegt hatte. Mit zwei Erwägungen – einem Rückblick und einem Ausblick – möchte ich diese Gegenüberstellung von Luther und Zwingli abschließen.

Erstens: Luthers Abendmahlslehre ist kein von Zwingli ausgelöster, plötzlicher und inkonsequenter Rückfall ins Mittelalter[28]; sie geht vielmehr auf Grundentscheidungen zurück, die ihn tief von Zwingli trennen. Eben deshalb ist es erlaubt zu behaupten, daß der seit 1525 ins Zentrum geratene Streit über die Ubiquitätslehre viel ertragreicher und vielversprechender an der Lehre von der Omnipotenz oder Providenz Gottes hätte ausgetragen werden können. Das ‚sola fide‘ im Sinne Ockhams führt grundsätzlich zur Entflechtung der Theologie aus der Kausalkette logischer Metaphysik. Das hat Luther darin voll übernommen, daß nunmehr die Schrift allein den Zugang bietet zur Gotteserkenntnis – die Vernunft kann nur staunen. Die Schrift weist somit auch *die glaubende Vernunft* in ihre Schranken: Radikale Exegese widersteht logischer Konsequenz. Das ‚Schriftprinzip‘ als sicher geglaubte gemeinsame Basis der Reformation hat von Anfang an unter einer schweren, vom Abendmahlsstreit geradezu überdeckten Hypothek gestanden.

Zweitens: Zu Zwinglis reformatorischer Entdeckung gehört das Hören auf den biblischen Bußruf Gottes: ‚Kehrt um‘, bessert euch. Seine evangelische Ethik entsprang der gehorsamen Unterordnung unter Gottes allmächtigen Willen, wahre Gerechtigkeit gegen Unrecht und Widerstand in der Geschichte durchzusetzen. Darin hat Zwinglis Reforma-

[27] Quodlibet III, q 1 ad 3; ebd. 207,202f.

[28] Siehe weiter: Werden und Wertung der Reformation, Tübingen 1979², 368.

tion Weltgeschichte gemacht. Zwinglis Fall und das Trauma von Kappel haben es der städtischen Reformation ermöglicht, dieses reformatorische Erbe rechtzeitig zu entkommunalisieren und ihm damit zu europäischer Mobilität zu verhelfen, einer Mobilität, die Zwinglis Plan von 1527 noch weit übertreffen sollte.

Zwingli hat die Schrift mit sozial geschärftem Gewissen neu gehört und darin die Reformation neuzeitlich gemacht. Luther hat die Schrift ebenfalls neu gehört, aber die Reformation endzeitlich erfahren. Sein Teufelsglaube ließ ihn der Aufklärung mittelalterlich bleiben und seiner Wirkung waren damit enge Grenzen gesteckt. Diese Entzweiung kann durch eine Abendmahlskonkordie überdeckt, aber nicht überwunden werden. Die Gesundung des Weltprotestantismus wie der evangelische Beitrag zur Einheit der ganzen, im wahren Sinne katholischen Ökumene wird davon abhängen, ob es gelingt, jene doppelte Kette von Eigenvernunft und Eigenrecht zu durchbrechen, die Luther und Zwingli jeweils an ihrer Front mit den Waffen des Evangeliums angegangen sind.

Wir fassen zusammen: Zwingli hat Zürich für die Reformation gewonnen, die lokale Reformation zugleich aber aufs Spiel gesetzt, um die Reformation der ganzen Christenheit durchzusetzen. Als reiner Stadtreformator läßt sich Zwingli deshalb nicht verrechnen. Der Gegenreformator Fabri hat ihn einen ‚zweiten Luther' genannt, ‚nur noch gefährlicher'. Der Konstanzer wußte um das politische Ferment des ‚Schwytzerns' und um die damit verbundene Bedrohung für den habsburgischen Zugriff auf Europa. Fabri aber hat geirrt: Zwinglis Bündnispolitik blieb ohne nachhaltige Wirkung. Wirklich ‚gefährlich' für die Rekatholisierung Europas wurde Zwingli erst nach Kappel. Diese Niederlage war Zürichs folgenreicher Beitrag zur Weltgeschichte.

Die „Extra"-Dimension in der Theologie Calvins

Das wissenschaftliche Werk Hanns Rückerts umfaßt das ganze Spektrum kirchengeschichtlicher Arbeit von der sorgfältigen und minutiösen Textedition bis zu eindringlichen Aufsätzen über die Geschichte christlichen Denkens und westlicher Zivilisation. In einem bedeutenden Exemplum des letztgenannten Typs hatte er die These vertreten, daß die oft behauptete Vorwegnahme des modernen Denkens durch die Reformation „nur bei Luther"[1] entdeckt werden könne. Diese Beobachtung darf nicht als konfessioneller Triumph abgetan werden, sie ist vielmehr zu lesen und zu würdigen als eines der herausforderndsten Ergebnisse jahrzehntelanger Forschungsarbeit, die über die Grenzen von Luthers Werk weit hinausgreift. Protestantischer Triumphalismus wird eben abgewiesen mit der Feststellung, daß die Reformation „mehr verzögernd als beschleunigend gewirkt" habe[2] – sei es für die Auflösung des Mittelalters oder für die Geburt modernen Denkens. Lutherischer Apologetik wird ebenfalls mit der These widerstanden, daß die Auffassung vom Staat in den reformierten Ländern „fortschrittliches Gepräge" zeigt[3], ganz im Gegensatz zu den vorwiegend lutherischen Territorien.

Es sei dahingestellt, ob der Begriff ‚fortschrittlich' eine hohe Auszeichnung darstellt. Gewiß ist aber, daß die Lektüre von Calvins späten Predigten mehr als irgendein anderer Teil seines Werkes deutlich macht, daß seine Auffassung vom Staat und vom regnum Dei mit einem Aspekt seines Denkens verschlungen ist, der alles andere als ‚fortschrittliches' Gepräge trägt: Gemeint ist das sogenannte *Extra calvinisticum.*

Mit diesem Begriff war ursprünglich Kritik an Calvins Christologie auf die Formel gebracht: Er nimmt die Inkarnation nicht ernst, macht die Fleischwerdung zum Maskenspiel Gottes. Denn die Entäußerung Gottes in der Heiligen Nacht wäre aufgehoben mit dem ‚etiam extra', da *auch außerhalb* der irdischen Person Jesu Christi die zweite Person der Trinität in ungeschmälerter himmlicher Machtfülle regiere. Wir haben deshalb zunächst einzugehen auf die Beziehung zwischen Mittler und Macht, zwischen dem Extra calvinisticum und der gubernatio divina per

[1] Hanns Rückert, Die geistesgeschichtliche Einordnung der Reformation, in: ZThK 52 (1955), 55; engl. Übersetzung: Reformation – Medieval or Modern, in: Journal for Theology and the Church 2 (1965), 11.

[2] Art. cit. 50; Übers.: 7.

[3] Ibid.

politicum et ecclesiasticum ordinem. Wir werden allerdings von dort aus in einer Reihe von Zusammenhängen zur ‚Extra‘-Dimension der Theologie Calvins insgesamt weitergeführt, so daß sich jene Grundstruktur enthüllt, die zurückreicht bis in die früheste Schicht seines Werkes: Die Verwerfung der calvinischen Christologie wegen des ‚etiam extra‘ trifft den *ganzen* Calvin.

1. Etiam extra ecclesiam

Das Luther gegenüber fortschrittliche Element in der reformierten Auffassung vom Staat kann vielleicht erklärt werden unter Hinweis auf Luthers Haltung der sozialen und politischen Wirklichkeit seiner Zeit gegenüber: „Die Reformation war, soziologisch gesehen, eine Bewegung von Bürgern, was der fürstentreue Luther verhängnisvoll übersehen, der Demokrat Zwingli klar erkannt und bewußt verwertet hat; der Jurist Calvin wiederum durchschaut mit Weitblick die kommende Entwicklung: er ist der erste, der ‚den Staat‘ und ‚die Kirche‘ zu trennen beginnt...“[4]

Eine andere, augenfälligere Überlegung ist biographisch orientiert. Die beiden Reformatoren der ersten Generation, die sich im Jahr 1529 in Marburg als Antipoden gegenüberstehen sollten, unterschieden sich sowohl hinsichtlich ihrer Ausbildung als auch ihres Amtes. Luther erfreute sich als vereidigter Doktor der Heiligen Schrift – ungeachtet gelegentlicher Bremsversuche durch seinen Landesherren – der akademischen Freiheit, und er konnte sich von seinem Wittenberger Lehrstuhl aus mit durchschlagender Hilfe der deutschen Drucker in Kampfschriften, Abhandlungen und offenen Briefen an die Kirche im ganzen wenden.

Zwingli, vom Rat der Stadt Zürich als Prediger ans Großmünster berufen, entwarf die ersten Skizzen für die Zürcher Reformation in Form von ‚Ratschlägen‘, d.h. Richtlinien für die Stadtbehörden[5]. Wenn

[4] Gottfried W. Locher, Staat und Politik in der Lehre der Reformatoren, in: Reformatio 1 (1952), 202–213; 204; eine ausgezeichnete kurze Zusammenfassung von Luthers Zweireichelehre auf S. 206–208.

[5] Im Lichte von Bernd Moellers wichtiger Untersuchung „Reichsstadt und Reformation“ (Gütersloh 1962) ist es wohl begründet, die Kontinuität zwischen dem reformierten Begriff des christlichen (Stadt-)Staates und dem mittelalterlichen des Corpus christianum (civitas christiana!) zu betonen (29, 33, 52; vgl. besonders das caveat auf S. 48) und auf der anderen Seite entsprechend die Diskontinuität mit dem Mittelalter in Luthers Auffassung der Beziehung von Kirche und Staat zu unterstreichen: „In der Konsequenz mußte Luthers Anschauung die Stadtgemeinde zersprengen“ (37). Es bleibt die Frage: (a) ob dies „mußte“ nicht eher „sollte“ heißen müßte; (b) ob damit nicht die spätmittelalterliche civitas christiana zurückgeführt wurde auf die Stufe des früheren Mittelalters, die regio christiana.

Luther sagen kann: „nihil aliud quaerimus quam salutem Germaniae“[6], so denkt Zwingli verständlicherweise in anderen geographischen Räumen; immer aber hat dieses Heil für Zwingli entschieden und gleichzeitig die Bedeutung von ‚iustitia civilis‘, soziale Gerechtigkeit. So lautet das Motiv für die Abfassung seiner ‚Göttlichen Vermahnung‘ (Mai 1522): „uß Forcht Gottes und Liebe einer ersamen Eygnoschafft.“[7]

Von seinem ersten Auftreten an bis zu seinem Tod bei Kappel ist die res christiana für Zwingli immer zugleich die res publica christiana. Es mag wohl ein starkes Element Humanismus mit seiner (für die spätmittelalterliche Stadt so kongenialen) begeisterten Neueinschätzung der republikanischen Epoche in der römischen Geschichte darin liegen, wenn Kaspar Hedio im Jahr 1519 Zwingli nicht nur mit dem Beinamen „tuba evangelii“ schmückt, sondern ihm auch das Epitheton „publica patriae salus“ zuspricht[8]. Spätmittelalterlich und humanistisch zugleich

---

[6] WA 44.346,39f.

[7] Zwinglis Hauptschriften VII: Zwingli der Staatsmann, bearbeitet von Rudolf Pfister, Zürich 1942, 6. Vgl. Huldreich Zwinglis Sämtliche Werke (= ZW) I.167,1f.

[8] Basel, 6. Nov. 1519; ZW VII.214,10. Wir können uns hier nicht im einzelnen mit der Behauptung neuerer Erforscher des linken Flügels der Reformation auseinandersetzen, daß im Herbst 1523 ein Wandel in Zwinglis Haltung gegenüber dem Verhältnis von Kirche und Staat eingetreten sei. So etwa Harold S. Bender, Conrad Grebel c. 1498–1526. The Founder of the Swiss Brethren sometimes called Anabaptists, Goshen/Ind. 1950, 97ff.; John H. Yoder, The Turning Point in the Zwinglian Reformation, in: Mennonite Quarterly Review 32 (1958), 128–140, meint sogar, zwei Wandlungen entdecken zu können (136, 138). George H. Williams, The Radical Reformation, Philadelphia 1963, zitiert Bender zwar nicht, folgt ihm aber fast wörtlich auf S. 90; vgl. Bender, 253.

Es sollte beachtet werden, daß in Zwinglis Brief vom 29. Dez. 1521 an Berchtold Haller († 1536), Reformator von Bern, deutlich ausgesprochen ist, daß Durchführung und Zeitplan der Reformation örtlichen Verhältnissen angepaßt werden sollten: „Nec … apud tuos sic agere convenit, ut apud nostros…“ ZW VII.486,29f. Hier finden wir auch ein Eintreten für Toleranz mit den Schwachen, ausgedrückt in dem Gedanken von der Milch, die der festen Nahrung vorausgeht und für sie vorbereitet (487,6; vgl. 1.Kor 3,2), was Yoder nahezu zwei Jahre später datiert, indem er es als eine Konzession aus dem Jahre 1523 der zivilen Autorität gegenüber versteht (art. cit. 137). Wir sollten uns davor hüten, etwas als einen Wandel in den Prinzipien anzusehen, was de facto Unterschiede in bezug auf Zeit und Feststellung der günstigen Gelegenheiten für die Reformation sind, immer dazu gedacht, einen Aufruhr zu vermeiden.

Der Gegensatz, den Williams zwischen Zwinglis „erasmischem Pazifismus“ im Juli 1520 und Zwinglis Anschauung von der angemessenen Beziehung zwischen Gemeinde und Stadtrat in Zürich im Okt. 1523 herstellt, ist künstlich. Die Täuschung, der seine Interpretation erlegen ist, ist teilweise eine Folge der Tatsache (s. op. cit. 89), daß Williams nicht gesehen hat, daß er aus einem Abschnitt aus Zwinglis Brief an Myconius (24. Juli 1520) zitiert (die irrtümliche Stellenangabe müßte heißen: ZW VII.343,19–30; eine Zusammenstellung von Zitaten ist als ein einzelner Absatz dargestellt), welcher eindeutig eine Antwort auf Myconius' Brief vom 10. Juni ist (ZW VII.322,9f.): „… admodum timeo Helvetiae nostrae.“ Wichtiger für sein ganzes Buch, insofern als dadurch der tendenziöse Charakter seiner Prägung und Anwendung des Ausdrucks „Magisterial Reformation“ zum Vorschein kommt, ist die Tatsache, daß Zwingli, und nicht die ungeduldige, radikale

werden Staat und Kirche von Zwingli noch zusammengeschaut; bei Calvin ist diese Integration durch Entflechtung überwunden.

In Calvins Predigten über das zweite Buch Samuel, welche er drei Jahre nach Abschluß der endgültigen lateinischen Ausgabe der Institutio hielt und mit denen er zwei Jahre vor seinem Tod (27. Mai 1564) begann, sehen wir, daß der episcopus von Genf als Hirte der Gemeinden der Diaspora über die nationalen Grenzen und die Besonderheiten lokaler Situationen hinausblickt in der Deutung des Reiches Davids auf das Reich Christi. Während er zu seiner Genfer Gemeinde spricht, befaßt er sich mit der Verantwortung von Staat, Magistrat und Fürst als ein Mann, der offenkundig die Situation überall in Europa, in England, Polen und in der Pfalz vor Augen hat. In diesen Jahren weist Calvins beliebter Abschluß im Gebet am Ende nahezu aller Predigten auf die universale Reichweite von Gottes Majestät und Gnade hin: „Que non seulement il nous face ceste grace, mais a tous peuples et nations de la terre..."

Der Unterschied gegenüber Luther kann an vielen Punkten festgestellt werden, aber an keinem so grundsätzlich wie in Calvins Verständnis Gottes als „legislateur et roy". Demgegenüber hat einer der tiefblikkendsten Gegenreformatoren, Ambrosius Catharinus Politus O. P., es als den Kern des „lutherischen Irrtums" bezeichnet zu leugnen, daß

Partei in Zürich, sich einem Zwang gegenüber den „doctrinally underprivileged" sowohl 1523 als auch schon 1520 widersetzt. Williams' modernisierende Voraussetzung, daß Widerstand gegen coercio und Verfechtung der Toleranz die Trennung von Kirche und Staat zur Vorbedingung habe, schließt ein Verständnis dessen, was er „Magisterial Reformation" nennt, aus.

Im Lichte nicht nur der Münsterschen Ereignisse, sondern auch des Planes Konrad Grebels, einen „christlichen" Magistrat in Zürich zu bilden (s. ZW VI 1.32–34; vgl. Fritz Blanke, Brüder in Christo, Zürich 1955, 10f.), ist es sachgemäßer, statt zwischen „Radical" und „Magisterial" Reformation zwischen „eigenständiger" und „kirchlicher" Reformation zu unterscheiden. Was den Zusammenhang zwischen der modernen Trennung von Kirche und Staat und der eigenständigen Reformation anbetrifft, ist Calvins tiefsichtige Analyse zu beachten, nach der gerade die „Anabaptisti" die zwei Ordnungen nicht zu unterscheiden wissen; daher warnt er: „ne ... haec simul duo imprudenter permisceamus, quae diversam prorsus rationem habent...; spirituale Christi regnum et civilem ordinationem res esse plurimum sepositas." Inst. IV, 20,1; Joannis Calvini Opera Selecta (= OS) V.472,4–6,16f. In dieser Hinsicht ist Calvins Theokratie bis in die modernste Literatur als kirchliche Diktatur falsch verstanden worden. So noch Salo W. Baron, John Calvin and the Jews, in: Harry A. Wolfson, Jubilee Volume on the Occasion of his 75th Birthday, ed. Saul Liebermann, Bd. I, Jerusalem 1965, 141–163. Baron nennt Calvin „the Geneva dictator" (161) und Calvins Amtsführung „his despotic regime" (160); darum stößt er auf ein Paradox, nämlich auf die „paradoxical (were) Calvinist influences on the rise of Western democracy and the separation of state and church" (162). Vgl. demgegenüber die noch immer wichtigen Seiten Karl Holls: Johannes Calvin, in: Gesammelte Aufsätze zur Kirchengeschichte III, 276–278.

Christus zugleich redemptor *et* legislator sei[9]. Calvins durchgängiges Thema ist die Weltregierung Gottes, der Christus zum König, zu seinem vice-roy eingesetzt hat; Reformation bedeutet die Neuordnung des Lebens der Gläubigen; Verwirrung und Zerstreuung ist das Untergraben der gottgewollten Ordnung durch Satan und seine Werkzeuge des Übels. Durch Gottes Gnade und Macht ist diese Ordnung nun hier und dort in örtlichen Kirchen und auch im öffentlichen Leben einiger Städte und Territorien wiederhergestellt worden. Die wahre Wiederherstellung und Wiederversammlung und die abschließende Aufrichtung von Gesetz und Ordnung muß freilich von den Gläubigen in Geduld als eschatologisches Handeln Gottes erwartet werden.

In seiner Predigt über 2.Sam 5,4 – „David regierte vierzig Jahre" – stellt Calvin fest, daß dies keineswegs eine unerschütterte und ununterbrochene Herrschaft gewesen sei: „ce n'a pas esté du premier coup en perfection."[10] Dann fährt er fort („c'est pour nous, que cecy est ecrit") mit der Anwendung dieses Textes auf die gegenwärtige Herrschaft Gottes und legt darin sein religiöses Testament nieder, welches bezeichnenderweise zugleich eine politische Eschatologie enthält:

„...Wir wissen zwar, daß Gott herrscht; aber da unser Herr Jesus Christus verborgen ist in Ihm und seine vollkommene Herrschaft verborgen ist in dieser Welt, hat sie keinen Glanz, sondern ist nur wenig geschätzt, ja sogar verworfen von der Mehrheit. Daher sollten wir es keineswegs seltsam finden, daß unser Herr Jesus Christus, obwohl er von Gott seinem Vater zum König eingesetzt worden ist, jetzt noch nicht die Autorität unter den Menschen hat, die ihm eigentlich zustünde. Weiterhin ist uns heute noch kein gewisser, endgültiger Zeitpunkt bezeichnet worden („terme" = Kairos). Wir sehen, daß die Herrschaft unseres Herrn Jesus Christus begrenzt ist, da es nur eine Handvoll Menschen gibt, die ihn angenommen haben, und da jeder einzelnen Stadt, welche das Evangelium empfangen hat, große Länder gegenüberstehen, wo Götzendienst herrscht.

---

[9] Concilium Tridentinum 5, 572. Vgl. meinen Aufsatz „Iustitia Christi and Iustitia Dei. Luther and the Scholastic Doctrines of Justification", in: Harvard Theological Review 59 (1966), 1–26; 18; dt. Übers. in: Der Durchbruch der reformatorischen Erkenntnis bei Luther, ed. Bernhard Lohse, Darmstadt 1968, 413–444; 434f.

[10] Supplementa Calviniana (= SC) I: Sermones de altero libro Regum, ed. Hanns Rückert, Neukirchen 1936–61, 104,34f.; vgl. SC V: Sermones de libro Michaeae, ed. Jean Daniel Benoît, Neukirchen 1964, 120,1–9; 121,37–42.

Ungeachtet der Tatsache, daß am Ende Christus sein regnum dem Vater übergeben muß (für Calvin ist dies ein Beispiel, um die communicatio idiomatum zu erläutern, vgl. OS III.461,13–462,9), ist doch die leibliche Auferstehung der endgültige „terme"; s. H. Quistorp, Die letzten Dinge im Zeugnis Calvins, Gütersloh 1941, 172ff. und Simon van der Linde, De leer van den Heiligen Geest bij Calvijn. Bijdrage tot de kennis der reformatorische theologie, Wageningen 1943, bes. 202f.

Wenn wir daher sehen, daß die Herrschaft Jesu Christi so klein und nach den Maßstäben der Welt verachtet ist, so laßt uns den Blick auf dies Beispiel heften, das uns hier [in der Herrschaft Davids] gegeben ist, und laßt uns auf das Ende („terme“) warten, welches Gott kennt; denn für uns ist es verborgen.

Ich sage, laßt uns warten in Geduld, bis sein Königreich in Vollkommenheit aufgerichtet ist und Gott jene sammelt, die zerstreut sind, wiederherstellt, was vernichtet ist, und in Ordnung bringt, was verworren ist.“[11] „... Laßt uns nicht aufhören, soweit es an uns liegt, Gott zu bitten, daß er fortschreite und [sein Königreich] vergrößere, und daß jeder sich darauf ausrichte mit all seiner Kraft; und laßt uns selbst dem stattgeben, daß wir von ihm in einer Weise regiert werden, daß er allezeit in uns verherrlicht wird, sowohl im Leben als auch im Tod.“[12]

Wir haben hier weit mehr vor uns als den bloßen Gebrauch einer politischen Bildsprache: Calvin betrachtet Gott als den „Dieu des armées“, den Christen ganz wesentlich als einen homo politicus, gerufen in den Dienst Gottes, in dessen Armee er durch den Geist des Königs Christus aufgenommen ist, nicht als Sklave, sondern als commiles – durch Christus den Mittler.

Die Funktion des Königs reicht über die des Mittlers insofern hinaus, als auch die Majestät und Macht Gottes über die iustificatio impii hinausreicht; Gottes Sorge erschöpft sich nicht im Lenken der Herzen der Gläubigen, sondern sie schließt in weiterem Blickwinkel die Regierung der ganzen Erde ein[13]. Es liegt hier nicht nur eine politische Eschatologie, sondern auch ein politisches Programm vor; denn Glaube an Gott heißt Vertrauen „a ses promesses non seulement de la vie avenir, mais de la vie presente“[14].

Es besteht eine Kontinuität zwischen dem „kleinen“ Königreich hier und jetzt und der zukünftigen Aufrichtung „in Vollkommenheit“. Aber für unseren Gedankengang hier ist die Diskontinuität zwischen dem „kleinen“ und dem vollkommenen Königreich von größerer Wichtigkeit. Gott läßt sein Königreich „voranschreiten“ und „wachsen“; es besteht eine Entwicklung. Der Höhepunkt freilich wird nicht erreicht

---

[11] SC I.104,42–105,10.

[12] SC I.105,34–36. Vgl. 113,9–18.

[13] „... nous avons a retenir, ... quand il a pleu a Dieu de se manifester a nous en la personne de son filz unique, que c'est a fin qu'il soit glorifié...“ SC I.685,35f. Schon seit der frühesten Zeit ist die Herrlichkeit Gottes ein ebenso wichtiges Thema für Luther wie für Calvin (vgl. Schol Ps 1,1; WA 55 II,1.3,8). Den Unterschied könnte man – um Calvins beliebten Ausdruck zu verwenden – „forma docendi“ dahingehend formulieren, daß für Luther der Ort der gloria dei die iustificatio impii, für Calvin die iustificatio iusti ist. Dies ist m.E. das theologische Motiv für die verschiedene Einschätzung der Funktion des Staates.

[14] SC I.127,4f.

durch innerkirchliche Evolution allein, sondern ebenso durch Gottes außerkirchliches Lenken und Eingreifen. In diesem Licht müssen wir Calvins Ruf zu geduldiger Erwartung verstehen. In der Himmelfahrt besteigt Christus der Mittler den königlichen Thron und übernimmt die Herrschaft über seine Kirche durch Wort und Geist. In der Weltregierung ändert sich aber nichts: Als die ewige Weisheit Gottes, die „aeterna sapientia dei, per quam reges regnant“[15], regiert der Sohn Gottes die Welt nach wie vor, wie schon vom Beginn der Schöpfung an. Dieses trinitarische Regiment wird nicht unterbrochen durch dreißig Jahre Inkarnation.

In seiner ausgezeichneten Monographie „Das Wirken des Heiligen Geistes nach Calvin“ betont Werner Krusche, daß ‚Christi regnum‘ richtig nur als Herrschaft Christi über seine Kirche zu verstehen sei, mit dem Hinweis: „sicut in ecclesia regnat Christus, ita Satan extra ecclesiam“[16]: so wie Christus in der Kirche regiert, so herrscht Satan außerhalb der Kirche. Aber: Seit dem Fall Adams regiert der ewige Sohn Gottes auch das Königreich Satans, und zwar, anders als in der Kirche, auf für uns nicht verständliche, verborgene Weise: „Nous voyons donc, comment Dieu a une façon secrete et qui nous est incomprehensible, pour admener toutes ses œuvres a fin, et qu'en cela il se sert des meschans et les applicque a ce quil luy plaist.“[17] Calvin möchte ganz deutlich machen, daß in diesem Sinne die Herrschaft Christ „etiam extra ecclesiam“ gilt.

Was in der gegenwärtigen theologischen Diskussion die „Öffnung der Kirche zur Welt“ genannt wird, findet in Calvins Denken durch einander entsprechende Aspekte von Kirchengeschichte und Universalgeschichte seinen Ausdruck. „Ie maintiendray“, der Leitspruch im Wappen des Hauses Oranien, lautet bei ihm vollständiger: „Ie maintiendray vostre parti“[18], nicht nur in der Erhaltung der Gläubigen durch Wort und Sakrament, sondern ebenso durch Lenkung der Geschichte zu ihrem unmittelbaren und endgültigen Wohle. Diese Vision vom universellen Handeln Gottes als „Dieu des armées“ *etiam extra ecclesiam* ist es, welche den Unterschied zu dem Thema der militia Christi ausmacht, wie

---

[15] Calvini Opera (= CO) XL.592.

[16] Berlin 1957, 336; Zitat aus CO XLIX.381.

[17] SC I.81,15–17. Das duplex regnum ist systematisch bezogen auf die duplex voluntas Gottes, pro nobis und pro se. Der Ausgangspunkt bleibt in jedem Falle der gleiche: „...la volonté de Dieu est tousiours reiglee en toute perfection et droicture“, SC I.605,20f. Aber dies schließt Gottes Willen etiam extra legem nicht aus: „Or Dieu a deux facons de commander. Il y en a l'une qui est pour nostre reigle quant a nous et a nostre esgard, l'aultre pour executer ses iugements secretz et pour accomplir ce quil a determiné en son conseil, et pour donner cours a sa providence. Quant est de la premiere facon de commander, elle est contenue en la Loy“, SC I.473,7–10.

[18] SC I.437,17.

es von Thomas à Kempis in ‚De imitatione Christi', von Johannes Mauburnus in seinem ‚Rosetum Exercitiorum', von Erasmus in seinem ‚Enchiridion' und von Zwingli in seinem Interesse an Christus als dux oder Hauptmann[19] zum Ausdruck gebracht worden war.

2. Etiam extra coenam

Diese beiden Aspekte von „Gottes Erhaltungsordnung", welche sich in der *Wechselbeziehung* zwischen Kirche und Staat und in der *Diskontinuität* zwischen Kirche und Königreich widerspiegeln, haben ihre christologische oder vielmehr trinitarische Grundlage in dem sogenannten Extra calvinisticum, der später üblichen Formel für die Lehre, daß die zweite Person der Trinität ihre Herrschaft während der Inkarnation fortsetzt „etiam extra carnem". Die ergebnislosen und enttäuschenden lutherisch-reformierten Colloquia von Maulbronn (1564) und Montbéliard (1586) ebneten nicht nur den Weg für den Ausdruck „Extra calvinisticum", sondern brachten ihn im Denken von Zeitgenossen und späteren Auslegern in Zusammenhang mit nestorianischer Ketzerei, mit einer spiritualisierenden Kritik gewisser Elemente in Luthers Abendmahlslehre (manducatio oralis, manducatio indignorum, ubiquitas) und mit einem eigentümlichen, materialistischen Begriff vom Himmel: Christus sitzt *dort* zur Rechten Gottes (sessio).

In bezug auf diesen letzten Punkt war Calvin schon vom Lutheraner Joachim Westphal († 1574) im Nachgang zum Consensus Tigurinus – der Einigung zwischen Genf und Zürich (1549) – zur Rechenschaft gezogen worden. Ein weiterer Nachhall findet sich in der Anklage des Lutheraners Jakob Andreä († 1590), daß der für Calvin gewonnene Caspar Olevian († 1587) und seine Gesinnungsgenossen aus der Pfalz eine „türkische oder jüdische" Auffassung vom Himmel hätten[20]. Moderne Ausleger haben mit dem Vorwurf auf Rationalismus oder Biblizismus nicht sehr viel freundlicher über Calvin und seine Nachfolger in Deutschland geurteilt.

Man wird sich kaum streiten wollen über diese Bewertung, soweit sie die *Form* der sessio-Lehre betrifft; sie erfaßt allerdings nicht die *Funk-*

---

[19] Vgl. GOTTFRIED W. LOCHER, Christus unser Hauptmann. Ein Stück der Verkündigung Huldrych Zwinglis in seinem kulturgeschichtlichen Zusammenhang, in: Zwingliana 9 (1950), 121–138; 125. Dies bedeutet freilich nicht, daß Calvin seinerseits niemals so von Christus spräche; s. SC V.112,24: „... nous ne demandions sinon que d'estre enrollez par nostre maistre et capitaine Jesus Christ." Für Erasmus siehe Desiderii Erasmi Roterodami Opera omnia, ed. J. LECLERC. Lugdunum Batavorum (= LB) V.3 A–C.

[20] ERNST BIZER, Studien zur Geschichte des Abendmahlsstreites im 16. Jahrhundert, Gütersloh 1940, 357.

tion dieser Lehre. Die verborgene Herrschaft Gottes in der Welt wird nach der Himmelfahrt wiederum ausgeübt von Christus zur Rechten Gottes. Der anschauliche Realismus dessen, was wir eine politische Eschatologie genannt haben, erweist sich in der Lehre von der sessio als Beweggrund für das Beharren gerade auf dem „historischen Jesus". Die Lokalisierung des historischen Jesus im Himmel trägt zwar alle Kennzeichen einer (rationalistisch oder biblizistisch) mythologischen Ausmalung des Himmels nach Maßgabe irdischer Kategorien[21]. Aber wenn es zutrifft, daß man eine causa formalis nur einschätzen kann, wenn man zugleich die zugehörige causa finalis miterfaßt, so müssen wir darauf achten, in welcher Weise die sessio dem Verhältnis der Zeiten Rechnung trägt, nämlich zwischen der Zeit der Kirche und der Vollendung der Geschichte, zwischen dieser geschaffenen Ordnung und dem ‚neuen Himmel und der neuen Erde'.

Die evolutionäre Kontinuität zwischen dem regnum Christi in ecclesia und seiner endgültigen Vollendung, welche sichtbar wird im Voranschreiten dieses Königreiches „magis et magis in dies" und welche sich beim einzelnen Christen widerspiegelt in seiner zunehmenden Heiligung, steht der Diskontinuität in Form der immer noch ausstehenden Beendigung (terme) und Klimax der verborgenen Herrschaft Christi *etiam extra ecclesiam* gegenüber. Für den einzelnen Christen schlägt sich dies nieder in der Erwartung: „caro ... nostra particeps erit gloriae Dei..."[22] – ‚unser Fleisch wird Teil haben an Gottes Herrlichkeit'. Die sessio hat die Funktion des ‚noch-nicht': der Erwartung des verborgenen Reiches.

---

[21] Ich betrachte es als eine begreifliche, aber doch modernisierende Tendenz reformierter Historiker zu behaupten, das „ad dexteram Dei" habe keine örtlichen Implikationen für Calvin, sondern bringe vielmehr die völlig überlegene Art der Herrschaft Christi zum Ausdruck, welche alle irdischen Kategorien übersteigt. So W. Niesel, Calvins Lehre vom Abendmahl, München 1935, 76f.; W. F. Dankbaar, De Sakramentsleer van Calvijn, Amsterdam 1941, 184 (vgl. die noch viel weitergehende Äußerung Dankbaars auf S. 194, wo er aus eben diesem Grunde der lutherischen Theologie die Verwendung von zu räumlichen Kategorien vorwirft). Obwohl Hans Grass (Die Abendmahlslehre bei Luther und Calvin, Gütersloh 1954) mehr Einfühlungsvermögen für Luther als für Calvin aufbringt und nicht versucht, die Funktion der sessio zu bestimmen, scheint mir doch seine Bewertung der causa formalis völlig richtig zu sein: „...die Vorstellung von einem lokal im Himmel befindlichen Leib, mit dem wir durch die Vermittlung des Heiligen Geistes Verbindung bekommen, ist monströser als die lutherische Vorstellung der Multipräsenz des verklärten Leibes..." (266). Vgl. Bizer, op. cit. 357. Man sollte allerdings beachten, daß Calvin die Betonung der Lokalität in der sessio abzuschwächen versucht hat, indem er 1543 in der betreffenden zentralen Formulierung „spatio" statt „loco" schreibt: „Atqui haec est propria corporis veritas, ut spatio contineatur...", Inst. IV, 17,29; OS V.386,9f. In der letzten Fassung der Institutio, in der französischen Übersetzung von 1560, ist der ganze Satz weggelassen.

[22] CO XLIX.560.

Die Spannung zwischen der sessio Christi und seiner praesentia realis nötigt uns, auf die Abendmahlskontroverse einzugehen. Obwohl nur der letzte der fünf Tage der Disputation in Maulbronn dem Abendmahl gewidmet war, ist doch dieses Sakrament für das Gegenüber von Calvinismus und Luthertum von hervorragender Bedeutung geworden und bis heute geblieben. Die Lehre von der sessio ist von zentralem Interesse geblieben wegen ihrer offenkundigen ökumenischen *Irritation;* aus dem Blick geriet hingegen die eschatologische *Intention.* Wir werden uns hier auf eine Untersuchung von Calvins Predigten über II. Samuel beschränken, die bisher in der Forschung keine Rolle gespielt haben. In ihnen faßt Calvin, ein Jahr nach dem Ende der Auseinandersetzung mit Westphal und Hesshus und zwei Jahre vor der Disputation in Maulbronn, seine frühere Position in straffer Form zusammen.

Die „päpstliche“ Position, nach der der Leib Christi als eingekerkert, „enserré en une prison“[23], gedacht ist, wird ausdrücklich verworfen. Zugleich wird betont, daß den Gläubigen beim Abendmahl die wahre Substanz Christi gereicht wird[24], allerdings ohne daß dazu der „historische Jesus“ wiederum zur Erde herabstiege: „Obwohl unser Herr Jesus Christus am Ort ewiger Herrlichkeit weilt, hat er uns durch die Taufe mit seinem Mal gezeichnet, wir kennen ihn durch sein Wort ... und wir werden im Abendmahl durch seine eigene Substanz genährt; kurz, er wohnt in uns (habite en nous) durch den Glauben...“[25]

An einer Stelle freilich geht Calvin über diese theologische Zusammenfassung hinaus; ja nach unserer Meinung läßt er jetzt frühere Positionen zurück und bewegt sich in eine Richtung, die nicht nur deutlich von Zwingli oder Bullinger wegführt, sondern auch eine wesentlich günstigere Ausgangsposition für die Maulbronner Disputation, wenn auch sicher nicht eine formula concordiae, hätte darstellen können. In der Auslegung zu 2.Sam 6,2 („Dieu des armees habitant entre cherubins“) wendet Calvin den Text auf Taufe und Abendmahl an: „Wir sollten diese Zeichen nicht nur als bloß äußerlich auffassen, als würden sie nur unsere geistigen Sinne nähren. Wir müssen vielmehr wissen, daß Gott hier seine Macht mit seiner Wahrheit verbindet: Beides, die res

---

[23] SC I.440,15; vgl. 136,37f.

[24] „... pour monstrer que non seulement il est avec nous, mais qu'il habite en nous et que nous sommes uniz en luy, voire iusques a estre nourriz de sa propre substance“, SC I.439,42f.

[25] SC I.137,28–31. Für Parallelen vgl. GRASS, op. cit. 246–254. Grass macht darauf aufmerksam, daß dieser „Substantialismus“ cum grano salis zu verstehen sei (253). Wir messen der Tatsache einiges Gewicht zu, daß unsere Quelle eine Genfer Predigt und nicht eine der späteren, für die internationale Öffentlichkeit bestimmten Abhandlungen ist, die gewöhnlich (zu sehr) verharmlost worden sind: „pacificationis causa“ geschrieben.

(‚chose') und der effectus (‚effect') sind bei dem Symbol; niemand soll scheiden, was Gott zusammengefügt hat."[26]

Wenn die Folgerung richtig ist, daß mit dem Symbol oder dem sakramentalen Vorgang (sacramentum tantum) nicht nur das sichtbare Element[27], sondern auch die res sacramenti oder der effectus gegeben ist[28], dann scheint unvermeidlich auch eine manducatio oralis mit eingeschlossen zu sein[29]. Christus „habite en nous par foy"[30]. Aber wenn wir ihn im Sakrament empfangen, so ist dies nicht der effectus fidei, sondern der effectus sacramenti, der von Gott *unlöslich* mit dem Sakrament verbunden ist. Die Grenzlinie zwischen dem objektiven Akt Gottes und dem subjektiven Akt des Glaubens verläuft zwischen manducatio und

---

[26] „Il ne faut pas donc que nous prenions ces signes comme choses visibles et figures qui soyent pour paistre noz sens spirituelz, mais que nous sachions que Dieu y conioinct sa vertu et sa verité, et la chose et l'effect est avec la figure; il ne faut point separer ce que Dieu a conionict", SC I.137,5–8.

[27] Die nächstliegende Interpretation von „la chose", nämlich im Lichte der Defensio de sacramentis, veröffentlicht im Januar 1555, ist „res signata". Wir finden hier die Wiederholung von Artikel 9 des Consensus Tigurinus: „... nos inter signa et res signatas distinguendo, non tamen disiungere a signis veritatem...", OS II.272,33f. Im Zusammenhang unseres Zitates folgt „chose" dem Gebrauch von „choses", die ausdrücklich bestimmt sind als „choses visibles"; wir verstehen daher im folgenden „la chose" als "la chose visible" oder als das Element Wasser, Wein oder Brot, wenn wir uns auch darüber im klaren sind, daß diese Interpretation sich nur auf eine sehr schmale Textgrundlage berufen kann und zudem das Gewicht der gesamten früheren Aussagen Calvins gegen sich hat. Vgl. besonders die Defensio ... de sacramentis, CO IX.30: „Huius rei non fallacem oculis proponi figuram dicimus, sed pignus nobis porrigi, cui res ipsa et veritas coniuncta est: quod scilicet Christi carne et sanguine animae nostrae pascantur."

[28] Sacramentum tantum ist der äußerlich sichtbare Aspekt. Zu unserer Übersetzung von „effect" als „res sacramenti" vgl. Johannes Altenstaig, Vocabularius Theologie, Hagenau 1517, fol. 224 r–v, s. v. „sacramentum": „Illud vero quod significatur, i.e. effectus ille quem deus invisibiliter operatur, scil. gratia vel gratuitus effectus, dicitur res sacramenti sive effectus sacramentalis." Vgl. Thomas, ST III q. 63 art. 6 ob. 3, q. 66 art. 1 c.a. Calvin kennt sich in dieser Terminologie gut aus; vgl. in bezug auf die Beichte: Inst. IV, 19,15; OS V.449, 19–25.

[29] Vgl. Helmut Gollwitzer: „Hier wird die Beharrung beim Proprium des Sakraments sinnvoll." „Die spiritualis manducatio bezieht sich, sich gründend, auf die manducatio sacramentalis [i.e. oralis]. Damit ist das Verhältnis der beiden Empfangsarten beschrieben. Die geistliche Weise ist nur effectus, nicht causa des Sakraments." Coena Domini, München 1937, 212; 217. Angesichts der Formulierungen Calvins ein Jahr vorher in seiner Dilucida explicatio gegen Tielemann Hesshus (CO IX.474) ist die unmittelbare Parallele zu diesem Abschnitt in den Predigten über 2.Sam in dem angefügten Traktat Optima ineundae concordiae ratio (1561) zu finden; vgl. OS II.291,18: „... ideoque ex parte ipsius Dei non proponi vacua signa, sed veritatem et efficaciam simul coniunctam esse." Die Fassung von 1562 sollte eher als eine neue „dilucida explicatio" betrachtet werden denn als eine Änderung. Calvin berührt diese Frage zum letzten Mal in seinem Brief an Friedrich III. vom 23. Juli 1563, freilich ohne weitere Ausarbeitung, CO XX.72–79. Siehe auch W. Nijenhuis, Calvinus Oecumenicus, 's-Gravenhage 1959, 199.

[30] SC I.137,31.

inhabitatio und nicht zwischen exhibitio und receptio, wie der junge Calvin, die Pfälzer Theologen in Maulbronn und, wie wir hinzufügen können, all jene gelehrt haben, die sich später auf Calvins Autorität beriefen.

Schon in der Ausgabe der Institutio von 1536 hatte Calvin die Wendung „vere et efficaciter exhiberi" gebraucht[31]; aber nach Artikel 13 des Consensus Tigurinus muß dies verstanden werden als von Gottes Wohlgefallen bestimmt („ubi visum est...")[32] und darf daher nicht als eine Verpflichtung Gottes oder im scotistisch-nominalistischen Sinne als ein pactum Dei cum ecclesia aufgefaßt werden. Darüber hinaus scheidet Artikel 16 sacramentum und res sacramenti in der Weise, daß zwar alle Kommunikanten das erste, aber nur die Gläubigen, d.h. die Erwählten die res sacramenti empfangen[33]. In der letzten Fassung der Institutio stellt Calvin allerdings fest, daß Leib und Blut Christi den Unwürdigen genauso wie den Gläubigen gegeben werden: „non minus vere dari indignis quam electis Dei fidelibus."[34] Diese Aussage aber weicht noch nicht unbedingt vom Consensus Tigurinus ab, da sie im Lichte dessen verstanden werden muß, was wenige Zeilen zuvor mit der Trennung von „chose" und „effect" gesagt wird: Beim Reichen des Brotes wird damit der Leib des Herrn noch nicht empfangen – „aliud tamen est offerri, aliud recipi"[35]. Ist Calvin so widerspruchsvoll, oder fehlt uns einfach das richtige Wörterbuch?

Eine entscheidende Verstehenshilfe bietet hier die scholastische vierfache Unterscheidung[36]: (I) *manducare sacramentum et non sacramentaliter,* was sich auf anima bruta, infideles oder Häretiker bezieht und daher am besten die *manducatio impiorum* genannt werden kann. Die Gottlosen empfangen zwar die geweihte Hostie und daher auch Chri-

---

[31] OS I.142,41.

[32] „Organa quidem sunt, quibus efficaciter, ubi visum est, agit Deus...", OS II.250,10f. Vgl. OS I.142,34f.

[33] OS II.250,24–29; vgl. 251,5: „Omnibus offeruntur Dei dona, fideles duntaxat percipiunt."

[34] Inst. IV, 17,33; OS V.393,37.

[35] Ibid. 393,20.

[36] Für die veteres doctores s. Lomb. Sent. IV d. 9 c. 1 (PL 192, 858); Alex. Summa IV q. 11 m. 1 art. 3, par. 2 und 3; Thomas, IV Sent. d. 9 q. 1 art. 2 quaestiunc. 2–5; ST III q. 80 art. 2–3; Scotus Oxon. IV d. 8 q. 3 n. 2 (Vivès, XXVII, 75); Rep. IV d. 8 q. 3 n. 2 (Vivès, XXIV, 27f.). Für die moderni s. die Zitate bei Altenstaig, op. cit., fol. 139v, 140r, s. v. „manducatio".

Inst. IV, 19,16 bezeichnet seit 1536 mit „manducatio duplex" die Kategorien II und III. Die Formel wird hier als ein „absurdes" Argument gegen die mittelalterliche Bußlehre verwandt und damit implizit verworfen: „Ut in Eucharistia duplicem manducationem statuunt, Sacramentalem, quae bonis aeque ac malis communis est: spiritualem, quae bonorum tantum est propria: cur non et absolutionem bifariam percipi fingerent?" OS V.450,19–22.

stus, aber nicht die res sacramenti, die Wirkung der Gnade; (II) *manducare sacramentaliter,* was auf die Kommunion aller Gläubigen bezogen ist, welche nicht boni sein müssen, sondern auch mali sein können, was daher die *manducatio indignorum* genannt werden kann; (III) *manducare sacramentum spiritualiter,* bezogen auf alle die, welche digne accedunt und Christo adhaerunt in fide, spe et caritate. Es ist das Charakteristikum dieses geistlichen Essens, im Gegensatz zum sakramentalen Essen, daß es Wirkung des Glaubens ist, und zwar nicht der fides informis, sondern der fides caritate formata; (IV) *manducare corpus Christi,* was keineswegs notwendig das Kommunizieren einschließen muß, obwohl die Wirkung genau dieselbe ist wie im Fall des geistlichen Essens, nämlich die communio mit Christus; hier ist credere gleich manducare: Glaubst du, so hast du bereits gegessen.

Wenn wir die verschiedenen Aussagen Calvins über das Abendmahl von 1536 und 1561 überblicken, so wird deutlich, daß sich für ihn die Auseinandersetzung auf die dritte Kategorie, die manducatio spiritualis konzentriert. Sie bezeichnet, wie Calvin wiederholt ausführt, einen Mittelweg zwischen der lutherischen Position in Kategorie II, die für Calvin von der Kategorie I nicht zu unterscheiden ist[37], und der Position der „sacramentarii" in Kategorie IV.

Aus diesem Sachverhalt schließt Werner Krusche: „Die eigentliche *Gabe* des Abendmahls: die Gemeinschaft mit Christus, ist bei ihm [Calvin] gerade keine spezifische Gabe des *Abendmahls.*"[38] Die Beobachtung ist richtig und dennoch irreführend. Man muß nämlich genau beachten, daß die gleiche Bezeichnung, nämlich „manducatio spiritualis", sowohl auf Kategorie III wie auf Kategorie IV bezogen werden kann, und daß beide nach dem übereinstimmenden Zeugnis aller mittelalterlichen Theologen dieselbe Wirkung hervorbringen, nämlich die inhabitatio Christi, die geistige Teilhabe an Christus. Wenn wir aber den Unterschied zwischen diesen beiden Kategorien übersehen, müßte man

[37] Inst. IV, 17,5; OS V.346,26: „Porro nobis hic duo cavenda sunt vitia..." Vgl. CO IX.162f.: „Nos etiam in sacramento Christum non nisi spiritualiter manducari asserimus, quia ab illa crassa ingluvie, quam commenti sunt papistae, Westphalus autem nimis cupide ab illis haurit, pietatis abhorret sensus... Sacramentalis, ut dixi, nihil aliud est, quam carnis Christi in ventrem ingurgitatio."

Siehe die augustinische These von credere = manducare bei Cornelius Hoen, Epistola christiana, ZW IV.512,21f., und bei Zwingli, De vera et falsa religione commentarius, ZW III.818,8. Zwingli verwirft hier die Zweiheit von Glauben, informis und formata, welche den Unterschied zwischen Kategorie II und III bestimmt, 819, 8–10. Auch dies ganze Kapitel im Commentarius kann nur im Lichte der angegebenen Kategorien verstanden werden. Über den Parallelismus von credere = manducare und est („hoc est corpus meum") = significat siehe Walther Köhler, Zwingli und Luther I, Leipzig 1924, 61ff. und II, Güterloh 1953, 92ff.

[38] Op. cit. 272.

sich auch wundern, ob in der scholastischen Theologie das Sakrament des Abendmahls überhaupt noch nötig ist.

Calvin hebt die geistige Nießung, die manducatio spiritualis, nach Kategorie IV hervor im Zusammenhang der Predigt des Wortes und des Lebens in der Heiligung wie es im Buch III der Institutio dargestellt ist. Sie steht für das „etiam extra coenam“, wo Gott, ubi et quando visum est – d. h. nach seiner freien Entscheidung –, die Seele der Gläubigen nährt durch die Vereinigung mit Christus[39]. Daß die *Gabe* in den Kategorien III und IV dieselbe ist – communio, inhabitatio, unio –, bedeutet somit keineswegs, daß die Gabe des *Abendmahls* unerheblich wird. Im Gegenteil: In III ist Gott nicht wie in IV ungebunden.

Wenn Calvin 1562 „chose“ und „effect“ als durch Gott unlöslich miteinander verbunden versteht, wird Kategorie III so ausgeweitet, daß sie Kategorie II mitumfaßt, da manducatio nun nicht mehr ein effectus fidei, sondern die Folge von Gottes Verpflichtung ist. Weil die Unterscheidung von fides informis und fides caritate formata verworfen wird[40], schließt die manducatio in Kategorie II nun ein, daß auch der indignus Christus empfängt – zum Gericht. Gott hat „chose“ und „effect“ so eng und unlösbar verbunden, daß die Verbindung zwischen manducatio und inhabitatio, die in der Institutio zuvor bestanden hatte, sich löst: Der Weg ist nunmehr frei für die manducatio indignorum. Dadurch ist eine direkte Parallele hergestellt zwischen der Wirkung der Eucharistie und der des gepredigten Wortes[41]. Gottes Verheißung ist so mit ihm verknüpft, daß es niemals ohne Wirkung bleibt, „un glaive trenchant des deux costez“[42]. Es bleibt aber dabei: die Gabe des Abendmahls ist ‚etiam extra‘ zu empfangen..., so es Gott will; im Abendmahl ist dieser Vorbehalt entfallen: Gott will es!

3. Etiam extra carnem

Obwohl die Formulierung von 1562 die lutherische Furcht hätte besänftigen können, daß die Gewißheit der Präsenz von Leib und Blut Christi

---

[39] Dennoch: „Etsi autem extra sacramenti usum spiritualiter Christo communicant fideles, aperte tamen testamur, Christum, qui coenam instituit, efficaciter per eam operari“, CO IX.162.

[40] „... in scholis volitat nugatoria fidei formatae et informis distinctio.“ Inst. III, 2,8; OS IV.16,38–17,1.

[41] Vgl. meinen Aufsatz: Reformation, Preaching and ex opere operato, in: Christianity Divided, ed. D. CALLAHAN u. a., New York 1961, 223–240; 233. Obwohl die Vocatio mit dem Wort verbunden ist, kann sie doch etiam extra praedicationem stattfinden: „... Spiritus illuminatione, nulla intercedente praedicatione, vera sui cognitione donavit.“ Inst. IV, 16,19; OS V.323,13f.

[42] SC I.684,38; vgl. SC V.163,18f.

abhängig gemacht würde von der Gewißheit des Glaubens – die sogenannte contentio de fide[43] –, so hätte sie doch sicherlich nicht zu einer formula concordiae in Maulbronn ausgereicht. Das sursum corda bleibt bis zum Schluß Calvins Hauptthema: „...wir [sollten] nicht für einen Augenblick uns vorstellen, Jesus Christus käme vom Himmel herunter und verließe jene Herrlichkeit, in der er einmal aufgenommen worden ist...“[44] Wenn auch Calvin zu einem Entgegenkommen in Richtung auf die manducatio indignorum hin bereit ist, so wird doch die wahre Gegenwart Christi weiterhin im Zusammenhang der sessio-Lehre gesehen, formuliert in Ausdrücken, welche die ganze Tropus-Auseinandersetzung wieder eröffnen[45]: „Empor die Herzen – sursum corda!“ Ein typisches Beispiel ist Calvins Aussage: „Wenn wir das Wasser der Taufe empfangen, so ist es, als ob (c'est autant, comme si) das Blut unseres Herrn Jesus Christus von Himmel herabflösse...; wenn wir Brot und Wein im Abendmahl empfangen, so ist es, als ob Jesus Christus vom Himmel herabstiege und unsere Nahrung würde...“[46]

Man kann wohl die Meinung vertreten, daß dies „comme si“ Calvins sakramentalen Realismus nicht notwendig gefährden muß, weil ja Christus als die wahre Materie und der Geist als die Wirkursache der *heilsamen* communio (das „quis“ und das „qua“ der sakramentalen communio) nicht in Konkurrenz miteinander stehen. Sie müssen vielmehr als miteinander verbunden angesehen werden im Lichte eines grundlegenden systematischen Prinzips, das keiner übergehen kann, der Calvin e mente auctoris interpretieren möchte: „nostrae tum purgationis tum regenerationis in Patre causam, in Filio materiam, in Spiritu effectum consequimur.“[47] Wenn jedoch das „comme si“ den Gedanken nahelegt, daß Christus nach seiner Göttlichkeit auf Erden sein kann, während er seiner Menschlichkeit nach im Himmel bleibt, kann Calvin dann eine wirkliche Inkarnation lehren, ist seine Christologie dann nicht nestorianisch? Das lateinische Äquivalent „quasi“ erscheint im Mittelpunkt von Calvins christologischer Darstellung: Er erklärt, daß Christus „in seipsum recipit“ die Merkmale menschlicher Natur „quasi mediatoris perso-

[43] Bizer, op. cit. 59; vgl. 127,361.

[44] „...afin que nous ne pensions point que Iesus Christ descende du ciel et qu'il quicte ceste gloire...“ SC I.181,23f.

[45] Über die Vorgeschichte des Tropus-Begriffs siehe Hanns Rückert, Das Eindringen der Tropuslehre in die schweizerische Auffassung vom Abendmahl, in: ARG 37 (1940), 199–221.

[46] SC I.137,1–5. Die gleiche Frage von „Realität“ oder „Bedeutung“ taucht auch im Zusammenhang mit dem „atque si“ in Melanchthons Loci von 1521 auf. Melanchthons Werke II 1, ed. Hans Engelland, Robert Stupperich, 2. Aufl., Gütersloh 1978, De Baptismo, 165,11. Siehe Ernst Bizer, Theologie der Verheißung. Studien zur theologischen Entwicklung des jungen Melanchthon, 1519–1524, Neukirchen 1964, 72.

[47] Inst. IV, 15,6; OS V.289,28–30.

nae conveniant“[48]. In historischer und systematischer Hinsicht führt uns die Diskussion über die ‚wirkliche‘ Gegenwart zu Fragen der Christologie, und in diesem Zusammenhang wurde dann auch die Bezeichnung Extra calvinisticum geprägt[49].

Der Vorwurf des Nestorianismus rührt schon aus den ersten Stadien der Debatte zwischen lutherischen und calvinistischen Theologen her und wird von der Frage 48 des 18. Sonntags im Heidelberger Katechismus, mit dem das Extra calvinisticum traditionellerweise verbunden wird, bereits vorausgesetzt[50]. Erst sehr viel später und, wie ich glaube, in Erwiderung auf die calvinistische Tendenz, die lutherische Christologie und besonders ihre Interpretation der communicatio idiomatum als „römisch“ zu bezeichnen[51], haben auch römisch-katholische Theologen dem Extra calvinisticum ihre Aufmerksamkeit zugewandt und seine Beziehung zum Nestorianismus bemerkt. Heute wird dies normalerweise in sehr abgewogener Form ausgedrückt. So schreibt A. Hulsbosch, O.E.S.A. im Jahr 1953: „Es ist deutlich, daß Calvin ganz entschieden die persönliche Einheit Christi bewahren wollte..., aber eine eingehendere Untersuchung der Kontroverse zwischen Cyrillus und Nestorius würde zeigen, daß der reformierte Theologe sich ungeachtet seines eigenen Protestes auf der Seite des Nestorius wiederfinden würde.“[52] Noch zurückhaltender ist die Formulierung von Johannes L. Witte, S. J.: „Calvin hat einige wertvolle antiochenische Elemente der Christologie betont, welche zum depositum fidei gehören... Dies tat er in einer Weise, daß er mit den anderseitigen Bestimmungen der chalkedoni-

---

[48] Inst. II, 14,2; OS III.460,9f.

[49] Eine Darstellung der Vorgeschichte dieses Ausdrucks vom Consensus Tigurinus über die Colloquia von Maulbronn und Montbéliard bis zu dem „Extra calvinianum“ (1621) von Balthasar Mentzer d. Ä. († 1627) bietet die Arbeit von E. David Willis, Calvin's Catholic Christology, Leiden 1966, 8–23. Hier (144ff.) ist bereits die Verbindung von Extra calvinisticum und etiam extra ecclesiam vermerkt worden.

[50] Angegeben als 17. Sonntag in der Ausgabe von Wilhelm Niesel, Bekenntnisschriften und Kirchenordnungen der nach Gottes Wort reformierten Kirche, Zürich 1938 [1985], 160. Frage und Antwort 48 lauten nach dem lateinischen Text: „An vero isto pacto duae naturae in Christo non divelluntur, si non sit natura humana, ubicunque est divina? Minime: Nam cum divinitas comprehendi non queat, et omni loco praesens sit, necessario consequitur esse eam quidem extra [!] naturam humanam, quam assumsit, sed nihilominus tamen esse in eadem eique personaliter unitam permanere“, Collectio confessionum in Ecclesiis Reformatis Publicatarum, ed. Hermann A. Niemeyer, Leipzig 1840, 440.

[51] Vgl. H. Bavinck: „Beide, Luthersche en Roomsche Christologie, bergen hierdoor in zich een docetisch element...“, Gereformeerde Dogmatiek III^{3}, Kampen 1918, 337. Auch Max Thurian hat die gleiche Anschuldigung gegenüber Calvin erhoben: „Calvin n'est pas toujours exempt d'un certain docétisme...“, L'Eucharistie: Memorial du Seigneur, Neuchâtel 1959, 262. Genauer aber Jan Koopmans, Das altkirchliche Dogma in der Reformation, München 1955, 127.

[52] De Genade in het Nieuwe Testament, in: Genade en Kerk, ed. A. van Straaten u.a., Utrecht 1953, 24ff.

schen Definition wenigstens formell[!] nicht in Widerspruch geriet."[53] Diese Bewertung ist um so überraschender, wenn man sie mit der Feststellung des reformierten Systematikers F.W.A. Korff vergleicht, der das „extra" leidenschaftlich kritisiert als „eine Schlußfolgerung aus der Lehre von der Unwandelbarkeit Gottes" und der sogar so weit geht, Calvin des Nestorianismus und reformierte Christologie des Ebionitismus zu beschuldigen[54].

Wenn wir uns nunmehr dem Extra calvinisticum zuwenden – der Lehre vom Wirken der zweiten Person der Trinität „etiam extra carnem" – und seiner Funktion innerhalb der Werke Calvins, so sollten wir zunächst beachten, daß Christus vorzugsweise „deus manifestatus in carne" (1.Tim 3,16) genannt wird[55]. Eine der aufschlußreichsten Illustrationen für den Ort der „Extra"-Dimension in Calvins Theologie findet man in dem Responsum ad Fratres Polones (1560), das von Calvin und anderen Genfer Theologen („pastores et doctores") verfaßt wurde: Das ewige Wort Gottes ist Mittler und Versöhner nicht erst seit der Inkarnation, sondern von den Anfängen der Schöpfung an, „quia semper fuit caput ecclesiae et primatum tenuit etiam super angelos et primogenitus fuit omnis creaturae"[56]. Der Ausdruck „Erstgeborener aller Kreatur" (Kol 1,15) verdient besondere Aufmerksamkeit, da das „deus manifestatus in carne" in der reformierten Tradition ein supranaturalistisches Christusbild gefördert hat[57].

Von den beiden loci classici für das Extra calvinisticum in der Institutio (II, 13,4 und IV, 17,30) findet sich der erste in der endgültigen Ausgabe von 1559 und ist hier mit einer Verwerfung des Manichäismus verbunden, die bereits auf die erste Ausgabe von 1536 zurückgeht und 1543 erweitert wurde, um eine parallele Verwerfung der Marcioniten

---

[53] Die Christologie Calvins, in: Das Konzil von Chalkedon, ed. ALOYS GRILLMEIER, S. J. und HEINRICH BACHT, S. J., III: Chalkedon heute, Würzburg 1954, 529.

[54] Christologie. De leer van het Komen Gods I, Nijkerk 1940, 257.262.265.

[55] Diese Betonung findet sich stets bei Calvin; vgl. SC I.193,9–12: „Voila nostre Seigneur Iesus Christ qui est ung avec son Pere, car il est d'une mesme essence; mais oultre cela encores, il est ung, entant qu'en son humanité, il est appelé d'un costé Dieu et d'autre costé homme, mais en une seule personne, il est Dieu manifesté en chair." Ferner 155,9; 181,3.

[56] „Unde colligimus non modo post Adae lapsum fungi coepisse mediatoris officio, sed quatenus aeternus Dei sermo est, eius gratia coniunctos fuisse Deo tam angelos quam homines, ut integri perstarent", CO IX.338; vgl. SC V.156,36f. Siehe E. EMMEN, De Christologie van Calvijn, Amsterdam 1935, 30 und H. SCHROTEN, Christus de Middelaar bij Calvijn, Utrecht 1948, 109. Vgl. ALEXANDER GANOCZY, Calvin, théologien de l'église et du ministère, Paris 1964, 146ff.

[57] Vgl. J. A. T. ROBINSON: „... God almighty walking about on earth, dressed up as a man. Jesus was not a man born and bred – he was God for a limited period taking part in a charade. He looked like a man, he talked like a man, he felt like a man, but underneath he was God dressed up – like Father Christmas." Honest to God, London 1963, 66.

einzuschließen[58]. Calvin legt Wert darauf, die Lehre zurückzuweisen, nach der Christus in der Inkarnation lediglich einen himmlischen Leib angenommen habe. Auf das Argument, daß eine wirkliche Inkarnation eine Befleckung des Leibes Christi einschlösse und Gott an die Begrenzungen eines gegebenen Ortes fessele, erwidert er: „descendit Filius Dei, ut caelum tamen non relinqueret ... ut semper mundum impleret, sicut ab initio.“[59]

Der zweite locus classicus findet sich in nuce bereits in der Ausgabe von 1536 und zeichnet sich ebenfalls durch die charakteristische Betonung der Wirklichkeit der Inkarnation aus: Christus ist Fleisch von unserem Fleisch. Wenn man genauer untersucht, wie Calvin im Jahre 1543 das Material von 1536 auf zwei Kapitel verteilt, neue Abschnitte anfügt und frühere Absätze ausarbeitet, so entdeckt man, daß der marcionitische Doketismus verworfen wird, weil er das vere deus auf Kosten des vere homo zu verteidigen sucht und darum, wie Calvin es 1539 ausdrückt, zu einem „corpus phantasticum“ führt. 1543 wird eine ausdrückliche Begründung für das Extra calvinisticum gegeben: „Cavendum est enim, ne ita divinitatem astruamus hominis, ut veritatem corporis auferamus.“[60] 1559 wird das Extra calvinisticum weiter entfaltet durch einen der wenigen positiven Verweise auf die „Scholastici“ (in der französischen Ausgabe von 1560 werden sie ausdrücklich als „les Théologiens Sorbonniques“ bezeichnet): „C’est que Jesus Christ est par tout en son entier [in toto: totus], mais que tout ce qu’il a en soy n’est point par tout [per totum: totaliter].“[61]

Es ist von außerordentlicher Bedeutung zu erkennen, daß der Skopus des Extra calvinisticum nicht eine Verwerfung Cyrills mit möglicherweise nestorianischen Konsequenzen ist. Es ist überhaupt nicht einzuordnen in die Dimension der Alternative Cyrill-Nestorius, sondern es gehört in eine frühere Stufe christlichen Denkens, in die Periode, deren entscheidende Alternativen Doketismus und Adoptianismus waren. In Parallele zur Entwicklungsgeschichte der frühen Dogmengeschichte, muß Calvin in den späteren Ausgaben der Institutio verdeutlichen, daß seine anfängliche Opposition gegen den Doketismus nicht dem Nesto-

---

[58] Vgl. OS I.80f. mit CO I.519. Zum folgenden: Willis, op. cit. 26–31.

[59] OS III.458,10–13.

[60] Vgl. OS I.140 mit CO I.1006.

[61] Inst. IV, 17,30; Institution de la Religion Chréstienne, ed. Jean-Daniel Benoît, IV, Paris 1961, 419. Vgl. OS V.389,16–19. Für die Verwendung dieser Unterscheidung im Bereich der Gnaden- und Willenslehre siehe Johannes Eck, Chrysopassus praedestinationis, Augsburg 1514, Cent III, 70. Er greift diese Unterscheidung in Auseinandersetzung mit Andreas Karlstadt während der Leipziger Disputation wieder auf mit der These: „deum effective producere totum opus meritorium, sed non totaliter“, Otto Seitz, Der authentische Text der Leipziger Disputation (1519), Berlin 1903, 36.

rianismus die Tür öffnet[62]. Der Genfer Reformator und seine ersten Schüler taten eben dies der lutherischen Kritik gegenüber. Wir können in der Formulierung der Frage 48 des Heidelberger Katechismus deutlich den Widerhall dieser Auseinandersetzung spüren, wo nämlich die Anklage auf Nestorianismus vorausgesetzt und dann zurückgewiesen wird auf Grund der Einheit der Person Christi, welche im Extra calvinisticum nicht bedroht ist, sondern gerade zum Ausdruck kommt.

Der zweite locus classicus für das Extra calvinisticum muß von der ersten Generation von Lesern der Institutio im Zusammenhang der Entwicklungen innerhalb der mittelalterlichen Mariologie verstanden worden sein, und er sollte daher von uns in diesem Lichte interpretiert werden. Der Kontext dieses Abschnittes findet sich in der Ausgabe von 1536 in Caput IV, De Sacramentis, welches später zu Buch IV der Institutio ausgearbeitet wurde. Der Gedankengang bezieht sich auf die Weise, in der der Leib Christi uns im Abendmahl gereicht wird. Wie wir gesehen haben, lautet die Antwort: „vere et efficaciter“[63]. Es folgt ein Abschnitt, von Calvin als „summa“ bezeichnet, worin klar wird, daß das wiederholte „vere“ die Wirklichkeit der Inkarnation als Grund der Hoffnung auf unsere eigene leibliche Auferstehung zum Tragen bringt[64].

Calvin ist darauf bedacht, daß diese Wirklichkeit, das Wissen um das „Fleisch von unserem Fleisch“, nicht durch die spekulative Lehre der Ubiquität gefährdet wird. Die echte Menschlichkeit Christi wird durch die communicatio idiomatum untergraben, nach der nämlich die Eigenschaften der zwei Naturen *direkt*[65] untereinander ausgetauscht werden –

---

[62] Vgl. Inst. II, 14,4, wo Calvin 1539 eine Warnung sowohl gegen Nestorius wie gegen Eutyches eingefügt hat; OS III.463,18–25.

[63] OS I.140; vgl. I.142: „... dicimus vere et efficaciter exhiberi, non autem naturaliter.“

[64] CO II.1030: „Quid enim clarius tradit tota scriptura, quam Christum, ut veram nostram carnem induit, cum e virgine natus est, in vera carne nostra passus est, cum pro nobis satisfecit; ita eandem veram carnem et resurgendo recepisse et in coelum sustulisse? Haec enim nobis nostrae resurrectionis et in coelum ascensionis spes est, quod Christus resurrexit et ascendit... Porro, quam infirma et fragilis foret spes illa, nisi haec ipsa nostra caro in Christo vere suscitata et in regnum coelorum ingressa eset? Atqui haec est propria corporis veritas, ut spatio contineatur, ut suis dimensionibus constet, ut suam faciem habeat.“ Vgl. OS V.386,1–11. Man beachte, daß Calvins christozentrische Sicht nicht nur im Gegensatz zur *mittelalterlichen* Mariologie steht. In der Constitutio domatica de Ecclesia des II. Vatikanum (Kap. VII,5, art. 68; LThK^2: Das Zweite Vatikanische Konzil I, 1966, 346) wird die Jungfrau Maria, „in caelis corpore et anima iam glorificata“, als „tamquam signum certae spei et solatii“ bezeichnet. Gegenüber der Meinung, eine ekklesiotypische Mariologie sei für die protestantische Theologie akzeptabler als ihr christotypisches Gegenstück, halte ich diese Verbindung von „Maria“ und „spes“, für einen ausreichenden Gegenbeweis.

[65] Das sog. genus auchematicum oder majestaticum. Von 1536 an erklärt Calvin, daß die coniunctio zwischen den beiden Naturen – der Tropus, welchen die veteres die

im Gegensatz zu seiner eigenen Auffassung, wonach dieser Wechsel *indirekt* geschieht, indem die Eigenschaften nur der *einen* Person beigelegt werden. Das Extra calvinisticum dient dazu, den ewigen Sohn mit dem historischen Jesus zu verbinden, den Mittler zur rechten Hand Gottes mit dem sakramentalen Christus, und dies derart, daß das „Fleisch von unserem Fleisch“ sichergestellt ist. Das Extra calvinisticum will eben nicht eine Trennung zwischen dem inkarnierten Christus und dem gefallenen Menschen das Wort reden, sondern vielmehr der Wirklichkeit sowohl der Kenosis als auch der Himmelfahrt dienen. Das theologische Anliegen ist die caro vera, darauf zielt das existentielle Pathos, darauf gründet die spes resurrectionis[66].

Zwei Thesen finden sich in der mittelalterlichen Entwicklung der Mariologie, welche die Reformatoren im besonderen und leidenschaftlich zurückwiesen[67]. Die erste, welche wir hier nur im Vorübergehen erwähnen, besagte, daß das Königreich Gottes zur Zeit der Himmelfahrt Marias so aufgeteilt war, daß die Jungfrau Maria als „mater misericordiae“ die Verantwortung für das regnum misericordiae übernahm, während Christus als der „iudex“ für das regnum iustitiae verantwortlich wurde. Dieses Verständnis von iustitia ist es, welches Luther als iustitia Dei activa bezeichnet und verworfen hat[68]. Während diese erste These

communicatio idiomatum nennen – in der Schrift ausgedrückt sei: „tanta religione ... ut eas quandoque inter se communicent.“ Inst. II, 14,1; OS III.459,8f. – Hier sei wenigstens noch angemerkt, daß diese christologische Differenz zwischen Luther und Calvin nicht eine bloße „disputatio in scholis“ ist, die lediglich in den Bereich einer philosophischen Theologie gehört. In seinem Sendbrief „Von der Freiheit eines Christenmenschen“ läßt Luther die Rechtfertigung des Sünders, die durch die bräutliche Vereinigung und daher den Austausch zwischen Christus (iustitia) und dem Sünder (peccatum) erfolgt, in der Verbindung der beiden Naturen in Christus begründet sein: Die communicatio idiomatum wird hier zu der communicatio proprietatum in Beziehung gesetzt. Für die Kombination von Teilgabe und Anrechnung, die in Luthers Verwendung des Bildes von der bräutlichen Vereinigung enthalten ist, vgl. meinen Aufsatz: Iustitia Christi and Iustitia Dei, art. cit. 25f. Demgegenüber hält Calvins stärkere Betonung des imputativen Moments der Rechtfertigung mit der „doppelten Rechtfertigung“ in der iustificatio impii und der iustificatio iusti mehr den quasi-Charakter fest, der gerade für die indirekte Aussage der Eigenschaften jeder der beiden Naturen in bezug auf die Person Christi so bezeichnend ist. Vgl. oben bei und mit Anm. 46.

[66] Die Ursache dafür, daß dies in der Calvinforschung nicht deutlich gesehen worden ist, muß in der irreführenden Nebelwand der Redensart „finitum non capax infiniti“ gesucht werden, worauf wir weiter unten eingehen werden.

[67] Für die Nachweise vgl. mein Buch: Der Herbst der mittelalterlichen Theologie, Zürich 1965, bes. 291ff. und meinen Aufsatz: Schrift und Gottesdienst: Die Jungfrau Maria in evangelischer Sicht, in: Kerygma und Dogma 10 (1964), 219–245; 235. Vgl. G. C. Berkouwer, Vatikaans Concilie en nieuwe theologie, Kampen 1964, 309ff.

[68] Daß dies nicht lediglich eine mittelalterliche Fehlentwicklung, sondern von gegenwärtiger Relevanz ist, mag erhellen aus der Enzyklika „Mensa Maio“ von Papst Paul VI., 30. April 1965. Vgl. dazu Katholiek Archief 20 (1965), 586; Herder-Korrespondenz 19 (1965), 411. – Ein bisher unbeachtetes spätmittelalterliches Beispiel bei Gerson, Ars bene

vor allem in der erbaulichen Literatur und der graphischen Kunst jener Zeit von Bedeutung war, spielt die zweite These, welche uns hier interessiert, eine differenziertere dogmatische Rolle. Die Bemühung geht hier dahin, die Jungfrau Maria als purus homo oder als pura creatura zu bezeichnen, nicht „purus" nur im Sinne „frei von Sünde", sondern in der Bedeutung: echter Mensch „mit nur einer Natur". In einer eindrucksvollen und oft zitierten Predigt formuliert Bernhard von Clairvaux diesen Punkt ausdrücklich: „Aber vielleicht fürchtest du in ihm [Christus] die göttliche Majestät, denn er blieb, obwohl er Mensch wurde, dennoch Gott. Wenn du einen Fürsprecher bei ihm haben willst, so wende dich zu Maria. In Maria ist nur reine Menschlichkeit, aber ‚rein' nicht nur als ‚unbefleckt', sondern auch ‚rein' im Sinne von nur einer Natur."[69]

Calvins Anliegen, das Wesen Christi als purus homo nicht nur in der Inkarnation, sondern auch in der sessio und in bezug auf die innere Beziehung dieser beiden Aspekte zu wahren, wird verständlich im Lichte eines zweiten Zitates. Der einflußreiche spätmittelalterliche Theologe Gabriel Biel († 1495) verfolgte dieses bernhardinische Thema auf verschiedene Weise; in seiner viel gelesenen und oft gedruckten Canonis misse Expositio[70] zitiert er diesen Punkt ausdrücklich und geht ausführlich darauf ein. In knappster Form drückt er es einmal so aus: „Christus regiert zur rechten Hand des allmächtigen Vaters nicht nur als bloßer Mensch (homo purus), sondern als Gott-Mensch (homo deus). Denn wie könnte ein Mensch, aus Erde und Staub geschaffen und aus seinem irdischen Paradies ausgestoßen, es wagen, nach dem Himmel zu streben, würde er nicht wissen, daß in jemand anderem (der Jungfrau Maria) seine reine Natur ihm vorangegangen ist?"[71] An einer anderen Stelle überträgt er die Gegenüberstellung von Maria und Christus auf die leibliche Auferstehung: Auf Grund der hypostatischen Union der beiden Naturen in Christus erfahren wir aus der Auferstehung Christi

---

vivendi et moriendi, ed. Nikolaus von Grünberg, Wittenberg 1513, II, 3 b iiir: „Salutet postmodum beatissimam virginem Mariam dicens: Regina celorum, mater misericordie, confugium peccatorum, reconcilia me unigenito filio tuo, eius clementiam pro me indigno interpella, ut ob amorem tui mea remittat crimina perducens in gloriam suam."

[69] „Sed forsitan et in ipso maiestatem vereare divinam, quod, licet factus sit homo, manserit tamen deus. Advocatum habere vis et ad ipsum? Ad Mariam recurre. Pura siquidem humanitas in Maria, non modo pura ab omni contaminatione, sed et pura singularitate naturae", Sermo in Nativitate B.V.M.; PL 183, 441 C. Für die parallele Definition von „pura creatura" vgl. St. Antoninus von Florenz, Summa Theologica IV, 15,20.

[70] Pars Prima, Lectio 32 B, ed. H. A. Oberman, W. J. Courtenay, I, Wiesbaden 1963, 329.

[71] „Neque Christus enim homo purus, sed homo deus ad dexteram patris regnat omnipotentis. Quomodo enim homo, terra et pulvis, de terrestri paradiso extrusus, ad celestem adspirare auderet, si non in aliquo suam naturam puram precessisse cognosceret?" Sermones de Festivitatibus B. V. M., Hagenau 1510, Sermo 25 A.

„nicht eine ebenso vertrauensvolle Hoffnung (spei fiducia) auf unsere eigene zukünftige Auferstehung, wie sie uns durch die Auferstehung der Jungfrau zuteil wird, welche eine rein menschliche, d.h. nicht hypostatisch mit der Gottheit vereinigte Natur hatte“[72].

Bekanntlich benutzte Calvin bei der Neubearbeitung der Ausgabe von 1559 für die Institutio-Stelle IV, 17,20–34 Auszüge aus seinen Abhandlungen, die den Consensus Tigurinus gegen lutherische Angriffe, besonders die von Joachim Westphal verteidigten[73]. Der erste Entwurf dieser Abschnitte jedoch wurde 13(!) Jahre vor dem Zustandekommen dieses Consensus veröffentlicht. Er war nicht gegen Luther und seine Anhänger, sondern gegen die mittelalterliche scholastische Tradition gerichtet! Obwohl es Calvin hier nicht um mariologische Probleme zu tun ist, verwirft er im Jahr 1536 implizit die Gegenüberstellung von „purus homo“ und „deus homo“. Dies gilt in zweifacher Weise: „Das gleiche wirkliche Fleisch (d.h. unser menschliches) hat er bei der Auferstehung nicht nur beibehalten, sondern es auch zum Himmel getragen. Dies ist nun die Hoffnung für unsere eigene Auferstehung und unsere Auffahrt in den Himmel, daß nämlich Christus auferstanden und aufgefahren ist...“[74]

Genauso wie wir das Insistieren Calvins auf Christus als purus homo erst im Lichte der vorausgehenden, mittelalterlichen Tradition verstehen, so sollten wir auch das Extra calvinisticum interpretieren. In dieser Hinsicht steht die Calvinforschung hinter dem Studium der initia Lutheri zurück. Die Forschung hat sich in erster Linie mit Calvins Bezie-

---

[72] „Quamvis enim scimus corpus domini corruptionem videre non potuisse, quia unitum est deitati, quod in nullo alio homine invenitur, idcirco nequaquam tantam spei sumimus fiduciam nostre resurrectionis future, quantam ex resurrectione virginis, que puram habet humanam naturam, i.e. deitati hypostatice non unitam.“ Sermo 18 I. Siehe auch den volkstümlichen und oft nachgedruckten Weisheitskommentar von Robert Holcot, Lectura 35 C. Eustachius van Zichem O. P. († 1538), der erste holländische Gegner Luthers, den wir als einen Theologen der via antiqua einzuordnen haben, bietet eine interessante Parallele. In seiner ‚Sacramentorum Brevis Elucidatio‘ (Lovanii 1523, G 4v), beweist er die Notwendigkeit der Transsubstantiation: Da Christus den Himmel nicht verlassen kann, müssen die Substanzen der Elemente in Christus verwandelt werden. „... Sane non migrat e coelo Christus, qui non deserit patris dexteram [bis zu diesem Punkt stimmt Eustachius mit seinem Landsmann Hoen überein!], igitur nihil erit, quo iisce sub rebus claudi posset, nisi transmutata in se panis et vini substantia.“ Hoen arbeitet nur die innere Konsequenz dieses Argumentes heraus, wenn er die Elevation der Substanzen nicht auf halbem Wege zum Abschluß kommen läßt, sondern sie in den Himmel selbst versetzt! Eustachius führt dann als weiteres Beispiel die Inkarnation an: Christus ist wirklich utero clauso von der Jungfrau Maria geboren, und obwohl er ihre Leibesfrucht ist, „non tamen nisi commutato virginis sanguine“. Text bei F. Pijper, Primitae Pontificae Theologorum Neerlandicorum Disputationes contra Lutherum, inde ab A. 1519 usque ad A. 1526 promulgatae, Hagae-Comitis 1905, 331ff.

[73] Vgl. W. F. Dankbaar, De Sakramentsleer van Calvijn, Amsterdam 1941, 170f.

[74] OS V.386,2–5; vgl. 7–9.

hung zu Augustin, Luther, dem Humanismus und, in geringerem Maße, zu Zwingli befaßt. Aber Calvin selbst zeigt sich vertraut mit Anselm, dem Lombarden und Duns Scotus und ist belesen in Bernhards Werken. Wohlmöglich hat er im Collège de Montaigu mehrere Jahre – bis 1528 oder 1529 – unter dem gelehrten Johannes Major († 1550) studiert, einem Nominalisten mit erkennbaren scotistischen Zügen und dazu Pariser Herausgeber von Gabriel Biel[75].

Auf Grund seiner Kenntnis dieser Autoritäten war Calvin in der Lage festzustellen, daß das sogenannte „Extra calvinisticum" zumindest auch ein „Extra scholasticum" und, nach Untersuchung der griechischen und lateinischen Kirchenväter, sogar ein „Extra christianum" genannt werden könnte. Wie üblich verweist Calvin in seiner Institutio nicht namentlich auf Zeugen. Aber in seiner Ultima Admonitio ad Ioachimum Westphalum (1557) beruft er sich auf Petrus Lombardus „und die Sophisten, die ihm folgten". Ein wenig später fügt er hinzu: „Ac mirum est homines istos [Westphal c. s.] tam proterve contra veteris ecclesiae consensum ferri."[76]

In einem knappen Überblick über den Stand der Forschung weist Karl Barth mit Zitaten aus Athanasius, Gregor von Nyssa, Johannes Damascenus, Augustin und Thomas nach, „daß die Reformierten dies nicht etwa als eine theologische Neuerung, sondern in Fortsetzung der Tradition der ganzen älteren Christologie (mit Einschluß der griechischen) gesagt haben"[77]. Wir sollten hier ausdrücklich anfügen: auch in Fortsetzung der neueren, d.h. scholastischen Christologie! Für Calvin ist freilich die Berufung auf den Consensus der alten Kirche von grundsätzlicher Bedeutung. Sein Verweis auf die mittelalterlichen Sententiarii trägt

---

[75] Es wird, kennzeichnend für den heutigen Forschungsstand, in etwas widersprüchlicher Weise behauptet, Calvin sei zugleich das Opfer einer „mangelhafte(n) scholastische(n) Bildung" und der „... Erstarrung des scholastischen Denkens seiner Zeit", JOHANNES L. WITTE, art. cit., 527. Die Beobachtungen von FRANÇOIS WENDEL über Calvins Beziehung zu Duns Scotus (in: Calvin, sources et évolution de sa pensée religieuse, Paris 1950, 92ff.; dt. Übers.: Calvin. Ursprung und Entwicklung seiner Theologie, Neukirchen 1968, 106ff.) könnten zur Weiterverfolgung dieser Untersuchungsrichtung anregen.

[76] CO IX.194f. Dieses Zitat verdanke ich einem freundlichen Hinweis von Dr. David Willis. Vgl. dazu die genau gleiche Betonung der Autorität der ecclesia vetus in Melanchthons Loci communes, „De filio", mit einer genauen Definition der communicatio idiomatum als der „praedicatio in qua proprietates naturarum personae recte attribuuntur...", in der Ausgabe von 1559 (ed. cit., 200,1–5) ausdrücklich bezeichnet als „forma loquendi in concreto"; vgl. Anm. 78 dieses Aufsatzes. Für Belege bezüglich Calvins „Sophisten" siehe: Der Herbst der mittelalterlichen Theologie, 244ff. Man sollte hier noch die Zitate und Diskussionen von Biel in seiner Canonis Misse Expositio, Lectio 65 A–D, hinzufügen; in der zitierten kritischen Ausgabe Bd. III, Wiesbaden 1966, 70–73. Erasmus' Fassung der Communicatio idiomatum in Apologia ad Iacob. Fabrum [1517], LB IX.28 DE.

[77] Kirchliche Dogmatik I/2,184.

alle Kennzeichen einer „Manöverkritik", durch welchen Westphal und seine lutherischen Anhänger aufmerksam gemacht werden auf die Tatsache, daß sogar die „Sophisten" noch genug Verständnis hatten, um dieses Stück christlichen Erbes zu bewahren.

Für Luthers Verhältnis zur Scholastik ist es wichtig, diesen entscheidenden Unterschied zwischen ihm und der spätmittelalterlichen Christologie zu betonen. Andererseits wäre es eine zu starke Vereinfachung, Calvin zusammen mit der scholastischen Tradition Luther gegenüberzustellen. Calvins *indirekte* communicatio idiomatum – communicatio in concreto[78] –, welche von Luther verworfen wurde, weicht an einer wichtigen Stelle von der mittelalterlichen Tradition ab. Nach der kontinuierlich vertretenen These von Thomas, Scotus, Ockham cum suis hätte sich Gott – de potentia absoluta – auch in einer creatura irrationalis „inkarnieren" können (Thomas), in einem Stein (Scotus), ja sogar in einem Esel (Ockham). Scotus schreibt in einem Abschnitt, der von späteren Theologen oft wörtlich zitiert wird, zur Verteidigung dieser These, daß die Tatsache, daß eine irrationale Kreatur keine Person sei, kein Problem biete, da ja in ihr in jedem Fall eine Seinsstruktur oder ein Seinssubstrat vorhanden sei, d. h. eine hypostasis oder ein suppositum: „Die Unio findet nicht nur in der Person statt, sondern besonders in der hypostasis und dem suppositum."[79]

Calvin weist diese Problemstellung scharf zurück, teils, weil er sie als „perversa curiositas" betrachtet, teils, weil die Vereinigung der beiden Naturen in Christus gerade in der Person stattfindet[80]. Die Inkarnation stellt nicht die Aufnahme (assumptio) eines Seinssubstrates dar, sondern ist das Handeln des Mittlers, der „Adae personam induit", damit „communem naturam pignus esse nostrae cum Filio Dei societatis"[81]. Wenn auch das Extra scholasticum und das Extra calvinisticum der Form nach identisch erscheinen mögen, so führt doch ihre Anwendung auf das Abendmahl zu völlig unterschiedlichen Schlußfolgerungen, in grundsätzlicher Übereinstimmung mit Calvins Akzentverschiebung von einer Naturen-Christologie zu einer Ämter-Christologie[82].

Wir haben bisher das Axiom „finitum non capax infiniti" nicht berührt. Aber wir hatten bislang keinen Anlaß, diese Formel zu erwähnen, aus dem einfachen Grund, weil sie in den Werken Calvins nicht er-

---

[78] Die beste Übersicht über die spätmittelalterlichen Ansichten findet man bei Altenstaig, op. cit. s. v. „Communicatio", fol. 44r; noch ausdrücklicher s. v. „Idioma", fol. 104v–105v. Die communicatio von abstracta, d. h. der zwei Naturen, wird generell verworfen; gebilligt wird nur die communicatio in concreto, d. h. mittels der Person.

[79] Ox. III d. 2 q. 1 art. 1; vgl. Der Herbst der mittelalterlichen Theologie, 238.

[80] Inst. II, 12,5; OS III.443,24,36.

[81] Inst. II, 12,3; OS III.439,25; 440,14f.

[82] Vgl. Inst. II, 14,3; OS III.462,6–9.

scheint[83]. Es ist freilich üblich geworden, das Extra calvinisticum mit diesem Axion zu verbinden, entweder um seine Bedeutung und Wahrheit zu erweisen oder um seine Unhaltbarkeit aufzuzeigen. Der reformierte Theologiehistoriker Alexander Schweizer beschreibt das „finitum non capax infiniti" positiv als eine der fünf Eigenschaften calvinistischer Lehre[84]. Friedrich Loofs geht für seine Darstellung von Schweizer aus, glaubt aber, daß dieser Satz die Grundlage der nestorianischen Tendenzen bei Calvin und in der calvinistischen Theologie bildet[85]. Werner Elert geht noch einen Schritt weiter, indem er dieses reformierte, unbiblische Prinzip, das „nur einem naiven Denken einleuchten kann", mit Nestorius selbst in Zusammenhang bringt[86]. Noch verbreiteter ist die Kritik, daß an dieser Stelle die Theologie Calvins und seiner Schüler philosophischen Prolegomena zum Opfer gefallen sei. Soweit ich sehe, ist dies nicht eine übelwollende lutherische Karikatur, da die reformierte Tradition selbst für die Vorstellung verantwortlich ist, das „non capax" sei wurzelhaft und typisch calvinistisch. Erst kürzlich konnte ein angesehener reformierter Theologe die Bedeutung des 18. Sonntags des Heidelberger Katechismus mit der Behauptung verteidigen, das „finitum non capax infiniti" sei „die eigentliche Grundlage reformierter Christologie, welche bis heute von sektiererischen oder humanisierenden Christen angegriffen wird"[87]!

Aber diese „eigentliche Grundlage" ist den Werken Calvins nicht nur im wörtlichen Sinne fremd, sondern sie verfehlt völlig die Intentionen des Extra calvinisticum, mit dem sie so oft verbunden wird. Würde es

---

[83] Als eine mathematische These wird das „non capax" im Mittelalter mit Selbstverständlichkeit akzeptiert: Das Begrenzte (circumscriptum) kann unmöglich das Unbegrenzte (infinitum) enthalten. Dies kann allerdings nicht auf die Anthropologie übertragen werden. So definiert Biel den Menschen als creatura rationalis „dei capax", Lectio 77 T; ed. cit. III, 293. Wyclif bezieht sich auf die These: „infiniti ad finitum nulla est proporcio" als ein erkenntnistheoretisches Axiom, aber er versteht es nicht als auf die Beziehung zwischen Gott und der Seele anwendbar, „cum inter deum et animam sit optima proporcio creata, quia finita ad duo bona extrema", De Trinitate, Cap. X, ed. A. D. Breck, Colorado 1962, 117. Vgl. Thomas, Exp. in 8 libros Physicorum, 3 c; de Veritate, 2, 9 c. – Vgl. Luther: „Et ideo hic latet radix totius verae humilitatis, scilicet te comparando Christo et eius meritis et passionibus, et tunc, si omnium sanctorum merita haberes, nihil haberes, quia, ut dixi, finiti ad infinitum nulla proportio. Atque hinc magna nobis est fiducia, spes et nulla omnino causa desperandi, quia ecce unica gutta sanguinis eius, immo una pars guttae sufficit mihi pro omnibus peccatis meis, quanto magis tota passio!" WA 1.344,18–24.

[84] Die Glaubenslehre der evangelisch-reformierten Kirche II, Zürich 1847, 291 ff.

[85] RE^3 IV.54.

[86] Über die Herkunft des Satzes ‚Finitum infiniti non capax', in: Festschrift Carl Stange, Zeitschrift für systematische Theologie 16 (1939), 503. Die einzige Stellenangabe, aus einer Übersetzung von Mercator, ist nicht überzeugend.

[87] Th. L. Haitjema, De Heidelbergse Catechismus als klankbodem en inhoud van het actuele belijden onzer Kerk, Wageningen 1962, 124; vgl. 122.

sich nur um ein rationales philosophicum handeln, so würde man nicht einen Augenblick zögern, sich Luthers Bekenntnis restlos anzueignen: „... ego nullum, nec in coelo neque in terra, Deum habeo aut scio extra hanc carnem, quae fovetur in gremio Mariae Virginis.“[88] Wenn wir mit unserer Folgerung im Recht sind, daß es Calvin in dem Extra calvinisticum um die caro vera zu tun ist und dahinterstehend um die spes resurrectionis, dann können wir uns keineswegs mit einer scharfen Zurückweisung der „non capax“-These zufriedengeben, sondern wir müssen viel weiter gehen bis zu einer völligen Umkehrung: „infinitum capax finiti“. Der vor dem Anfang der Welt zum Mittler eingesetzte ewige Sohn hat bei der Inkarnation die Wirklichkeit unserer Menschlichkeit nicht verdünnt oder kompromittiert; er hat sich mit ihr identifiziert, indem er „Fleisch von unserem Fleisch“ wurde. Schon 1536 drückte Calvin den Gedanken in der kurzen Formel aus: „Ea conditione carnem induit Christus, cui incorruptionem quidem et gloriam dedit, naturam et veritatem non abstulit.“[89] Während sich in der mittelalterlichen Theologie eine Symbiose zwischen dem Extra scholasticum und der gefährlichen Gegenüberstellung von purus homo und deus homo als möglich erwies, richtete das Extra calvinisticum eine Barrikade zwischen den beiden auf, nicht durch eine philosophische negatio, sondern durch die theologische assertio: „infinitum capax finiti“.

4. *Etiam extra legem*

Im Rückblick auf den Gang unserer Untersuchung können wir erkennen, daß das Extra calvinisticum nicht eine seltsame calvinistische Eigenheit in christologischen Fragen ist. Zunächst: Das etiam extra carnem ist nicht ein der Theologie Calvins eigenes „extra“, sondern es ist von den doctores veteres et moderni (den „Sophisten“) gleichermaßen gelehrt worden. Im Gegensatz zu der üblichen Auffassung ist Calvin an

---

[88] Scholion in Esaiam, zu cap. 4,6; WA 25.107,7f. Das theologische Motiv liegt im Ausschluß der „Schwärmerei“; das religiöse Motiv ist die certitudo salutis. Luther formuliert die Intention seines „non extra carnem“ im Jahr 1537 in wenigen Worten: „Periculosum est, sine Christo mediatore nudam divinitatem velle humana ratione scrutari et apprehendere...“, WA 39I.389,10–12. Karl Barth ist, sofern das überhaupt möglich ist, eher noch radikaler in seiner Kritik des „extra“: *„Post Christum* aber, im Rückblick auf die Inkarnation, kann diese Aussage nur eine Aussage des Unglaubens sein“, Die christliche Lehre nach dem Heidelberger Katechismus, München 1949, 71. Obwohl Calvins Schlachtplan ein anderer ist, kämpft er mit Luther gegen die theologia gloriae. L. G. M. Alting von Geusau verweist zutreffend auf „die Bundestheologie..., die in ihrer Dynamik ein Gegengift gegen einseitige Tendenzen zugunsten einer ‚theologia gloriae‘ bedeutet...“, Die Lehre von der Kindertaufe bei Calvin, Bilthoven/Mainz 1963, 199.

[89] OS I.142.

dieser Stelle nicht „weniger mittelalterlich" als Luther und die lutherischen Vertreter der Ubiquitätslehre. Von größerer Bedeutung für uns ist aber, daß das Extra calvinisticum kein isoliertes Phänomen darstellt, sondern, ähnlich der Spitze eines Eisberges, nur der umstrittenste Aspekt einer ganzen „Extra"-Dimension in Calvins Theologie ist: extra ecclesiam, extra coenam, extra carnem, extra legem und extra praedicationem[90]. Das Wort „etiam" ist von entscheidender Bedeutung, da es die Tatsache unterstreicht, daß es zunächst allererst und grundlegend um ecclesia, coena, caro, lex und praedicatio geht: *An diese Träger der Offenbarung und Mittel der Erlösung hat Gott sich selber fest gebunden, und zwar versiegelt mit seiner Verheißung.* Hier steht Calvin innerhalb jener scholastischen Tradition, die, verwurzelt in Augustin, von Johannes Duns Scotus entfaltet und dann das zentrale Thema der spätmittelalterlichen Theologie wurde in der Formulierung von Gottes Selbstverpflichtung und Bund „de potentia ordinata"[91]. Diese spätmittelalterliche Bundestheologie sollte von Calvin aus als Föderaltheologie über die Niederlande und England ihren Weg in das puritanische Neu-England finden.

Hier ist allerdings der bedeutsame Unterschied zu bedenken: Gottes Wirken „etiam extra legem" macht ihn damit nicht zum absolutistischen Herrscher, der ‚exlex' ist, oder ‚a legibus absolutus'. Die potentia ordinata ist in der spätmittelalterlichen Theologie der unvorhersehbare, aber (wegen der Treue Gottes zu seinen Verheißungen) verläßliche Niederschlag seines Willens, seiner Gerechtigkeit und Güte. Im Gegensatz dazu umfaßt die potentia absoluta die ganze Reichweite von Möglichkeiten, welche Gott entschieden hat, nicht zu verwirklichen, den Bereich, in dem Gott exlex ist, weil ihre Grenzlinien bestimmt werden nicht durch die Unbegreiflichkeit von Gottes Willen, seiner Gerechtigkeit und Güte, sondern durch den Satz vom Nicht-Widerspruch, welcher der menschlichen Vernunft nicht nur zugänglich, sondern geradezu ihr grundlegendes Axiom ist.

Calvin hat die Struktur der potentia ordinata als den Bereich von Gottes freier, aber verläßlicher Verpflichtung beibehalten; wenn er

---

[90] Wir können hier nicht auf Calvins Interpretation des concursus oder influxus generalis eingehen, weil dazu eine ausführliche Diskussion der mittelalterlichen Quellen erforderlich wäre. Während er den ganzen Kosmos als eine „machina" versteht (vgl. Inst. I, 16,1; OS III.188,4; I, 17,2; OS III.204,34 usw.), geschaffen und erhalten von Gott, schließt Calvins concursus, im Unterschied zu Thomas, Scotus oder den Nominalisten, ein erhaltendes Handeln, eine „providentia in actu" (Inst. I, 16,4; OS III.192,20f.) ein, „etiam extra machinam": „... puerile cavillum est eam (gubernationem) includere in naturae influxu... Deum sua gloria fraudant ... qui Dei providentiam coarctant tam angustis finibus...", Inst. I, 16,3; OS III.190,31–191,3. Vgl. „machina" bei Zwingli, Comm. Ez. I, 28, ZW XIV.688,24f.

[91] Vgl. Der Herbst der mittelalterlichen Theologie, 163ff. und passim.

auch an wichtigen inhaltlichen Punkten abweicht, z.B. Erwählung, Rechtfertigung und Heiligung – überall steht er hier in noch engerer Beziehung zu Gregor von Rimini als Luther. Aber im Verständnis der potentia absoluta ergibt sich eine radikale Verschiedenheit. Während die potentia absoluta im späten Mittelalter zeigen sollte, daß es keine necessitas rei und daher auch keine necessitas dei für die Verpflichtungen de potentia ordinata gibt, weist die potentia absoluta im Verständnis Calvins nicht darauf hin, was Gott *hätte tun können,* sondern was er *wirklich tut*[92]. Für Calvin ist die potentia absoluta nicht der Bereich des deus exlex, sondern von Gottes Herrschaft etiam extra legem; es ist das „ius mundi regendi, nobis incognitum"[93]. Calvin betont, daß Gottes Herrschaft zwar absolut und deshalb auch unerforschlich, aber keineswegs von seiner Gerechtigkeit abzulösen ist, wie sich die Scholastiker das frech und schamlos zusammenreimen[94]. Gottes Herrschaft per legem und sein Herrschen etiam extra legem sind beide gleichermaßen Ausdruck seines innersten Wesens, seiner Macht und seiner Gerechtigkeit: „Der Wille Gottes ist immer ‚reiglee en toute perfection et droicture'."[95] Das wird auch von den mittelalterlichen Theologen ständig betont; aber sie können das mit gutem Recht so behaupten, eben weil sie streng daran festhalten, daß Gott de facto nicht „etiam extra potentiam ordinatam" handelt.

Darüber hinaus ist für Calvin der Bereich extra legem gerade durch die Tatsache charakterisiert, daß er der menschlichen Vernunft nicht zugänglich und daher ganz und gar nicht durch den Satz vom Widerspruch bestimmt ist: „Wie könnten wir Gott ehren (indem wir uns auf

---

[92] Inst. I, 17,2; OS III.205,12–19. Vgl. F. Wendel, op. cit. 92f. und die dort angegebene Literatur; dt. Übers. 106f.

[93] Inst. I, 17,2; OS III.205,12f.; vgl. „... quamvis nobis absconditae sint rationes", ibid. 205,19. „Vray est qu'il ne fait pas cela d'une puissance absolue, comme disent les Papistes", SC I.605,19f. „Deum enim exlegem qui facit, maxima eum gloriae suae parte spoliat, quia rectitudinem eius ac iustitiam sepelit. Non quod legi subiectus sit Deus, nisi quatenus ipse sibi lex est. Talis enim est inter potentiam eius ac iustitiam symmetria et consensus, ut nihil ab ipso nisi moderatum, legitimum et regulare prodeat", CO VIII.361; vgl. Predigt über Hiob 23,2; CO XXXIV.339. Vgl. CO IX.259.

[94] „Non illa quidem absoluta voluntas de qua garriunt sophistae, impio profanoque dissidio separantes eius iustitiam a potentia", OS III.205,15–17. Calvin gibt hier eine zutreffende Beschreibung des exlex-Charakters der spätmittelalterlichen potentia absoluta. Hier stimme ich der Interpretation von Wendel nicht zu (op. cit. 93; dt. Übers. 107), der behauptet, daß die skotistische potentia absoluta „est limitée ... par la nature même de Dieu, c'est-à-dire par sa bonté". Diese Begrenzung trifft vielmehr auf die potentia ordinata zu. Der Satz vom unmöglichen Widerspruch abstrahiert davon, was Gott in Wirklichkeit zu tun entschieden hat. Es ist daher nicht dies Prinzip, welches „empêche Dieu de décider le contraire de ce qu'il avait décrété précédemment", sondern die Verläßlichkeit von Gottes Bund, Verheißungen, decreta, pacta.

[95] SC I.605,20f.; vgl. 473,5.

ihn verlassen), wenn er uns all seine Geheimnisse offenbaren würde und wir mehr wüßten als die Engel im Paradies?"[96]

Wenn es auch deutlich ist, daß noch sehr viel zu tun bleibt, bevor das vielschichtige Verhältnis Calvins zur vorangehenden theologischen Tradition mit einem auch nur annähernden Grad von Sicherheit und Genauigkeit festgestellt werden kann, so haben doch die obigen Ausführungen die positive wie die negative Beziehung Calvins zu einem zentralen Thema der spätmittelalterlichen Theologie angedeutet. Calvins „Extra"-Dimension kann weiterhin auch als Grundlage für eine vergleichende Gegenüberstellung mit Zwingli und Luther dienen. Diese Aufgabe liegt zwar jenseits des Blickwinkels dieses Aufsatzes, aber eine Möglichkeit, diese Fragestellung zu verfolgen, könnte darin liegen zu untersuchen, ob vielleicht Zwinglis Gebrauch der gleichen „etiam"-Kategorien ein besonderer ist, weil ja bei ihm Calvins Betonung des unerforschlichen Charakters von Gottes „extra"-Handeln fehlt, was etwa in Zwinglis Lehre von der Vorsehung, seiner Ansicht von der Erwählung großer Heiden und in seiner optimistischeren Auffassung vom Staat zum Ausdruck kommt.

Beim Vergleich mit Luther müßte man jede der „etiam"-Kategorien einzeln untersuchen, um zu einer annähernd gültigen und unparteiischen Schlußfolgerung zu kommen. Die grundlegende Beobachtung hier ist die, daß Luther so radikal mit den beiden ordines der spätmittelalterlichen Theologie bricht, daß er, während Calvin diese Tradition in seiner „Extra"-Dimension fortsetzt, „weniger mittelalterlich" ist als Calvin. Bezüglich des etiam extra legem könnte man den Unterschied vielleicht folgendermaßen bestimmen: die unerforschliche „Extra"-Dimension Calvins wird von Luther als das innerste Zentrum von Gottes Ordnung de potentia ordinata verstanden, wo Gott sich in Christus „sub contrario" offenbart.

Hinsichtlich des etiam extra ecclesiam hat Calvin offenbar eine „fortschrittlichere" oder modernere Sicht von Gottes Herrschaft, welche über das Herz des gerechtfertigten Sünders und über die Grenzen der Kirche hinausgreift und Staat, Gesellschaft wie die ganze Schöpfungsordnung umfaßt. Da nun diese Auffassung letztlich verknüpft ist mit der Lehre von der sessio und dem etiam extra carnem, fragt man sich, ob sie nicht Rückwirkung hat auf Calvins Verständnis der Inkarnation. Wir haben versucht klarzumachen, daß das etiam extra carnem nicht mit dem Nestorianismus in Zusammenhang steht und daß es keine Bedrohung der Realität der Inkarnation bedeutet, sondern daß seine Funktion vielmehr darin besteht, zu betonen, daß der ewige Sohn Gottes wirklich „Fleisch von unserem Fleisch" wurde. Freilich, bei Luther ist die „Weih-

[96] SC I.605,22–24.

nachtsfreude“ tiefer und überschwenglicher, denn in Christus hat Gott alle seine Verheißungen erfüllt und sein letztes Wort und sein tiefstes Sein offenbart. Bei Calvin begegnen wir stärker der mittelalterlichen Sicht, daß in Christus der Schatten des Alten Testamentes durch die Wahrheit des Neuen Testamentes ersetzt worden ist. Zum Teil haben sich Gottes Verheißungen erfüllt, aber viel mehr noch bedarf der Verwirklichung; Gott hat sich offenbart, aber bestimmte „Geheimnisse“ dürfen noch nicht enthüllt werden bis zur endgültigen Manifestation Christi in Herrlichkeit.

Der großartige, umfassende Horizont, aber auch das substanzbedrohende Element der „Extra“-Dimension Calvins stellen eine solche Herausforderung dar, daß die gegenwärtige Theologie es sich keinesfalls leisten kann, diese Dimension einfach zu ignorieren oder völlig zurückzuweisen. Wir haben den Vorzug, in einer Zeit zu leben, die ein so offenes theologisches Diskussionsklima hervorgebracht hat, daß man nicht länger genötigt ist, sich durch konfessionelle Grenzen festlegen zu lassen. Man darf sogar als reformierter Theologe – durchaus secundum mentem Calvini – nach der wahren Katholizität der Reformation fragen – etiam extra opera Calvini!

XIII

Eine Epoche – Drei Reformationen

1. Die Reformation als theologische Revolution

Auch die ‚bürgerliche' Geschichtsschreibung hat jetzt ihre deutsche Revolution. Es ist keineswegs mehr typisch marxistisch, die Reformation als Revolution zu bezeichnen – wenigstens als ‚Revolution-im-Ansatz'. So verstehe ich denn auch das mir vorgegebene Thema. Strittig ist höchstens die Gewichtung des religiösen Impetus, und als voll ausgetragene theologische Revolution wird sie allenfalls bei Thomas Müntzer gesichtet. Allenfalls! Was gewinnen wir, wenn wir die Eingrenzung auf Müntzer durchbrechen und die reformatorische Theologie insgesamt auf ihre gesamtgesellschaftliche Sprengkraft befragen?

Gewiß ist es leicht, sich bereits zu Anfang im Definitionsgestrüpp zu verfangen. Dennoch: Alle drei Begriffe in dieser Fragestellung sind so geladen, daß sie unüberhörbar nach einer inhaltlich klaren Füllung verlangen. Das gilt nicht nur für ‚Revolution', sondern gleichfalls für ‚Reformation' und sogar für das Adjektiv ‚theologisch'.

Wenn wir beim Hauptbegriff ‚Revolution' ansetzen, um damit die gesamte Definitionsaufgabe anzugehen, dann ist daran zu erinnern, daß es noch nicht einmal zwanzig Jahre her ist, als das Urteil ‚Revolution' für die Reformation zum Verurteilungsvokabular gehörte, sofort erkennbar als Kampfbegriff, römisch-katholischer Kontroverstheologie und -polemik entnommen: Reformation ist dann wesenhaft *Gehorsamsverweigerung*. Bereits ihr Anfang wäre prototypisch. Sie begann mit einem ‚Nein', Luthers Weigerung im Oktober 1518, dem berühmten Imperativ des Kardinals Cajetan Folge zu leisten: Die sechs Buchstaben ‚revoco' wollte er nicht über die Lippen bringen. Ein halbes Jahr später sollte er den ‚Aufstand' in Worms vor Kaiser und Reich auch gegenüber der weltlichen Obrigkeit wiederholen.

In dem Maße, in dem die Darstellung der Reformationsgeschichte entkonfessionalisiert und versachlicht werden konnte, wurde es möglich, die dramatis personae neu zu hören. Hinter der revolutionären Verweigerung konnte nun das reformatorische Selbstverständnis einer Gehorsamsbejahung der wahren Kirche wahrgenommen werden.

Reformation als ‚Revolution' könnte sich dann allenfalls noch auf den bereits mittelalterlichen Kampf gegen die Kirche als Kirchenstaat beziehen und gegen die Machtkirche als höchste Instanz auch im weltlichen

Bereich, jene Gewalt super gentes et regna, die Rom für sich seit dem Investiturstreit bis zum V. Lateranum 1516 in Anspruch genommen hatte.

Ebensowenig überzeugend ist die Beurteilung der Reformation als ‚Revolution' im Hinblick auf die weltlichen Obrigkeiten. Ihnen gegenüber ist zwar eine breite Palette von nuancierten Grundhaltungen festzustellen, die jedoch insgesamt eindeutig als *antirevolutionär* zu bezeichnen sind – abgesehen von der Spätphase Müntzers seit seiner Fürstenpredigt (1524–25) und der damals schon nicht mehr zeitgemäßen Errichtung des Gottesreiches zu Münster zehn Jahre später (1534–35). Müntzer und Münster sind Ausnahmen des 16. Jahrhunderts, sie können nicht einmal die Charakterisierung des ganzen linken Flügels der Reformation als ‚radikal' im Sinne des radikalen Umsturzes tragen und damit rechtfertigen.

Müntzer und Münster haben zwar zeitgenössisch als Vorwand gedient, die Reformation als revolutionär abzustempeln und abzuurteilen. Dieser Vorwand sollte aber in der modernen Reformationshistoriographie nicht von der Propagandaebene auf die Höhe von Tatsachen gehoben werden. Die Propaganda ist in ihrer Wirkung ganz gewiß auch eine Tatsache, ist dann aber nicht auf den Bauernkrieg als ‚die Revolution des 16. Jahrhunderts' schlechthin zu beschränken.

Weit mehr beunruhigt durch die Wirkung von Münster als durch Müntzer hat Calvin, stellvertretend für alle Reformatoren, die revolutionäre Reformation als illegitime Begleiterscheinung des Evangeliums *aller* Zeiten beurteilt und verurteilt. Sein Fazit, das er bereits während der dreißiger Jahre in seinem Römerbriefkommentar niedergelegt hatte, blieb zeitlebens unverändert: „Sunt enim semper tumultuosi spiritus, qui regnum Christi non bene extolli credunt, nisi aboleantur omnes terrenae potestates" – nur Wirrköpfe meinen, die von Christus geschenkte Freiheit zerschlage jedwedes Joch menschlicher Unterordnung (servitutis iugum).[1] So wie Calvin wagt heute kein Historiker mehr zu urteilen; wir werden uns von ihm aber warnen lassen müssen, in der ganzen knisternden Geschichte des Reformationszeitalters die faszinierenden Ausnahmen nicht mit den Hauptdarstellern zu verwechseln.

Die Entkonfessionalisierung der Reformationsgeschichte zeitigt ausgewogenere Ergebnisse, verlangt aber auch ihren Preis: Die Deutung des Geschehens in der ersten Hälfte des 16. Jahrhunderts wurde zwar entdogmatisiert, mit gleichem Schritt aber auch einschneidend enttheologisiert: Die von Calvin so eindeutig abqualifizierten Wirrköpfe werden oft schon unverhüllt als die eigentlichen, eben nicht-theologisch

[1] Iohannis Calvini Commentarius in Epistolam Pauli ad Romanos, hg. von T. H. L. Parker, Leiden 1981, 281,9–12; ad Rom 13,1.

motivierten, sozial gesehen realen Träger der progressiven, auf die *Zukunft* ausgerichteten Entscheidungen und Ereignisse der Reformation ausgerufen. An und für sich ist dieser Blickwinkel legitim; es ist nämlich berechtigt zu fragen, ob die Reformation nicht mehr, vielleicht sogar *viel* mehr ausgelöst hat als beabsichtigt.

Vorweg aber muß bei aller Deutung aus der Erfahrung der Nachgeschichte klar werden, daß keine der kirchlichen Parteien jener Zeit, keine der damaligen Sekten oder Individuen, ob nun ‚links' oder ‚rechts', ‚radikal' oder ‚magisterial', ‚populistisch' oder ‚bildungselitär' irgendetwas mit den Idealen der französischen oder russischen Revolution hätte anfangen können. Bei allen diesen Gruppen konnte es sich nie um eine Revolution ‚von unten' handeln, nicht um die Verwirklichung von Menschenrechten, sondern um die Durchsetzung von Gottes Recht, legitimiert von ganz oben. Das umfaßt mit den ‚Wirrköpfen' auch Calvin. Hier hellhörig zu sein heißt, Zeitgenosse zu werden, um mit dem gemeinen Mann in den Wirtshäusern und den gelehrten Räten in den Rathäusern *auch* über theologische Fragen streiten zu wollen und zu können.

Die tiefgreifende Tatsache unserer geschichtsfernen Enttheologisierung wird gewiß von einer Reihe externer Faktoren begünstigt und beschleunigt. Zu nennen wäre etwa die spürbare innere Distanz vieler moderner Historiker zur Sache der Reformation, oder auch die Unfähigkeit, mit der lateinischen Sprache, insbesondere mit der theologischen Fachsprache, umzugehen, die sich selbst dem Experten nur mühsam erschließt.

Vor allem ist aber die berechtigte und notwendige Reaktion gegen die lange Zeit überkonfessionelle Hegemonie einseitiger theologiegeschichtlicher Deutung der Reformation herauszustellen. An dem Reizwort ‚Revolution' läßt sich jene Reaktion illustrieren und zugleich rechtfertigen.

Bereits längst vor Jacob Burckhardt konnten Renaissance und Reformation gerade deshalb als einheitliche Epoche zusammengesehen werden, weil beide, Renaissance und Reformation, die Wirkungskraft eben von Ideen und rein geistigen Entdeckungen ad oculos zu demonstrieren schienen. Mit ‚Revolution' hingegen ist die Frage nach gesellschaftlicher Macht und Umsturz angelegt, ganz im Gegensatz zu jenem Bild vom organischen Zuwachs an Bildung und Aufklärung, das heute besser umrissen wird mit dem Begriff der Evolution. In einer notwendigen Reaktion mußte gegenüber der Herrschaft der Ideen als Konstituanten von Realität der Weg zum Straßenlärm zurückgefunden werden. Diese Notwendigkeit sollte uns über die Gefahren der Überreaktion jedoch nicht im unklaren lassen: Das Forschungsgewicht hat sich vom ‚Denken der Reformatoren' auf die ‚Taten der Reformatoren' verlegt, erfragt wird nicht mehr, was sie zu tun ‚meinten‘, sondern was sie ‚bewirkt‘ haben.

Methodisch bedeutete das die Interessenverschiebung vom Individuum zur Gruppe, von der Biographie zur Prosopographie, vom Traktat zur Steuerliste, von gesammelten Werken zu gesammelten Akten. Kurzum: Die Erhebung religiöser und ideeller ‚Grundwerte‘ verlagerte sich zur Bestimmung sozialer und politischer ‚Faktoren‘ und ‚Abläufe‘. Zur verzeichnenden Überreaktion wird diese Umorientierung dann, wenn moderne Erfahrungen zurückprojiziert und religiöse Äußerungen als unerhebliches Sprachgewand einer von uns zurückgelassenen Zeit abgestreift werden. Dann wird der Zugang zu einer Epoche verschlossen, in der nicht Banken und Bomben, sondern Gott und Teufel Mächte waren.

Die Zukunft gehört, so ist zu hoffen, jenen Reformationshistorikern, die bereit sind, geschichtliches Programm *und* erzielte Wirkung zusammenzuschauen. Die ‚höhere Warte‘, aus der Historiker zu urteilen haben, ist *nicht* die Nachgeschichte, das wäre Hochstapelei. ‚Höhere Warte‘ entsteht vielmehr aus der Zusammenschau. Das bedeutet: Wir werden uns nicht von vornherein mit Calvins theologischer Eliminierung der ‚Wirrköpfe‘ zufrieden geben dürfen; zugleich werden wir uns jener Historiker erwehren müssen, die antithetisch die politischen und sozialen Verhältnisse als einzig bestimmende Ursachen isolieren.

Größe und Grenzen der Reformation in Zusammenschau erklären zu wollen, bedeutet vor allem, politische, soziale und religiöse Faktoren gleich ernst zu nehmen, und zwar als *Resonanzpotential* für die Erklärung der Breitenwirkung der Reformation[2].

Man muß somit herunter, sowohl von der höheren Warte der vorgängigen Ideengeschichte als auch von der aufgeklärten Nachgeschichte. Unsere heutige Frage nach ‚Revolution‘ wäre im 16. Jahrhundert nicht oder falsch verstanden worden. Mit dem Wort ‚revolutio‘ konnte man allenfalls die Umkreisung der Erde durch die Sonne verbinden. Selbst als der Puritaner und Historiker Edward Haie im Jahr 1583 den Begriff ‚revolutio‘ – wenn ich recht sehe, zum erstenmal und fast hundert Jahre früher als bislang angenommen – auf die Reformation übertrug, blieb er im astronomischen Bild der Himmelsbewegung: Wie die Sonne so zieht auch das Evangelium von Osten gen Westen. Revolution ist „[the] course of God's word and religion, which from the beginning hath moved from the East, toward and at last unto the West...“[3] – Die Reformation ist Revolution als Mobilmachung und Aufbruch des Evan-

---

[2] Siehe dazu auch mein Vorwort zu: Werden und Wertung der Reformation, Tübingen 1979², IXf.

[3] Angef. von H. Jantz, The Myths about America: Origins and Extensions, in: Deutschlands literarisches Amerikabild, hg. von A. Ritter, Hildesheim 1977, 37–49; 43.

geliums zur globalen Entdeckungsfahrt auf dem Wege zu ‚God's own country'.

Was wir heute mit Revolution ausdrücken, wurde im Zeitalter der Reformation einschließlich der Zeit Edward Haie's mit ganz anderen lateinischen und deutschen Ausdrücken bezeichnet; sie reichen von *res novae* über *mutatio* bis zu *rebellio,* vom Aufruhr bis zu ‚schwytzern'. In der Tradition von Luther, Melanchthon, Zwingli, Bucer und Calvin wird *rebellio* eindeutig und einstimmig als gottwidriger Umsturz abgelehnt. Wo in dieser Traditionslinie Widerstand gefordert wurde, ließ er sich nur legitimieren als Widerstand *gegen* die Revolution, als Kampf für gute alte Ordnung und gutes altes Recht: Widerstand war deshalb vonnöten gegen Kirchenmacht und Papstpracht, Seelenmessen und Heiligenverehrung. Das waren ihrem ideologischen Gehalt nach die *res novae,* die in Kirche und Gesellschaft den Umsturz guter alter göttlicher Ordnung bewirkt hatten.

Und dennoch: Diese *res novae* waren seit Jahrhunderten ‚althergebracht' und tatsächlich eingewurzelt im Leben des ‚gemeinen Mannes' ebenso wie im Leben ‚großer Hansen'. Ihre Abschaffung war deshalb gänzlich konträr, nicht nur zur offiziellen Kirchenlehre, sondern eben auch zur gelebten Volksfrömmigkeit. Der Einführung ‚alter Ordnungen' muß die Wirkung des Umsturzes mit brisantem Zündstoff für das gesamte öffentliche Leben zugesprochen werden. Der Widerstand gegen die ‚Revolution' wirkte als Revolution.

Das Nachsinnen über die Brauchbarkeit des Begriffes Revolution führt somit zu folgendem Ergebnis: Die öffentliche Einführung ‚alter Ordnungen' im Bereich von Theologie und Kirche löst im Jahrhundert der Reformation Umwälzungen aus, die *nicht* von ‚eigentlichen' Entwicklungen im sozialen und politischen Bereich abgestreift werden können. ‚Theologie' war eben nicht mehr ‚in scholis' aufzuheben, sondern zur Sache einer neuen Öffentlichkeit geworden. Wenn die Reformation sich gezielt gegen Unterdrückung, Irreführung und Verdummung richtete, dann deshalb, weil Theologie als Glaubenskenntnis und Lebensweisheit *aus* den Klöstern und Universitäten heraus und *in* die Gassen und Ratshäuser hineingebracht wurde. Das ganze Phänomen der Flugschriften wird falsch verstanden, wenn die ‚Sturmtruppen der Reformation' rein als ‚media' oder ‚Programmträger' gesehen werden. Als Rats- und Kneipentheologie sind sie vielmehr selbst Programm.

Angesichts der Schätzung, daß bis zur Mitte des Jahrhunderts mehr als die Hälfte aller gedruckten Flugschriften aus der Feder Martin Luthers stammt, erscheint sein Programm eindeutig: Theologie ist öffentliche Rechenschaft wissenschaftlicher Entdeckung, die innere und äußere Änderung verlangen. Und ein zweiter Schluß drängt sich auf: Angesichts des reißenden Absatzes, den Luthers Schriften fanden, ist es nicht zu kühn zu behaupten, daß es ihm auch gelungen ist, die wissenschaftliche Theologie aus der babylonischen Gefangenschaft der akademischen Geheimkommunikation zu befreien.

Ob die verlangten und vollzogenen Änderungen auch im modernen Sinne ‚revolutionär'[4] sind, kann nur erhoben werden, wenn man – nach Maßgabe von Ziel *und* Wirkung – das revolutionäre Bewußtsein *und* seine Wirkung zusammen betrachtet. Die Aufzählung der theologischen Grundsätze reicht nicht aus ohne die Erfassung des Resonanzpotentials.

Gewaltanwendung darf hierbei nicht als unabdingbares Indiz für ‚Revolution' festgeschrieben werden[5]. Neuerungen, die, einmal legitimiert, dann rechtzeitig realisiert werden, brauchen nicht mehr zur *rebellio* (Aufruhr) zu führen. *Deshalb hüllen sich erfolgreiche Revolutionen oft in die Maske der Evolution.* Diese nicht durchschaute Verhüllung erklärt, daß bei der Suche nach ‚Revolution' im Zeitalter der Reformation oft nur der Bauernkrieg des Jahres 1525 in Betracht gezogen wird. Diese Verengung wird begünstigt durch die ideologische Verknüpfung bzw. Verkettung mit den großen Revolutionen der Neuzeit, sie ist aber gewiß auch eine unbezahlte Rechnung für die vorschnelle Identifizierung der Reformation als ganzer mit Luthers Reformation und zugleich für die Begrenzung der Reformationszeit auf die ersten Dekaden des 16. Jahrhunderts. Hauptfaktor aber in dieser Entstellung durch Verkoppelung von Revolution und Gewalt ist die Unterschlagung des theologisch-religiösen Beweggrundes als folgenreiche Basis der von den Zeitgenossen so empfundenen ‚Enderung'.

2. Drei verhüllte Revolutionen

Die Konzentration auf das Jahr 1525 als das Jahr der Revolution verwischt die Konturen der Gesamtkonstellation im Europa nördlich der Alpen. Für diesen Raum gibt es nämlich während der Epoche zwischen 1400 und 1600 wenigstens drei im obigen Sinne ‚verhüllte' Revolutionen, die hier ins Auge zu fassen sind.

1. Allererst ist auf die mächtige Bewegung des Konziliarismus hinzuweisen, der sein verfassungsgeschichtliches Pendant im Proto-Parla-

---

[4] Siehe C. Brinkmann, Soziologische Theorie der Revolution, Göttingen 1948; K. Griewank, Der neuzeitliche Revolutionsbegriff. Entstehung und Entwicklung, Weimar 1955.

[5] Siehe Max Baeumers gehaltreichen Aufsatz, der an diesem Punkt zu zögern scheint, als er für die unblutige Einführung der Reformation in Braunschweig den revolutionären Charakter dennoch nicht ausschließen möchte: Sozialkritische und revolutionäre Literatur der Reformationszeit, in: Internationales Archiv für Sozialgeschichte der deutschen Literatur 5 (1980) 169–233; 219.

mentarismus gefunden hat. Es ist still geworden um die Erforschung der dramatischen Entwicklungen auf der Linie Pisa – Konstanz – Basel – Pisa (1409–1511). Reformationshistoriker können auch gute Gründe anführen, sich mit dringenderen Aufgaben zu befassen, denn: War nicht die ganze Bewegung durch Wyclif und Hus kompromittiert, durch die Konkordatspolitik von Martin V bis zu Leo X ausmanövriert und im reformatorischen Lager durch Luther obendrein desavouiert worden? Der Konziliarismus, so scheint es, war ein Intermezzo, ohne weiterreichende Wirkung, nicht mehr als ein begrenzter Störfaktor päpstlicher Souveränitätspolitik[6]. Souveränität über die ganze christianitas war nicht nur von Papst Bonifaz VIII gefordert (1302, Unam Sanctam), sondern von Papst Leo X am Vorabend der Reformation mit Billigung seines Konzils wiederum beansprucht (1516, Pastor aeternus) und als Glaubensartikel öffentlich bestätigt worden, um die Gefahr einer eigenständigen *Ecclesia Gallicana* abzuwehren.

Führt das päpstliche Konzil den Konziliarismus also ad absurdum? Aus England sollte fünfzehn Jahre später darauf eine überraschende Antwort erfolgen: Was dem Papst dank der Kollaboration des Königs Franz I für Frankreich noch abzuwenden gelang, konnte in England nicht mehr verhindert werden, als Heinrich VIII in seiner Ehesache nicht auf Kurialkurs zu gehen bereit war. Die im Schoß des Konziliarismus gewachsene Idee der Nationalkirche wurde Wirklichkeit: Sie war offensichtlich mehr als nur verworrener Traum enttäuschter Konzilsanhänger. Im Lichte dieser Geschichtsmächtigkeit der Konzilsidee ist es unvertretbar, daß in der Darstellung der Reformationsgeschichte ein Ereignis ausgeblendet wird: Im Römischen Reich Deutscher Nation stand mit dem Martinstag (11. November) 1524 die Konstituierung einer *Ecclesia Germanica* in Aussicht. Überparteilich unterstützt von allen Ständen wäre es dazu auch gekommen, wenn sich Kaiser Karl V dem nicht entschlossen entgegengestellt hätte. Im Gegensatz zur oft beschworenen Wertung der Reformation als Deutsche Tragödie – öfters in Verbindung mit der Niederschlagung der Bauern – liegt vielmehr hier, in der Verhinderung einer Nationalkirche, die verpaßte Chance der nationalen Selbstfindung Deutschlands.

Konziliaristische bzw. gallikanische Ideen verfehlten ihre Wirkung somit nicht, selbst wenn die kirchliche Verfassungsrevolution verhindert werden konnte. Die Entwicklung des Widerstandsrechts schöpft wiederum aus konziliaristischem Ideengut. In Deutschland wurde die Deu-

[6] Wie sehr der Konziliarismus und sein notwendiges Anliegen zum Intermezzo geworden ist, belegt die Selbstverständlichkeit, mit der vor kurzem ein vielgelesener Historiker, John Keegan, den päpstlichen Herrschaftsanspruch als geschichtliches Faktum leugnet: „But the popes had, of course [!], never claimed political sovereignty over Christendom..." The New York Times, Book Review 89 (1984) Nr. 11, S. 33.

tung der Kaiserwahl als Verfassungskontrakt mit den Kurfürsten zur Legitimation fürstlicher Schutzbündnisse, jene Rechtskonstruktion, die Konziliaristen bereits hundert Jahre zuvor dem römischen Recht entliehen hatten, um die plenitudo potestatis des Papstes zu bändigen. Diese Lösung wurde von kursächsischen Verfassungsjuristen übernommen und einem zögernden Martin Luther vorgeführt. Begründet wurde mit der Kontraktsidee das Recht auf Widerstand gegen einen Kaiser, der im Falle des Kontraktbruches sich dem Gemeinwohl entgegenstellt und damit seiner vertraglich zugestandenen Herrschaftsrechte ipso facto verlustig geht.

Auch in der französischen Jurisprudenz blieben die gallikanischen Ideen quicklebendig und drängten dort in die Richtung von Volkssouveränität und der Fortschreibung vom Widerstands*recht* zur Widerstands*pflicht*. Die Legitimierung des Widerstands konnte sich im 16. Jahrhundert zusätzlich mit der humanistischen Wiederentdeckung des römischen Rechtes stärken und legitimieren. Das gängige Lob für die ‚demokratischen' bzw. parlamentarischen Fortschritte in calvinistischen Verfassungstheorien übersieht die *vor*calvinische Tradition des Konziliarismus.

Der Konziliarismus ist unerläßlicher Interpretationsrahmen für den frühneuzeitlichen Parlamentarismus. Theodor Beza, der Nachfolger und Sachwalter Calvins, hat die Institution des Parlaments höher als das Amt des Königs angesetzt. Dennoch bleibt ihm das Parlament nur potentielles Kontrollorgan, dessen *plenitudo potestatis* sich erst im Notfall aktualisiert: Wenn der König sich als Tyrann erweist und seine potestas somit verwirkt, wird das Parlament ipso facto zum höchsten Verfassungsorgan. Ein moderner Interpret hat sich über diese Lösung Bezas mokiert: Ein Tyrann wird doch das Zusammentreten des Parlaments in solchen Fällen gewiß zu verhindern wissen: Diese parlamentarische Theorie sei nichts als Fiktion[7]. Tatsächlich aber setzt Beza die Theoriebildung und politische Erfahrung der Konziliaristen voraus, als sie sich auf den Weg zum Decretum Frequens (1417) wagten. Jene weitsichtige Entscheidung des Konstanzer Konzils hat – wenigstens auf Zeit erfolgreich – das Zusammentreten des Konzils von päpstlicher Willkür unabhängig gemacht. Die ‚Fiktion' hatte somit ihre Realitätsprobe bereits 150 Jahre vor Beza bestanden.

Schichtenspezifisch betrachtet gehörten die sozialen Träger des Konziliarismus zur Hocharistokratie, sie waren Grandseigneurs und

[7] R. E. Giesey, „The Monarchomach Triumvirs: Hotmann, Beza und Mornay, in: Bibliothèque d'Humanisme et Renaissance 32 (1970) 41–56; 44. Im unklaren Aufsatz seines Schülers R. R. Benert mit falscher Seitenzahl zustimmend aufgeführt: Lutheran Resistance Theory and the Imperial Constitution, in: Il Pensiero Politico 6 (1973) 17–36; 33.

Großgrundbesitzer. Ihre Revolution konnte in Frankreich und Deutschland nach dem Debakel von Basel innerkirchlich noch abgefangen werden. Die konziliare Idee und die damit einhergehende Legitimierung aufgrund des römischen Rechts hatten aber Beine erhalten. Sie erwiesen sich im Zeitalter der Reformation als Schrittmacher, hinreichend anpassungsfähig, um von den Hugenotten seit der Mitte des Jahrhunderts gezielt eingesetzt zu werden.

2. Die Zweite Revolution, die sich, so lange sie erfolgreich war, als Evolution verhüllten konnte, betrifft die Emanzipation der städtischen Bürgerschaft und die Etablierung von städtischen Eliten, die mittels der Institution des Kleinen Rates Innen- und Außenpolitik zu bestimmen suchten und wußten. In diesem Bereich können wir uns kürzer fassen, denn eben hier hat die moderne Forschung ihre bedeutendsten Fortschritte erzielt.

Das zunächst distanzierte und dann oft feindselige Verhältnis zum Bischof, die Einrichtung von Stadtprädikaturen und Lateinschulen, die Ernennung eigener städtischer Pfleger für Klöster, Hospital und Armenkasse, alle diese bereits spätmittelalterlichen Entwicklungen fügen sich zusammen zum Bild der Emanzipation von der kirchlichen Gerichtsbarkeit im Klima frommer Kirchen- und spitzer Pfaffenkritik.

Die nach Auskunft der Ratsprotokolle überall und von allen städtischen Magistraten so befürchteten Unruhen (tumultus) wurden lange Zeit zurückgeführt auf das Gärungspotential und das Protestgebahren des nichtzünftigen ‚gemeinen Mannes' in der Stadt. Eine zweite Quelle der Spannungen wird dabei leicht übersehen: Die soziale Ausweitung der ratsfähigen Schicht in der Stadt führte zum Streit um die politische Kompetenzabgrenzung und daher zum Machtkampf zwischen Kleinem und Großem Rat. Wie die prosopographischen Forschungen von Thomas A. Brady Jr. für Straßburg gezeigt haben[8], konnte hier das Spannungspotential, abgesehen von den Krisenjahren 1525 und 1548, durch eine gezielte patrizische Familienpolitik und Wahlstrategie herabgesetzt, kontrolliert und überdeckt werden. Gelöst waren die Spannungen damit jedoch nicht.

Auch in Zürich lassen sich die rasch aufeinanderfolgenden Ereignisse der beginnenden Reformation – zwischen Sommer 1522 und Herbst 1523 – nur erklären im Lichte des strukturell angelegten Interessenkonflikts zwischen Kleinem und Großem Rat: Bis zum Beschluß des Großen Rates (Januar 1524), die Religionspolitik nicht länger dem Kleinen Rat zu überlassen, sondern in eigene Hand zu nehmen, verfolgten Bürgermeister Röist und der Kleine Rat eine patrizische Politik von Ruhe und

---

[8] TH. A. BRADY, Jr., Ruling Class, Regime and Reformation at Strasbourg, 1520–1555, Leiden 1978.

Ordnung, die spätere Interpreten vorschnell als ‚evangelisch' bezeichnet haben. Erst nachdem es Zwingli gelingt, seine Anhängerschaft im Großen Rat zu mobilisieren, kann von der Einführung der Reformation in Zürich die Rede sein[9].

Die Pointe ist nicht allererst in der bereits spätmittelalterlichen Tendenz zu sehen, daß der Pfarrer Bürger wird und auch geworden ist, sondern darin, daß Schuster-, Metzger- und Bäckermeister Amtsträger werden mit Zuständigkeit in *Bürger*gemeinde und *Kirche.* Zwingli hat diese Entwicklung gewollt, getragen und gefestigt. Das Priestertum aller Ratsfähigen ist die verhüllte Revolution der Zürcher Reformation.

3. Der durchgehende Machtkampf zwischen Kleinem und Großem Rat[10] ist am Beispiel Zürichs vorgeführt, weil bereits von hier aus der Übergang zur dritten und letzten der jetzt ins Blickfeld geratenen Revolutionen geboten ist: Die Unterwanderung der städtisch orientierten Ratspolitik. Es besteht zur Zeit eine deutliche Forschungstendenz, die mit der Einführung der Reformation einhergehende ‚Kommunalisierung' herauszustellen; im Falle Zürichs spricht man sogar von ‚Lokalisierung'. Die Quellen geben auch Anlaß zu einer solchen Bewertung, da die Stadtreformatoren tatsächlich die Verwirklichung der horizontalen Bezüge des Evangeliums zum Gemeinwohl der jeweils eigenen Stadt durchzusetzen suchten.

Hier bricht aber unausweichlich ein Interessenkonflikt auf: Das ‚evangelisch' geordnete bonum commune darf aus der Sicht dieser Reformatoren eben nicht an den Stadtmauern seine Grenzen finden. Ihr Anliegen ist ‚Universalisierung', nicht ‚Lokalisierung'; ‚Stadtreformation' ist Zwischenziel, nicht Zielpunkt evangelischer Predigt. Die Konflikte auch mit einer für die Reformation gewonnenen Führungsschicht sind hier unübersehbar angelegt. Ausdrücke wie ‚Zwinglis Zürich' oder auch ‚Zwinglis Theokratie' täuschen darüber hinweg, wie kurz und spannungsreich die Zeit der sogenannten Symbiose selbst mit der neu strukturierten Führungsschicht gewesen ist. Bereits im Jahre 1525/26 durch seinen eigenen linken Flügel zu mehr Ratsferne gemahnt, kompromittiert Zwingli sich im nächsten Jahr selber: Gegen lokale und nationale Interessen und vorbei sowohl am Kleinen wie am Großen Rat will er den schwäbischen Erbfeind in eine umfassende evangelische

---

[9] Werden und Wertung der Reformation, 256–258; siehe weiter Kapitel XI: ‚Zwinglis Reformation zwischen Erfolg und Scheitern', oben 240ff.

[10] Die materialreiche Studie von O. MÖRKE erweitert unseren Horizont um Nordwestdeutschland. Sie hebt dabei auf die Demarkationslinie ‚ratsfähig – nicht ratsfähig' ab: Rat und Bürger in der Reformation. Soziale Gruppen und kirchlicher Wandel in den welfischen Hansestädten Lüneburg, Braunschweig und Göttingen, Hildesheim 1983. MÖRKES durchdachte Formulierungen führen aber immer wieder in die Richtung unseres Themas; siehe 305, Anm. 41.

Eidgenossenschaft einbeziehen und den umfassenden Bund auf einen gemeinsamen Präventivkrieg einschwören[11].

Wie Zwingli in seiner letzten Predigt bitter vorausgesagt hatte, wurde er kurz darauf im zweiten Kappeler Krieg 1531 von einer festgefügten Interessen-‚Kette' großer Hansen in der alten Zürcher Führungsschicht im Stich gelassen. Der Leutpriester sah sich isoliert und sein Ende nahen[12].

Zwinglis Tod in Waffenrüstung könnte als Paradigma für den Kleriker als Bürger erscheinen und als Personifizierung einer Verbürgerung der Reformation gedeutet werden. Aus dieser Perspektive wird aber das stadtübergreifende Reformationsprogramm ausgeblendet: Seine Glaubenspolitik hat Zwingli aus dem kleinen Bereich eng abgesteckter städtischer Interessen herausgestoßen und auf eine Umlaufbahn gebracht, deren Zentrum nicht durch Handelsinteressen und militärische Sicherheit entschieden wurde. Die obrigkeitliche Strategie, bestimmt von der Sorge um Ruhe und Ordnung der Stadt, war damit rundum gefährdet.

Die Stadtreformation ist bereits 1530/31 deutlich auf ihre Grenzen gestoßen. Die Niederlage von Kappel hat dieser Reformationspolitik das Ende angezeigt. Zwinglis Konzept, die Ratspolitik zu entlokalisieren, ist gescheitert. Schrittmacher und Brückenkopf der Reformation auf Zeit, verliert nunmehr die Stadtgemeinde als Trägerin der nach Gottes Wort reformierten Gesellschaft ihre paradigmatische Selbstverständlichkeit.

Die Welle von Vorwürfen, die nach Kappel über dem gefallenen Feldprediger zusammengeschlagen ist, zielt zunächst auf dessen persönliches Fehlverhalten. Jedoch geht die Kritik Martin Bucers an Zwinglis Feldzug bereits ins Grundsätzliche, wenn sie in drei kurzen, harten Worten formuliert: „Evangelium cruce vincit" – nicht durch das Schwert, allein durch das Kreuz gelangt das Evangelium zum Sieg. Der ‚Bischof' von Zürich ist, so meint er, ohne Gott auf eigene Faust, ‚inconsulto domino', in den Krieg gezogen[13]. Eine Woche später erfährt er von Leo Jud, daß jetzt sogar zu befürchten steht, ganz Zürich gehe für die Reformation verloren: „In his male veretur, ne omne evangelium apud Tigurinos excidat."[14]

---

[11] W. BENDER hat auf Zwinglis Vision einer großen civitas christiana hingewiesen: Zwinglis Reformationsbündnisse. Untersuchungen zur Rechts- und Sozialgeschichte der Burgrechtsverträge eidgenössischer und oberdeutscher Städte zur Ausbreitung und Sicherung der Reformation Huldrych Zwinglis, Zürich 1970, 177f.

[12] JOHANN STUMPF, Chronica vom Leben und Wirken des Ulrich Zwingli, Zürich 1932[2], 169.

[13] Brief an Ambrosius Blarer, 14. Nov. 1531; Briefwechsel der Brüder Ambrosius und Thomas Blaurer 1509–1548, Bd. I: 1509–Juni 1538, bearb. von T. SCHIESS, Freiburg i. Br. 1908, 286.

[14] Brief an Ambrosius Blarer, 29. Nov. 1531; SCHIESS, Briefwechsel I, 292.

Die Niederlage der Waffen wurde aber heilsame Weisung für die bald entstehende, entschlossen verfolgte Reformation, die Reformation der Refugiés. Das hat Calvin erkannt. Er hat bei Bucer in Straßburg (1538–41) gelernt, daß ‚Reformation' eine *eigene* kirchliche Organisation verlangt, so daß die Sache des Evangeliums nicht vom Rat einseitig bestimmt werden kann. Am Vorabend des Zweiten Weltkrieges hat Hans Baron seinen ersten Aufsatz in der Neuen Welt veröffentlicht, auch er Refugié ohne stabilitas loci, „formerly of the University of Berlin" – jetzt in der Diaspora. Der Aufsatz war dem Thema gewidmet: „Calvinist Republicanism and Its Historical Roots." Trotz wiederholter kritischer Anläufe in der Forschung kann ich nicht umhin, Barons Ergebnis voll zu bejahen: Die Reichsstadt Straßburg ist der fruchtbare Boden für die reiche Blüte des republikanischen Calvinismus[15]. Auch die jüngste Forschung belegt, daß wir in Barons Spuren bleiben sollten. Im Lichte der sich hier abzeichnenden Dritten Reformation müssen wir aber dasselbe noch einmal ganz anders sagen: *Das Rathaus der Stadtreformation wurde zum Rüsthaus für die Flüchtlingsreformation.*

Damit ist zugleich ein Einschnitt und folgenschwerer Übergang zur nächsten Phase der Reformationsgeschichte markiert, denn darin wird Calvin geschichtswirksamer Reformator eigener Prägung und weltweiter Wirkung. Nur so vermochten die Refugiés, die das Interim im Zuge der Niederlage des Schmalkaldischen Bundes flüchtig machte, den Glaubenstest zu bestehen, als sie gelernt hatten, ohne Ratschutz ihr Vertrauen in Gottes Führung zu setzen, unabhängig von Sieg oder Niederlage der Waffen. Ohne Abstriche kann ich deshalb die These von Robert M. Kingdon übernehmen: „... the changes in Geneva between 1526 and 1559 constitute a genuine revolution."[16] Kingdon betrachtet Genf als die radikalste Spielart der Reformation. Im Zuge der Ablehnung päpstlicher Autorität, der Säkularisierung der Klöster und Annullierung des Kirchenrechtes ist sie in ihrer antiklerikalen Wucht aufs Ganze gesehen als Revolution anzusprechen[17]. Auch diese Dritte Revolution bleibt verhüllt – solange sie erfolgreich war.

So formuliert, gilt das alles auch für Zürich; worin war Genf denn tatsächlich radikaler? Drei Punkte sind hier als Kennzeichen von Calvins Reformation hervorzuheben:

(1) Die Kirchenverfassung ist ‚ratsfrei' angelegt und damit grundsätzlich unabhängig von obrigkeitlichem Zugriff und Eingriff. Die Genfer Ordnung ist geradezu der Gegenschlag gegen die spätmittelalterliche

---

[15] In: Church History 8 (1939) 30–42; 42.

[16] R. M. Kingdon, Was the Protestant Reformation a Revolution? The Case of Geneva, in: Church, Society, and Politics, hg. von D. Baker (Studies in Church History 12), Oxford 1975, 203–222; 219.

[17] Kingdon, 220, 222.

städtische Verflechtung von Kirche und Rathaus, die dem Bischof abgerungen wurde.

(2) Das Genfer Konsistorium bringt kirchlich kontrollierte Sittenzucht im Gegensatz zum Zürcher Ehegericht mit seiner vom Rat überprüften Bürgerzucht. Aus der Perspektive der Genfer Aristokratie ist diese Sittenzucht restaurative *Ent*kommunalisierung, und zwar Rückfall in mittelalterliche Zeiten kirchlicher Jurisdiktion. Die von der Genfer Oligarchie betriebene Strategie der politischen Kommunalisierung durch Domestizierung der Reformation ist an Calvin nicht nur praktisch gescheitert, sondern von ihm auch grundsätzlich überwunden.

(3) Zwingli hatte im Rahmen seiner Bündnispolitik bereits überlokal und überregional gedacht und gehandelt. Doch hatte er mit seiner gegen Luther gerichteten These „regnum Christi etiam est externum“[18] diese Externität des Reiches Christi noch vom Zentrum des Herrschaftsraumes innerhalb der Stadtmauern entfaltet. Hier liegt auch das legitime Element in der Bezeichnung ‚Kommunalisierung‘, insofern bei Zwingli nach wie vor die vom Rat reformierte Stadt als Urbild der ganzen zu reformierenden Christenheit fungiert.

Für Calvin entfaltet sich in Genf ebenfalls ‚regnum Christi‘, aber doch ganz anders und neuartig. Die Stadt Genf ist nicht corpus christianum, sondern vielmehr – laut Calvins politischem Testament, ein Jahr vor seinem Tode formuliert[19] – Brückenkopf für die Verbreitung des regnum Christi. Die Stadtmauern schützen nicht ein erhaltenes Stück des ‚draußen‘ verlorenen Paradieses, sie umzäumen nicht das Bürgerkloster, wo Gottes Wille verwirklicht wird und Heiligkeit das Leben lenkt. Die Mauern umschließen nicht Mönche in claustro, sondern markieren eine Rüstungsstätte, in der die Ausfallspforten wichtiger sind als die schützenden Türme. In einem Satz: *War Zwingli Reformator von Zürich, dann Calvin Reformator von Genf aus.* Bezeichnenderweise beschließt Calvin immer wieder seine Predigten mit dem Gebet: „Que non seulement il nous face ceste grace, mais a tous peuples et nations de la terre...“

Wenn in der Tradition von Bucer zu Calvin bis Vermigli und Beza über Staat, Verfassung und Widerstand debattiert und geschrieben wird, dann treten als politische Institutionen und Verfassungsorgane die ‚magistratus inferiores‘ in Erscheinung. Damit ist nicht mehr nur reichsintern an die Fürsten oder stadtintern an den Großen und Kleinen Rat

---

[18] Siehe die historische Einordnung durch H. R. LAVATER, Regnum Christi etiam externum – Huldrych Zwinglis Brief vom 4. Mai 1528 an Ambrosius Blarer in Konstanz, in: Zwingliana 15 (1981) 338–381.

[19] Predigt vom 29. Juni 1562 über 2.Sam 5; Supplementa Calviniana I: Sermones de altero libro Regum, hg. von H. RÜCKERT, Neukirchen 1936–1961, vor allem 104f. Siehe dazu Kapitel XII: ‚Die „Extra“-Dimension in der Theologie Calvins‘, oben 257f.

gedacht, sondern – in Bezas genauer Formulierung – an „intermedii et, ut vulgus loquitur, subalterni inter summum magistratum et populum". Diese neuen Rechtsträger sind ‚subaltern', nicht aber dem König, sondern dem Staat verpflichtet. Wie im alten Rom dienen sie dem Gemeinwohl nicht nur als „consules, praetores, praefectus urbi", sondern auch als „praesides provinciarum"[20].

Der scheinbar unverfängliche Übergang vom *praefectus urbi* zu den *praesides provinciarum* ist für französische Verhältnisse gewiß keine Neuerung, signalisiert aber im Rahmen der Reformationsgeschichte einen Neubeginn: Die Stadt wird ‚eingemeindet', damit ist die frühreformatorische Stadtideologie überwunden, die Mauern sind geschlichtet. *Exodus aus der Stadt,* das genau markiert den Übergang von der Stadtreformation zur Flüchtlingsreformation, von der – nach Luther – zweiten zur dritten Reformation.

Einst sprach Hans Baron vom „vigorous anti-monarchic spirit of political Calvinism"[21]. Nur: Die mit Recht unterstrichene anti-monarchische Stoßrichtung bedarf der Vertiefung. Gleichzeitig und gleich stark ist die calvinistische Überwindung der Stadt zu berücksichtigen. Calvin hatte der Reformation als Kommunalisierung schon ein Ende gesetzt, bevor der Calvinismus auch die Reformation als Territorialisierung durchbrechen konnte.

3. Die Reformation der Refugiés

Zusammenfassend ist darauf hinzuweisen, daß wir uns durch eine unglückliche und irreführende Akkumulation von Forschungsinteressen allzulang und allzusehr auf die Stadtreformation kapriziert haben, obwohl diese nur, großzügig gerechnet, ein Vierteljahrhundert gedauert hat – etwa von 1522 bis 1548. Nach zehn Jahren schon (1530/31) hatte sie im Kontext territorialer Großpolitik ihre politische Stoßkraft weitgehend verloren. Wichtige Elemente ihres Erbes wurden von der Dritten Reformation in einer neuen, den Zeiten angepaßten und die Zeiten bestimmenden Form aufgenommen und mit solch neuer Vitalität versehen, daß sie nicht nur aus der Stadt, sondern auch aus dem Europa nördlich der Alpen ausbrechen konnte. Diese Dritte Reformation ist

[20] THEODOR BEZE, De iure Magistratuum, hg. von K. STURM, Neukirchen 1965, Quaestio 6, S. 41. Vgl. den französischen Text in der Ausgabe von R. M. KINGDON, Théodore de Bèze, Du droit des Magistrats, Genf 1970, 18.

[21] Church History (oben, Anm. 15). Für den calvinistischen Widerstand in den Niederlanden siehe Q. SKINNER, The Foundations of Modern Political Thought, Bd. 2: The Age of Reformation, Cambridge 1978, 215f.

insofern als Revolution zu bezeichnen, als in ihr das revolutionäre Potential aller drei der beschriebenen Konfliktfelder zusammengeführt wurden: Aufgenommen wird die konziliar-parlamentarische Abwehr gegen den Absolutismus von Päpsten und Monarchen, vorausgesetzt wird die Emanzipation der Ratsführung von der Bischofsgewalt, und einbezogen wird die antioligarchische Front gegen die Stadtelite der ‚Libertinisten' und ‚Eudämonisten' – so die von Calvin geliebte Propagandasprache. Schließlich und eben gänzlich neu vollzieht die Dritte Reformation konsequent die Wende gegen die eingegliederte, von städtischen Institutionen domestizierte Reformation.

Die Reformation der Verfolgten erscheint als dritte Phase ein und derselben Bewegung, wenn wir sie auf das traditionelle dreifache reformatorische ‚sola' befragen: Sola gratia, sola fide, sola scriptura sind das durchgehende, alles verbindende Programm. Genauere Betrachtung zeigt allerdings erhebliche Differenzen innerhalb der vorhandenen Einheit auf: Die städtische und die Flüchtlingsreformation stehen gemeinsam an zwei gewichtigen Punkten Luther entgegen[22]. Der Gleichklang verhüllt das ganz andere Verständnis von ‚sola scriptura'. Im ganzen Wirkungsbereich von Oberdeutschland bis Genf ist die Schrift auch das neue Gesetz. Sie proklamiert nicht nur für die Christengemeinde, sondern ebenfalls für Stadt und Staat das Gottesrecht und ersetzt das Menschenrecht, das kanonische Recht. Diesem Schriftverständnis entspricht das gegenüber Luther[23] ebenfalls ganz eigene Programm: Reformation, das ist der dem biblischen Gesetz entsprechende und endlich mögliche neue Gehorsam.

In verschiedener Hinsicht ging die Dritte Reformation ihrerseits wiederum ganz eigene Wege, die sie sowohl von der Ersten als auch von der Zweiten Reformation unterscheidet. Das gilt vor allem für drei Bereiche: die Judenschau, die Widerstandslehre und das Prädestinationsverständnis. Alle drei Hauptanliegen erwachsen der neuen Erfahrung des – erzwungenen – Auszuges aus dem Sakralraum der Stadt zur gelobten Heimat jenseits aller Territorien: Grenzen sprengend weist Gott den Flüchtigen die ‚Neue Welt'.

Diese drei Merkmale der Flüchtlingsreformation sind kurz zu erläutern:

1. Hatte das Trauma von Kappel 1531 bereits auf düsteres Geschick vorbereitet, wie es im Interim Realität wurde, so konnten die Vertriebenen die Schrift nun aufgrund eigener Erfahrungen neu lesen. Das bis dahin ungebrochen durchgehaltene ‚argumentum Augustinianum' gegen die Juden wurde hinfällig: Heimatlosigkeit ist nicht mehr Nachweis

[22] Siehe die Typologie in: Werden und Wertung der Reformation, 371–376.
[23] Siehe dazu Kapitel VII: ‚Martin Luther. Vorläufer der Reformation'.

der Verwerfung durch den zornigen Gott[24]. Ein neues Verhältnis zu den Juden konnte damit angebahnt werden.

2. Die Prädestination, für Luther und Zwingli das selbstverständliche Korrelat zur Rechtfertigungslehre, funktioniert in der Dritten Reformation zusätzlich als Lehre vom Mysterium des gottgewollten Zuges seines Evangeliums von der Stadt zum Territorium und dann von Land zu Land und schließlich zum Neuland. Prädestination ist von Ewigkeit an der sich unbezweifelt durchsetzende Ruf Gottes, der ‚uns' wie einst Abraham aus Stadt und Land ruft – ob nun unter dem Schutz oder gegen den Widerstand der Obrigkeit.

3. In der Fortschreibung der Widerstandslehre baut die Dritte Reformation auf Erfahrungen, die Bucer in einem Brief vom 13. Mai 1549, geschrieben auf der Flucht aus Straßburg ins Exil nach England, in enthüllende Worte gekleidet hatte. Es war Unglaube, in der Stadt einen allgemeinen Bürgerentscheid über die Frage einzuholen, ob man das Evangelium dem Kaiser opfern dürfe: Solch eine Grundsatzentscheidung darf nicht der unqualifizierten Bürgermehrheit überlassen werden. Sie ist allein der pars sanior vorbehalten, Sache der Gläubigen[25]. Es ist zwar interessant, daß die pars sanior, wie einst bei der Wahl des Benediktinerabtes, nicht die quantitative, sondern die qualitative Mehrheit umfaßt. Hier ist aber wichtig, daß Widerstand nicht demokratisch legitimiert zu werden braucht: auch das Vokabular der städtischen Reformation muß jetzt angepaßt werden!

Die initia der Dritten Reformation finden wir bei Bucer, im Interim liegen die Anfänge der Flüchtlingskirche ‚unter dem Kreuz', in einer Diaspora, die politisch erzwungen wurde, die sie aber theologisch zu deuten und zu bejahen lernte. Diejenigen, die nicht hinauszogen in die Diaspora, sondern dem Traum des Sakralraums intra muros nachhingen, wurden von der Reformationsgeschichte abgehakt und überholt zurückgelassen. Die Ratsherrn, die dem Religionsmandat des Kaisers treue Folge leisten, werden neu eingefangen vom mittelalterlichen Kaisertraum der Freien Reichsstadt; tatsächlich sollten sie unter dem Schutz des territorialen Absolutismus Dienstmannen landsässiger Kleinstädte werden.

Die Deutung der Reformation als Revolution führt nur dann zu den realen Umbrüchen im Zeitalter der Reformation, wenn es gelingt, nicht Revolutionstheorie an der Geschichte zu üben, sondern die rasanten Entwicklungen der Zeit selbst zu erheben, als Zeitgenosse zu bewerten und dann als moderner Historiker in ihren sozialen, politischen und

24 Vgl. dazu meine Studie: Wurzeln des Antisemitismus, Berlin 1983², 185–192.

25 Bucer an Jakob Sturm; J. Rott, Un recueil de correspondances strasbourgeoises du XVIᵉ siècle à la bibliothèque de Copenhague (ms. Thott 497,2°), in: Bulletin philologique et historique 1968, 749–818; 809–818.

religiösen Wirkkräften *zusammenzuschauen.* Ohne diesen Dreischritt bleiben nicht nur die drei erhobenen Revolutionen verhüllt, sondern auch die drei Reformationen in ihrer je eigenen Geschichtswirksamkeit unerkannt. Die Geschichte des vielfach gebrochenen Europa nördlich der Alpen läßt sich nicht durch die These von der *einen* Revolution aufschlüsseln. *Geschichtswirksame Kraft wurde die dreifache reformatorische Bewegung, die phasenweise mit jeweils anderen – verhüllten – Revolutionen koalieren konnte.* Ein Sonderfall ist und bleibt Martin Luther, jeweils anders in Anspruch genommen, sei es als Vorreiter des nationalen Aufbruchs, der städtischen Freiheiten oder als Bahnbrecher für das aufziehende Gottesreich. Luther selber aber koalierte nicht, sondern erwartete Revolution ‚in diesen letzten Tagen'. Darin liegt ‚letztlich' seine Sprengkraft.

Veröffentlichungsnachweis

I Werden und Wertung der Reformation: Thesen und Tatsachen
Reformatio Ecclesiae. Beiträge zu kirchlichen Reformbemühungen von der Alten Kirche bis zur Neuzeit. Festgabe für Erwin Iserloh, hg. von R. Bäumer. Paderborn 1980, S. 486–503.

II Die Bedeutung der Mystik von Meister Eckhart bis Luther
Von Eckhart bis Luther. Über mystischen Glauben, hg. von W. Böhme. Herrenalber Texte 31, Karlsruhe 1981, S. 9–20.

III Simul gemitus et raptus: Luther und die Mystik
Kirche, Mystik, Heiligung und das Natürliche bei Luther. Vorträge des Dritten Internationalen Kongresses für Lutherforschung, hg. von I. Asheim. Göttingen 1967, S. 20–59.

IV Wir sein pettler. Hoc est verum. Bund und Gnade in der Theologie des Mittelalters und der Reformation
Zeitschrift für Kirchengeschichte 78 (1967), S. 232–252.

V Wittenbergs Zweifrontenkrieg gegen Prierias und Eck. Hintergrund und Entscheidungen des Jahres 1518
Zeitschrift für Kirchengeschichte 80 (1969), S. 331–358.

VI Tumultus rusticorum: Vom ‚Klosterkrieg' zum Fürstensieg. Der deutsche Bauernkrieg aus der Nähe betrachtet.
Zeitschrift für Kirchengeschichte 85 (1974), S. 301–316.

VII Martin Luther: Vorläufer der Reformation
Verifikationen. Festschrift für Gerhard Ebeling zum 70. Geburtstag, hg. von E. Jüngel, J. Wallmann, W. Werbeck. Tübingen 1982, S. 91–119.

VIII Martin Luther: Zwischen Mittelalter und Neuzeit
Festvortrag vom 5. November 1983 im Rahmen des Lutherjubiläums der Evangelisch-theologischen Fakultät der Eberhard-Karls-Universität Tübingen. „Gott kumm mir zu hilf." Martin Luther in der Zeitenwende. Berliner Forschungen und Beiträge zur Reformationsgeschichte, hg. von H.-D. Loock. Jahrbuch für Berlin-Brandenburgische Kirchengeschichte, Sonderband, Berlin 1984, S. 9–26.

IX Vom Protest zum Bekenntnis. Die Confessio Augustana: Kritischer Maßstab wahrer Ökumene
Vortrag am 21. Juni 1980 im Rahmen der Reutlinger Festwoche zum Jubiläum des Augsburger Bekenntnisses. Blätter für württembergische Kirchengeschichte 80/81 (1980/1981), S. 24–37.

X Dichtung und Wahrheit. Das Wesen der Reformation aus der Sicht der Confutatio

Confessio Augustana und Confutatio. Der Augsburger Reichstag 1530 und die Einheit der Kirche. Internationales Symposion der Gesellschaft zur Herausgabe des Corpus Catholicorum in Augsburg vom 3.–7. September 1979, hg. von E. Iserloh. Münster/Westfalen 1980, S. 217–231.

XI Zwinglis Reformation zwischen Erfolg und Scheitern: Zürichs Beitrag zur Weltgeschichte

Vortrag, gehalten in Zürich am 11. Januar 1984 im Rahmen der Zwinglifeier 1984.

XII Die „Extra"-Dimension in der Theologie Calvins

Geist und Geschichte der Reformation. Festgabe Hanns Rückert zum 65. Geburtstag, hg. von H. Liebing, K. Scholder. Arbeiten zur Kirchengeschichte 38, Berlin 1966, S. 323–356.

XIII Eine Epoche – Drei Reformationen

Zwingli und Europa. Referate und Protokoll des Internationalen Kongresses aus Anlaß des 500. Geburtstages von Huldrych Zwingli vom 26. bis 30. März 1984, hg. von P. Blickle, A. Lindt, A. Schindler, Göttingen 1985, S. 11–26.

Personenregister

Namensregister

Moderne Autoren

Index verborum latinorum*

* Dieser Index bietet insofern auch den Sachindex, als die lateinischen Begriffe – zur Stelle erläutert – durchweg als Kurzschrift für das jeweilige Wort- *und* Sachfeld zu lesen sind.

Die Reformation in Biographien

Luther – Zwingli – Erasmus – Müntzer – Melanchthon. 1981. Kassette mit 6 Bänden

Die Einzelbände: Heinrich Bornkamm, Martin Luther in der Mitte seines Lebens / Gottfried W. Locher, Die Zwinglische Reformation im Rahmen der europäischen Kirchengeschichte / Roland H. Bainton, Erasmus. Reformer zwischen den Fronten / Walter Elliger, Thomas Müntzer. Leben und Werk / Wilhelm Maurer, Der junge Melanchthon. Der Humanist. Der Theologe.

Diese Kassette vereinigt die maßgebenden Biographien der bekanntesten Reformationsgestalten im deutschsprachigen Bereich.

Ingetraut Ludolphy

Friedrich der Weise

Kurfürst von Sachsen 1463–1525. 1984. 591 Seiten mit 19 Abbildungen und 2 Falttafeln, Leinen

Der sächsische Kurfürst Friedrich der Weise hat als Schutzherr Martin Luthers für die Reformationsgeschichte und ihre Folgen große Bedeutung erlangt.

»Nirgends sonst kann man die keineswegs immer ungetrübten Beziehungen zwischen dem Doktor Martinus und seinem Landesherrn wie auch die diplomatischen Kontroversen zwischen Kursachsen, Reichstag, Kurie und kaiserlicher Kanzlei um die causa Lutheri so gründlich aus den Quellen erarbeitet nachlesen.« *Dieter Morhart in: Süddeutsche Zeitung*

»Es entsteht ein fesselndes Bild einer Person, die das Mittelmaß weit hinter sich läßt und die der Stellung gewachsen war, die ihr die Geschichte in einer Entscheidungsstunde in Deutschland zugewiesen hat. Es ist ein Buch, das das Lesen lohnt und manches am Gang der Reformation besser verstehen läßt.« *Karl-Alfred Odin in: FAZ*

Reinhard Schwarz

Luther

(Die Kirche in ihrer Geschichte, Lieferung I). 1986. Ca. IV, 224 Seiten, kartoniert

In didaktisch geschicktem Aufbau werden Luthers Leben und Werk in ihrer Verbundenheit auf anschauliche Weise verdeutlicht. Entsprechend der Zielsetzung des Handbuches »Die Kirche in ihrer Geschichte« gibt dieser Beitrag einen Überblick über den Stand der Forschung zu Luthers Biographie und kirchengeschichtlicher Wirkung. Besonderes Gewicht liegt auf den reichen Literaturangaben; dazu stellt das Buch einen eigenen Forschungsbeitrag des Verfassers dar.